임동석중국사상100

사기열전

史記列傳

司馬遷 著 / 林東錫 譯註

"상아, 물소 뿔, 진주, 옥. 진괴한 이런 물건들은 사람의 이목은 즐겁게 하지만 쓰임에는 적절하지 않다. 그런가 하면 금석이나 초목, 실, 삼베, 오곡, 육재는 쓰임에는 적절하나 이를 사용하면 닳아지고 취하면 고갈된다. 그렇다면 사람의 이목을 즐겁게 하면서 이를 사용하기에도 적절하며, 써도 닳지 아니하고 취하여도 고갈되지 않고, 똑똑한 자나 불초한 자라도 그를 통해 얻는 바가 각기 그 자신의 재능에 따라주고, 어진 사람이나 지혜로운 사람이나 그를 통해 보는 바가 각기 그 자신의 분수에 따라주되 무엇이든지 구하여 얻지 못할 것이 없는 것은 오직 책뿐이로다!"

《소동파전집》(34) 〈이씨산방장서기〉에서 구당(丘堂) 여원구(呂元九) 선생의 글씨

책 머 리 에

한창 젊을 때 서당에서 우전雨田 선생에게 《사기》를 배웠다. 그 때는 너무 재미있고 너무 가슴 벅차 큰 희열감을 느낀 적이 한두 번이 아니었다. 그러나 당시 중국 원전을 구하기도 어려웠고 마음껏 다른 관련 자료를 구해 본다는 것도 쉬운 일이 아니었다. 그리하여 겨우 일본 판 〈한문대계〉《사기열전》을 보며 있는 대로 관련 부분을 찾고 내용을 정리하여 내 나름대로 노트를 만들었던 기억이 지금도 새롭다.

그리고 천행으로 복을 받아 대만臺灣 유학 길에 나서서 그곳에 닿았을 때 그 많고 흔한 고전 원전과 전적에 흥분을 감출 수 없었다. 마음껏 중국 고전을 접할 수 있다는 것은 나로서는 세상에 태어난 기쁨이었으며 공부한다는 그 이상의 행복감을 안겨다 주었다. 그리하여 없는 돈을 털어 우선 〈25사〉 전질을 사서 전체 목록을 보며 "아, 이런 이야기의 원전이 여기에 들어 있구나!"라고 밤새는 줄 몰랐었다.

당장 《사기》를 처음부터 끝까지 읽으리라. 그리하여 노트를 마련 내용을 적어가며 전체를 파악하고 다시 《중국통사》를 곁에 놓고 대조하여 나의 사전 하나를 마련하였다.

그것이 지금 내가 고전 역주에 매달리도록 한 원동력이었다.

그리고 시간이 흘러 벌써 이렇게 훌쩍 망륙望六을 넘어 곧 기축己丑의 한 바퀴를 맞으면서 다시 그 젊은 날 고민도 걱정도 없이, 아니 앞으로 어떻게 살리라는 다짐도 없이 편하고 근심 없던 시절, 흥분에 차 읽던 《사기》를 다시 접하게 됨에 여러 상념이 나를 사로잡는다. 물론 일일이 각주를 달고 관련 자료를 제시하는 나의 역주 방식과 달리, 이 《사기》는 우선 양도 많고 내용도 복잡하여 급한 대로 원문 해석만을 위주로 책이 이루어지고 말았지만 그래도 그나마 조그만 결실은 맺었다고 위로하고 있다. 시중에 이미 《사기》

전체 번역도 나와 있고, 중국 본토에는 많은 역주서와 백화어 해석서가 있어 이에 관심이 있고 정밀하게 연구할 학자라면 그러한 자료를 활용하면 된다고 여기기 때문에 책임을 미루고자 한다. 그리하여 지금도 그 옛날 젊은 시절처럼 부담 없이 다시 책을 펼치며 읽고 싶은 생각에 전체 〈임동석중국사상100〉에 끼워 넣어 구색을 맞추어 보려는 것이다.

《사기》의 가치나 내용, 그리고 사마천의 그 울분에 찬 일생, 사학으로서의 《사기》와 중국 사학의 위대한 학술적 내용은 일일이 설명하지 않는다. 다만 이미 널리 알려진 일화와 숱한 고사, 전고典故, 이야기를 통해 우리는 사마천과 《사기》에 대하여 충분히 넘치도록 알고 있다고 믿는다.

따라서 이 《사기열전》은 일반 독자들도 그저 눈길 가는 대로, 혹 아무 페이지나 넘기면서 익히 들어온 이야기의 그 내용과 깊은 맛을 느끼면 되도록 만들었다.

이해하기 위하여 읽는 것은 그리 감동을 주지 못한다. 느끼면서 그저 내 이야기를 하고 있다고 여기는 것이 항상 사람 가슴에 오래 남는 법이다.

苗浦 임동석 취벽헌醉碧軒에서 적음.

일러두기

1. 이 책은 사마천司馬遷《사기史記》130권 중에 열전列傳 부분인 제61권 〈백이열전伯夷列傳〉부터 제130권 〈태사공자서太史公自序〉까지 모두 70권 전체를 완역한 것이다.
2. 제목의 001(61)은 앞은 전체 일련번호이며, 괄호 안의 숫자는 사기 원전의 차례에 따른 권 번호이다.
3. 각 열전은 한 사람의 전기만 실려 있는 경우도 있으나 복수로 실려 있을 경우 각 열전 아래 함께 실려 있는 인명(자, 호, 시호) 등을 부기하여 쉽게 그 인명을 찾아볼 수 있도록 하였다. 이에 따라 그 인물의 이름을 따로 제목으로 삼아 〈 〉안에 순서를 정하여 표시하였다.
4. 전체 문장은 각 열전 안에서의 내용도 주제나 단락의 구분에 따라 쉽게 이해할 수 있도록 한글로 제목을 풀어 실었다.
5. 앞에 한글 풀이를 싣고 뒤이어 원문을 현대 표점 방식에 따라 정리하여 실었다.
6. 주석註釋은 싣지 않았으며, 어쩔 수 없는 경우 간단하게 해당하는 곳에 괄호 안에 설명하였다.
7. 직역을 위주로 하였으나 일부 전체 뜻에 맞추어 의역한 부분도 있다.
8. 가능한 한 그림자료나 관련 삽화를 넣어, 읽고 느끼며 이해하는 데 편하도록 하였다.

해 제

I. 역사 기록과 사서史書의 분류

중국의 역사 기록은 아주 먼 《상서》나 《춘추》 등까지 올라가며 실제 모든 기록은 역사였다고 말할 수 있다. 그 뒤 문서 기록의 구분으로 역사라는 분류가 있어 드디어 청대에는 '경사자집經史子集'의 4대 분류 중에 아주 중요한 자리를 차지하게 되었다.

그렇다면 역사 기록이란 무엇인가? '史'자는 《설문해자說文解字》에 "史, 記事者也, 從又(手)持中, 中正也"라 하였다. 또 《옥편玉篇》에는 "史, 掌書之官也"라 하였고, 《周禮》에는 "史, 掌官書以贊治"로 설명하였다.

이로 보면 '史'는 본래 고대에 문서를 관장하고 사건의 기록을 맡은 관리를 지칭하는 말이었다. 그가 맡은 일은 사실을 기록하는 것으로 사실을 그대로 기록하되 '중정공평中正公平'해야 하였다.

한편 중국에서 사관史官의 설치와 임명은 고대 황제黃帝 때부터 시작되었다고 한다. 즉, 창힐倉頡이라는 자를 좌사(左史: 왕의 언어를 기록함)로 삼고, 저송沮誦이라는 자를 우사(右史: 나라의 사건을 기록함)로 삼았다는 기록이 전하고 있다. 그에 대한 정확한 의미는 《예기禮記》 옥조편玉藻篇에 "임금의 행동이 있으면 좌사가 이를 기록하고, 임금의 명령에 대해서는 우사가 이를 기록한다"(動則左史書之, 言則右史書之)라 하여 각각 두 명씩 두어 그 기록의 범위와 임무를 나누었던 것이다.

그리고 주대周代에는 이미 태사太史와 소사小史, 그리고 내사內史, 외사外史, 좌사左史, 우사右史 등으로 세분하여 관리를 두었다고 하였다. 춘추시대의 제후들도 노魯, 위衛, 진晉은 태사를 두었고, 제齊는 남사南史, 초楚는 좌사左史 등의 관직을 둔 것으로 되어 있다. 그 뒤 한漢나라 때는 태사공(太史公, 武帝 때), 태사령(太史令, 宣帝 때), 난대령(蘭臺令, 明帝 때) 등을 두었고, 위진魏晉 때에는 저작랑著作郎, 수당隋唐 때에는 감수국사監修國史 명청明淸 때에는 한림원翰林院 등의 관직과 부서를 두어 역사 기록을 관장하였다.

또 '史'를 다르게 분(墳: 三墳, 즉 三皇의 역사 기록), 전(典: 五典, 즉 五帝의 역사 기록), 서(書: 尙書), 색(索, 좋은 것만 추린 것), 춘추春秋, 기紀, 지志, 략略 등으로 부르기도 하였으며 '史'라 칭한 것은 사마천司馬遷의 《사기》 이후로 보고 있다.

이러한 역사 기록의 저서가 고대에는 달리 구분되지 않았다. 즉 《한서》 예문지 유흠劉歆의 《칠략七略》에도 '史'를 분류한 것은 없다. 다만 〈육예략(六藝略 즉, 經學)의 《춘추春秋》 다음에 《전국책戰國策》, 《사기》 등을 넣어 경經의 부속으로 여겼던 것으로 볼 수 있다.

그 뒤 남조 양梁의 완효서阮孝緖가 12가지로 나누었으며, 《수서隋書》 경적지經籍志에 13가지로, 다시 《구당서舊唐書》 경적지經籍志와 《신당서新唐書》 예문지, 《송사宋史》 예문지 등도 이를 따랐다. 한편 《명사明史》 예문지에서는 10가지로 나누어 정사正史, 잡사雜史, 사초史抄, 고사故事, 직관職官, 의주儀注, 형법刑法, 전기傳記, 지리地理, 보첩譜牒으로 하였고 청대清代 《사고전서총목제요四庫全書總目提要》에서는 15가지로 나누었다.

① 正史類 : 紀傳體의 史書로 《史記》, 《漢書》, 《後漢書》 등.

② 編年類 : 年代에 의한 記錄體로 《竹書紀年》, 《漢紀》, 《資治通鑑》 등.

③ 紀事本末類 : 事件의 始末을 기록한 것으로 《通鑑紀事本末》 등.

④ 別史類 : 《逸周書》, 《通志》, 《路史》 등.

⑤ 雜史類 : 《國語》, 《戰國策》 등.

⑥ 詔令奏議類 : 《兩漢詔令》, 《唐代詔令集》 등.

⑦ 傳記類 : 《晏子春秋》, 《高士傳》, 《列女傳》 등.

⑧ 史抄類 : 《漢書抄》, 《晋書抄》, 《正史削繁》 등.

⑨ 載記類 : 《吳越春秋》, 《越絶書》, 《十六國春秋》 등 僭僞書 종류.

⑩ 時令類 : 《歲時廣記》, 《月令通考》 등.

⑪ 地理類 : 《元和郡縣志》, 《太平寰宇記》 등.

⑫ 職官類 : 《唐六典》, 《玉堂雜記》 등.

⑬ 政書類 : 《通典》, 《通志》, 《文獻通考》 등.

⑭ 目錄類 : 《崇文總目》, 《集古錄》, 《金石錄》 등.

⑮ 史評類 : 《史通》, 《唐鑑》 등.

그 외에 近代 梁啓超는 《中國歷史硏究法》에서 네 가지로 나누었다.

① 紀傳體: 사람 위주로 사건을 설명. 《史記》, 《漢書》, 《後漢書》 등.

② 編年體: 시간 위주로 기록. 《春秋》, 《左傳》, 《資治通鑑》, 《竹書紀年》 등.

③ 紀事本末體: 사건 위주로 기록. 《通鑑紀事本末》 등.

④ 政書體: 제도 위주로 기록. 《通典》, 《通志》, 《文獻通考》 등.

이에 따라 현대는 주로 중국 역사 기록 방법으로 '기전체', '편년체', '기사본말체' 등 세 가지 체재를 가장 중요한 3대 기술 방법으로 여기고 있다.

司馬遷

劉向楊雄傳極群書皆稱太史公有良史之才

〈사마천(司馬遷)〉 淸 上官周(畵) 〈晚笑堂畵傳〉

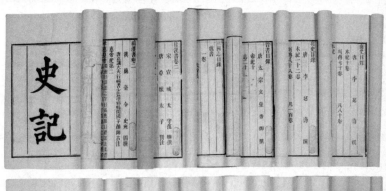

〈二十四史〉 清 乾隆 《明史》 완간 후 24사를 正史로 정함.(史記, 漢書, 後漢書, 三國志, 晉書, 宋書, 南齊書, 梁書, 陳書, 魏書, 北齊書, 周書, 隋書, 南史, 北史, 舊唐書, 新唐書, 舊五代史, 新五代史, 宋史, 遼史, 金史, 元史, 明史) 뒤에 《新元史》를 넣어 현재 25사가 됨.

II. 紀傳體와 《사기》

1. 기전체와 〈이십오사二十五史〉

기전체는 흔히 '정사正史'로 불리며 현재의 '이십오사'가 그것이다.

이 기전체는 《사기》를 효시로 삼고 있다. 《사기》의 체제, 즉 본기本紀, 표表, 서書, 세가世家, 열전列傳 중에서 '본기'와 '열전'의 '紀'와 '傳'을 따서 붙인 명칭이다. 그러나 이십오사의 전체 체제가 비슷하기는 하나 상황에 따라 명칭과 분류가 다르다. 이를테면 '세가'를 '載記'(《진서》)로, '표'를 '年'으로, '서'를 '志'로 하는 등 다양하다.

기전체는 '인물'을 중심으로 한 역사 기술 방법이다. 기전체의 효시가 되고 있는 《사기》를 중심으로 살펴보면 '기(본기)'는 역사를 움직인 제왕(천자)에 대한 기록이다. 그러나 실제에 있어서는 '오제'를 하나로 묶고 하夏, 은殷, 주周, 진秦은 조대로 하나씩 기를 삼았고, 그 뒤는 인물(진시황, 한 고조 등)을 하나의 '紀'로 서술하였다. 그리고 제왕 아래의 여러 제후와 상국相國, 왕자 등은 '세가'라는 분류명칭을 써서 서술하였으며, 제후 아래의 서민과 개인적 역사인물은 '전'이라 하여 기술하되 성격이 같은 인물을 묶어 '열전'으로 넣기도 하였으며, 이민족도 이곳 열전에 넣어 기술하였다.

이상 세 가지는 바로 인물 위주의 역사 서술 방법이다. 그러나 역사 서술에서 인물만으로는 모든 역사 사실을 기록하기에는 부족하다. 그 때문에 표(역사연대표)를 만들어, 길게는 세대별로, 세밀하게는 월별로까지 구분하여 기록하였으며, 인물 이외의 제도, 즉 예악禮樂, 율력律曆, 천관天官, 봉선封禪, 하거河渠, 평준平準 등도 설명하는 등 총체척 기술 방법을 전개하여 독특한 체례를 형성하고 있다.

南宋 黃善夫 출간의 《史記》. 〈三家注〉를 합각한 것임.

淸代 武英殿 〈二十四史〉本《史記》. 〈三家注〉 합본.

한편 지금의 이십오사가 확정되기까지는 '三史', '四史' 등 수의 증가가 있었다.
이를 대강 살펴보면 다음과 같다.

① 三史 : 당대 '九經三史'에서 《사기》, 《한서》, 《후한서》를 지정하여
　　이를 과거과목科擧科目으로 삼았다.

② 四史 : 三史에 진수陳壽의 《삼국지三國志》를 더한 것이다.

③ 十史 : 《삼국지》, 《진서晉書》, 《송서宋書》, 《남제서南齊書》, 《양서梁書》,
　　《진서陳書》, 《후위서後魏書》, 《북제서北齊書》, 《주서周書》, 《수서隋書》 등의
　　십대사를 '十史'라 하였으며 《사기》, 《한서》, 《후한서》는 포함하지 않았다.

④ 十三史 : '十史'에 《사기》, 《한서》, 《후한서》를 넣어 '十三史'라 하였다.

⑤ 十七史 : '四史'는 晉初에 완비되었으나, 그 후 《진서晉書》와 남북조에
　　대한 여러 사서는 당唐 태종太宗과 고종高宗 때에 이르도록 일반에게 공개되지
　　않았다. 그 뒤 송宋 인종仁宗 천성天聖 2년(1024)에 이르러 《수서隋書》를
　　숭문원崇文院에서 판각해 내기 시작하여, 그 후 13史와 《남사南史》, 《북사
　　北史》, 《신당서新唐書》, 《신오대사新五代史》를 합하여 '十七史'라 부르게 된
　　것이다.

⑥ 十八史 : 앞의 十七史에 《송사宋史》를 더하여 원대元代에 증선지曾先之가
　　《십팔사략十八史略》을 지었다. 그러나 《송사》는 원 지정至正 5년(1345)에
　　이루어졌고, 《요사遼史》와 《금사金史》는 지정 4년에 이루어져 이 세 사서는
　　원 말에야 유포되었다. 따라서 증선지의 《십팔사략》은 실제 《송사》를 근거로
　　한 것이 아니고 다른 자료(《宋鑑論編》)를 이용한 것이다.

⑦ 十九史 : '十八史'에 《원사元史》를 넣은 것이다. 명초明初 양맹인梁孟寅의
　　《十九史略》은 《십팔사략》에 이 《원사》를 더하여 이루어진 약사略史이다.

⑧ 二十一史 : 명明 가정嘉靖 초에 남경의 국자감좨주國子監祭酒인 장방기張邦奇
　　등이 사서의 교각을 청하여 《요사》, 《금사》를 합하여 이십일사를 만들었고,
　　신종神宗 때 북경 국자감에서도 이십일사를 판각하였다(萬曆 24~34년).

⑨ 二十二史 : 청淸 건륭乾隆 4년(1739)에 《명사明史》가 완성되자 간행을 서둘
　　렀다. 전대흔錢大昕의 《이십이사고이二十二史考異》와 조익趙翼의 《이십
　　이사차기二十二史箚記》는 이를 고증한 것이다.

⑩ 二十三史 : 건륭 초에 《구당서舊唐書》를 더하여 '이십삼사'로 하였다.

⑪ 二十四史 : '二十三史'에 《영락대전永樂大典》에 실려 있던 설거정薛居正의 《구오대사舊五代史》와 구양수歐陽修의 《오대사기五代史記》를 뽑아 분리시킨 후 각각 하나의 사서로 삼았다.

⑫ 二十五史 : 민국 10년(1921년)에 산동山東의 가소민柯劭忞이 《신원사新元史》를 짓자, 당시 대총통 서세창徐世昌이 이를 정사에 넣을 것을 주장하여 《이십오사》로 확정되었다.

이상의 이십오사를 역사 순서에 맞추어 내용, 권수, 수찬자, 찬술 시기, 편찬 동기 등으로 나누어 분류하면 다음과 같다.

이름	1 史記	2 漢書	3 後漢書	4 三國志	5 晉書	6 宋書	7 南齊書	8 梁書	9 陳書	10 後魏書	11 北齊書	12 周書	13 南史	14 北史	15 隋書	16 舊唐書	17 新唐書	18 舊五代史	19 新五代史	20 宋史	21 遼史	22 金史	23 元史	24 新元史	25 明史
本紀	12																							26	
世家	30																		10	6					
表	10	8																		32	8	4	6	7	13
書	8																								
列傳	70																								
紀(본기)		12	10	4	10	10	8	6	6	12	8	8	5	10	12	20	10	61	12	47	30	19	47		24
傳(열전)		70	80	61	70	60	40	50	30	92	42	42	50	70	88	150	150	77	45	249	46	73	97	151	220
載記(세가)				30																					
年(보표)																			1						
志(서)		10			20	30	11			10			30			30	50	12		162	31	39	53	70	75
考(서)																			3						
錄																			3						
권수	130	100	90	65	130	100	59	56	36	114	50	50	85	80	100	200	225	150	74	496	115	135	203	227	332
편찬자	司馬遷	班固	范曄	陳壽	房玄齡(등)	沈約	蕭子顯	姚思廉	姚思廉	魏收	李百藥	令狐德棻	李延壽	李延壽	魏徵(등)	劉昫(등)	歐陽修(등)	薛居正(등)	歐陽修(등)	托克托(등)	托克托(등)	托克托(등)	宋濂(등)	柯劭忞	張廷玉
편찬시기	漢	後漢	南朝梁	晉	唐	梁	梁	唐	唐	北齊	唐	唐	唐	唐	唐	後晉	宋	宋	宋	元	元	元	明	民國	淸
경위	私撰	私撰	私撰	私撰	官撰	勅撰	私撰	勅撰	勅撰	勅撰	勅撰	勅撰	私撰	私撰	官撰	官撰	官撰私	私撰	官撰	官撰	官撰	官撰	私撰	官撰	
비고																									

한편 二十五史가 다루고 있는 시대와 조대를 연결하면 다음과 같다.

各 正史가 다루고 있는 시대(숫자는 기간을 뜻함)

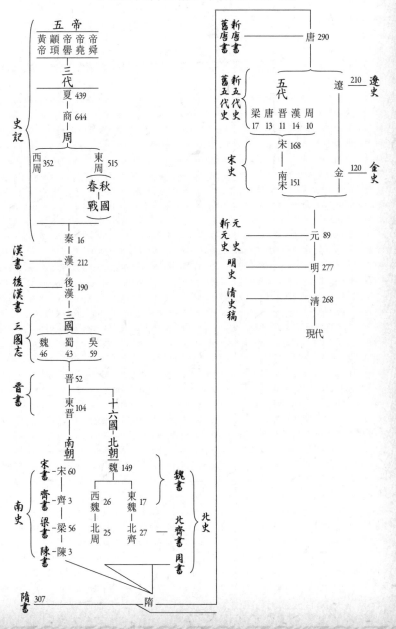

《史記》가 다루고 있는 시대와 조대

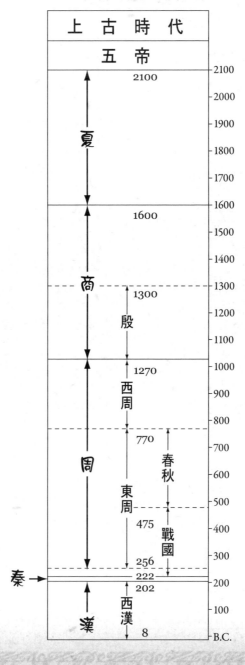

2. 《史記》(130권)

작자 사마천(司馬遷: B.C. 145?~B.C. 86?)은 사마담司馬談의 아들로 자는 子長이며 용문龍門에서 태어났다. 10세에 고문에 통달하였고, 20세에 강회江淮지역을 돌아 회계산會稽山의 우혈禹穴을 살펴보고 원상沅湘을 거쳐 북으로 문汶과 사泗 지방을 유람하였다. 제로(齊魯: 산동)를 돌아 양초梁楚를 다시 유람한 후, 낭중郎中이 되었으며, 뒤에 아버지를 이어 태사령太史令의 직책에 올랐다. 마침 이릉李陵을 변호하다가

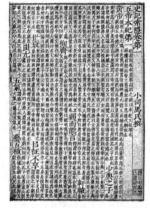

무제武帝의 노여움을 사서 궁형宮刑을 자청하고, 그 울분을 사서史書 저술에 쏟아 황제黃帝 때부터 자신이 살았던 한漢 무제 때까지의 일을 기록한 불후의 명작 《태사공서太史公書》130권을 지었다. 이것이 바로 지금의 《사기》이다. 이는 정사인 기전체의 효시가 되었으며, 역사서로서뿐만 아니라 문학서로서도 높은 가치를 인정받고 있다. 그리고 자신의 일생과 가계, 책을 저술하게 된 동기, 아울러 《사기》 전체 각 편의 요약 등을 맨 끝 〈태사공자서〉에 실어 설명하였다.

明代 毛氏 汲古閣에서 北宋 刊本을 覆刻한 《史記索隱》

이 책에 대해 배인(裴駰: 438년경, 南朝 宋의 聞喜 사람으로 裴松之의 아들)은 구경九經과 여러 사서를 근거로 《사기집해史記集解》를 남겼으며, 당唐 사마정(司馬貞: 河內 사람, 字는 子正)이 《사기색은史記索隱》을, 그리고 당 현종玄宗 때 장수절張守節이 《사기정의史記正義》를 써서 지금까지의 《사기》 연구에 좋은 참고가 되고 있다.

淸 乾隆 12년(1747) 御製重刻本 〈二十一史〉의 《사기》

이 《사기》는 12본기, 10표, 8서, 30세가, 70열전 등 총 130권으로 이루어져 있다. 이를 살펴보면 다음과 같다.

① 12본기 : 五帝, 夏, 殷, 周, 秦, 始皇, 項羽, 高帝, 呂太后, 孝文, 孝景, 今上(武帝).

② 10표 : 三代世表, 十二諸侯年表, 六國年表, 秦楚之際月表, 漢興以來諸侯年表, 高祖功臣侯者年表, 惠景間侯者年表, 建元以來侯者年表, 王子侯者年表, 漢興以來將相名臣年表.

③ 8서 : 禮, 樂, 律, 曆, 天官, 封禪, 河渠, 平準.

④ 30세가 : 吳泰伯, 齊太公, 周公, 燕, 管蔡, 陳杞, 衛, 宋, 晋, 楚, 越王句踐, 鄭, 趙, 魏, 韓, 田敬仲完, 孔子, 陳涉, 外戚, 楚元王, 荊燕, 齊悼惠王, 蕭相國, 曹相國, 留侯, 陳丞相, 絳侯, 梁孝王, 五宗, 三王.

⑤ 70열전: 이 부분은 대개 네 가지로 분류해 볼 수 있다.

　㈎ 自序類(1편)------太史公自序

　㈏ 事類別(9편)------循吏, 儒林, 酷吏, 游俠, 佞幸, 滑稽, 日者, 龜策, 貨殖.

　㈐ 異民族(6편)------匈奴, 南越, 東越, 朝鮮, 西南夷, 大宛.

　㈑ 人動物(54편)——이외에 伯夷列傳 등 오로지 人物 한 사람, 혹은 비슷한 성격의 인물을 몇 사람씩 묶어 기록한 것.

앞서 밝혔듯이 이 책은 최초의 통대사通代史이며, 동시에 최초의 정사正史, 최초의 기전체紀傳體, 최초의 사찬(私撰, 私纂)이다. 이에 이 책이 다루고 있는 시기는 고대부터 기록하되 상고시대 전설에 대하여는 사마천 자신이 본기本紀로써 쓸 수 없다고 여겨 오제五帝를 묶어 〈오제본기五帝本紀〉로써 첫 본기로 삼았다. 그 뒤를 이어 중국 최초 왕조인 하夏나라를 시작으로, 은殷, 주周를 거쳐 진秦나라 까지는 나라 이름, 혹 조대 이름을 본기로 하였으며, 첫 개인 제왕의 본기는 특이하게 진시황秦始皇을 시작으로 하고 있다. 그 다음부터는 자연스럽게 한나라 첫 고조로부터 천자(제왕)를 본기로 하여 자신이 살았던 시대의 무제武帝는 시호가 없이 살아 있던 제왕이므로 이를 〈금상본기今上本紀〉라 하여 모두 12본기가 된 것이다. 이를 조대와 제왕의 계보로 표시하면 다음과 같다.

夏朝世系圖
(B.C. 2100?~B.C. 1600?)

(一)禹 ── (二)啟 ── (三)太康

(四)仲康 ── (五)相 ── (六)少康 ── (七)予

(八)槐 ── (九)芒 ── (十)泄 ── (十一)不降 ── (十四)孔甲

(十二)扃 ── (十三)廑

(十五)皋 ── (十六)發 ── (十七)履癸(桀)

商朝世系圖
(B.C. 1600?~B.C. 1028)

(一)湯(太乙) ── 太丁 ── (四)太甲 ── (五)沃丁

(二)外丙

(三)中壬

(六)太庚 ── (七)小甲

(八)雍己

(九)太戊

(十)仲丁 ── (十三)祖乙 ── (十四)祖辛 ── (十六)祖丁 ── (十八)陽甲

(十一)外壬

(十二)河亶甲

(十五)沃甲 ── (十七)南庚

(十九)盤庚

(二十)小辛

(二十一)小乙

(二十二)武丁 ── (二十三)祖庚

(二十四)祖甲 ── (二十五)廩辛

(二十六)庚丁 ── (二十七)武乙

(二十八)太丁 ── (二十九)帝乙 ── (三十)帝辛(紂)

西周世系圖
(B.C. 1027~B.C. 771)

(一)武王發 ── (二)成王誦 ── (三)康王釗 ── (四)昭王瑕
(B.C.1027~1025年) (B.C.1024~1005年) (B.C.1004~967年) (B.C.966~948年)

(五)穆王滿 ── (六)共王繄扈 ── (七)懿王囏
(B.C.947~928年) (B.C.927~908年) (B.C.907~898年)

(八)孝王辟方
(B.C.897~888年)

(九)夷王燮 ── (十)厲王胡 ── (十一)宣王靜* ── (十二)幽王宮湦
(B.C.887~858年) (B.C.857~842年) (B.C.827~782年) (B.C.781~771年)

＊선왕(姬靜) 즉위 전 B.C.841~828년은 '共和' 시기(총14년)임.

東周世系圖
(B.C.770~B.C.256)

(一)平王宣臼(幽王子) —— 太子洩父 —— (二)桓王林 —— (三)莊王佗 ——
(B.C.770~720年)　　　　　　　　　　　　(B.C.719~697年)　　(B.C.696~682年)

—— (四)僖王胡齊 —— (五)惠王閬 —— (六)襄王鄭 —— (七)頃王壬臣 ——
(B.C.681~677年)　　(B.C.676~652年)　(B.C.651~619年)　(B.C.618~613年)

—— (八)匡王斑
(B.C.612~607年)

—— (九)定王瑜 —— (十)簡王夷 —— (十一)靈王泄心 —— (十二)景王貴 ——
(B.C.606~586年)　(B.C.585~572年)　(B.C.571~545年)　　(B.C.544~520年)

—— (十三)悼王猛
(B.C.520年, 不滿一年)

—— (十四)敬王匄 —— (十五)元王仁 —— (十六)定王介(貞定王) ——
(B.C.519~477年)　　(B.C.476~469年)　(B.C.468~441年)

—— (十七)哀王去疾
(B.C.441年, 不滿一年)

—— (十八)思王叔
(B.C.441年, 不滿一年)

—— (十九)考王嵬 —— (二十)威烈王午 —— (二十一)安王驕 ┬ (二十二)烈王喜
(B.C.440~426年)　　(B.C.425~402年)　　(B.C.401~376年)　　(B.C.375~369年)
　　　　　　　　　　　　　　　　　　　　　　　　　　　　　└ (二十三)顯王扁
　　　　　　　　　　　　　　　　　　　　　　　　　　　　　　(B.C.368~321年)

—— (二十四)慎靚王定 —— (二十五)赧王延
(B.C.320~315年)　　　　(B.C.314~256年)

秦朝世系圖
(B.C.221~B.C.207)

(一)秦始皇嬴政 ┬ 太子扶蘇 —— (三)秦王子嬰
(B.C.246~210年)　　　　　　　　(B.C.207年 在位46日)
　　　　　　　　└ (二)二世胡亥
　　　　　　　　　　(B.C.209~207年)

西漢世系圖
(B.C. 202~A.D. 8)

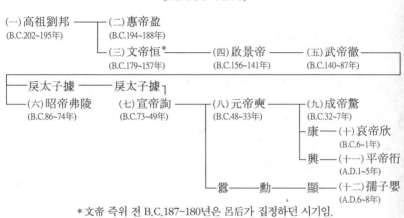

(一)高祖劉邦 ─── (二)惠帝盈
(B.C.202~195年)   (B.C.194~188年)

      └── (三)文帝恒* ─── (四)啟景帝 ─── (五)武帝徹
          (B.C.179~157年)   (B.C.156~141年)   (B.C.140~87年)

┌── 戾太子據 ─── 戾太子據 ┐
│
└── (六)昭帝弗陵   (七)宣帝詢 ─── (八)元帝奭 ─── (九)成帝鷔
   (B.C.86~74年)   (B.C.73~49年)   (B.C.48~33年)   (B.C.32~7年)

                          康 ─── (十)哀帝欣
                               (B.C.6~1年)

                          興 ─── (十一)平帝衎
                               (A.D.1~5年)

               囂 ─── 勳 ─── 顯 ─── (十二)孺子嬰
                                 (A.D.6~8年)

*文帝 즉위 전 B.C.187~180년은 呂后가 집정하던 시기임.

明代 凌稚隆 輯校의《史記評林》

清 乾隆 12년(1747) 御製重刻本〈二十一史〉
서문과《史記集解》

3. 《사기》 열전

다음으로 70열전에 대한 문제이다. 이는 제왕과 제후를 제외한 일반인에 대한 전기를 모은 것이다. 모두 70편으로 구성하였으나 그에 열거된 인물은 당연히 그보다 훨씬 많다. 각 편에 한 사람씩을 넣은 것도 있지만 같은 성격을 하나로 묶어 제목을 삼기도 하였고 또는 외국 이민족에 대한 기록도 이 열전에 넣었기 때문이다. 이에 〈어제중각본御製重刻本〉(淸 乾隆 12년. 1747)《사기》목록에 실린 표제 인물을 보면 다음과 같다.

61. 백이 열전(伯夷) → 伯夷
62. 관안 열전(管晏) → 管子(管仲), 晏子(晏嬰)
63. 노장신한 열전(老莊申韓) → 老子, 莊子, 申不害, 韓非子
64. 사마양저 열전(司馬穰苴) → 司馬穰苴
65. 손자오기 열전(孫子吳起) → 孫武, 吳起
66. 오자서 열전(伍子胥) → 伍子胥
67. 중니제자 열전(仲尼弟子) → 70제자 및 그 외 인물들
68. 상군 열전(商君) → 商鞅
69. 소진 열전(蘇秦) → 蘇秦
70. 장의 열전(張儀) → 張儀, 陳軫, 犀首
71. 저리자감무 열전(樗里子·甘茂) → 樗里子, 甘茂, 甘羅
72. 양후 열전(穰侯) → 穰侯
73. 백기왕전 열전(白起王翦) → 白起, 王翦
74. 맹자순경 열전(孟子荀卿) → 孟子, 淳于髡, 愼到, 騶奭, 荀卿
75. 맹상군 열전(孟嘗君) → 孟嘗君
76. 평원군우경 열전(平原君虞卿) → 平原君, 虞卿
77. 위공자 열전(魏公子) → 信陵君
78. 춘신군 열전(春申君) → 春申君
79. 범저채택 열전(范雎蔡澤) → 范雎, 蔡澤
80. 악의 열전(樂毅) → 樂毅

81. 염파인상여 열전(廉頗藺相如) → 廉頗, 藺相如, 趙奢, 李牧

82. 전단 열전(田單) → 田單

83. 노중련추양 열전(魯仲連鄒陽) → 魯仲連, 鄒陽

84. 굴원가생 열전(屈原賈生) → 屈原, 賈誼

85. 여불위 열전(呂不韋) → 呂不韋

86. 자객 열전(刺客) → 曹沫, 專諸, 豫讓, 聶政, 荊軻

87. 이사 열전(李斯) → 李斯

88. 몽염 열전(蒙恬) → 蒙恬

89. 장이진여 열전(張耳陳餘) → 張耳, 陳餘

90. 위표팽월 열전(魏豹彭越) → 魏豹, 彭越

91. 경포 열전(黥布) → 黥布

92. 회음후 열전(淮陰侯) → 淮陰侯(韓信)

93. 한신노관 열전(韓信盧綰) → 韓王信, 盧綰

94. 전담 열전(田儋) → 田儋, 田橫

95. 번역등관 열전(樊酈滕灌) → 樊噲, 酈商, 夏侯嬰, 灌嬰

96. 장승상 열전(張丞相) → 張蒼, 周昌, 任敖, 申屠嘉, (附)韋賢, 魏相, 邴吉, 黃霸, 韋玄成, 匡衡

97. 역생육가 열전(酈生陸賈) → 酈食其, 陸賈, 朱建

98. 부근괴성 열전(傅靳蒯成) → 傅寬, 靳歙, 周緤

99. 유경숙손통 열전(劉敬叔孫通) → 劉敬, 叔孫通

100. 계포난포 열전(季布欒布) → 季布, 欒布

101. 원앙조착 열전(袁盎鼂錯) → 袁盎, 鼂錯

102. 장석지풍당 열전(張釋之馮唐) → 張釋之, 馮唐

103. 만석장숙 열전(萬石張叔) → 石奮, 衛綰, 直不疑, 周文, 張叔

104. 전숙 열전(田叔) → 田叔, 田仁 (附)任安

105. 편작창공 열전(扁鵲倉公) → 扁鵲, 倉公

106. 오왕비 열전(吳王濞) → 吳王(劉濞)

107. 위기무안후 열전(魏其武安侯) → 竇嬰, 田蚡, 灌夫

108. 한장유 열전(韓長孺) → 韓安國

109. 이장군 열전(李將軍) → 李廣

110. 흉노 열전(匈奴) → 匈奴

111. 위장군표기 열전(衛將軍驃騎) → 衛靑, 霍去病, 公孫賀, 李息, 公孫敖, 李沮, 張次公, 蘇建, 趙信, 張騫, 李蔡, 曹襄, 韓說, 郭昌, 趙食其, 荀彘, 路博德, 趙破奴

112. 평진후주보 열전(平津侯主父) → 公孫弘, 主父偃

113. 남월 열전(南越) → 南越尉佗

114. 동월 열전(東越) → 東越

115. 조선 열전(朝鮮) → 朝鮮

116. 서남이 열전(西南夷) → 西南夷

117. 사마상여 열전(司馬相如) → 司馬相如

118. 회남형산 열전(淮南衡山) → 淮南厲王, 淮南王(劉安), 衡山王

119. 순리 열전(循吏) → 孫叔敖, 子産, 公儀休, 石奢, 李離

120. 급정 열전(汲鄭) → 汲黯, 鄭當時

121. 유림 열전(儒林) → 申公, 轅固生, 韓生, 伏勝, 董仲舒, 胡母生

122. 혹리 열전(酷吏) → 郅都, 甯成, 周陽由, 趙禹, 張湯, 義縱, 王溫舒, 楊僕, 減宣, 杜周

123. 대완 열전(大宛) → 大宛, 烏孫, 康居, 奄蔡, 大月氏

124. 유협 열전(游俠) → 朱家, 劇孟, 郭解

125. 영행 열전(佞幸) → 鄧通, 韓嫣, 李延年

126. 골계 열전(滑稽) → 淳于髡, 優孟, 優旃 (附) 東方朔, 東郭先生, 王先生, 西門豹

127. 일자 열전(日者) → 司馬季主

128. 귀책 열전(龜策) → 龜策

129. 화식 열전(貨殖) → 范蠡, 子貢, 白圭, 猗頓, 卓氏, 程鄭, 宛孔氏, 師史, 任氏

130. 태사공자서(太史公自序) → 司馬遷

이상 순수 인명만 〈중니제자열전〉의 많은 인물을 제외하고도 정식으로 178명이나 되며, 지역(이민족 국가)은 10곳, 기타龜策 1곳 등 다양하며 숫자도 상당량이 된다. 따라서 《사기》 내에 실려 있는 인물은 제목만으로는 알 수 없으며 함께 포함된 자들도 일일이 찾아보아야 그 진정한 내용을 알 수 있다.

한편 문장 중간에 〈보유補遺〉로 저선생褚先生으로 표기된 부분이 있다. 이는 한나라 원제元帝와 성제成帝 연간의 박사博士였던 저소손褚少孫을 가리킨다. 그는 사마천 사후 《사기》의 몇몇 부분

태사공 사마천 출생지 陝西省 韓城市의
'태사공 祠堂 정문'

을 보충하였으며, 지금 전하는 《사기》에는 이 〈보유〉 역시 그대로 싣고 있어, 본 〈열전〉 번역에도 이를 그대로 따랐음을 밝힌다.

태사공 사마천 출생지 陝西省 韓城市의
'태사공 祠堂과 司馬坡'

태사공 사마천의 무덤(陝西 韓城市)

史記一

사마천 《사기》

班固의 《漢書》

차 례

ぷ 역자 서문
ぷ 일러두기
ぷ 해제

史記列傳 三

020(80) 악의 열전樂毅列傳 ···················· 463

021(81) 염파인상여 열전廉頗藺相如列傳 ··········· 477

022(82) 전단 열전田單列傳 ···················· 501

023(83) 노중련추양 열전魯仲連鄒陽列傳 ·········· 509

024(84) 굴원가생 열전屈原賈生列傳 ············· 533

025(85) 여불위 열전呂不韋列傳 ················ 557

026(86) 자객 열전刺客列傳 ···················· 567

027(87) 이사 열전李斯列傳 ···················· 601

028(88) 몽염 열전蒙恬列傳 ···················· 643

029(89) 장이진여 열전張耳陳餘列傳 ············· 653

030(90) 위표팽월 열전魏豹彭越列傳 ············· 679

031(91) 경포 열전黥布列傳 ···················· 689

032(92) 회음후 열전淮陰侯列傳 ················ 707

033(93) 한신노관 열전韓信盧綰列傳 ············· 749

034(94) 전담 열전田儋列傳 ···················· 765

035(95) 번역등관 열전樊酈滕灌列傳 ············· 775

036(96) 장승상 열전張丞相列傳 ················ 801

037(97)　역생육가 열전酈生陸賈列傳 …………………………… 825

038(98)　부근괴성 열전傅靳蒯成列傳 ……………………………… 851

039(99)　유경숙손통 열전劉敬叔孫通列傳 ……………………… 859

史記列傳 下

001(61)　백이 열전伯夷列傳 ………………………………………… 31

002(62)　관안 열전管晏列傳 ………………………………………… 37

003(63)　노장신한 열전老莊申韓列傳 …………………………… 45

004(64)　사마양저 열전司馬穰苴列傳 …………………………… 61

005(65)　손자오기 열전孫子吳起列傳 …………………………… 67

006(66)　오자서 열전伍子胥列傳 ………………………………… 85

007(67)　중니제자 열전仲尼弟子列傳 ………………………… 107

008(68)　상군 열전商君列傳 ……………………………………… 149

009(69)　소진 열전蘇秦列傳 ……………………………………… 165

010(70)　장의 열전張儀列傳 ……………………………………… 207

011(71)　저리자감무 열전樗里子甘茂列傳 …………………… 249

012(72)　양후 열전穰侯列傳 ……………………………………… 271

013(73)　백기왕전 열전白起王翦列傳 ………………………… 283

014(74)　맹자순경 열전孟子荀卿列傳 ………………………… 299

015(75)　맹상군 열전孟嘗君列傳 ……………………………… 309

016(76)　평원군우경 열전平原君虞卿列傳 …………………… 331

017(77)　위공자 열전魏公子列傳 ·· 353

018(78)　춘신군 열전春申君列傳 ·· 369

019(79)　범저채택 열전范雎蔡澤列傳 ······························· 387

史記列傳 중

040(100)　계포난포 열전季布欒布列傳 ······························ 911

041(101)　원앙조착 열전袁盎鼂錯列傳 ······························ 923

042(102)　장석지풍당 열전張釋之馮唐列傳 ···················· 945

043(103)　만석장숙 열전萬石張叔列傳 ··························· 959

044(104)　전숙 열전田叔列傳 ··· 977

045(105)　편작창공 열전扁鵲倉公列傳 ··························· 993

046(106)　오왕비 열전吳王濞列傳 ·································· 1037

047(107)　위기무안후 열전魏其武安侯列傳 ················· 1065

048(108)　한장유 열전韓長孺列傳 ································ 1091

049(109)　이장군 열전李將軍列傳 ································ 1105

050(110)　흉노 열전匈奴列傳 ·· 1125

051(111)　위장군표기 열전衛將軍驃騎列傳 ················· 1177

052(112)　평진후주보 열전平津侯主父列傳 ················· 1213

053(113)　남월 열전南越列傳 ·· 1243

054(114)　동월 열전東越列傳 ·· 1259

055(115) 조선 열전朝鮮列傳 ······································· 1269

056(116) 서남이 열전西南夷列傳 ······························· 1277

史記列傳 全

057(117) 사마상여 열전司馬相如列傳 ························· 1317

058(118) 회남형산 열전淮南衡山列傳 ························· 1367

059(119) 순리 열전循吏列傳 ··································· 1407

060(120) 급정 열전汲鄭列傳 ··································· 1415

061(121) 유림 열전儒林列傳 ··································· 1431

062(122) 혹리 열전酷吏列傳 ··································· 1453

063(123) 대완 열전大宛列傳 ··································· 1493

064(124) 유협 열전游俠列傳 ··································· 1527

065(125) 영행 열전佞幸列傳 ··································· 1541

066(126) 골계 열전滑稽列傳 ··································· 1549

067(127) 일자 열전日者列傳 ··································· 1581

068(128) 귀책 열전龜策列傳 ··································· 1595

069(129) 화식 열전貨殖列傳 ··································· 1659

070(130) 태사공자서太史公自序 ······························· 1689

史記列傳

020(80) 악의 열전樂毅列傳

악의樂毅

❀ 중산국 출신의 악씨 집안

악의樂毅의 선조는 악양樂羊이라고 한다. 악양은 위魏나라 문후文侯의 장군으로 중산국中山國을 쳐서 빼앗은 공로로 영수靈壽에 봉해졌다. 그리고 악양이 죽어 영수에 묻혀 후손들은 그곳에 정착하게 되었다.

그 뒤 중산은 다시 나라를 일으켰으나, 조趙나라 무령왕武靈王 때에 결국 조나라에 의해 멸망하였으며 악씨의 후손 중에 악의가 태어났다.

악의는 현명하고 병법을 좋아하였으며, 조나라에서 벼슬을 하고 있었다. 그러나 무령왕이 사구沙丘의 난으로 죽자 조나라를 떠나 위魏나라로 갔다.

樂毅者, 其先祖曰樂羊. 樂羊爲魏文侯將, 伐取中山, 魏文侯封樂羊以靈壽. 樂羊死, 葬於靈壽, 其後子孫因家焉. 中山復國, 至趙武靈王時復滅中山, 而樂氏後有樂毅.

樂毅賢, 好兵, 趙人擧之. 及武靈王有沙丘之亂, 乃去趙適魏.

❀ 연나라 신하가 되다

그는 연나라에서는 자지子之의 난이 일어나 그로 인해 제나라에 크게 패하여 연나라 소왕昭王은, 제나라를 원망하며 하루도 제나라에 복수할 일을 잊은 적이 없다고 들었다. 그러나 연나라는 나라가 작고 멀리 구석진 곳에 위치하고 있어 힘으로는 제나라를 제압할 수가 없었다. 이에 소왕은 스스로 몸을 굽혀 선비를 높이 받들며 먼저 곽외郭隗를 예우하여 현인들을 끌어들이려 하였다.

이 때 악의는 위魏나라 소왕昭王에게 청하여 연나라에 사신으로 갔는데 연나라 왕은 빈객의 예로써 그를 대우하려 하였으나 악의는 이를 사양하고,

예물을 올린 다음 신하가 되어 연나라 소왕은 악의를 아경亞卿에 임명하였다. 그 뒤 오랜 세월이 흘렀다.

聞燕昭王以子之之亂而齊大敗燕, 燕昭王怨齊, 未嘗一日而忘報齊也. 燕國小, 辟遠, 力不能制, 於是屈身下士, 先禮郭隗以招賢者. 樂毅於是爲魏昭王使於燕, 燕王以客禮待之. 樂毅辭讓, 遂委質爲臣, 燕昭王以爲亞卿, 久之.

◉ 제나라가 강성하여

당시는 제齊나라는 민왕湣王의 세력이 강해서 남쪽으로는 초楚나라 장군 당말唐眜을 중구重丘에서 깨뜨리고, 서쪽으로는 삼진三晉의 군사를 관진觀津에서 무찌른 다음, 마침내는 삼진과 함께 진나라를 공격하고 조나라를 도와 중산을 없앴으며, 송宋나라를 쳐서 영토를 천여 리나 넓혔다. 민왕은 진秦나라 소왕昭王과 서로 세력을 겨루어 제帝를 칭호하기로 하였다가 얼마 뒤에 다시 왕王이라 불렀다.

제후들이 모두 진나라를 배반하고 제나라에 복종하려 하자 민왕은 교만해지기 시작하였고, 백성들은 견디기 힘든 지경에 빠지고 말았다. 그제야 연나라 소왕은 악의에게 제나라를 어떻게 쳐야 할 것인가를 물었다. 악의는 이렇게 대답하였다.

"제나라에는 일찍이 환공桓公이 패업을 이루었던 전통이 남아 있고, 땅도 넓고 인구도 많아 혼자의 힘으로서는 공격하기 어렵습니다. 왕께서 기필코 제나라를 치고자 하신다면, 조·초·위 세 나라와 연합하느니만 못합니다."

이리하여 연나라 왕은 악의로 하여금 조나라 혜문왕惠文王과 맹약을 맺도록 하고, 또 다른 사람을 시켜 초·위나라를 끌어들인 다음, 다시 조나라를 통해 진나라에게 제나라를 치는 것이 유리하다는 것을 설득하도록 하였다. 제후들은 제나라 민왕이 교만하고 포학한 것을 미워하던 터라, 모두 앞을 다투어 합종을 서두르며 연나라와 함께 제나라를 칠 계획을 세웠다.

當是時, 齊湣王彊, 南敗楚相唐眛於重丘, 西摧三晉於觀津, 遂與三晉擊秦,
助趙滅中山, 破宋. 廣地千餘里. 與秦昭王爭重爲帝, 已而復歸之. 諸侯皆欲
背秦而服於齊. 湣王自矜, 百姓弗堪. 於是燕昭王問伐齊之事. 樂毅對曰:
「齊, 霸國之餘業也, 地大人衆, 未易獨攻也. 王必欲伐之, 莫如與趙及楚・魏」
於是使樂毅約趙惠文王, 別使連楚・魏, 令趙嚪說秦以伐齊之利. 諸侯害齊
湣王之驕暴, 皆爭合從與燕伐齊.

❀ 제나라 70여 성을 함락시키다

악의가 돌아와 이를 보고하자, 연나라 소왕은 국내의 병력을 동원하고
악의를 상장군으로 삼았다. 한편 조나라 혜문왕 역시 악의에게 상국相國의
인수를 주었다. 악의는 이리하여 조・초・한・위・연나라의 5개국 연합군의
총지휘를 맡아 제나라로 쳐들어가 제나라 군대를 제수濟水 서쪽에서 깨뜨렸다.

제후국의 연합군은 싸움이 끝나자, 제각기 본국으로 돌아갔으나 악의는
연나라 군사만을 이끌고 계속 뒤를 쫓아 제나라 수도인 임치臨菑까지
쳐들어갔다. 제나라 민왕은 제수 서쪽에서 패한 뒤 달아나 거莒 만을
지킬 뿐이었다. 이에 악의는 제나라에 머무르며 전국에 정령政令을 폈으며,
제나라의 각 성은 항복하지 않은 채 계속 수비 태세를 갖출 뿐이었다.
악의는 임치에 진입하자 제나라의 귀중한 보물과 제기祭器들을 모조리
연나라로 실어 보냈다. 연나라 소왕은 크게 기뻐하여 친히 제수 기슭으로
나가 장병들을 위로하고 상을 주며 잔치를 벌이는 한편, 악의를 창국昌國에
봉하고 창국군昌國君이라 불렀다. 그리고 소왕 자신은 제나라에서 빼앗은
전리품들을 거두고 악의로 하여금 다시 군대를 이끌고 아직 항복하지
않은 제나라 성과 고을들을 평정하도록 하였다.

악의는 제나라에 남아 각지를 돌아다니며 정령을 펴기 5년, 마침내
제나라의 70여 성을 항복받아 모두 연나라 군현으로 편입시켰다. 그러나
거莒와 즉묵卽墨 두 개의 성만은 항복하지 않고 버티고 있었다.

樂毅還報, 燕昭王悉起兵, 使樂毅爲上將軍, 趙惠文王以相國印授樂毅.
樂毅於是幷護趙・楚・韓・魏・燕之兵以伐齊, 破之濟西. 諸侯兵罷歸, 而燕

軍樂毅獨追, 至于臨菑. 齊湣王之敗濟西, 亡走, 保於莒. 樂毅獨留徇齊, 齊皆城守. 樂毅攻入臨菑, 盡取齊寶財物祭器輸之燕. 燕昭王大說, 親至濟上勞軍, 行賞饗士, 封樂毅於昌國, 號爲昌國君. 於是燕昭王收齊鹵獲以歸, 而使樂毅復以兵平齊城之不下者.

樂毅留徇齊五歲, 下齊七十餘城, 皆爲郡縣以屬燕, 唯獨莒·卽墨未服.

◉ 전단이 반간계를 쓰다

그때 마침 연나라 소왕이 죽고 그 아들이 왕이 되었다. 그가 바로 혜왕惠王이다. 혜왕은 태자로 있을 때부터 늘 악의를 못마땅하게 생각하였다. 그가 즉위하자 그 사실을 알고 있는 제나라 전단田單이 첩자를 연나라로 보내어 이렇게 반간계를 썼다.

"제나라 성 가운에 항복하지 않은 것은 거와 즉묵 두 개의 성뿐이다. 그런데 이것을 빨리 함락시키지 않는 것은, 들리는 소문에 의하면 악의가 연나라의 새 임금과 사이가 좋지 않기 때문에 전쟁을 끌어 제나라에 한동안 머물러 있으면서, 제나라에서 왕 노릇할 계획을 꾸미고 있기 때문이다. 그러므로 제나라가 걱정하고 있는 것은 연나라에서 악의 대신 다른 장군이 보내지지나 않을까 하는 것뿐이다."

연나라 혜왕은 본래 악의를 의심하고 있던 터라, 제나라 첩자들이 퍼뜨린 소문을 듣자 악의 대신 기겁騎劫을 장군으로 임명하여 제나라로 보내고 악의를 소환하였다.

악의는 연나라 혜왕이 자신과 사이가 좋지 못한 관계로 귀국하면 주벌을 받을 것임을 두려워하여 서쪽 조나라로 달아나 항복해 버렸다. 조나라는 악의를 관진觀津에 봉하고 호를 망제군望諸君이라 하면서, 악의를 높이 받들어 연나라와 제나라를 경계하며 무서워 떨도록 하였다.

제나라 전단은 뒤에 연나라 기겁과 싸워 연나라 군사를 속임수로 물리쳐 즉묵 부근에서 깨뜨렸다. 뒤이어 각지에서 연나라 군대를 몰아내고 북쪽으로 황하 기슭까지 이르러 제나라의 모든 성과 고을들을 회복하였다. 그리고 민왕의 아들 양왕襄王을 거莒로부터 임치로 맞아들여 국권을 회복하였다.

會燕昭王死, 子立爲燕惠王. 惠王自爲太子時嘗不快於樂毅, 及卽位, 齊之田單聞之, 乃縱反間於燕, 曰:「齊城不下者兩城耳. 然所以不早拔者, 聞樂毅與燕新王有隙, 欲連兵且留齊, 南面而王齊. 齊之所患, 唯恐他將之來.」於是燕惠王固已疑樂毅, 得齊反間, 乃使騎劫代將, 而召樂毅. 樂毅知燕惠王之不善代之, 畏誅, 遂西降趙. 趙封樂毅於觀津, 號曰望諸君. 尊寵樂毅以警動於燕·齊.

齊田單後與騎劫戰, 果設詐誑燕軍, 遂破騎劫於卽墨下, 而轉戰逐燕, 北至河上, 盡復得齊城, 而迎襄王於莒, 入于臨菑.

ⓢ 연나라 왕의 사과 편지

연나라 혜왕은 그제야 기겁을 악의와 교체시킨 탓으로 싸움에 지고 장수를 잃었으며 다 빼앗았던 제나라 땅마저 잃게 된 것을 후회하였다. 또 악의가 조나라에 항복한 것을 원망하는 한편 조나라가 악의를 장군으로 삼아 연나라가 지쳐 있는 틈을 타 공격해 오지나 않을까 두려워하였다. 이에 사신을 보내 악의를 책망하면서도 다른 한편 이렇게 사과하였다.

"선왕께서는 나라를 다 들어 장군에게 맡겼소. 장군은 연나라를 위해 제나라를 무찌르고 선왕의 원수를 갚아 천하를 진동시켰소. 과인이 어찌 하루인들 장군의 공을 잊을 리 있겠소? 마침 선왕께서 세상을 뜨시고 과인이 새로 즉위하자, 좌우에 있는 사람들이 과인을 잘못 된 길로 인도하였던 것이오. 과인이 기겁을 장군과 교체시킨 것은, 장군이 오래 국외에서 뜨거운 햇볕과 비바람에 시달리고 있었기 때문에 장군을 불러 잠시 쉬게 하며 일을 꾀하려 하였던 참이었소. 그런데 장군은 그릇된 소문을 잘못 듣고 과인과 사이가 나쁜 것으로 생각하여 마침내 연나라를 버리고 조나라로 가버리고 만 것이오. 장군이 혼자 자신만을 생각하는 것은 좋은 일일 수 있으나 그렇게 한다면 장군은 선왕께서 장군을 후하게 대접한 뜻에 어떻게 보답할 수 있겠소?"

燕惠王後悔使騎劫代樂毅, 以故破軍亡將失齊; 又怨樂毅之降趙, 恐趙用樂毅而乘燕之獘以伐燕. 燕惠王乃使人讓樂毅, 且謝之曰:「先王擧國而委將軍, 將軍爲燕破齊, 報先王之讎, 天下莫不震動, 寡人豈敢一日而忘將軍之功哉! 會先王弃羣臣, 寡人新卽位, 左右誤寡人. 寡人之使騎劫代將軍, 爲將軍久暴露於外, 故召將軍且休, 計事. 將軍過聽, 以與寡人有隙, 遂捐燕歸趙. 將軍自爲計則可矣, 而亦何以報先王之所以遇將軍之意乎?」

◉ 군자는 절교에 악담을 하지 않는다

그러자 악의는 혜왕에게 이렇게 답장을 보냈다.

"신은 영리하지 못하여 왕명을 받들지도, 좌우 신하들의 마음을 따르지도 못하여 선왕의 밝으심을 해치고 대왕의 덕을 해칠까 두려워 조나라로 도망온 것이옵니다. 지금 대왕께서 사람을 보내어 신의 죄를 꾸짖었습니다만, 신은 아직도 대왕의 좌우 신하들이 선왕께서 신을 사랑해 주신 까닭을 살피지 못하고, 또 신이 선왕을 섬기던 뜻을 밝혀 주지 못하지나 않을까 여겨 이렇게 감히 글로써 올리는 바입니다.

신은 '어질고 성스러운 임금은 가깝다는 이유로 벼슬과 봉록을 주지는 않고, 공이 많은 자에게 상을 주고 재주와 능력이 있는 자에게 그에 맞는 소임을 맡긴다'고 들었습니다. 그러므로 사람의 재능을 살펴 관직을 주어야만 공을 이루는 임금이 되며, 임금의 하는 일을 올바로 말하여야 임금을 섬기는 자가 이름을 남기는 선비입니다. 신이 선왕의 하신 일을 살피건대 세상 임금들보다 높은 뜻을 가지셨던 것으로 압니다. 그리하여 신은 사신으로서의 부절符節을 위나라로부터 빌려 연나라로 들어가 선왕께 이 몸을 살펴주시도록 하였습니다.

선왕께서는 지나치게 신을 우대하여 빈객들 틈에 끼어 주시고, 여러 신하들 위에 오르게 하시어, 부형들과의 상의도 없이 신을 아경으로 발탁해 주셨습니다. 신은 임무를 감당해 낼 수 있을까 마음 속으로 두려워하면서도 명령대로 가르침을 받들게 되면 다행히 큰 허물은 없을 것이라는 생각에서 사양하지 아니하고 명령에 따랐던 것입니다.

선왕께서는 신에게 '나는 제나라에 깊은 원한과 노여움을 가지고 있소. 이에 우리 연나라가 힘이 약한 것도 생각지 않고, 그저 제나라를 치고 싶을 따름이오'라고 하셨습니다. 이에 신은 '제나라에는 일찍이 환공이 패업을 이뤘던 전통이 남아 있고 자주 싸움에 이긴 실적이 있어 무기와 장비가 갖춰져 있으며 전투에도 능합니다. 만약 왕께서 제나라를 치실 생각이시면 천하 제후들을 우리편으로 만든 다음에 공격해야 합니다. 천하 제후들을 내 편으로 만들어 치는 데는 먼저 조나라와 동맹을 맺느니만 못합니다. 그리고 또 회수淮水 북쪽에 있는 옛 송나라 땅은 초·위나라가 탐내는 땅입니다. 조나라가 만일 승낙하여 네 나라가 우리와 동맹하여 치게 되면 제나라를 크게 깨뜨릴 수 있습니다'라고 말씀을 올렸던 것입니다. 선왕께서는 이를 인정하시고 부절을 준비하여 신을 사신으로 남쪽의 조나라로 보내셨습니다. 신은 돌아와 보고를 마친 다음, 군사를 일으켜 제나라를 치게 되었습니다.

하늘의 도가 무심치 않았고 선왕이 영명하신 덕택으로 황하 북쪽의 모든 지역이 선왕을 따랐으므로 그곳 군사들을 제수 근처로 집결시켜 연나라 군사에 가담시키게 되었습니다. 제수 근처의 군사는 명령을 받아 제나라를 쳐서 크게 깨뜨리고 날랜 병졸과 정예부대가 제나라 수도로 육박해 들어가자, 제나라 왕은 거로 도망쳐 목숨만을 겨우 건졌던 것입니다. 그때 제나라의 보옥과 수레·무기·진기한 그릇들은 모조리 연나라로 들여왔습니다. 그 제나라에서 가져 온 물건은 영대寧臺에 진열하고 대려大呂는 원영元英 궁궐에 전시하였으며, 앞서 제나라에 빼앗겼던 연나라 정鼎은 되찾아 마실磨室에 안치하였으며, 연나라 수도인 계구薊丘에는 제나라 문수汶水 기슭의 대나무를 옮겨 심었습니다. 오패五霸로부터 오늘에 이르기까지 공에 있어서 선왕을 따를 사람은 없습니다. 선왕께서는 만족하시어 땅을 떼어 신을 봉하시고 조그만 제후와도 비교할 수 있는 몸이 되게 해 주셨습니다. 신은 책임을 감당해 낼수 있을까 두려운 느낌이 들었으나, 명령을 받들어 가르침에 따르면 다행히 큰 허물은 없으리라는 생각에서 사양하지 않고 받아들였던 것입니다.

신은 '어질고 성스러운 임금은 공을 이루게 되면 그것이 허물어지지 않으므로 그 이름이 역사에 남게 된다. 앞을 내다보는 현명한 선비는, 이름을 세우게 되면 그 이름을 해치는 일이 없기 때문에 후세에까지 칭송을 듣게 된다'고 듣고 있습니다. 선왕께서 원한을 갚고 치욕을 씻어 제나라와 같은 병거 만 승의 강국을 평정하여 800년에 걸쳐 쌓아둔 보물과 진기한 그릇들을 빼앗아온 것이라든지 임종하시는 날까지 생전의 가르침이 조금도 쇠퇴함이 없고, 정사를 맡은 신하들은 그 법령을 올바로 알았으며, 적서嫡庶의 분수를 어지럽게 하는 일이 없게 하여 이를 백성들과 하인들에게 까지 미치게 한 것들은 모두 후세의 교훈이 될 만합니다.

또 들은 바에 의하면 '일을 잘 꾸며내는 사람이 반드시 그 일을 잘 이룩하는 사람이 아니며, 처음에 잘 하는 사람이 반드시 끝까지 잘 하는 것은 아니다'라고 합니다. 옛날 오자서伍子胥는 그의 의견을 오왕 합려闔廬가 잘 받아들였기 때문에 오왕은 멀리 초나라 수도 영郢까지 쳐들어갔습니다. 그러나 뒤를 이은 오왕 부차夫差는 자서의 말을 옳게 여기지 않아 그에게 죽음을 내리고 그 시체를 말가죽으로 만든 자루에 넣어 장강에 띄웠습니다. 오왕 부차는 선왕의 정책을 그대로 이어 가면 공을 세울 수 있다는 것을 깨닫지 못하였기 때문에, 자서를 강에 던지고도 후회하지 않았던 것입니다. 또 자서는 두 임금의 도량이 같지 않다는 것을 일찍 알아차리지 못하였기 때문에 강에 던져지면서도 자신의 주장을 굽히지 않았던 것입니다.

그런데 신의 경우는 죄에서 벗어나 공을 세워 선왕이 남기신 업적을 뚜렷하게 하는 것이 가장 좋은 일입니다. 모욕스런 비방으로 선왕의 명성을 손상시키는 것을 신은 크게 두려워합니다. 이미 연나라를 버리고 조나라로 도망친 크나큰 죄를 범하였는데, 또 연나라가 지친 기회를 틈타 조나라를 위해 연나라를 쳐서 이미 저지른 죄를 요행으로 면해 보려는 그런 짓은 의리상 도저히 할 수 없는 일이옵니다.

신이 듣건대 '옛날 군자는 사람과 교제를 끊음에 악담을 하지 않으며, 충신은 나라를 떠나더라도 자신의 결백을 밝히려고 임금에게 허물을 돌리지 않는다'라고 하였습니다. 신은 비록 영리하지 못하나 자주 군자의 가르침을 받아 왔습니다. 다만 왕의 좌우에 있는 사람들이 주위의 사람들 말에 이끌려 멀리 버려진 신의 행동을 제대로 살피지 못할까 두려워 감히 글로써 올리오니 왕께서만은 신의 뜻을 살펴 주시기를 바랍니다."

樂毅報遺燕惠王書曰:

「臣不佞, 不能奉承王命, 以順左右之心, 恐傷先王之明, 有害足下之義, 故遁逃走趙. 今足下使人數之以罪, 臣恐侍御者不察先王之所以畜幸臣之理, 又不白臣之所以事先王之心, 故敢以書對.

臣聞賢聖之君不以祿私親, 其功多者賞之, 其能當者處之. 故察能而授官者, 成功之君也; 論行而結交者, 立名之士也. 臣竊觀先王之擧也, 見有高世主之心, 故假節於魏, 以身得察於燕. 先王過擧, 廁之賓客之中, 立之羣臣之上, 不謀父兄, 以爲亞卿. 臣竊不自知, 自以爲奉令承教, 可幸無罪, 故受令而不辭.

先王命之曰:『我有積怨深怒於齊, 不量輕弱, 而欲以齊爲事.』臣曰:『夫齊, 霸國之餘業而最勝之遺事也. 練於兵甲, 習於戰攻. 王若欲伐之, 必與天下圖之. 與天下圖之, 莫若結於趙. 且又淮北宋地, 楚魏之所欲也, 趙若許而約四國攻之, 齊可大破也.』先王以爲然, 具符節南使臣於趙. 顧反命, 起兵擊齊. 以天之道, 先王之靈, 河北之地隨先王而擧之濟上. 濟上之軍受命擊齊, 大敗齊人. 輕卒銳兵, 長驅至國. 齊王遁而走莒, 僅以身免; 珠玉財寶車甲珍器盡收入于燕. 齊器設於寧臺, 大呂陳於元英, 故鼎反乎磨室, 薊丘之植植於汶篁, 自五伯已來, 功未有及先王者也. 先王以爲慊於志, 故裂地而封之, 使得比小國諸侯. 臣竊不自知, 自以爲奉令承教, 可幸無罪, 是以受命不辭.

臣聞賢聖之君, 功立而不廢, 故著於春秋; 蚤知之士, 名成而不毀, 故稱於後世. 若先王之報怨雪恥, 夷萬乘之彊國, 收八百歲之蓄積, 及至弃羣臣之日, 餘教未衰, 執政任事之臣, 脩法令, 愼庶孽, 施及乎萌隸, 皆可以敎後世.

臣聞之, 善作者不必善成, 善始者不必善終. 昔伍子胥說聽於闔閭, 而吳王遠迹至郢; 夫差弗是也, 賜之鴟夷而浮之江. 吳王不寤先論之据以立功, 故沈子胥而不悔; 子胥不蚤見主之不同量, 是以至於入江而不化.

夫免身立功, 以明先王之迹, 臣之上計也. 離毀辱之誹謗, 墮先王之名, 臣之所大恐也. 臨不測之罪, 以幸爲利, 義之所不敢出也.

臣聞古之君子, 交絶不出惡聲; 忠臣去國, 不絜其名. 臣雖不佞, 數奉教於君子矣. 恐侍御者之親左右之說, 不察疏遠之行, 故敢獻書以聞, 唯君王之留意焉.」

● 조나라를 치다

이리하여 연나라 왕은 악의의 아들 악간樂間을 다시 창국군昌國君에 봉하였다. 악의는 조나라와 연나라 사이를 왕래하며 다시금 연나라와 친하게 되었다. 연·조나라는 그를 객경에 임명하였다. 악의는 조나라에서 죽었다.

악간이 연나라에 산 지 30여 년이 되었을 때, 연나라 왕 희喜가 그 재상 율복栗腹의 계책을 써서 조나라를 치려고 창국군 악간에게 의견을 물었다. 악간은 이렇게 말하였다.

"조나라는 사방의 적들과 자주 싸워 온 나라입니다. 그 백성들은 싸움에 익숙해 있습니다. 조나라를 치는 것은 옳지 못합니다."

그러나 연나라 왕은 듣지 않고 마침내 조나라를 쳤다. 조나라는 장군 염파廉頗를 보내어 이를 맞아 쳤다. 염파는 율복의 군사를 호鄗 땅에서 크게 깨뜨리고 율복과 악승樂乘을 사로잡았다. 악승은 악간의 집안이었다. 이에 악간은 조나라로 달아났다.

於是燕王復以樂毅子樂閒爲昌國君; 而樂毅往來復通燕, 燕趙以爲客卿. 樂毅卒於趙.

樂閒居燕三十餘年, 燕王喜用其相栗腹之計, 欲攻趙, 而問昌國君樂閒. 樂閒曰:「趙, 四戰之國也, 其民習兵, 伐之不可.」燕王不聽, 遂伐趙. 趙使廉 頗擊之, 大破栗腹之軍於鄗, 禽栗腹·樂乘. 樂乘者, 樂閒之宗也. 於是樂閒 奔趙, 趙遂圍燕. 燕重割地以與趙和, 趙乃解而去.

● 악간에게 보낸 편지

조나라가 마침내 연나라를 포위하자, 연나라는 거듭 땅을 떼어주고 조나라와 화친하였다. 조나라 군사는 그제야 포위를 풀고 되돌아갔다.

연나라 왕은 악간의 의견을 듣지 않은 것을 후회하였으나, 악간은 이미 조나라로 가 버렸으므로 이렇게 글을 보내었다.

"은나라 주왕紂王 때 기자箕子는 주왕이 그의 말을 들어 주지 않았으나 계속 간하여 그의 말을 받아들이기를 바랐고, 상용商容도 그의 의견을 주왕이 받아들이지 않고 몸을 욕되게 하였으나 여전히 주왕이 마음을 바꾸기를 바랐소. 그리고 정치가 더욱 어지러워져서 민심이 이탈되고 감옥에 갇힌 죄수들이 감옥을 탈출하기에 이르러서야 비로소 두 사람은 물러나 숨었던 것이오. 그러므로 주왕은 하나라 걸왕과 같이 포학한 사람으로 인정받고 있지만, 두 사람은 충성과 성스러운 이름을 잃지 않았소. 그 두 사람은 걱정하는 마음을 다하였기 때문이오. 그런데 과인은 어리석기는 하지만 주왕과 같이 포학하지는 않으며, 연나라 백성들은 어지러워져 있기는 하지만 은나라 백성들처럼 심하지는 않소. 한 집안에서 말썽이 있었다 하여 서로 할 말을 다하지 못하고 이웃집에 일러바치는 것은 어찌 된 일이오? 경이 과인에게 간하지도 않은 것과 이웃 나라인 조나라로 달아나 버린 이 두 가지 일은 과인이 경을 위해 심히 유감으로 생각하는 바이오.”

燕王恨不用樂閒, 樂閒旣在趙, 乃遺樂閒書曰:「紂之時, 箕子不用, 犯諫不怠, 以冀其聽; 商容不達, 身祇辱焉, 以冀其變. 及民志不入, 獄囚自出, 然後二子退隱. 故紂負桀暴之累, 二子不失忠聖之名. 何者? 其憂患之盡矣. 今寡人雖愚, 不若紂之暴也; 燕民雖亂, 不若殷民之甚也. 室有語, 不相盡, 以告鄰里. 二者, 寡人不爲君取也.」

❀ 악씨의 후손들

그러나 악간과 악승은, 연나라가 자기들의 계책을 받아들이지 않은 것을 원망하여 둘 모두 조나라에 머물렀다. 조나라는 악승을 봉해 무양군武襄君이라 하였다. 그 이듬해, 악승과 염파는 조나라를 위해 연나라를 포위하였다. 그러자 연나라가 정중하게 예를 갖춰 화친을 청해 와 포위를 풀었다.

그로부터 5년 뒤에, 조나라 효성왕이 죽었다. 조나라 양왕襄王이 악승을 염파 후임으로 장군에 임명하자, 염파가 이에 불복하고 악승을 공격하였다. 악승은 패해 달아나고 염파도 위나라로 망명하였다.

그로부터 16년 뒤에 진나라가 조나라를 멸하였다.

또 20여 년이 지난 후, 고제高帝가 조나라 옛 땅에 들렀을 때 사람들에게 물었다.

"악의에게 자손이 있느냐?"

사람들이 대답하였다.

"악숙樂叔이란 사람이 있습니다."

그리하여 고제는 그를 악경樂卿에 봉하고 화성군華成君이라 불렀다. 화성군은 악의의 손자이다. 그밖에 악씨의 집안으로는 악하공樂瑕公·악신공樂臣公이 있었는데 조나라가 진나라에게 망할 무렵 제나라 고밀高密로 망명하였다. 악신공은 황제와 노자의 학문에 능숙해서 제나라에서 훌륭한 스승으로 알려졌다.

樂閒·樂乘怨燕不聽其計, 二人卒留趙. 趙封樂乘爲武襄君.

其明年, 樂乘·廉頗爲趙圍燕, 燕重禮以和, 乃解. 後五歲, 趙孝成王卒. 襄王使樂乘代廉頗. 廉頗攻樂乘, 樂乘走, 廉頗亡入魏. 其後十六年而秦滅趙.

其後二十餘年, 高帝過趙, 問:「樂毅有後世乎?」對曰:「有樂叔」高帝封之樂卿, 號曰華成君. 華成君, 樂毅之孫也. 而樂氏之族有樂瑕公·樂臣公, 趙且爲秦所滅, 亡之齊高密. 樂臣公善修黃帝·老子之言, 顯聞於齊, 稱賢師.

❀ 사마천의 평어

나 태사공은 이렇게 생각한다.

일찍이 제나라 괴통蒯通과 주보언主父偃은 악의가 연나라 왕에게 보낸 편지를 읽을 때마다 책을 닫고 울지 않을 수가 없었다고 한다. 악신공은 황제와 노자의 학문을 배웠다. 그의 학문의 스승은 하상장인河上丈人이라 부르는 인물이었는데 그의 출신지는 확실치 않다. 하상장인은 안기생安期生을 가르쳤고, 안기생은 모흡공毛翕公을 가르쳤고, 모흡공은 악하공을 가르쳤고, 악하공은 악신공을 가르쳤으며, 악신공은 개공蓋公을 가르쳤다. 개공은 제나라 고밀과 교서膠西 땅에서 가르치며 조상국曹相國의 스승이 되었다.

太史公曰: 始齊之蒯通及主父偃讀樂毅之報燕王書, 未嘗不廢書而泣也.
樂臣公學黃帝・老子, 其本師號曰河上丈人, 不知其所出. 河上丈人教安期生,
安期生教毛翕公, 毛翕公教樂瑕公, 樂瑕公教樂臣公, 樂臣公教蓋公. 蓋公
教於齊高密・膠西, 爲曹相國師.

史記列傳

021(81) 염파인상여 열전廉頗藺相如列傳

① 염파廉頗, 인상여藺相如
② 조사趙奢, 조괄趙括 ③ 이목李牧

〈1〉염파廉頗, 인상여藺相如

⊛ 염파와 인상여

염파廉頗는 조趙나라의 뛰어난 장수였다. 조나라 혜문왕惠文王 16년,
염파는 제나라를 쳐서 크게 깨뜨리고 양진陽晉을 취하여 상경上卿에 올랐다.
이로써 그의 용맹은 제후들에게 널리 알려지게 되었다.

인상여藺相如 역시 조나라 사람으로 환자령宦者令 목현繆賢의 사인舍人이었다.

廉頗者, 趙之良將也. 趙惠文王十六年, 廉頗爲趙將伐齊, 大破之, 取陽晉,
拜爲上卿, 以勇氣聞於諸侯. 藺相如者, 趙人也, 爲趙宦者令繆賢舍人.

⊛ 그 화씨벽에 흠이 있습니다

이 무렵 혜문왕은 초나라의
화씨벽和氏璧을 손에 넣게 되었다.
그러자 진秦나라 소왕昭王이
그를 듣고 사신에게 글을 주어
진나라의 15개 성과 화씨벽을
교환하자고 청해 왔다.

조나라 왕은 대장군 염파와
여러 대신들을 모아놓고 상의하
였다. 화씨벽을 진나라에 보내

〈完璧歸趙〉東漢 畫像磚

준다 해도 진나라가 그 15개 성을 조나라에 넘겨준다는 보장도 없었다.
그렇다고 화씨벽을 보내 주지 않을 경우 진나라가 이를 구실로 침략해
올 것임은 뻔한 일이어서 좀처럼 결정을 지을 수 없었다.

또한 진나라에 가서 그 회답을 알릴 만한 사람을 물색하기도 힘들었다.
이때 환자령 목현이 말하였다.

"신의 사인 인상여가 적임자일 것 같습니다."

왕이 물었다.

"어떻게 알 수 있는가?"

목현이 대답하였다.

"신이 일찍이 대왕께 죄를 짓고 몰래 연燕나라로 도망갈 계획을 한 일이 있습니다. 그 때 인상여가 저를 말리며 '주인은 어떻게 해서 연나라 왕을 알게 되었습니까?'하고 묻더이다. 이에 '일찍이 대왕을 모시고 연나라 왕과 국경 근처의 모임에 참석한 일이 있었다. 그 때 연나라 왕이 가만히 내 손을 잡으며 친구가 되자고 말한 일이 있어서 알게 되었고 이에 그리로 가려고 한다'라고 하였더니 상여는 저에게 '대체로 조나라는 강하고 연나라는 약합니다. 게다가 주인께서 조나라 왕에게 사랑을 받고 있었기 때문에 연나라 왕이 주인과 교제를 맺으려고 하였던 것입니다. 그런데 지금 주인께서는 조나라를 도망쳐 연나라로 달아나면 연나라는 조나라가 두려워 사실상 주인을 머물러 있게 하지 않을 것이 뻔합니다. 그리고 주인을 묶어 조나라로 돌려보내게 될 것입니다. 주인께서는 옷을 벗고 처형을 청하느니만 못합니다. 그러면 혹 죄를 면할지도 모릅니다'라고 권하였습니다. 신이 인상여의 말대로 하여 결국 대왕께서도 신을 용서해 주셨습니다. 이로써 저는 인상여가 용사인 동시에 지모가 있는 사람이란 것을 알게 되었습니다. 사신으로 보내어도 틀림없으리라 여깁니다."

이리하여 조왕이 인상여를 불러 물었다.

"진나라 왕이 열다섯 성을 가지고 과인의 화씨벽과 바꾸자고 청해 왔는데 이것을 보내 주어야 하겠소, 보내 주지 말아야 하겠소?"

인상여가 말하였다.

"진나라는 강하고 조나라는 약합니다. 받아들이지 않을 수 없습니다."

왕이 물었다.

"우리 화씨벽만 받아 챙기고 성을 주지 않으면 어떻게 하겠소?"

인상여가 대답하였다.

"진나라가 성을 주는 조건으로 화씨벽을 청해 왔는데 조나라가 듣지 않으면 잘못은 조나라에 있게 됩니다. 그러나 조나라가 화씨벽을 주었는데도 진나라가 성을 주지 않으면 잘못은 진나라에 있게 됩니다. 두 가지를 놓고 비교해 볼 때 저쪽의 말을 들어주어 진나라에 잘못한 책임을 넘기는 편이 나을 것으로 생각됩니다."

왕이 다시 물었다.

"누구를 사신으로써 적임이겠소?"

인상여가 말하였다.

"왕께서 적당한 사람이 생각나지 않으신다면, 신에게 그 화씨벽을 가지고 진나라로 들어가게 임무를 맡겨 주십시오. 성이 조나라 손에 들어오면, 화씨벽은 진나라에 두고 오겠습니다. 성을 주지 않으면, 틀림없이 화씨벽을 도로 조나라에 가지고 오겠습니다."

조나라 왕은 이리하여 마침내 상여에게 화씨벽을 들려 진나라로 들여보냈다.

진나라 왕은 장대章臺에 앉아 상여를 만났다. 상여는 화씨벽을 받들어 진왕에게 올렸다. 진나라 왕은 크게 기뻐하며 차례로 손을 건너 미인美人과 좌우 신하들에게 화씨벽을 보여 주었다. 신하들은 모두 만세를 외쳤다.

이윽고 상여는 진나라 왕이 그 대가로 조나라에 성을 줄 생각이 아예 없는 것을 알아차리자 앞으로 나아가 말하였다.

"그 화씨벽에도 흠이 한 곳 있습니다. 그것을 대왕께 보여 드리겠습니다."

왕은 화씨벽을 내주었다. 상여는 화씨벽을 받아 들자 뒤로 물러서서 기둥을 의지하고 우뚝 섰다.

그의 모습은 격노한 나머지 머리털이 거꾸로 치솟았고, 머리에 쓰고 있는 관이 들먹거릴 정도였다.

"대왕께서는 화씨벽을 얻을 생각으로 사신을 통해 조나라 왕에게 글을 보냈습니다. 조나라 왕은 신하들을 모두 모아 놓고 상의하였습니다. 모두가 '진나라는 탐욕스러워서 그 강한 것을 믿고 빈말로 구슬을 차지하려는 것이다. 구슬 대신 주기로 한 성은 내주지 않을 것이다'라는 의견이어서 상의 결과 진나라에 화씨벽을 보내 주지 않으려 하였습니다. 그러나 신은

'일반 백성들 사이에도 그런 거짓 교제란 있을 수 없는 일인데 하물며 큰 나라와 나라 사이의 교제에 그럴 수는 없는 일이다. 그리고 화씨벽 하나 때문에 강한 진나라의 비위를 거슬릴 수는 없다'고 하였습니다. 이리하여 조나라 왕은 닷새 동안 재계를 마친 다음 신에게 명하여 화씨벽을 받들고 삼가 글을 진나라 대궐로 보낸 것입니다. 대국의 위엄을 존중하여 정성을 다하려 하였기 때문입니다. 그런데 지금 신이 도착하자, 대왕은 신을 빈객으로 대우하지 않고 신하들과 함께 대하며 그 예절이 심히 거만하였고, 화씨벽을 받아들자 그것을 미인에게 건네주어 신을 희롱하였습니다. 신은 대왕께서 화씨벽 대신으로 성을 내줄 의향이 없는 것을 짐작하였기 때문에 화씨벽을 되찾은 것입니다. 만일 대왕께서 신을 강제로 빼앗으려 하신다면, 신의 머리는 이 구슬과 함께 기둥에 부딪쳐 깨어지고 말 것입니다."

상여는 화씨벽을 들고 기둥을 노려보며 화씨벽을 기둥에 내려칠 기세를 보였다. 진나라 왕은 상여가 화씨벽을 깨뜨릴까 자못 두려워하며 잘못을 사과하고 노여움을 풀도록 하였다. 그리고 지도를 가져오게 한 다음 손으로 지도를 가리키며 여기서부터 저쪽까지 열다섯 성을 조나라에 넘겨주라고 지시하였다. 상여는 진나라 왕이 다만 거짓으로 조나라에 성을 줄 것처럼 시늉만 해 보였을 뿐 사실상 성을 얻게 되지는 못할 것으로 알고 진나라 왕에게 말하였다.

"화씨벽은 온 천하가 다같이 보물로 알고 있는 것입니다. 조나라 왕은 진나라가 두려워 그것을 바치지 않을 수 없었습니다. 조나라 왕이 화씨벽을 보낼 때에는 닷새 동안 재계를 하였습니다. 지금 대왕께서도 닷새 동안 재계를 하시고 빈객을 대접하는 구빈九賓의 예를 대궐 뜰에서 행하셔야 됩니다. 그렇게 하셔야만 신은 감히 화씨벽을 바칠 수 있습니다."

진나라 왕은 도저히 화씨벽을 강제로 빼앗을 수는 없다고 여겨, 닷새 동안 재계할 것을 허락하고 상여를 광성전사廣成傳舍에서 묵게 하였다. 상여는 진나라 왕이 재계를 한다 해도 결국은 약속을 어긴 채 성을 내주지 않으리라는 판단 아래, 수행원을 시켜 허름한 옷차림으로 화씨벽을 품속에 간직하고 샛길로 도망쳐 조나라로 가져가도록 하였다.

진나라 왕은 닷새 동안 재계를 한 다음, 대궐 뜰에서 구빈의 예를 행하고 조나라 사신 인상여를 만나기로 하였다. 상여가 들어와 진왕에게 말하였다.

"진나라는 목공繆公 이래로 임금이 스물이 넘으나 이제껏 약속을 굳게 지킨 임금은 없었습니다. 신은 대왕에게 속임을 당하여 조나라를 배반하는 결과가 되는 것을 두려워한 나머지, 사람을 시켜 화씨벽을 가지고 몰래 조나라로 돌아가도록 하였습니다. 그러나 진나라는 강하고 조나라는 약합니다. 그렇기 때문에 왕께서 사신 한 명을 조나라에 보내자, 조나라는 지체 없이 신을 보내 화씨벽을 바치게 하였습니다. 지금 강한 진나라가 먼저 성 열다섯을 떼어 조나라에 주게 되면, 조나라가 감히 화씨벽을 쥐고 앉아 대왕에게 죄를 짓겠습니까? 신은 대왕을 속인 죄 죽어 마땅한 줄로 압니다. 바라옵건대 신은 기름가마에 뛰어들겠습니다. 대왕께서는 여러 신하들과 깊이 의논하여 주십시오."

진나라 왕과 대신들은 서로 쳐다보며 놀라움과 노여움을 참지 못하였다. 좌우 신하들 중에는 상여를 끌어 내 형벌로 다스리자고 하는 자도 있었다. 그러자 진나라 왕은 이를 제지하였다.

"지금 상여를 죽인다고 해서 화씨벽이 얻어질 리 없다. 진나라와 조나라의 화친만 끊어지게 될 뿐이다. 차라리 상여를 후대해 조나라로 돌려보내느니만 못하다. 조나라 왕이 한낱 화씨벽으로 인해 진나라를 배반할 리야 있겠느냐?"

이리하여 마침내 상여를 빈객으로 대우해 대궐로 맞아들여 예를 마친 다음 귀국시켰다.

상여가 돌아오자, 조왕은 그가 현명하게 사신으로의 임무를 다하였다 여겨 그 공으로 상대부에 임명하였다. 물론 진나라도 성을 내주지 않았고, 또 조나라도 화씨벽을 주지 않게 되었다.

趙惠文王時, 得楚和氏璧. 秦昭王聞之, 使人遺趙王書, 願以十五城請易璧. 趙王與大將軍廉頗諸大臣謀: 欲予秦, 秦城恐不可得, 徒見欺; 欲勿予, 卽患秦兵之來. 計未定, 求人可使報秦者, 未得. 宦者令繆賢曰:「臣舍人藺相如可使.」王問:「何以知之?」對曰:「臣嘗有罪, 竊計欲亡走燕, 臣舍人相如止臣, 曰:『君何以知燕王?』臣語曰:『臣嘗從大王與燕王會境上, 燕王私握臣手,曰「願結友」. 以此知之, 故欲往』相如謂臣曰:『夫趙彊而燕弱, 而君幸於趙王, 故燕王欲結於君. 今君乃亡趙走燕, 燕畏趙, 其勢必不敢留君, 而束君歸趙矣. 君不如肉袒伏斧質請罪, 則幸得脫矣.』臣從其計, 大王亦幸赦臣. 臣竊以爲其人勇士, 有智謀, 宜可使.」於是王召見, 問藺相如曰:「秦王以十五城請易寡人之璧, 可予不?」相如曰:「秦彊而趙弱, 不可不許.」王曰:「取吾璧, 不予我城, 奈何?」相如曰:「秦以城求璧而趙不許, 曲在趙. 趙予璧而秦不予趙城, 曲在秦. 均之二策, 寧許以負秦曲.」王曰:「誰可使者?」相如曰:「王必無人, 臣願奉璧往使. 城入趙而璧留秦; 城不入, 臣請完璧歸趙.」趙王於是遂遣相如奉璧西入秦.

秦王坐章臺見相如, 相如奉璧奏秦王. 秦王大喜, 傳以示美人及左右, 左右皆呼萬歲. 相如視秦王無意償趙城, 乃前曰:「璧有瑕, 請指示王.」王授璧, 相如因持璧卻立, 倚柱, 怒髮上衝冠, 謂秦王曰:「大王欲得璧, 使人發書至趙王, 趙王悉召羣臣議, 皆曰『秦貪, 負其彊, 以空言求璧, 償城恐不可得』. 議不欲予秦璧. 臣以爲布衣之交尚不相欺, 況大國乎! 且以一璧之故逆彊秦之驩, 不可. 於是趙王乃齋戒五日, 使臣奉璧, 拜送書於庭. 何者? 嚴大國之威以修敬也. 今臣至, 大王見臣列觀, 禮節甚倨; 得璧, 傳之美人, 以戲弄臣. 臣觀大王無意償趙王城邑, 故臣復取璧. 大王必欲急臣, 臣頭今與璧俱碎於柱矣!」相如持其璧睨柱, 欲以擊柱. 秦王恐其破璧, 乃辭謝固請, 召有司案圖, 指從此以往十五都予趙. 相如度秦王特以詐詳爲予趙城, 實不可得, 乃謂秦王曰:「和氏璧, 天下所共傳寶也, 趙王恐, 不敢不獻. 趙王送璧時, 齋戒五日, 今大王亦宜齋戒五日, 設九賓於廷, 臣乃敢上璧.」秦王度之, 終不可彊奪, 遂許齋五日, 舍相如廣成傳. 相如度秦王雖齋, 決負約不償城, 乃使其從者衣褐, 懷其璧, 從徑道亡, 歸璧于趙.

秦王齋五日後, 乃設九賓禮於廷, 引趙使者藺相如. 相如至, 謂秦王曰:「秦自繆公以來二十餘君, 未嘗有堅明約束者也. 臣誠恐見欺於王而負趙, 故令人持璧歸, 閒至趙矣. 且秦彊而趙弱, 大王遣一介之使至趙, 趙立奉璧來. 今以秦之彊而先割十五都予趙, 趙豈敢留璧而得罪於大王乎? 臣知欺大王之罪當誅, 臣請就湯鑊, 唯大王與羣臣孰計議之.」秦王與羣臣相視而嘻. 左右或欲引相如去, 秦王因曰:「今殺相如, 終不能得璧也, 而絕秦趙之驩,不如因而厚遇之, 使歸趙, 趙王豈以一璧之故欺秦邪!」卒廷見相如, 畢禮而歸之.

相如旣歸, 趙王以爲賢大夫使不辱於諸侯, 拜相如爲上大夫. 秦亦不以城予趙, 趙亦終不予秦璧.

● 함양을 바쳐라

그 뒤 진나라는 조나라를 쳐서 석성石城을 함락시켰다. 그리고 그 이듬해 다시 조나라를 쳐서 2만 명을 죽였다. 그런 다음 진나라 왕은 조나라 왕에게 사신을 보내어 이렇게 일렀다.

"왕과 친목을 도모하고 싶으니 서하西河 남쪽 면지澠池에서 만납시다."

조나라 왕은 진나라가 두려워 가고 싶은 생각이 없었다. 염파와 인상여가 서로 상의 끝에 이렇게 아뢰었다.

"대왕께서 가지 않으면 조나라가 약하고 비겁하다는 소리를 듣게 됩니다."

조나라 왕은 결국 가기로 하였다. 상여가 동행을 하고 염파가 국경까지 전송하였다. 염파는 왕과 하직하며 말하였다.

"대왕께서 무사히 다녀오시기를 빕니다. 거리로 계산해 볼 때 회합을 마치고 돌아오기까지 30일이 넘지는 않을 것 같습니다. 30일이 지나도록 돌아오지 않으면, 태자를 왕위에 오르도록 허락하여 진나라의 야망을 끊어버리도록 해 주십시오."

조나라 왕은 이를 허락하고 마침내 진나라 왕과 면지에서 만났다. 진나라 왕은 술자리가 한창 무르익어 가자 이렇게 말을 꺼냈다.

"과인은 조나라 왕께서 음악을 좋아한다는 말을 들었습니다. 어디 한번 거문고라도 들려주지 않겠습니까?"

조나라 왕은 거문고를 연주하였다. 그러자 진나라 어사가 앞으로 나와 다음과 같이 적었다.

"모년 모월 모일 진나라 왕은 조나라 왕과 만나 술을 마시며 조나라 왕에게 거문고를 타도록 하였다."

그러자 이번에는 인상여가 앞으로 나아가 말하였다.

"조나라 왕은 진나라 왕께서 진나라 음악에 능하다고 듣고 있습니다. 청컨대 왕께서 부缶를 연주하여 하도록 청합니다."

진나라 왕이 화를 내며 받아들이지 않았다. 그러자 인상여는 부를 받쳐들고 앞으로 다가가 무릎을 꿇고 진나라 왕에게 청하였다. 그래도 진나라 왕이 부를 두들기며 노래하기를 거부하자, 상여는 은근히 협박하였다.

"대왕과 신과의 거리는 겨우 다섯 걸음도 못됩니다. 제 목의 피로써 대왕에게 흩뿌릴 수 있습니다!"

이를 듣자 진나라 왕의 좌우에 있던 신하들이 상여를 칼로 치려 하였다. 그러나 상여가 눈을 부릅뜨고 크게 꾸짖자, 모두 놀라 뒤로 물러났다. 진나라 왕은 마지못해 부를 한 번 두들겼다. 상여는 뒤돌아보며 조나라 어사를 불러 이렇게 기록을 남기도록 하였다.

"모년 모월 모일 진나라 왕이 조나라 왕을 위해 부를 쳤다."

그러자 진나라 신하들이 다시 이렇게 제의하였다.

"조나라가 열다섯 성을 바쳐 진왕의 장수를 축복해 주시오."

이에 인상여가 나섰다.

"귀국이야말로 수도 함양咸陽을 바쳐 조나라 왕의 장수를 축복해 주시오."

그리하여 진나라 왕은 연회가 파할 때까지 끝내 조나라 왕을 누를 수가 없었다. 조나라 역시 군사를 배치시켜 진나라에 대비하고 있어 진나라는 손을 쓸 수도 없었다.

其後秦伐趙, 拔石城. 明年, 復攻趙, 殺二萬人.

秦王使使者告趙王, 欲與王爲好會於西河外澠池. 趙王畏秦, 欲毋行. 廉頗·藺相如計曰:「王不行, 示趙弱且怯也.」趙王遂行, 相如從. 廉頗送至境, 與王訣曰:「王行, 度道里會遇之禮畢, 還, 不過三十日. 三十日不還, 則請立太子爲王, 以絶秦望.」王許之, 遂與秦王會澠池. 秦王飲酒酣, 曰:「寡人竊聞趙王好音, 請奏瑟.」趙王鼓瑟. 秦御史前書曰「某年月日, 秦王與趙王會飲, 令趙王鼓瑟」. 藺相如前曰:「趙王竊聞秦王善爲秦聲, 請奏盆缶秦王, 以相娛樂.」秦王怒, 不許. 於是相如前進缶, 因跪請秦王. 秦王不肯擊缶. 相如曰:「五步之內, 相如請得以頸血濺大王矣!」左右欲刃相如, 相如張目叱之,左右皆靡. 於是秦王不懌, 爲一擊缶. 相如顧召趙御史書曰「某年月日, 秦王爲趙王擊缶」. 秦之羣臣曰:「請以趙十五城爲秦王壽」. 藺相如亦曰:「請以秦之咸陽爲趙王壽.」秦王竟酒, 終不能加勝於趙. 趙亦盛設兵以待秦, 秦不敢動.

❸ 문경지교刎頸之交

이 회합을 다 끝내고 돌아오자, 조나라 왕은 상여의 공이 크다 하여 그를 상경上卿으로 임명하여 염파보다 윗자리에 앉게 되었다. 염파는 불쾌해하였다.

"나는 조나라 장군으로 성을 공격하고 들에서 싸워 큰 공을 세웠다. 인상여는 겨우 입과 혀끝을 놀렸을 뿐인데 지위는 나보다 높다. 게다가 상여는 본래가 천한 출신이다. 나는 부끄러워 도저히 그의 밑에 있을 수가 없다."

그리고는 이렇게 공언하였다.

"상여를 만나기만 하면 기어코 모욕을 주고 말겠다."

이 말을 들은 상여는 될 수 있으면, 염파와 마주치지 않도록 조심하였다. 조회가 있을 때마다 언제나 병을 핑계로 나가지 않았다. 염파와 자리를 놓고 다투기가 싫어서였다.

인상여가 외출을 할 때 멀리 염파가 오는 것이 보이면 수레를 끌고 피해 숨기 일쑤였다. 그러자 이를 보다 못한 사인들이 모두 불평을 하였다.

"우리들이 고향을 떠나 상공을 모시게 된 것은, 오직 상공의 높으신 의기를 흠모하고 있기 때문입니다. 지금 상공께서는 염장군과 서열을 같이하고 계십니다. 그런데 염장군이 상공에 대해 모욕을 퍼붓고 있는데도 상공께서는 그가 두려워 피해 숨으시며 무서워하고 계십니다. 이것은 못난 사람들도 부끄러워하는 일입니다. 더구나 장군이나 대신으로서야 말할 것도 없습니다. 저희들은 불초한 자들이라 이만 하직하고 물러갈까 합니다."

그러자 인상여는 굳이 그들을 붙들며 말하였다.

"여러분들은 염장군과 진나라 왕 중 누가 더 무섭다고 생각하오?"

그들이 말하였다.

"진나라 왕을 당할 수야 없지요."

이에 상여는 이렇게 설명하였다.

"그런 진나라 왕의 위엄을 상대로 하여 나는 궁정에서 그를 꾸짖고 그 신하들을 욕되게 하였소. 내가 아무리 둔하기로 염장군을 무서워할 리가 있겠소? 다만 살펴보건대 강한 진나라가 감히 조나라를 공격해 오지 못하는 것은 오직 우리 두 사람이 있기 때문이오. 만일 지금 우리 두 호랑이가 싸운다면, 형세로 보아 우리 둘 모두 무사할 수는 없는 일이요. 내가 염장군을 피하는 것은, 나라의 위급함을 먼저 생각하고 사사로운 감정을 뒤로하기 때문이오."

이를 전해 들은 염파는 웃옷을 벗고 가시 채찍을 등에 지고 인상여의 집에 빈객이 되어 찾아가 그 문 앞에 이르러 사죄하였다.

"비천한 저는 장군께서 이토록 너그러우신 줄을 미처 몰랐습니다."

이리하여 두 사람은 마침내 화해를 하고 생사를 같이 하자는 문경지교 刎頸之交를 맺었다.

旣罷歸國, 以相如功大, 拜爲上卿, 位在廉頗之右. 廉頗曰:「我爲趙將, 有攻城野戰之大功, 而藺相如徒以口舌爲勞, 而位居我上, 且相如素賤人, 吾羞, 不忍爲之下.」宣言曰:「我見相如, 必辱之.」相如聞, 不肯與會. 相如每 朝時, 常稱病, 不欲與廉頗爭列. 已而相如出, 望見廉頗, 相如引車避匿. 於是 舍人相與諫曰:「臣所以去親戚而事君者, 徒慕君之高義也. 今君與廉頗同列, 廉君宣惡言而君畏匿之, 恐懼殊甚, 且庸人尚羞之, 況於將相乎! 臣等不肖, 請辭去.」藺相如固止之, 曰:「公之視廉將軍孰與秦王?」曰:「不若也.」相如曰: 「夫以秦王之威, 而相如廷叱之, 辱其羣臣, 相如雖駑, 獨畏廉將軍哉? 顧吾 念之, 彊秦之所以不敢加兵於趙者, 徒以吾兩人在也. 今兩虎共鬪, 其勢不 俱生. 吾所以爲此者, 以先國家之急而後私讎也.」廉頗聞之, 肉袒負荊, 因賓 客至藺相如門謝罪. 曰:「鄙賤之人, 不知將軍寬之至此也.」卒相如驩, 爲刎 頸之交.

❂ 조나라의 강세

이 해 염파는 동쪽으로 제나라를 쳐서 부대 하나를 깨뜨렸다. 그로부터 2년 뒤에 염파는 또 제나라의 기幾를 쳐서 함락시켰고, 3년 뒤에는 위나라 방릉防陵과 안양安陽을 쳐서 함락시켰다. 그 4년 뒤에 인상여는 장군으로서 제나라를 쳐서 평읍平邑까지 쳐들어갔다가 철수하였다. 그 이듬해에 조사趙奢는 진나라 군사를 어여閼與 부근에서 싸워 이겼다.

是歲, 廉頗東攻齊, 破其一軍. 居二年, 廉頗復伐齊幾, 拔之. 後三年, 廉頗攻魏之防陵·安陽, 拔之. 後四年, 藺相如將而攻齊, 至平邑而罷. 其明年, 趙奢破秦軍閼與下.

〈2〉조사趙奢, 조괄趙括

❂ 평원군이 세금을 내지 않자

조사는 본래 조나라의 조세를 맡은 관리였다. 그가 조세를 받아내는 데 한번은 평원군의 집에서 조세를 바치려 하지 않았다. 이에 조사가 법에 의해 평원군의 집안 관리자 9명을 사형에 처해 버리자, 화가 난 평원군은 그를 죽이려 하였다. 그러자 조사는 이렇게 평원군을 설득시켰다.

"공자는 조나라의 귀인입니다. 만일 공자의 집에서 나라에 대한 의무를 다하지 않는 것을 그대로 둔다면 국법을 침범하는 것이 됩니다. 국법이 침범을 당하면 나라는 약해지고 맙니다. 나라가 약해지면 제후들이 조나라를 엿보게 될 것이며, 만일 제후들이 군사로 압박하면 조나라가 망하고 맙니다. 그렇게 되었을 경우, 공자 혼자 부귀를 누릴 수 있겠습니까? 공자와 같이 존귀한 분이 국법에 정한 대로 나라의 의무를 다하게 되면, 위아래가 공정하게 되고 나라는 강해질 것이며, 나라가 강해지면 조나라의 기반은 더욱 튼튼해집니다. 그리고 또한 공자께서는 가까운 왕족이시니 천하에 누가 공자를 가볍게 대할 사람이 있겠습니까?"

평원군은 조사의 말에 감복해 곧 왕에게 그를 천거하였다. 왕은 그를 등용하여 나라의 세금을 다스리게 하였다. 그로부터 나라의 세금은 매우 공평하게 되었고, 백성들은 부유해졌으며 국고는 언제나 가득 차 있었다.

趙奢者, 趙之田部吏也. 收租稅而平原君家不肯出租, 奢以法治之, 殺平原君用事者九人. 平原君怒, 將殺奢. 奢因說曰:「君於趙爲貴公子, 今縱君家而不奉公則法削, 法削則國弱, 國弱則諸侯加兵, 諸侯加兵是無趙也, 君安得有此富乎? 以君之貴, 奉公如法則上下平, 上下平則國彊, 國彊則趙固, 而君爲貴戚, 豈輕於天下邪?」平原君以爲賢, 言之於王. 王用之治國賦, 國賦大平, 民富而府庫實.

⊛ 군사 문제를 거론하는 자는 사형에 처한다

그 무렵 진나라가 한나라를 치기 위해 어여閼與에 군대를 진군시키자 조나라 왕은 염파를 불러 상의하였다.

"어여를 구원할 수 없겠소?"

염파가 말하였다.

"길은 멀고, 험하고 좁은 지역이 되어서 구원하기가 어렵습니다."

이번에는 악승樂乘을 불러 물었으나, 역시 염파와 마찬가지로 대답하였다. 이에 이번에는 조사를 불러 물었다.

"길은 멀고, 험하고 좁은 곳이므로 그곳에서 싸운다는 것은 마치 두 마리 쥐가 쥐구멍 속에서 싸우는 것과 같아 용감한 장수가 이기게 되어 있습니다."

이에 왕은 조사를 장군으로 임명하여 어여를 구원하도록 하였다. 부대가 한단邯鄲을 떠나 30리 지점에 이르렀을 때 조사는 군중에 이렇게 명령을 내렸다.

"군사軍事에 대해 이러쿵저러쿵 하는 사람이 있으면 사형에 처한다."

진나라 군대는 무안武安 서쪽에 진을 치고 큰북을 울리고 함성을 질러가며 기세를 올렸다. 그 함성이 어떻게나 우렁찼던지 무안武安 성 안의 기왓장이 모두 흔들릴 정도였다. 이에 조나라 척후병 한 명이 달려와 말하였다.

"급히 무안을 구해야 합니다."

조사는 그 자리에서 목을 베어 군령을 세웠다. 그리고 보루의 벽을 튼튼히 하여 28일 동안이나 머물러 있으면서 오직 방벽만을 튼튼히 쌓을 뿐이었다. 침투해 온 진나라 첩자를 붙잡고도 조사는 오히려 음식을 잘 대접해 돌려보냈다. 첩자가 돌아가 자초지종을 보고하자 진나라 장군은 크게 기뻐하며 말하였다.

"도대체가 겨우 한단을 떠난 30리 지점에서 군대를 멈춰두고 그저 방벽만을 쌓고 있다니 이미 어여는 조나라 땅이 아니다."

조사는 진나라 첩자를 돌려보낸 그 즉시 군사들로 하여금 갑옷과 투구를 벗겨 가벼운 차림으로 바꾼 다음 진나라 진지를 향해 진군시켜 1박 2일만에 도착할 수 있었다. 그리고 궁수弓手 부대에 명하여 어여에서 50리 떨어진 곳에 진을 치게 하였다.

이때 조나라 군사軍士 허력許歷이 군사에 대해 간할 말이 있다고 하자 조사는 그를 불러들였다. 허력은 말하였다.

"진나라 군대는 설마 조나라 군대가 전부 왔으리라고는 생각지 못하고 용감한 기세로 쳐들어올 것입니다. 장군께서는 기필코 진지를 두터이하여 대기해야 할 줄 압니다. 그렇지 않으면 틀림없이 패하게 될 것입니다."

조사가 말하였다.

"그대의 건의를 받아들이겠소."

그제야 허력이 말하였다.

"신에게 부질斧質 형벌을 내려 주십시오."

조사는 이렇게 미루었다.

"이 일은 한단에 가서 다시 명령을 내리겠소."

마침내 싸움이 붙게 되자 허력은 또 간할 것이 있다고 청하였다.

"북산北山 꼭대기를 먼저 점령하는 쪽이 이깁니다. 뒤쳐지면 지게 될 것입니다."

조사는 그의 의견을 받아들이고 군사 1만 명을 보내 이를 점령하도록 하였다. 진나라 군대는 뒤늦게 달려와서 산 정상 탈환을 시도하였으나 이루지 못하였다. 조사는 군대를 풀어 이를 침으로써 진나라 군대를 크게 무찔렀다. 진나라 군대는 포위를 풀고 허둥지둥 쫓겨 달아났다. 조나라 군대는 마침내 어여 싸움에서 승리를 거두고 돌아왔다.

조나라 혜문왕은 조사를 마복군馬服君에 봉하고, 허력을 국위國尉에 임명하였다. 이렇게 하여 조사는 염파·인상여와 같은 지위에 올랐다.

秦伐韓, 軍於閼與. 王召廉頗而問曰:「可救不?」對曰:「道遠險狹, 難救.」又召樂乘而問焉, 樂乘對如廉頗言. 又召問趙奢, 奢對曰:「其道遠險狹, 譬之猶兩鼠鬪於穴中, 將勇者勝.」王乃令趙奢將, 救之.

兵去邯鄲三十里, 而令軍中曰:「有以軍事諫者死.」秦軍軍武安西, 秦軍鼓譟勒兵, 武安屋瓦盡振. 軍中候有一人言急救武安, 趙奢立斬之. 堅壁, 留二十八日不行, 復益增壘. 秦閒來入, 趙奢善食而遣之. 閒以報秦將, 秦將大喜曰:「夫去國三十里而軍不行, 乃增壘, 閼與非趙地也.」趙奢旣已遣秦閒, 乃卷甲而趨之, 二日一夜至, 令善射者去閼與五十里而軍. 軍壘成, 秦人聞之, 悉甲而至. 軍士許歷請以軍事諫, 趙奢曰:「內之.」許歷曰:「秦人不意趙師至此, 其來氣盛, 將軍必厚集其陣以待之. 不然, 必敗.」趙奢曰:「請受令.」許歷曰:「請就鈇質之誅.」趙奢曰:「胥後令邯鄲.」許歷復請諫, 曰:「先據北山上者勝, 後至者敗.」趙奢許諾, 卽發萬人趨之. 秦兵後至, 爭山不得上, 趙奢縱兵擊之, 大破秦軍. 秦軍解而走, 遂解閼與之圍而歸.

趙惠文王賜奢號爲馬服君, 以許歷爲國尉. 趙奢於是與廉頗·藺相如同位.

❀ 조사의 아들 조괄

그로부터 4년 뒤, 조나라 혜문왕이 죽고 그의 아들 효성왕孝成王이 즉위하였다.

효성왕 7년 진나라와 조나라 군대가 장평長平에서 맞서게 되었다. 그 때 조사는 이미 죽었고, 인상여는 병이 깊었다. 조나라는 염파를 장군에 임명하여 진나라 군대를 치게 하였다. 진나라 군대가 자주 조나라 군대를 깨뜨렸지만, 조나라 군대는 방벽만 굳게 지킬 뿐 싸우려 하지 않았다. 진나라 군대가 여러 차례 도전해 와도 염파는 끝내 응전하지 않았다. 그러자 진나라에서는 첩자를 보내어 이렇 말을 퍼뜨리고 있었다.

"진나라가 걱정하고 있는 것은 마복군 조사의 아들 조괄趙括이 장군이 되는 것이다. 그 외에는 아무것도 걱정할 것이 없다."

조왕은 이를 믿고 조괄을 장군으로 임명하여 염파에 대신하려 하였다. 그러자 인상여가 말하였다.

"왕께서는 명성만으로 조괄을 쓰려 하시는데 그것은 거문고 오리발을 아교로 붙여놓고 연주하려는 교주고슬膠柱鼓瑟과 같습니다. 조괄은 다만 그의 아버지가 남겨 놓은 병법에 관한 책을 읽었을 뿐 대처할 임기응변을 갖추지 못한 자입니다."

그러나 조왕은 이를 듣지 않고 마침내는 조괄을 장군으로 임명하였다.

後四年, 趙惠文王卒, 子孝成王立. 七年, 秦與趙兵相距長平, 時趙奢已死, 而藺相如病篤, 趙使廉頗將攻秦, 秦數敗趙軍, 趙軍固壁不戰. 秦數挑戰, 廉頗不肯. 趙王信秦之閒. 秦之閒言曰:「秦之所惡, 獨畏馬服君趙奢之子趙括爲將耳.」趙王因以括爲將, 代廉頗. 藺相如曰:「王以名使括, 若膠柱而鼓瑟耳. 括徒能讀其父書傳, 不知合變也.」趙王不聽, 遂將之.

◉ 내 아들은 장군이 될 수 없습니다

조괄은 소년 시절부터 병법을 배워 군사에 관한 이야기를 잘하였다. 그리고 천하에 병법가로서는 자기를 당할 만한 사람이 없다고 자부하고 있었다. 일찍이 그의 아버지 조사와 병법을 토론하였을 때 아버지도 아들 괄을 당해 내지를 못하였다. 그러나 조사는 그를 칭찬한 일이 없었다. 조괄의 어머니가 그 까닭을 묻자 조사는 이렇게 말하였다.

"전쟁이란 목숨을 거는 것이다. 그런데 괄은 그것을 가볍게 말하고 있다. 조나라가 괄을 장군에 임명하는 일이 없다면 다행이겠지만 만일 그 애가 장군이 되는 날이면 틀림없이 조나라 군대를 망치고 말 것이다."

이리하여 조괄의 어머니는 조괄이 출발하기에 앞서 왕에게 글을 올렸다.

"괄을 장군으로 삼아서는 안 됩니다."

왕이 그 이유를 묻자 이렇게 대답하였다.

"처음 제가 그의 아비를 모셨을 때, 마침 그의 아비는 장군으로 있었습니다. 그런데 그가 직접 먹여 살리는 부하가 수십 명이나 되었고 친구는 수백 명에 이르렀습니다. 대왕이나 왕족들에게서 하사받은 물품은 모조리 군리

軍吏와 사대부들에게 나누어 주었습니다. 또한 출정 명령을 받은 그 날부터는 집안일을 전혀 돌보지 않았습니다. 그런데 지금 괄은 하루아침에 장군이 되어 높은 자리에 앉게 되었으나, 군리들 가운데 그를 우러러보는 사람이 한 사람도 없습니다. 대왕께서 내리신 돈과 비단은 가지고 돌아와 집에다 저장하고 사 두어서 이익이 될 만한 땅이나 집을 매일 둘러보았다가 사들이곤 합니다. 대왕께서는 어찌 그 아비와 같을 것으로 생각하옵니까? 아비와 자식은 마음 쓰는 것부터가 다릅니다. 바라옵건대 대왕께서는 그 아이를 장군으로 보내지 말아 주십시오."

그러나 왕은 듣지 않았다.

"어미는 더 이상 말을 말라. 나는 이미 결정을 보았노라."

그러자 조괄의 어머니는 다시 이렇게 말하였다.

"대왕께서 굳이 그 아이를 보내신다면, 그 애가 소임을 다하지 못하더라도 저를 자식의 죄에 연루시켜 벌을 받지 않을 수 있겠습니까?"

왕은 승낙하였다.

조괄은 염파를 대신하자, 군령을 모조리 뜯어고치고 군리들을 전부 갈아치웠다.

趙括自少時學兵法, 言兵事, 以天下莫能當. 嘗與其父奢言兵事, 奢不能難, 然不謂善. 括母問奢其故, 奢曰:「兵, 死地也, 而括易言之. 使趙不將括卽已, 若必將之, 破趙軍者必括也.」及括將行, 其母上書言於王曰:「括不可使將.」王曰:「何以?」對曰:「始妾事其父, 時爲將, 身所奉飯飮而進食者以十數, 所友者以百數, 大王及宗室所賞賜者盡以予軍吏士大夫, 受命之日, 不問家事. 今括一旦爲將, 東向而朝, 軍吏無敢仰視之者, 王所賜金帛, 歸藏於家, 而日視便利田宅可買者買之. 王以爲何如其父? 父子異心, 願王勿遣.」王曰:「母置之, 吾已決矣.」括母因曰:「王終遣之, 卽有如不稱, 妾得無隨坐乎?」王許諾.

趙括旣代廉頗, 悉更約束, 易置軍吏.

❀ 수십만 명이 생매장되다

진나라 장군 백기白起가 이를 듣자 기병奇兵을 보내어 거짓 달아나는 시늉을 해 보이고, 조나라 군대의 식량 보급로를 끊은 다음 조나라 군대를 둘로 갈라놓았다. 조나라 군사들은 이미 조괄에게 마음이 떠나 있었고, 이렇게 40여 일이 지나자 조나라 군사들은 굶주리기 시작하였다. 조괄은 마침내 정예 부대를 앞세우고 그 자신도 백병전에 가담하였다. 진나라 군사는 조괄을 쏘아 죽였다.

조괄의 군대는 패하여 수십 만 명이 마침내 진나라에 항복하였다. 진나라는 이렇게 항복한 조나라 군사를 모조리 구덩이에 묻어 죽였다. 조나라는 이 싸움을 전후로 약 45만 명이란 군사를 잃었다.

秦將白起聞之, 縱奇兵, 詳敗走, 而絶其糧道, 分斷其軍爲二, 士卒離心. 四十餘日, 軍餓, 趙括出銳卒自博戰, 秦軍射殺趙括. 括軍敗, 數十萬之衆遂降秦, 秦悉阬之. 趙前後所亡凡四十五萬.

❀ 전쟁의 연속

이듬해 진나라 군대는 마침내 조나라 수도인 한단을 포위하였다. 1년 남짓 만에 한단이 거의 함락될 지경에 이르렀으나, 초나라와 위나라의 구원에 의해 겨우 포위를 풀 수 있었다. 조나라 왕은 조괄의 어머니가 앞서 한 말에 의해 그녀를 죽이지 않았다.

한단의 포위가 풀린 5년 후, 이번에는 연나라가 '조나라 장정들은 장평에서 다 죽고, 그 고아들은 아직 장정이 되지 않았다'는 재상 율복栗腹의 계책에 따라 군사를 일으켜 조나라를 공격해 왔다. 조나라는 염파를 장군으로 하여 이를 맞아 치도록 하였다.

염파는 연나라 군대를 호鄗에서 쳐 율복을 죽이고 연나라를 포위하였다. 그러자 연나라는 5개 성을 떼어 주며 화평을 청하여 이를 받아들였다. 조나라 왕은 염파를 위문尉文 땅에 봉하여 신평군信平君이라 하고 임시로 상국相國에 임명하였다.

明年, 秦兵遂圍邯鄲, 歲餘, 幾不得脫. 賴楚·魏諸侯來救, 迺得解邯鄲之圍. 趙王亦以括母先言, 竟不誅也.

自邯鄲圍解五年, 而燕用栗腹之謀, 曰「趙壯者盡於長平, 其孤未壯」, 擧兵擊趙. 趙使廉頗將, 擊, 大破燕軍於鄗, 殺栗腹, 遂圍燕. 燕割五城請和, 乃聽之. 趙以尉文封廉頗爲信平君, 爲假相國.

◉ 권세의 무상함

이보다 앞서 염파가 장평에서 파면되어 돌아와 권세를 잃고 나자 예로부터 정들었던 빈객들이 모조리 떠나버렸다. 그런데 다시 등용되어 장군이 되자 빈객들이 또다시 찾아들었다. 이에 염파가 말하였다.

"모두 돌아들 가라."

그러자 한 빈객이 이렇게 말하였다.

"아! 장군은 어쩌면 그렇게도 생각이 늦습니까? 대체로 천하 사람들은 이익이 있는 곳으로 모여들기 마련입니다. 우리가 장군에게 권세가 있으면 몰려오고 장군에게 권세가 없으면 떠나가는 것은 당연한 이치입니다. 앞서 떠나간 것을 섭섭해하실 이유는 조금도 없습니다."

그로부터 6년이 지나, 조나라는 염파에게 위나라 번양繁陽을 치도록 하자 염파가 이를 함락시켰다.

廉頗之免長平歸也, 失勢之時, 故客盡去. 及復用爲將, 客又復至. 廉頗曰: 「客退矣!」客曰: 「吁! 君何見之晚也? 夫天下以市道交, 君有勢, 我則從君, 君無勢則去, 此固其理也, 有何怨乎?」居六年, 趙使廉頗伐魏之繁陽, 拔之.

◉ 세 번이나 변소에 다녀옵디다

그 뒤 조나라 효성왕이 죽고 그의 아들 도양왕悼襄王이 즉위하자 왕은 염파 대신 악승을 장군에 임명하였다. 염파는 노한 나머지 악승을 공격하였다. 악승은 패해서 도망치고 염파도 마침내는 위나라 대량大梁으로 달아났다. 그 이듬해, 조나라는 이목李牧을 장군으로 임명하여, 연나라를 쳐서 무수武遂와 방성方城을 함락시켰다.

염파는 오랫동안 양梁에 머물렀으나 위나라는 그를 믿지 않았다. 그런데 그 동안에 조나라는 자주 진나라 군대에 시달리고 있었으므로 조나라 왕은 다시 염파를 등용하고자 하였고, 염파 역시 다시 조나라를 위해 일하고 싶어하였다. 조나라 왕은 사자를 보내어 염파가 과연 장군으로서의 임무를 감당할 수 있을지의 여부를 알아보고 오도록 하였다.

그러자 염파와 원수 사이인 곽개郭開가 사자에게 많은 돈을 주고 염파를 중상하도록 시켰다. 조나라 사자가 염파를 만나자, 염파는 한 말 밥과 고기 열 근을 먹어 보인 다음 갑옷과 투구를 쓰고 말에 뛰어올라, 아직도 충분히 임무를 감당할 수 있음을 보여주었다. 하지만 조나라 사자는 돌아와 왕에게 이렇게 보고하였다.

"염장군은 늙었는데도 아직 식성이 좋았습니다. 그러나 신과 자리를 같이하고 있는 동안 세 번이나 변소에 다녀오곤 하더이다."

조나라 왕은 염파가 늙은 것으로 여기고 결국은 부르지 않았다.

초나라는 염파가 위나라에 와 있다는 말을 듣고 몰래 사람을 보내어 그를 맞아들였다. 염파는 한 차례 초나라 장군이 되기는 하였으나 공을 세우지는 못하였다. 그리고는 이렇게 말하였다.

"나는 조나라 군사를 지휘하고 싶소."

그러나 염파는 끝내 조나라로 돌아가지 못한 채 초나라 수춘壽春에서 죽었다.

趙孝成王卒, 子悼襄王立, 使樂乘代廉頗. 廉頗怒, 攻樂乘, 樂乘走. 廉頗遂奔魏之大梁. 其明年, 趙乃以李牧爲將而攻燕, 拔武遂・方城.

廉頗居梁久之, 魏不能信用. 趙以數困於秦兵, 趙王思復得廉頗, 廉頗亦思復用於趙. 趙王使使者視廉頗尙可用否. 廉頗之仇郭開多與使者金, 令毁之. 趙使者旣見廉頗, 廉頗爲之一飯斗米, 肉十斤, 被甲上馬, 以示尙可用. 趙使還報王曰:「廉將軍雖老, 尙善飯, 然與臣坐, 頃之三遺矢矣.」趙王以爲老, 遂不召.

楚聞廉頗在魏, 陰使人迎之. 廉頗一爲楚將, 無功, 曰:「我思用趙人」廉頗卒死于壽春.

◉ 흉노를 사로잡는 자는 사형에 처한다

이목李牧은 조나라 북쪽 국경을 지키는 뛰어난 장수였다. 일찍이 대代의 안문鴈門에 주둔하여 흉노를 대비하고 있었다.

그 무렵, 이목은 형편에 따라 적당히 관리를 배치하고 시장에서 거둬들이는 세금은 모두 막부幕府로 가져다가 병사들의 비용에 충당시켰다. 매일 소 몇 마리를 잡아 병사들을 먹여가며 활 쏘고 말 타는 연습을 시켰다. 또한 적의 침입을 알리는 봉화를 준비해 두는 한편, 많은 첩자들을 사방에 풀어놓았고 군사들을 후하게 대우하였다. 그리고 이렇게 군령을 내렸다.

"만일 흉노가 침입해 와 도적질을 할 경우에는 재빨리 가축들을 거두어 성 안으로 들어와 지켜라. 감히 흉노를 사로잡는 자가 있으면 사형에 처한다."

이로 인해 흉노가 침입할 때마다 봉화는 신중하고 적절하게 사용되었고 그 신호에 따라 백성과 군사들은 재빨리 가축들을 성 안으로 거둬들이고 굳게 성을 지키며 나가 싸우지 않았다.

따라서 몇 해가 지났어도 백성과 군사들은 아무것도 손해 보는 일이 없었다. 그러나 흉노는 이목을 겁쟁이로 알고 있었고, 조나라 변경을 지키는 군사들까지도 그들의 장군을 겁쟁이로만 생각하였다. 조나라 왕도 역시 이목을 책하였다. 그러나 그는 종래의 방침을 바꾸지 않았다. 조나라 왕은 노하여 이목을 불러들인 다음, 다른 사람을 대신 장군에 임명하였다.

李牧者, 趙之北邊良將也. 常居代鴈門, 備匈奴. 以便宜置吏, 市租皆輸入莫府, 爲士卒費. 日擊數牛饗士, 習射騎, 謹烽火, 多間諜, 厚遇戰士. 爲約曰: 「匈奴卽入盜, 急入收保, 有敢捕虜者斬.」 匈奴每入, 烽火謹, 輒入收保, 不敢戰 如是數歲, 亦不亡失. 然匈奴以李牧爲怯, 雖趙邊兵亦以爲吾將怯. 趙王讓 李牧, 李牧如故. 趙王怒, 召之, 使他人代將.

◉ 맞서 싸울수록

그로부터 1년 남짓 되는 동안 흉노가 쳐들어올 때마다 조나라 군사는 나가 싸웠다. 그러나 자주 싸움이 불리해서 손해를 보는 일이 많았고 변경의 백성들은 농사와 가축기르기를 할 수 없게 되었다.

조나라는 다시 이목을 쓰려 하였으나, 이목은 문을 닫은 채 조정에 나오지 않았으며 병을 이유로 굳이 사양하였다. 이에 조나라 왕이 강제로 이목을 장군에 임명하자 이목은 이렇게 말하였다.

"대왕께서 굳이 신을 쓰신다면 신의 방침대로 해도 좋다는 것을 허락해 주십시오. 그러면 감히 명령에 따르겠습니다."

왕은 이를 허락하였다.

歲餘, 匈奴每來, 出戰. 出戰, 數不利, 失亡多, 邊不得田畜. 復請李牧. 牧杜門不出, 固稱疾. 趙王乃復彊起使將兵. 牧曰:「王必用臣, 臣如前, 乃敢奉令.」王許之.

◉ 드디어 흉노와의 대전

이목은 변방에 이르자 전과 같은 군령을 내렸다. 이에 다시 흉노는 몇 해 동안이나 얻는 것이 없었으나 여전히 이목을 겁쟁이로만 생각하였다. 조나라 변경의 병사들은 날마다 상품과 후한 대우만을 받고 실전에 나서지 못하자 거꾸로 모두가 한번 싸워 보기를 원하였다. 이에 이목은 튼튼한 병거兵車 1천 300승과 말 1만 3천 마리를 선발하였다. 그리고 전공에 의해 백금의 상을 탄 용사 5만 명과 활 잘 쏘는 궁사 10만 명을 배치시켜 많은 훈련을 실시하였다. 한편 많은 가축을 놓아 먹이게 하였으므로 들판은 사람들로 가득 차게 되었다. 어쩌다 흉노가 쳐들어와도 싸우려 하지 않고 거짓 패해 달아나며 병사 수천 명씩을 버려 둔 채 그대로 두었다.

흉노의 선우單于가 이를 듣자 대군을 이끌고 쳐들어왔다. 이목은 이미 배치해 둔 많은 각개 진지들에 영을 내려 많은 기병으로 좌우로 길게 날개를 벌려 진용을 가다듬은 다음 그들을 쳐서 크게 승리를 거두었다.

이 싸움에서 이목은 10만 명이 넘는 흉노 기병을 죽이고 담람襜襤이란 부족을 없애버린 다음, 동호東胡를 쳐부수고 임호林胡를 항복시켰다. 선우는 쫓겨 도망쳐 버렸고, 그 뒤 10여 년 동안 흉노는 감히 조나라 국경 가까이 오지를 못하였다.

李牧至, 如故約. 匈奴數歲無所得. 終以爲怯. 邊士日得賞賜而不用, 皆願一戰. 於是乃具選車得千三百乘, 選騎得萬三千匹, 百金之士五萬人, 轂者十萬人, 悉勒習戰. 大縱畜牧, 人民滿野. 匈奴小入, 詳北不勝, 以數千人委之. 單于聞之, 大率衆來入. 李牧多爲奇陳, 張左右翼擊之, 大破殺匈奴十餘萬騎. 滅襜襤, 破東胡, 降林胡, 單于奔走. 其後十餘歲, 匈奴不敢近趙邊城.

◉ 잦은 전투와 조나라의 멸망

조나라 도양왕 원년, 염파는 이미 위나라에 망명해 있었다. 조나라는 이목에게 연나라를 치도록 하여 무수와 방성을 함락시켰다.

그로부터 2년이 지났다. 이번에는 조나라 장수 방훤龐煖이 연나라 군대를 깨뜨리고, 원래 조나라 사람으로 연나라에 벼슬하고 있던 극신劇辛을 죽였다.

그 7년 후에 진나라가 무수를 공격해 와서 조나라 장군 호첩扈輒을 죽였다. 이 싸움에서 조나라는 군사 10만 명을 잃었다. 조나라는 이목을 대장군으로 삼아 진나라 군대를 의안宜安에서 맞아 싸워 대파하였고, 진나라 장군 환의桓齮는 패주하였다. 이목은 이 공로로 무안군武安君에 봉해졌다.

그로부터 3년이 지나, 진나라가 파오番吾를 공격해 왔다. 이때 이목이 나가 진나라 군대를 무찌르고 남쪽으로 한나라와 위나라의 군대를 막았다.

조나라 왕 천遷 7년, 진나라의 왕전王翦이 조나라를 공격해 오자 조나라는 이목과 사마상司馬尙으로 하여금 이를 막게 하였다.

싸움에 앞서 진나라는 조나라 왕의 충신인 곽개에게 많은 돈을 주어 포섭한 다음, 이목과 사마상이 반란을 꾀하고 있다는 말을 퍼뜨리게 하였다. 그리하여 조나라 왕은 조총趙蔥과 제나라 장군 안취顔聚를 보내어 이목을 교체시키려 하였다. 그러나 이목이 그 명령에 따르지 않자, 조나라는 사람을 시켜 몰래 이목을 죽이고 사마상을 해임시켰다.

그런 지 석 달 뒤에, 진나라 왕전이 갑자기 조나라를 쳐서 대파하고 조총을 죽였으며, 조나라 왕 천과 그의 장군 안취를 사로잡았다. 이로써 조나라는 멸망하였다.

趙悼襄王元年, 廉頗旣亡入魏, 趙使李牧攻燕, 拔武遂·方城. 居二年, 龐煖破燕軍, 殺劇辛. 後七年, 秦破殺趙將扈輒於武遂, 斬首十萬. 趙乃以李牧爲大將軍, 擊秦軍於宜安, 大破秦軍, 走秦將桓齮. 封李牧爲武安君. 居三年, 秦攻番吾, 李牧擊破秦軍, 南距韓·魏.

趙王遷七年, 秦使王翦攻趙, 趙使李牧·司馬尚禦之. 秦多與趙王寵臣郭開金, 爲反間, 言李牧·司馬尚欲反. 趙王乃使趙蔥及齊將顏聚代李牧. 李牧不受命, 趙使人微捕得李牧, 斬之. 廢司馬尚. 後三月, 王翦因急擊趙, 大破殺趙蔥, 虜趙王遷及其將顏聚, 遂滅趙.

⊕ 사마천의 평어

나 태사공은 이렇게 생각한다.

죽음을 각오하면 반드시 용기가 넘치게 된다. 죽는 것 자체가 어려운 것이 아니고 죽음에 처하기가 어려운 것이다. 인상여가 화씨벽을 되받아 들고 기둥을 노려보았을 때나 진나라 왕의 좌우를 꾸짖을 때에는 고작해야 자신이 죽으면 그만이라는 것을 알고 있었던 것이다. 그러나 선비들 중에는 비겁해서 감히 용기를 내려 하지 않는 자가 많다. 인상여는 한번 용기를 불러일으켜 위엄을 적국에 떨치고 물러나서는 염파에게 양보를 하였으니, 그 이름은 태산만큼 중하다 할 것이다. 인상여는 지혜와 용기, 두 가지를 함께 갖춘 인물이라 말할 수 있으리라!

太史公曰: 知死必勇, 非死者難也, 處死者難. 方藺相如引璧睨柱, 及叱秦王左右, 勢不過誅, 然士或怯懦而不敢發. 相如一奮其氣, 威信敵國, 退而讓頗, 名重太山, 其處智勇, 可謂兼之矣!

史記列傳

022(82) 전단 열전田單列傳

① 전단田單 ② 왕촉王蠋

〈1〉전단田單

⊛ 연나라에게 나라를 잃고 거莒와 즉묵卽墨만이

전단田單은 제나라 전씨田氏 일족 가운데 한 사람이다. 제나라 민왕 때 수도 임치臨菑의 시연市掾이라는 낮은 관리였으며, 당시에 그의 이름을 아는 사람은 별로 없었다.

연燕나라가 악의樂毅를 명하여 제齊나라를 쳐서 깨뜨리자, 제나라 민왕은 임치에서 달아나 거성莒城을 지키고 있었으며, 이 틈에 연나라 군대가 깊숙이 들어와 제나라를 평정하였다.

전단은 안평安平으로 달아나 그의 집안 사람들에게 바퀴축 끝을 모조리 잘라버리고 쇠로 싸서 튼튼하고 달리기 쉽도록 만들게 하였다. 이윽고 연나라 군대가 안평으로 쳐들어와 성이 함락되었을 때, 제나라 사람들은 앞을 다투어 달아나고자 하였으나, 바퀴축 양끝이 부러지고 수레가 부서져 버리는 바람에 거의가 연나라 군대에 사로잡혔다. 그러나 전단의 집안 사람들만은 바퀴축을 쇠로 싸 두었기 때문에 탈출에 성공하여 동쪽으로 즉묵卽墨까지 가서 그곳을 지키고 있었다.

연나라는 제나라의 모든 성을 거의 다 항복시켰으나, 다만 거와 즉묵만은 함락하지 못하고 있었다. 연나라 군대는 제나라 왕이 거에 피해 있다는 것을 알자, 군대를 그곳으로 모아 공격하였다. 그러자 제나라를 구원하기 위해 파견되어 온 초楚나라 장군 요치淖齒가 거에서 제나라 민왕을 죽이고 거를 굳게 지키며 연나라 군대에 대항하여 여러 해 동안 항복하지 않았다. 이에 연나라는 군대를 이끌고 동쪽으로 가서 즉묵을 포위하였다.

즉묵의 대부들이 나가 싸우다가 목숨을 잃자 성 안 사람들은 모두 이렇게 말하였다.

"안평 싸움 때, 전단 집안 사람들은 바퀴축을 쇠로 싸 두었기 때문에 무사하였으니 전단은 병법에 능숙할 것이다."

그리하여 그들은 전단을 장군으로 추대하였다. 전단은 즉묵을 지키며
연나라에 대항하였다.

田單者, 齊諸田疏屬也. 湣王時, 單爲臨菑市掾, 不見知. 及燕使樂毅伐破齊,
齊湣王出奔, 已而保莒城. 燕師長驅平齊, 而田單走安平, 令其宗人盡斷其
車軸末而傅鐵籠. 已而燕軍攻安平, 城壞, 齊人走, 爭塗, 以轊折車敗, 爲燕所虜,
唯田單宗人以鐵籠故得脫, 東保卽墨. 燕旣盡降齊城, 唯獨莒 · 卽墨不下.
燕軍聞齊王在莒, 幷兵攻之. 淖齒旣殺湣王於莒, 因堅守, 距燕軍, 數年不下.
燕引兵東圍卽墨, 卽墨大夫出與戰, 敗死. 城中相與推田單, 曰:「安平之戰,
田單宗人以鐵籠得全, 習兵.」立以爲將軍, 以卽墨距燕.

◉ 반간계 작전으로 악의 대신 기겁을 장군으로

얼마 뒤 연나라 소왕昭王이 죽고 혜왕惠王이 즉위하였으나, 혜왕은 악의와
사이가 좋지 못하였다. 전단은 그것을 알자 첩자들을 연나라로 보내어
반간계를 썼다.

"제나라 왕은 이미 죽었고, 제나라 성 중에서 함락되지 않은 곳은 둘
뿐이다. 악의는 처벌이 두려워 귀국하려 하지 않고 있다. 그리고 말로는
제나라의 토벌을 한다고 하면서 실은 전쟁을 질질 끌며 자신이 제나라
왕이 되려 하고 있다. 그러나 제나라 사람들이 항복하지 않기 때문에
잠시 즉묵의 공격을 늦추어 시기를 엿보고 있는 것이다. 제나라 사람들은
다만 다른 장군이 와서 즉묵이 쑥밭으로 만들까 무서워하고 있을 뿐이다."

연나라 왕은 그렇다고 여겨 악의 대신 기겁騎劫을 장군으로 임명하였다.
그러자 악의는 달아나 조나라에 귀순하였고, 연나라 병사들은 모두 분개하였다.

頃之, 燕昭王卒, 惠王立, 與樂毅有隙. 田單聞之, 乃縱反間於燕, 宣言曰:
「齊王已死, 城之不拔者二耳. 樂毅畏誅而不敢歸, 以伐齊爲名, 實欲連兵南
面而王齊. 齊人未附, 故且緩攻卽墨以待其事. 齊人所懼, 唯恐他將之來,
卽墨殘矣.」燕王以爲然, 使騎劫代樂毅. 樂毅因歸趙, 燕人士卒忿.

❂ 신이 돕고 있다

　한편 전단은 성 안 사람들에게 끼니때마다 반드시 뜰에다 음식을 차려놓고 조상에게 제사를 지내도록 명령하였다. 날고 있던 새들은 모두 성 안으로 내려와서 차려놓은 음식을 먹었다. 연나라 사람들이 새가 성 안으로 내려앉는 것을 보고 이상하게 여기자, 전단은 이렇게 선전하였다.
　"신이 내려와 나를 가르쳐 주는 것이오."
　그리고 성 안 사람들에게도 이렇게 말하였다.
　"이제 신이 내려와 내 스승이 될 것이다."
　그러자 병사 하나가 물었다.
　"저 같은 사람도 그 스승이 될 수 있을까요?"
　말을 끝내자 그는 몸을 돌려 달아나는 것이었다. 전단은 곧 일어나 그를 불러들여 동쪽을 향해 앉힌 다음 그를 스승으로 섬기려 하였다. 그러자 병사는 말하였다.
　"저는 장군을 속였습니다. 실은 아무것도 아는 것이 없습니다."
　전단은 이렇게 말하였다.
　"너는 아무 말도 말라."
　그리고는 그를 스승으로 모셨다. 전단은 명령을 내릴 때마다 반드시 스승인 신의 지시라고 말하였다. 그리고 나서 전단은 이렇게 선포하였다.
　"나는 다만 연나라 군사들이 포로로 잡힌 우리 제나라 병사들의 코를 베고, 그들을 앞장세워 우리와 싸우게 되면 즉묵이 패하게 되지나 않을까 두려워하고 있다."
　연나라 군사들은 이 말을 듣자 전단이 말한 그대로 실행하였다. 성 안 병사들은 항복한 제나라 병사들이 모조리 코 베는 형벌을 당한 것을 보자, 모두 분개하여 굳게 성을 지키며 혹시나 포로가 되지나 않을까 두려워할 뿐이었다.
　전단은 다시 첩자를 놓아 이런 말을 퍼뜨렸다.
　"나는 연나라 군사들이 성 밖의 무덤을 파헤치고 조상을 욕되게 하지 않을까 겁이 난다. 그런 생각만 해도 가슴이 섬뜩해진다."

그러자 연나라 군사들은 또 무덤을 모조리 파헤치고 시체를 불살라 버렸다. 즉묵 병사들은 성 위에서 이를 바라보고 모두 눈물을 흘리며 달려나가 싸우기를 원하였다. 그들의 분노는 열 배나 더하였다.

而田單乃令城中人食必祭其先祖於庭, 飛鳥悉翔舞城中下食. 燕人怪之. 田單因宣言曰:「神來下敎我.」乃令城中人曰:「當有神人爲我師.」有一卒曰: 「臣可以爲師乎?」因反走. 田單乃起, 引還, 東鄕坐, 師事之. 卒曰:「臣欺君, 誠無能也.」田單曰:「子勿言也!」因師之. 每出約束, 必稱神師. 乃宣言曰: 「吾唯懼燕軍之劓所得齊卒, 置之前行, 與我戰, 卽墨敗矣.」燕人聞之, 如其言. 城中人見齊諸降者盡劓, 皆怒, 堅守, 唯恐見得. 單又縱反閒曰:「吾懼燕人 掘吾城外冢墓, 僇先人, 可爲寒心.」燕軍盡掘壟墓, 燒死人. 卽墨人從城上 望見, 皆涕泣, 俱欲出戰, 怒自十倍.

⊛ 병사들과 고락을 같이 한 전단

전단은 병사들이 싸울 수 있게 된 것을 보자, 몸소 판자와 삽을 들고 병사들의 일을 거들었다. 또한 자기 집 부녀자들까지 군대에 편입시키고, 음식을 있는 대로 나누어 병사들을 먹였다. 그리고 나서 무장한 군사들은 모두 숨겨두고, 늙은이·아이들·부녀자들을 성 위로 올려보낸 다음, 사자를 보내 항복을 약속하였다. 연나라 군사들은 모두 '만세'를 외쳤다. 전단은 또 백성들에게서 돈을 거두어 1천 일鎰을 모아 즉묵의 부자들을 통해 연나라 장수에게 보내주며 말하였다.

"즉묵이 만일 항복하게 되거든 저희 집안만은 가족들을 포로로 한다거나 재물을 앗아가는 일이 없이 편안히 살게 해 주시오."

연나라 장수들은 크게 기뻐하며 점점 더 방심하게 되었다.

田單知士卒之可用, 乃身操版插, 與士卒分功, 妻妾編於行伍之閒, 盡散 飮食饗士. 令甲卒皆伏, 使老弱女子乘城, 遣使約降於燕, 燕軍皆呼萬歲. 田單又收民金, 得千溢, 令卽墨富豪遺燕將, 曰:「卽墨卽降, 願無虜掠吾族 家妻妾, 令安堵.」燕將大喜, 許之. 燕軍由此益懈.

● 화우공법火牛攻法을 쓰다

그 다음 전단은 성안에서 1천여 마리의 소를 모았다. 붉은 비단옷을 만들어, 거기에 오색으로 용의 모습을 그려 소에다 입히고, 칼날을 쇠뿔에 붙들어 맨 다음, 갈대를 쇠꼬리에 매달아 기름을 묻인 다음 그 끝에 불을 붙였다. 그리고 성벽에 수십 개의 구멍을 뚫어 밤을 타서 그리로 소를 내보내고, 장사 5천 명이 그 뒤를 따르게 하였다. 소는 꼬리가 뜨거워 오자, 놀라 연나라 진영으로 뛰어들었다. 연나라 군사는 한밤중이라 크게 당황하였다. 쇠꼬리 횃불은 눈이 부실 정도로 빛났다. 연나라 군사가 자세히 살펴보니 전부가 용의 모습을 하고 있는데, 그것에

〈火牛破燕圖〉

부딪치기만 하면 모조리 죽거나 상하거나 하였다. 거기에 5천 명 장사가 입에 나뭇가지를 물고 말 없이 뛰어들었다. 성 안에서는 북을 울리며 함성을 올렸으며, 노인과 아이들도 모두 구리 그릇을 두들기며 성원하였다. 그 소리는 천지를 뒤엎는 것만 같았다.

연나라 군사들은 크게 놀라 패해 달아났다. 이 싸움에서 제나라 군사들은 연나라 장군 기겁을 무찔러 죽였다. 연나라 군사는 허둥지둥 정신 없이 달아났다. 제나라 군사들은 도망치는 적을 뒤쫓았는데 그들이 지나가는 성과 고을들은 모두 연나라에 반기를 들고 전단에게로 귀순하여 군사가 날마다 불어났다.

연나라 군사는 날로 쫓기어 도망을 친 끝에 겨우 하상河上에 닿았다. 이리하여 연나라 70여 성이 다시 제나라 것이 되었다. 전단은 제나라 양왕襄王을 거에서 임치로 맞아들여 정사를 맡게 하였다. 양왕은 전단을 봉하여 호를 안평군安平君이라 하였다.

田單乃收城中得千餘牛, 爲絳繒衣, 畫以五彩龍文, 束兵刃於其角, 而灌脂束葦於尾, 燒其端. 鑿城數十穴, 夜縱牛, 壯士五千人隨其後. 牛尾熱, 怒而奔燕軍, 燕軍夜大驚. 牛尾炬火光明炫燿, 燕軍視之皆龍文, 所觸盡死傷. 五千人因銜枚擊之, 而城中鼓譟從之, 老弱皆擊銅器爲聲, 聲動天地. 燕軍大駭, 敗走. 齊人遂夷殺其將騎劫. 燕軍擾亂奔走, 齊人追亡逐北, 所過城邑皆畔燕而歸田單, 兵日益多, 乘勝, 燕日敗亡, 卒至河上, 而齊七十餘城皆復爲齊. 乃迎襄王於莒, 入臨菑而聽政.

襄王封田單, 號曰安平君.

◉ 사마천의 평어

나 태사공은 이렇게 생각한다.

병법이란 정공법으로 적과 맞서서 싸우고 적이 예측할 수 없는 기이한 계책으로 허점을 찔러 이기는 것이다. 병법에 뛰어난 사람은 기묘한 전술을 쓰는 방법이 무궁무진해서 기이한 계책과 정공법이 서로 어우러지는 것이 처음과 끝이 없는 둥근 고리와 같다. 무릇 처음에는 처녀와도 같이 약하게 보여서 적이 방심하고 방비조차 하지 않게 하며 뒤에는 그물을 벗어난 날랜 토끼와도 같아서 적이 막으려 해도 그럴 여지가 없다고 한 것은 전단의 용병 같은 것을 두고 한 말일 것이리라!

太史公曰: 兵以正合, 以奇勝. 善之者, 出奇無窮. 奇正還相生, 如環之無端. 夫始如處女, 適人開戶; 後如脫兔, 適不及距: 其田單之謂邪!

❸ 태사교의 딸

앞서 요치가 제나라 민왕을 죽이자, 거 사람들은 민왕의 아들인 법장法章을 찾아내었다. 그때 법장은 태사교太史嫩의 집에서 고용살이를 하며 정원에 물을 주는 일을 하고 있었는데, 태사교의 딸이 그를 불쌍히 여겨 후하게 대우하였다. 뒤에 법장은 사실을 그녀에게 고백하였고 그녀는 법장과 사랑을 나누게 되었다. 거 사람들이 모두 법장을 제나라 왕으로 세우고 연나라와 대항해 싸우게 되자, 태사교의 딸은 마침내 왕후가 되었는데 그녀가 바로 군왕후君王后이다.

初, 淖齒之殺湣王也, 莒人求湣王子法章, 得之太史嫩之家, 爲人灌園. 嫩女憐而善遇之. 後法章私以情告女, 女遂與通. 及莒人共立法章爲齊王, 以莒距燕, 而太史氏女遂爲后, 所謂「君王后」也.

〈2〉왕촉王蠋

❸ 충신은 두 임금을 모시지 않는다

연나라가 처음 제나라에 침입해 왔을 때, 획읍畫邑 사람 왕촉王蠋이 어질다는 말을 듣고 군사들에게 '획읍 주위 30리 안으로는 들어가지 말라'고 영을 내렸다. 그 뒤 연나라 장군은 사람을 보내어 왕촉을 달랬다.

"제나라의 많은 사람들은 당신의 의로움을 높이 평가하고 있소. 나는 당신을 장수로 삼고 당신에게 1만 호의 땅을 봉하겠소."

왕촉은 굳이 사양하자 연나라 장수는 이렇게 말하였다.

"당신이 내 말을 받아들이지 않으면, 나는 3군을 이끌고 획읍을 도륙해 버리겠소."

그러자 왕촉은 이렇게 말하였다.

"충신은 두 임금을 섬기지 아니하고 열녀는 두 남편을 바꾸어 모시지 않소. 제나라 왕이 내가 하는 말을 듣지 않기 때문에 나는 벼슬을 그만두고 들로 나와 밭을 갈고 있는 거요. 나라가 이미 깨어져 망하였는데도 나는 그것을 붙들어 놓지 못하였소. 그런데 지금 무력의 위협으로 당신의 장수가 된다는 것은 걸왕을 도와 포학한 짓을 일삼는 것이나 다름이 없소. 살아서 의로운 일을 못할 바에는 차라리 기름가마에 삶겨 죽는 편이 낫소이다."

그리고는 마침내 그는 나뭇가지에 목을 매어 목숨을 끊었다. 난을 피해 도망치던 제나라 고관들은 이 소식을 듣고 이렇게 말하였다.

"왕촉은 지위도 벼슬도 없는 한 평민에 불과하다. 그런 그가 정의를 위해 연나라를 위해 북면하여 신하가 되지 않겠다고 목숨을 끊었다. 하물며 벼슬에 올라 녹을 먹고 있는 우리가 그만 못할 수 있겠는가?"

그리고는 거로 달려가 제나라 민왕의 아들 법장을 찾아 양왕襄王으로 세웠던 것이다.

燕之初入齊, 聞畫邑人王蠋賢, 令軍中曰「環畫邑三十里無入」, 以王蠋之故. 已而使人謂蠋曰:「齊人多高子之義, 吾以子爲將, 封子萬家.」蠋固謝. 燕人曰:「子不聽, 吾引三軍而屠畫邑.」王蠋曰:「忠臣不事二君, 貞女不更二夫. 齊王不聽吾諫, 故退而耕於野. 國旣破亡, 吾不能存; 今又劫之以兵爲君將, 是助桀爲暴也. 與其生而無義, 固不如烹!」遂經其頸於樹枝, 自奮絶脰而死. 齊亡大夫聞之, 曰:「王蠋, 布衣也, 義不北面於燕, 況在位食祿者乎!」乃相聚如莒, 求諸子, 立爲襄王.

023(83) 노중련추양 열전魯仲連鄒陽列傳

① 노중련魯仲連 ② 추양鄒陽

〈1〉노중련 魯仲連

◉ 제帝에 대한 호칭

노중련魯仲連은 제齊나라 사람이다. 그는 기발한 책략을 종횡무진으로 구사할 수 있었으나, 전혀 벼슬할 뜻은 가지고 있지 않은 채 세상과 동떨어져 초연히 살고 있었다. 노중련이 일찍이 조趙나라를 떠돌아다닐 때의 일이다.

조나라 효성왕孝成王 때, 진秦나라 장군 백기白起가 장평長平 싸움에서 조나라 군사 40여만 명을 전멸시켰다.

진나라 군대는 이에 그치지 않고 조나라 수도 한단邯鄲까지 포위해 오자, 조나라 왕은 두려워하여 다른 제후국들에게 구원을 요청하였지만 감히 진나라 군대를 치지 못했다. 그나마 위魏나라 안희왕安釐王이 장군 진비晉鄙를 시켜 구원병을 보냈지만 이들은 진나라를 두려워한 나머지 탕음蕩陰에 머물러 있을 뿐 더 나오지도 못하였다.

한편 위나라 왕은 객장군客將軍 신원연新垣衍을 한단으로 보내어 평원군 平原君을 통해 조나라 왕에게 이렇게 건의하도록 하였다.

"진나라가 갑자기 조나라 한단을 포위한 이유가 있습니다. 앞서 진나라 왕이 제나라 민왕湣王과 세력을 다투어 제帝라고 일컬었다가 곧 이를 중지하였습니다. 민왕은 그 뒤로 점점 쇠약해졌고, 이제는 진나라만이 천하에 제일가는 존재가 되어 있습니다. 따라서 한단을 포위한 것은 점령에 뜻이 있다기보다도 다시금 제를 칭하고 싶기 때문일 것입니다. 그러니 조나라에서 사신을 진나라에 보내어 소왕을 높여 제帝라고 불러주기만 하면 진나라는 틀림없이 즐거워하며 군대를 철수시킬 것입니다."

그러나 평원군은 주저하며 결정을 내리지 못하고 있었다. 그때 노중련이 조나라를 떠돌아다니고 있었는데, 마침 진나라 군대가 조나라 한단을 포위하고 있는 것은 위나라가 조나라로 하여금 진나라 소왕을 받들어 제라고 부르게 하려고 한다는 소문을 듣게 되었다. 노중련은 곧 평원군을 만났다.

"이 일을 어떻게 처리할 생각입니까?"

그러자 평원군이 대답하였다.

"내가 어찌 이 문제에 대하여 감히 의견을 말할 수 있겠소! 앞서 장평에서 40만 군사를 잃었고, 지금은 또 안으로 한단을 포위 당하여 물리칠 수가 없소. 그런데 위나라 왕이 객장군 신원연을 보내와서 우리가 진나라를 높여 제라고 불러주라고 하오. 그가 지금 여기에 있소. 내가 어찌 감히 이 문제에 대하여 거론할 자격이 있겠소!"

魯仲連者, 齊人也. 好奇偉俶儻之畫策, 而不肯仕宦任職, 好持高節. 游於趙.
趙孝成王時, 而秦王使白起破趙長平之軍前後四十餘萬, 秦兵遂東圍邯鄲.
趙王恐, 諸侯之救兵莫敢擊秦軍. 魏安釐王使將軍晉鄙救趙, 畏秦, 止於蕩
陰不進. 魏王使客將軍新垣衍閒入邯鄲, 因平原君謂趙王曰:「秦所爲急圍
趙者, 前與齊湣王爭彊爲帝, 已而復歸帝; 今齊(湣王)已益弱, 方今唯秦雄
天下, 此非必貪邯鄲, 其意欲復求爲帝. 趙誠發使尊秦昭王爲帝, 秦必喜,
罷兵去.」平原君猶預未有所決.

此時魯仲連適游趙, 會秦圍趙, 聞魏將欲令趙尊秦爲帝, 乃見平原君曰:
「事將柰何?」平原君曰:「勝也何敢言事! 前亡四十萬之衆於外, 今又內圍邯
鄲而不能去. 魏王使客將軍新垣衍令趙帝秦, 今其人在是. 勝也何敢言事!」

◉ 노중련과 신원연의 격론

이에 노중련이 말하였다.

"나는 처음 당신을 천하의 현명한 공자로 알고 있었습니다. 그런데 지금 공자가 천하의 현명한 공자가 못된다는 것을 알았습니다. 위나라에서 온 신원연은 지금 어디에 있습니까? 내가 공자를 위해 그를 꾸짖어 돌려보내겠습니다."

평원군이 말하였다.

"내가 그를 선생과 만나도록 소개하겠습니다."

평원군은 서둘러 신원연을 찾아가 말하였다.

"제나라의 노중련 선생이란 분이 이곳에 와 있습니다. 내가 그분을 장군께 소개할 터이니 만나시지요."

신원연이 말하였다.

"노중련 선생이라면 제나라의 지조 높은 선비라고 듣고 있습니다. 그러나 나는 위나라 신하로서 공무로 이곳에 온 것이니 노중련 선생을 만날 이유가 없습니다."

평원군이 말하였다.

"이미 장군께서 이곳에 와 계시다고 말하였습니다."

이 말에 신원연은 어쩔 수 없이 승락하였다.

노중련은 신원연을 만났으나 잠자코 말이 없었다. 이에 신원연이 마지못해 먼저 말을 꺼내었다.

"내가 이 포위된 성 안에 있는 사람들을 볼 때, 모두 평원군에게만 요구하며 의지하려는 사람들뿐입니다. 그런데 선생의 모습을 뵈오니 선생만은 평원군에게 요구하여 매달릴 분이 아닌 것 같습니다. 왜 이 포위된 성 안을 떠나지 않습니까?"

노중련이 비로소 입을 열었다.

"세상 사람들은 포초鮑焦를 가리켜 너그럽지 못하고 성질이 까다로워 죽었다고 하는데 그건 틀린 생각이오. 사람들은 포초의 뜻을 알지 못해서 자기 한 몸만 깨끗이 지키려고 한 이기주의자로 알고 있는 것이오. 진나라는 예의를 돌보지 않고 다만 적의 목을 치는 것만을 능사로 하는 나라요. 그러므로 군사들을 권모술수로 부리고 백성들을 노예와 같이 다루고 있소. 그 같은 진나라 왕이 만일 그의 소원대로 제帝가 되어 그릇된 정치를 천하에 펴게 된다면, 나는 동해 바다에 빠져 죽는 한이 있어도 도저히 진나라 왕의 백성이 되지는 않을 것이오. 장군을 뵙고자 한 것은 그렇게 되지 않도록 조나라를 도와달라고 부탁하고 싶어서일 따름입니다."

그러자 신원연이 말하였다.

"조나라를 어떻게 돕는다는 말씀이오?"

노중련이 대답하였다.

"나는 위나라와 연燕나라가 조나라를 돕도록 하겠소. 제나라와 초楚나라는 일찍부터 조나라를 도왔으니까요."

신원연이 말하였다.

"연나라에 대해서는 더 묻지 않겠소. 그러나 위나라에 대한 것이라면 내가 바로 위나라 사람이므로 사정을 잘 알고 있소. 선생께서는 어떤 방법으로 위나라를 움직일 생각이시오?"

노중련이 말하였다.

"위나라는 진나라가 제帝를 칭하게 될 경우, 그 해독이 어떤 것인가를 아직 모르고 있을 뿐이오. 그러므로 진나라가 제를 칭하게 되었을 경우의 해독이 어떤 것인가를 위나라에게 알려주면 틀림없이 조나라를 돕겠다고 나설 것이오."

신원연이 물었다.

"진나라가 제를 칭하게 되었을 경우의 해독이란 어떤 것이오?"

노중련이 설명하였다.

"옛날 제나라 위왕威王은 인의를 지켜 천하의 제후들을 이끌고 주周나라로 입조하려 하였습니다. 그런데 주실이 너무나 쇠약해 제후들은 누구 하나 따르지 않아 결국 제나라만이 입조하게 되었습니다. 그로부터 1년 남짓해서 주나라 열왕烈王이 붕어하였는데 어쩌다 제나라만이 다른 제후들보다 늦게 조상에 도착하였지요. 주나라의 새 왕은 성을 내며 제나라 왕에게 '천자가 붕어하시어 새로 천자가 된 내가 상을 받들고 있는 이때에 동번東藩의 제나라가 늦게 나타나다니 목을 베어야 마땅하다'고 말하였소. 이 말을 듣자 제나라 위왕은 벌컥 화를 내며 '아니 뭐라고? 이 종년의 자식아!'라고 대꾸하였습니다. 이 때문에 위왕은 천하의 웃음거리가 되고 말았소. 열왕의 생존시에 그만큼이나 충성스럽게 입조까지 하고서도 그가 죽자, 그 아들인 안왕安王을 꾸짖은 것은 주나라의 요구가 지나쳤기 때문이오. 그러나 주나라 왕은 천자이니 제후를 그렇게 취급한다 해도 당연한 일로서 이상할 것이 없소. 그런데도 위왕은 참을 수 없었던 것이오. 만일 진나라가 제를 칭하게 된다면 그의 제후에 대한 요구는 이루 더 말할 수 없을 것이오."

신원연이 말하였다.

"선생은 저 하인들을 보지 못하였소? 열 사람의 하인이 한 사람의 주인을 따르는 것은 힘이 그만 못해서 그런 것도 아니고 지혜가 모자라서 그런 것도 아니오. 다만 주인을 두려워하기 때문이지요."

노중련이 물었다.

"아! 그렇다면 진나라와 비교해 위나라는 하인과 같은 존재란 말씀이오?"

신원연이 말하였다.

"그렇소."

魯仲連曰:「吾始以君爲天下之賢公子也, 吾乃今然後知君非天下之賢公子也. 梁客新垣衍安在? 吾請爲君責而歸之.」平原君曰:「勝請爲紹介而見之於先生.」平原君遂見新垣衍曰:「東國有魯仲連先生者, 今其人在此, 勝請爲紹介, 交之於將軍.」新垣衍曰:「吾聞魯仲連先生, 齊國之高士也. 衍, 人臣也, 使事有職, 吾不願見魯仲連先生.」平原君曰:「勝旣已泄之矣.」新垣衍許諾.

魯連見新垣衍而無言. 新垣衍曰:「吾視居此圍城之中者, 皆有求於平原君者也; 今吾觀先生之玉貌, 非有求於平原君者也, 曷爲久居此圍城之中而不去?」魯仲連曰:「世以鮑焦爲無從頌而死者, 皆非也. 衆人不知, 則爲一身. 彼秦者, 弃禮義而上首功之國也, 權使其士, 虜使其民. 彼卽肆然而爲帝, 過而爲政於天下, 則連有蹈東海而死耳, 吾不忍爲之民也. 所爲見將軍者, 欲以助趙也.」

新垣衍曰:「先生助之將柰何?」魯連曰:「吾將使梁及燕助之, 齊·楚則固助之矣.」新垣衍曰:「燕則吾請以從矣; 若乃梁者, 則吾乃梁人也, 先生惡能使梁助之?」魯連曰:「梁未睹秦稱帝之害故耳. 使梁睹秦稱帝之害, 則必助趙矣.」

新垣衍曰:「秦稱帝之害何如?」魯連曰:「昔者齊威王嘗爲仁義矣, 率天下諸侯而朝周. 周貧且微, 諸侯莫朝, 而齊獨朝之. 居歲餘, 周烈王崩, 齊後往, 周怒, 赴於齊曰:『天崩地坼, 天子下席. 東藩之臣因齊後至, 則斮.』齊威王勃然怒曰:『叱嗟, 而母婢也!』卒爲天下笑. 故生則朝周, 死則叱之, 誠不忍其求也. 彼天子固然, 其無足怪.」

新垣衍曰:「先生獨不見夫僕乎? 十人而從一人者, 寧力不勝而智不若邪? 畏之也.」魯仲連曰:「嗚呼! 梁之比於秦若僕邪?」新垣衍曰:「然.」

● 위나라 왕을 소금에 절이도록 하겠다

노중련이 말하였다.

"그렇다면 내가 진나라 왕에게 위나라 왕을 삶아 소금에 절이도록 하겠소."

신원연은 노중련의 말에 앙분을 머금으며 말하였다.

"아, 너무 심하군요. 선생의 말씀은! 선생이 무슨 방법으로 진나라 왕에게 위나라 왕을 삶아 소금에 절이도록 할 수 있다는 거요?"

그러자 노중련은 말하였다.

"물론 할 수 있습니다. 내 장차 설명하려던 참이오. 옛날 구후九侯와 악후鄂侯, 그리고 주나라 문왕文王은 은나라 주왕紂王의 삼공三公이었습니다. 구후에게 딸이 하나 있었는데 미인이었습니다. 이에 주왕에게 딸을 바쳤지요. 그런데, 주왕은 그녀가 미인이 아니라면서 구후를 소금에 절여 죽였소. 악후가 그것을 옆에서 굳이 말리며 변호하자 이번엔 악후를 죽여 포를 뜨고 말았소. 또한 문왕은 그 소식을 듣고 탄식하였을 뿐인데도 주왕은 문왕을 유리羑里의 감옥에 100일이나 가둬 두었다가 마침내는 죽이고자 하였소.

지금의 위나라 왕으로 말하면 진나라 왕과 대등한 입장이요. 그런데 무엇 때문에 갑자기 포가 될지 소금에 절여질지 모를 신세가 되려 하는 것이오?

또 제나라 민왕이 노魯나라로 가려 하였을 때 말채찍을 들고 뒤따르던 이유자夷維子가 노나라 사람에게 '그대들은 우리 임금을 어떻게 대우하겠는가?' 하고 물었소. 노나라 사람이 '십태뢰十太牢를 갖추어 대접하겠습니다'라고 대답하자, 이유자는 이렇게 말하였소. '그대들은 어떤 예법에 의해 그따위 방법으로 우리 임금을 대접하겠다는 것이오? 우리 임금은 천자이시오. 천자가 순행을 하게 되면 제후는 자기의 궁궐을 내어 주고, 성문과 창고의 열쇠를 내맡기며, 옷깃을 여미고 시중을 들며, 천자의 수라를 대청 밑에서 준비하여 올리고 천자가 식사를 끝내시면 그제야 물러 나와 정사를 듣는 것이오.' 그러자 노나라 사람들은 성문을 걸어 잠그고 제나라 민왕을 입국시키지 않았소.

민왕은 노나라에 들어갈 수 없게 되자, 설薛나라로 가려 하였소. 그곳으로 가려면 반드시 추鄒나라를 지나야 하는데 마침 추나라에서는 임금이 죽어 민왕은 조문을 하려 하였소. 이유자가 추나라의 새 임금인 상주에게 말하였소. '천자께서 조문을 하러 오면, 주인은 관을 뒤로 하고 북쪽으로 향해 있는 자리를 남쪽으로 만들어 놓은 뒤에 천자는 남쪽을 향해 조문을 하는 것이다.' 그러자 추나라 신하들은 '꼭 그렇게 해야만 되는 것이라면 우리는 차라리 칼을 물고 죽겠다'라고 하며 결국엔 민왕을 추나라로 들어오지 못하도록 하였소. 추나라와 노나라 신하들은 나라가 약하고 작았기 때문에 그들 임금이 살아 있을 때도 마음껏 섬기며 봉양을 못하였고, 죽은 뒤에도 충분히 제사 음식을 차려놓을 수가 없었던 것인데, 제나라가 천자의 예를 자기 나라에서 행하려 하자 결코 이를 받아주지 않았던 것이오.

지금 진나라는 만승萬乘의 나라이며, 위나라 역시 만승의 나라요. 다같이 만승의 나라를 거느리고 각각 왕이라 부르고 있소. 그런 위나라가 진나라의 한 번 승리를 보고 진나라에 복종하여 진왕을 제帝로 만들려 하고 있소. 이렇게 되면 삼진三晉의 대신들을 추·노나라의 하인이나 첩만도 못하게 만드는 것이오. 나아가 이렇다 할 저항도 받지 않은 채 진나라가 제를 칭하게 될 경우, 진나라는 제후국들의 대신들 역시 멋대로 갈아치우게 될 것입니다. 즉 진나라가 못마땅하게 보는 사람, 미운 사람들은 모조리 그 지위를 빼앗기고 말 것이며, 또 그의 딸과 천한 계집들로 제후들의 부인이나 첩으로 삼도록 요구할 것이오. 위나라 궁중에도 그런 여자들이 보내질 것입니다. 그렇게 되면 위나라 왕도 편안히 있을 수 없을 것이며 장군도 지금처럼 귀한 대우를 받을 수는 없을 것이오."

그제야 신원연은 일어나 두 번 절하고 사과하였다.

"선생을 이제껏 평범한 사람인 줄로만 생각하고 있었는데 오늘에야 비로소 선생이 천하의 선비라는 것을 알게 되었습니다. 저는 이곳을 떠나는 다음부터 다시는 진나라 왕을 제라 일컫자는 말을 하지 않겠습니다."

이 소문을 들은 진나라 장군은 곧 군대를 50리나 뒤로 물렸다. 또한 때마침 위나라 공자 무기無忌가 조나라를 구원하기 위해 진비의 군사를 빼앗아 진나라 군대를 공격해 와, 진나라 군은 마침내 한단 포위를 풀고 물러갔다.

魯仲連曰:「吾將使秦王烹醢梁王.」新垣衍怏然不悅, 曰:「噫嘻, 亦太甚矣
先生之言也! 先生又惡能使秦王烹醢梁王?」魯仲連曰:「固也, 吾將言之.
昔者九侯·鄂侯·文王, 紂之三公也. 九侯有子而好, 獻之於紂, 紂以爲惡,
醢九侯. 鄂侯爭之彊, 辯之疾, 故脯鄂侯. 文王聞之, 喟然而歎, 故拘之牖里之
庫百日, 欲令之死. 曷爲與人俱稱王, 卒就脯醢之地? 齊湣王之魯, 夷維子爲
執策而從, 謂魯人曰: 曰『子將何以待吾君?』魯人曰:『吾將以十太牢待子
之君.』夷維子曰:『子安取禮而來[待]吾君? 彼吾君者, 天子也. 天子巡狩,
諸侯辟舍, 納筦籥, 攝衽抱机, 視膳於堂下, 天子已食, 乃退而聽朝也.』魯人
投其籥, 不果納. 不得入於魯, 將之薛, 假途於鄒. 當是時, 鄒君死, 湣王欲入弔,
夷維子謂鄒之孤曰:『天子弔, 主人必將倍殯棺, 設北面於南方, 然后天子南
面弔也.』鄒之羣臣曰:『必若此, 吾將伏劍而死.』固不敢入於鄒. 鄒·魯之臣,
生則不得事養, 死則不得賻襚, 然且欲行天子之禮於鄒·魯, 鄒·魯之臣不
果納. 今秦萬乘之國也, 梁亦萬乘之國也. 俱據萬乘之國, 各有稱王之名,
睹其一戰而勝, 欲從而帝之, 是使三晉之大臣不如鄒·魯之僕妾也. 且秦無
已而帝, 則且變易諸侯之大臣. 彼將奪其所不肖而與其所賢, 奪其所憎而與
其所愛. 彼又將使其子女讒妾爲諸侯妃姬, 處梁之宮. 梁王安得晏然而已乎?
而將軍又何以得故寵乎?」

於是新垣衍起, 再拜謝曰:「始以先生爲庸人, 吾乃今日知先生爲天下之
士也. 吾請出, 不敢復言帝秦.」秦將聞之, 爲卻軍五十里. 適會魏公子無忌
奪晉鄙軍以救趙, 擊秦軍, 秦軍遂引而去.

◉ 선비가 귀한 까닭

위기를 모면한 조나라의 평원군은 노중련에게 봉지를 주고자 하였으나,
노중련은 이를 사양하였으며, 사자를 세 번이나 보내 간청하였어도 노중련은
끝내 받지 않았다. 이에 평원군은 성대하게 주연을 베풀어 공을 치하하려
하였다. 그리고 술자리가 한창 무르익어 갈 무렵 노중련 앞에 나아가
천금千金을 내놓으며 그의 장수를 빌었다. 그러나 노중련은 웃으며 이마저
거절하였다.

"천하의 선비된 사람이 귀한 까닭은 남을 위해 걱정을 덜어 주고, 어려움을 없애 주고, 어지러운 것을 해결하여 주며, 그리고도 보상을 받지 않기 때문입니다. 만일 보상을 받는다면 그것은 장사꾼이 하는 일입니다. 나는 그런 짓은 차마 하지 못합니다."

그리고는 마침내 평원군을 하직하고 떠나가 버렸다. 뿐만 아니라 평생에 다시는 만나지 않았다.

於是平原君欲封魯連, 魯連辭讓(使)者三, 終不肯受. 平原君乃置酒, 酒酣起前, 以千金爲魯連壽. 魯連笑曰:「所貴於天下之士者, 爲人排患釋難解紛亂而無取也. 卽有取者, 是商賈之事也, 而連不忍爲也.」遂辭平原君而去, 終身不復見.

◉ 노중련의 편지

그 뒤 20여 년이 지나 연나라 장군이 제나라 요성聊城을 쳐서 항복 받았다. 그런데 요성 사람들 중에 그 장군을 연나라에 중상한 자가 있어서 장군은 처형을 당할까 두려워한 나머지 귀국하지 않은 채 요성에 주저앉았다. 한편 제나라는 전단田單을 보내 요성을 탈환하려 하였으나 1년 남짓 되도록 많은 희생자만 냈을 뿐 좀처럼 함락시키지 못하였다. 그 무렵 전단 앞에 나타난 노중련이 이렇게 편지를 써서 화살에 매달아 성 안의 연나라 장군에게 보내었다.

"내가 듣건대 '지혜로운 자는 때를 거슬러 유리한 기회를 놓치지 않으며, 용사는 죽음을 겁내어 명예를 훼손시키지 않으며, 충신은 자기 한 몸만 생각해 임금을 저버리지 않는다'라고 하더이다. 지금 장군은 참소를 받은 한때의 분함을 참지 못해 가뜩이나 좋은 신하가 모자라는 연나라 왕을 버렸소. 이것은 충성이 아니오. 또한 장군이 죽어 요성이 함락된다면 그 위엄마저 제나라에 떨칠 수 없게 되오. 이것은 용감한 것이 아니오. 그리고 이대로 끌고 나가다가 공이 허물어지고 이름을 잃게 되면 후세 사람들은 장군이 있었다는 것을 알 수도 없소. 이런 오명을 남기는 자는 세상 군주들이 신하로 삼지 않으며 세객들의 입에 오르내릴 자격마저도 없게 되오. 그러기에 지혜로운 사람은 그 자리에서 결단을 내리고 용사는 죽음을 두려워하지 않소. 장군은 지금 사느냐 죽느냐, 영예냐 굴욕이냐, 귀천 존비의 갈림길에 놓여 있소. 그리고 기회는 두 번 다시 오지 않소. 부디 깊이 생각하시어 속된 사람과 같은 행동을 하지 마시기 바라오.

초나라는 제나라 남양南陽을 치고 위나라는 평륙平陸을 치고 있으나, 제나라로서는 남쪽의 초나라를 칠 생각이 없소. 남양과 평륙을 잃는 손해는 작고, 요성을 포함한 제북濟北 땅을 손에 넣는 것은 이익이 크다고 생각하고 있기 때문이오. 그러므로 계획을 세워 세밀하게 대처하고 있는 것이오. 지금 진나라가 군대를 몰고 내려와 제나라를 도우면 위나라는 감히 동쪽 제나라를 치지 못할 것이며, 제나라와 진나라가 손을 잡게 되면 초나라의 형세는 위태롭게 될 것입니다. 제나라는 남양을 버리고 평륙을 단념하고서라도 전력을 다해 제수 북쪽 땅을 평정하는 것만은 결코 단행할 것이오. 제나라가 요성을 다시 차지하리라는 것은 이미 정해진 사실이니 장군은 지금 곧 결단을 내리셔야 하오. 더군다나 초·위나라 군대는 차례로 제나라에서 물러가는 중이지만 연나라 구원병은 오지 않소. 천하에 거리낄 것 없는 상태 아래 제나라의 전체 병력이 1년 동안이나 시달림을 거듭해온 요성과 맞붙게 된다면, 장군의 목적이 이뤄질 수 없는 것은 뻔한 일이오.

그리고 연나라는 크게 혼란에 빠져 있어 임금과 신하가 똑같이 올바른 계획을 세우지 못하고 모두 정신을 잃고 있소. 율복栗腹은 10만의 군사를 거느리고 원정하였으면서도 다섯 번이나 패전하였고, 그 결과 연나라는 만승의 나라로서 조나라에게 도움을 포위당하였고, 땅은 깎이고 임금은 욕을 당해 천하의 웃음거리가 되어 있소. 나라는 피폐되고 재난마저 잦아서 백성들은 마음 붙일 곳이 없소. 그런데 지금 장군은 피폐된 요성 백성들을 이끌고 제나라 전체 병력을 상대하고 있으니, 실로 송宋나라를 위해 묵적墨翟이 초나라를 막아낸 것에 비할 만하오. 먹을 것이 없어 사람의 고기를 먹고 그 뼈를 땔감으로 쓰고 있는데도 장군의 병사들은 배반할 생각을 품지 않고 있으니 참으로 저 손빈孫臏의 훈련받은 군대에 비할 만하오. 이제 장군의 뛰어난 능력은 온 천하가 다 인정하고 있소.

그러나 장군을 위해 생각해 볼 때, 병거와 군사를 고스란히 가지고 연나라로 돌아가느니만 못하오. 그렇게 되면 연왕은 틀림없이 기뻐할 것이오. 장군의 몸이 성해서 돌아가게 되면 사민土民들은 부모를 만난 듯이 기뻐하고 장군의 친구들은 팔을 걷어붙이고 장군의 업적을 세상에 자랑하여 마침내는 천하가 다 알게 될 것이오. 위로는 고립되어 있는 연나라 왕을 도와 여러 신하들을 누르고, 아래로는 그 많은 백성들을 잘살게 하여 세객들에게 화제 거리를 만들어 주고, 나라일을 바로잡아 타락된 풍습을 고치게 되면 공명이 이룩될 것이오.

또 연나라로 돌아갈 뜻이 없다면, 세상을 버리고 동쪽의 제나라로 가시오. 제나라는 기꺼이 땅을 떼어 장군의 봉읍으로 정해 주게 될 것이오. 그렇게 되면 장군은 도주공陶朱公이나 위공자衛公子와 같은 부귀를 누릴 수 있으며, 장군의 자손들은 대대로 한 나라의 임금과 한 성의 성주가 되어 제나라와 함께 길이길이 부귀를 누리게 될 것이니, 이 또한 하나의 방법일 수 있소. 위에 말한 두 가지 계책은 다같이 이름을 세상에 알리고 실리를 얻게 되는 좋은 방법이외다. 장군은 깊이깊이 생각하시어 이 중 하나를 택하시오.

또 내가 듣건대 '작은 예절에 얽매어 있는 사람은 영광스러운 이름을 이룩할 수 없고, 작은 치욕을 마다하는 사람은 큰 공을 세울 수 없다'라 하였소. 옛날 관중管仲은 제나라 환공桓公을 활로 쏘아 그의 허리띠 쇠고리를 맞히었으니 실로 반역의 행위였소. 또 공자 규糾를 내버리고 그와 함께 죽지 못한 것은 비겁한 행동이었으며, 오랏줄에 묶여 수갑과 차꼬를 차게 된 것은 부끄러운 노릇이었소. 이와 같은 세 가지 행동을 저지른 사람은 세상의 임금이 신하로 써 주지 않을 것이며, 마을 사람들도 그와 교제하려 하지 않을 것이오. 만일 관중이 옥에 갇힌 채 다시 세상에 나오지 못하였거나, 옥사하여 제나라로 돌아올 수 없었던들 그는 끝내 치욕에 가득 찬 오명을 면할 수 없었을 것이오. 양민은 말할 것도 없거니와 하인이나 하녀들도 그렇듯 더러운 이름을 듣는 것조차 부끄러워하였을 것이오. 그런데도 관중은 감옥에 갇혀 있는 것보다는 천하를 바로잡지 못하는 것이 더 부끄러운 일이라 여겼고, 공자 규를 위해 죽지 못한 것보다는 제나라의 위력이 제후들 사이에서 위엄을 떨치지 못한 것을 더 부끄러운 일이라 여겼던 것이오.

그러므로 세 가지 잘못을 아울러 범하고서도 환공을 오패五覇의 우두머리로 만들어 그의 이름은 천하에 높아지고 빛은 이웃 나라들을 비추게 되었던 것이오. 또 조말曹沫은 노나라 장군이 되어 제나라와 세 번 싸워 세 번 다 패하였고 노나라 땅을 5백 리나 잃었소. 만일 그가 뒷일을 생각지 않고 노나라로 돌아가지 않았다면 싸움에 패하고 포로가 된 장수라는 이름을 면하지 못하였을 것이오. 그러나 그는 연패한 수치도 아랑곳하지 않은 채 다시 돌아와 노나라 왕과 계책을 상의하였소. 그리하여 제나라 환공이 천하 제후들을 불러 회맹을 가졌을 때, 단지 비수 하나를 손에 쥔 채 단상에 뛰어올라 환공의 가슴을 겨누었는데, 그때 그는 안색 하나 변하지 않았으며 어조 역시 흔들리지 않았소. 그리고는 마침내 세 번 싸워 잃었던 땅을 하루아침에 되찾게 되었던 것이오. 이로써 조말은 천하를 진동시켰고 제후들을 경악시켜 노나라의 위광을 멀리 오나라와 월나라에까지 미치게 하였던 것이오.

이 두 사람은 작은 치욕을 부끄러워할 줄 모르거나 작은 예절을 행할 수가 없었던 것은 아니오. 다만 그들은 자신을 죽이고 후손을 끊어 공명을 세우지 못하는 것은 지혜로운 사람이 취할 길이 아니라고 생각하였던 것이오. 그러므로 마침내 울분의 원한을 버리고 일생 공명을 세웠으며, 감정에 사로잡힌 작은 예절을 버리고 여러 대에 걸친 공을 이룩하였던 것이오. 그러기에 그 업적은 하·은·주 세 왕과 함께 전해지고 이름은 천지와 더불어 영원히 남게 된 것이오. 장군께서는 이 중 하나를 택하여 실행하시기를 원합니다."

其後二十餘年, 燕將攻下聊城, 聊城人或讒之燕, 燕將懼誅, 因保守聊城, 不敢歸. 齊田單攻聊城歲餘, 士卒多死而聊城不下. 魯連乃爲書, 約之矢以 射城中, 遺燕將. 書曰:

「吾聞之, 智者不倍時而弃利, 勇士不却死而滅名, 忠臣不先身而後君. 今公行一朝之忿, 不顧燕王之無臣, 非忠也; 殺身亡聊城, 而威不信於齊, 非勇也; 功敗名滅, 後世無稱焉, 非智也. 三者世主不臣, 說士不載, 故智者不 再計, 勇士不怯死. 今死生榮辱, 貴賤尊卑, 此時不再至, 願公詳計而無與俗同.

且楚攻齊之南陽, 魏攻平陸, 而齊無南面之心, 以爲亡南陽之害小, 不如得濟北之利大, 故定計審處之. 今秦人下兵, 魏不敢東面; 衡秦之勢成, 楚國之形危; 齊弃南陽, 斷右壤, 定濟北, 計猶且爲之也. 且夫齊之必決於聊城, 公勿再計. 今楚魏交退於齊, 而燕救不至. 以全齊之兵, 無天下之規, 與聊城共據期年之敝, 則臣見公之不能得也. 且燕國大亂, 君臣失計, 上下迷惑, 栗腹以十萬之衆五折於外, 以萬乘之國被圍於趙, 壤削主困, 爲天下僇笑. 國敝而禍多, 民無所歸心. 今公又以敝聊之民距全齊之兵, 是墨翟之守也. 食人炊骨, 士無反外之心, 是孫臏之兵也. 能見於天下. 雖然, 爲公計者, 不如全車甲以報於燕. 車甲全而歸燕, 燕王必喜; 身全而歸於國, 士民如見父母, 交游攘臂而議於世, 功業可明. 上輔孤主以制羣臣, 下養百姓以資說士, 矯國更俗, 功名可立也. 亡意亦捐燕弃世, 東游於齊乎? 裂地定封, 富比乎陶・衛, 世世稱孤, 與齊久存, 又一計也. 此兩計者, 顯名厚實也, 願公詳計而審處一焉.

且吾聞之, 規小節者不能成榮名, 惡小恥者不能立大功. 昔者, 管夷吾射桓公中其鉤, 篡也; 遺公子糾不能死, 怯也; 束縛桎梏, 辱也. 若此三行者, 世主不臣而鄉里不通. 鄉使管子幽囚而不出, 身死而不反於齊, 則亦名不免爲辱人賤行矣. 臧獲且羞與之同名矣, 況世俗乎! 故管子不恥身在縲絏之中而恥天下之不治, 不恥不死公子糾而恥威之不信於諸侯, 故兼三行之過而爲五霸首, 名高天下而光燭鄰國. 曹子爲魯將, 三戰三北, 而亡地五百里. 鄉使曹子計不反顧, 議不還踵, 刎頸而死, 則亦名不免爲敗軍禽將矣. 曹子棄三北之恥, 而退與魯君計. 桓公朝天下, 會諸侯, 曹子以一劍之任, 枝桓公之心於壇坫之上, 顏色不變, 辭氣不悖, 三戰之所亡一朝而復之, 天下震動, 諸侯驚駭, 威加吳・越. 若此二士者, 非不能成小廉而行小節也, 以爲殺身亡軀, 絶世滅後, 功名不立, 非智也. 故去感忿之怨, 立終身之名; 棄忿悁之節, 定累世之功. 是以業與三王爭流, 而名與天壤相獎也. 願公擇一而行之.」

◉ 부귀보다는 자유를

연나라 장군은 노중련의 편지를 읽고 사흘을 눈물을 흘렸지만 머뭇거리며 결정할 수가 없었다. 연나라로 돌아가려 하나 이미 연나라 왕과 사이가 벌어져 있어 주살될 염려가 있었고, 제나라에 항복을 한다 해도 제나라 사람들을 죽이고 사로잡은 것이 너무도 많았기 때문에 오히려 욕을 당하기가 십상이었다. 이에 탄식하며 이렇게 말하였다.

"남의 칼날에 죽느니보다는 차라리 내 스스로 죽으리라."

그리고 그는 자살하고 말았다.

요성 안은 혼란 속에 빠졌다. 전단은 마침내 요성을 무찌르고 돌아와 제나라 왕에게 노중련의 공적을 말하고 그에게 벼슬을 주려 하였다. 그러나 노중련은 재빨리 몸을 피해 달아나 어느 바닷가에 숨어 살며 이렇게 말하였다.

"나는 부귀하며 남에게 얽매여 사느니보다 차라리 빈천한 대로 세상을 가볍게 내 멋대로 살고 싶다."

燕將見魯連書, 泣三日, 猶豫不能自決. 欲歸燕, 已有隙, 恐誅; 欲降齊, 所殺虜於齊甚衆, 恐已降而後見辱. 喟然歎曰:「與人刃我, 寧自刃.」乃自殺. 聊城亂, 田單遂屠聊城. 歸而言魯連, 欲爵之. 魯連逃隱於海上, 曰:「吾與富貴而詘於人, 寧貧賤而輕世肆志焉.」

〈2〉추양鄒陽

◉ 양 효왕을 찾아가다

추양鄒陽은 제나라 사람이다. 자주 양梁나라에 여행하며 오吳나라 출신 장기부자莊忌夫子와 회음淮陰 사람 매생枚生의 무리들과 사귀었다. 이따금 양梁나라 효왕孝王에게 글을 올리기도 하였고 또 양승羊勝과 공손궤公孫詭와도 내왕이 있었다. 그런데 양승의 무리들이 추양을 시기하여 효왕에게 중상하였다.

鄒陽者, 齊人也. 游於梁, 與故吳人莊忌夫子·淮陰枚生之徒交. 上書而介
於羊勝·公孫詭之間. 勝等嫉鄒陽, 惡之梁孝王.

◉ 추양의 옥중 편지

효왕은 노하여 추양을 감옥에 가두고는 죽이려 하였다. 추양은 남의
나라에 와서 모략을 받아 체포되어 죽는 날이면 천추에 오명을 남기게
될까 두려워 옥중에서 이렇게 글을 올렸다.

"신이 듣건대 '충성된 사람은 임금에게 정당한 대우를 받지 않는 일이
없고, 진실한 사람은 남에게 의심을 받지 않는다'라 하였습니다. 신은
언제나 그런 줄로 알고 있었습니다. 그러나 그것은 헛된 말이었습니다.

옛날 형가荊軻가 연나라 태자 단丹의 의기를 사모하여 단을 위하여 진나라
시황제를 찔러 죽일 결심을 하자, 그의 충성에 하늘마저 감동하여 흰
무지개가 해를 꿰뚫는 현상이 나타났습니다. 그런데도 태자 단은 여전히
형가를 의심하였습니다. 또 위선생衛先生은 진나라를 위하여 장평 싸움의
계책을 백기에게 일렀을 때, 그의 충성됨은 태백성太白星이 묘성昴星을
범하는 상서로운 현상으로써 나타내게 하였습니다. 그런데도 진나라 소왕은
위선생을 의심하였습니다. 형가와 위선생의 정성은 천지를 감동시켰음에도,
그의 참됨을 두 임금 모두가 받아들이지 못하였던 것입니다. 이 어찌
슬픈 일이 아니겠습니까?

지금 신은 충성을 다하고 있는 재주를 다해 대왕의 부름을 받으려
원하고 있었으나, 대왕의 좌우에 있는 사람들이 밝지 못하여 저는 도리어
옥리에게 신문을 당하고 세상에 의심을 받게 되는 궁지에 빠지게 되었습니다.
이래서야 형가와 위선생이 다시 태어난다 해도 연·진나라는 역시 두 사람의
참뜻을 깨닫지 못할 것입니다. 바라옵건대 대왕께선 깊이 생각하옵소서.

옛날 변화卞和가 화씨벽和氏璧을 바치자, 초나라 왕은 그것을 속였다
하여 발을 잘리는 형벌을 내렸습니다. 이사李斯 역시 진나라를 위해 충성을
다하였지만, 호해胡亥는 그를 극형에 처하고 말았습니다. 은나라 기자箕子가
미치광이를 가장하고, 초나라 접여接輿가 세상을 피해 살았던 것도 다

이와 같은 환난을 당할까 두려워하였기 때문입니다. 바라옵건대 대왕께서는 변화·이사의 참뜻을 깊이 살피셔서 초나라 왕과 호해처럼 잘못된 참소를 받아들이는 일이 없도록 하시고, 신이 기자와 접여에게 조소를 받지 않도록 해 주십시오. 또 신은 '비간比干은 은나라 주왕에게 가슴을 찢기고, 오자서伍子胥는 오나라 왕 부차의 노여움을 사서 죽게 된 다음 시신마저도 말가죽 주머니에 담겨 강물에 던져졌다'고 듣고 있습니다. 처음에는 믿지 않았으나 이제야 그것이 사실임을 알게 되었습니다. 바라옵건대 대왕께서는 깊이 살피시어 신을 가엾게 여겨 주옵소서.

속담에 '젊을 때부터 백발이 되도록 친구로 사귀었으면서도 서로 마음을 모르는 자가 있는가 하면, 이야기 한 마디로 백년지기가 되는 사람도 있다'는 말이 있습니다. 이것은 상대편의 마음을 아느냐 모르느냐의 차이에서 오는 것입니다.

옛날 번오기樊於期는 진나라에서 도망쳐 연나라로 갔는데, 연나라 태자 단을 위해 자기 머리를 형가에게 주어 진나라로 갖고 가라 할 정도로 정성을 다하였습니다. 제나라를 버리고 위나라로 갔던 왕사王奢는 그로 인해 뒤에 제나라가 위나라를 치게 되자, 위나라 도성 위로 올라가 스스로 목을 끊어 제나라 군사를 물리치고 위나라에 누를 끼치지 않았습니다. 그들 왕사와 번오기는 결코 고국에서부터 연·위나라와 인연이 있었던 것은 아닙니다. 두 나라 진·제나라를 떠나 두 임금을 위하여 죽은 것은, 두 임금의 처사가 각각 두 사람의 뜻에 맞아서 그의 의로움을 사모하는 마음이 지극하였기 때문이었습니다.

또 소진蘇秦은 가는 곳마다 신임을 받지 못하였으나, 오직 연나라에서만은 미생尾生과 같이 신의를 지켰고, 백규白圭는 중산中山의 장군이 되어 싸움에 패하고 6개 성을 잃은 다음 위나라로 망명하였는데, 위魏나라 문후文侯의 후한 대접에 감동되어 위나라를 위해 중산을 함락시켰습니다. 그 까닭은 다만 군주와의 사이에 서로 마음을 알아주었기 때문입니다. 소진이 연나라 재상이 되자, 연나라 사람 중에 그를 왕에게 비방한 사람이 있었습니다만, 왕은 오히려 칼을 만지며 비방한 자를 꾸짖었고 소진을 더욱 후대하여 자기의 애마 결제駃騠를 잡아 대접하였습니다. 백규가 중산을 빼앗아

공을 세우자, 위나라 문후에게 그를 비방한 자가 있었습니다만, 문후는 그런 말에 개의치 않고 더욱더 백규를 후히 대접하여 야광벽夜光璧을 내렸습니다. 이것은 두 임금과 두 신하가 각각 가슴을 열어놓고 서로가 믿었기 때문이니 어떻게 근거 없는 말에 마음이 흔들리겠습니까?

여자는 미추에 관계없이 궁중으로 들어가게 되면 질투의 대상이 되고, 선비는 어짊의 여부에 관계없이 조정에 서게 되면 미움을 받기 마련입니다. 옛날 사마희司馬喜는 송나라에서 발을 베이는 형을 받았으나 마침내는 중산의 재상이 되었으며, 범저范雎는 위나라에서 갈비뼈가 부러지고 이빨이 부러질 정도로 학대를 받았으나, 마침내는 진나라로 가서 응후應侯가 되었습니다. 이 두 사람은 다같이 기필코 자신들의 계획이 실현되리라는 것을 믿고, 당파에 의지하기보다는 홀로 몸을 세웠던 것입니다. 그런 까닭에 자연히 시기심 많은 사람들의 미움을 사지 않을 수 없었습니다. 그러기에 은나라 신도적申徒狄은 임금에게 간언이 받아들여지지 않자 스스로 황하黃河에 몸을 던졌고, 주나라 서연徐衍은 더러운 세상이 싫어서 돌을 지고 바다에 뛰어들었습니다. 이들은 세상이 자신들을 받아 주지 않더라도 도의상 조정에서 당파를 만들어 함부로 임금의 마음을 흔들고자 하지는 않았습니다.

백리해百里奚는 길에서 걸식하고 있었으나 진나라 목공穆公은 기꺼이 그에게 정사를 맡겼고, 영척寧戚은 수레 아래에서 소를 먹이고 있었으나 제나라 환공은 그에게 나라를 맡겼습니다. 이 두 사람은 처음부터 조정에서 벼슬을 하면서 좌우의 칭송을 받아 목공과 환공에게 발탁된 것은 아니었습니다. 서로가 마음이 통하고 행동이 일치되면 아교나 옻칠보다도 더 굳게 맺어져 설령 형제일지라도 그 사이를 갈라놓을 수 없게 됩니다. 하물며 뭇 사람들의 말에 현혹될 리가 있겠습니까? 결국 한쪽 말만 듣게 되면 간사한 일이 생기게 되고, 한 사람에게 모든 것을 맡기면 혼란이 일어나게 마련입니다.

옛날 노나라는 계손季孫의 말을 듣고 공자를 내쫓았고, 송나라는 자한子罕의 계책만 믿고 묵적墨翟을 가두었습니다. 공자와 묵적의 그 뛰어난 변설로써도 참소와 아첨에서 빠져나오지 못하였고, 노나라와 송나라는 위태로워졌습니다. 여러 사람의 입은 쇠라도 녹일 수 있고 헐뜯는 말은 쌓이고 쌓이면 뼈라도 녹일 수 있기 때문입니다.

한편 진나라는 오랑캐 유여由余를 써서 중국을 제패하였고, 제나라는 월越나라 사람 몽蒙을 써서 위왕威王과 선왕宣王의 위세를 높였습니다. 이 두 나라는 결코 세속에 얽매이고 이끌리거나 아첨과 어느 한쪽에 치우친 말에 흔들리지 않았고, 공정하게 듣고 잘 판단함으로써 당세에 이름을 남겼던 것입니다. 그러므로 뜻만 맞으면 호·월의 사람들도 형제가 될 수 있으니, 유여나 몽이 바로 그런 경우라 할 수 있습니다. 뜻이 맞지 않으면 골육 사이라도 내쫓고 쓰지 않으니 요堯임금의 아들 단주丹朱, 순舜임금의 동생 상象, 주공 단周公旦의 동생 관숙선管叔鮮·채숙도蔡叔度가 바로 그 예입니다. 오늘날 임금 된 사람이 참으로 제·진나라와 같이 도리에 맞는 방법을 쓰면서 송·노나라처럼 잘못된 말을 듣지 않는다면, 오패·삼왕에 맞먹는 큰 공을 세우는 것도 쉬운 일일 것입니다.

그러므로 성군은 모든 것을 깨달은 것이 있어 연나라 자지子之와 같은 간신배를 믿지 않고, 제나라 전상田常과 같은 역적의 무리를 물리치는 것입니다. 주나라 무왕은 은나라 충신 비간比干의 아들을 봉하고, 주왕에 의해 배를 가르게 되었던 임신한 여인의 무덤을 가꾸어 줌으로써 그의 공업을 천하에 떨쳤던 것입니다. 그것은 무왕이 옳은 일을 좋아하였기 때문입니다. 또 진晉나라 문공文公은 그의 원수를 친히 여김으로써 제후들을 제패할 수 있었고, 제나라 환공은 그의 원수 관중을 씀으로써 천하를 바로잡았던 것입니다. 그것은 진나라 문공과 제나라 환공이 사랑과 친절로써, 진심을 가지고 각각 그 원수들을 신임하였기 때문이지, 마음에도 없는 빈말로써 얻을 수 있는 일이 아닙니다.

그러나 진나라에서는 상앙商鞅의 계책을 써서 동쪽으로 한·위나라를 약하게 만들고, 군사를 천하에서 제일 강하게 만들었지만 마침내는 상앙을 거열형에 처하였습니다. 월나라는 대부 종種의 꾀를 써서 강적 오나라 왕을 사로잡아 중국에서 패자가 되었으나, 마침내는 대부 종을 죽이고 말았습니다. 이에 초나라의 손숙오孫叔敖는 세 번 재상 지위에 올라도 한 번도 기뻐하지 아니하였고, 세 번 그만둘 때에도 낙담하는 일이 없었으며,

오릉於陵의 자중子仲은 초나라 왕이 그를 재상으로 초빙하였어도 거절하고, 남의 집에서 정원에 물을 주며 지냈던 것입니다. 오늘날의 임금이 참으로 교만한 마음을 버리고 공이 있는 사람에게는 보답할 뜻을 품고, 속마음을 꺼내 진실을 보여주며, 간담을 털어 덕을 후히 베풀고, 환난과 안락을 선비와 더불어 함께 하며, 선비에 대해 봉록과 벼슬을 아낌없이 주게 되면, 포학한 걸왕의 개라도 성왕 요임금을 보고 짖어대게 할 수 있고, 도척盜跖의 명을 따라 그 식객들이 성인 허유許由를 찔러 죽일 수도 있을 것입니다. 하물며 만승의 권세를 잡고 성왕의 자질을 가진 분의 명이라면 누가 응하지 않겠습니까? 형가가 연나라 태자 단을 위해 진나라 왕을 찔러 죽이려다가 실패하고 그의 온 집안이 연좌되어 죽은 일이나, 또 오왕 합려가 왕자 경기慶忌를 죽이려 하였을 때 신하인 요리要離가 경기를 가까이하기 위해 거짓 죄를 지은 것처럼 꾸며 자기 오른팔을 자르고 처자들을 불타 죽게 만든 것은 말할 필요조차 없는 일입니다.

신이 듣기로는 '어둠 속을 걸어가고 있는 사람에게 비록 밤길에서라도 명월주와 야광벽을 던지면, 칼을 잡고 노려보지 않을 사람이 없다는 것은 무엇 때문일까? 이것은 아무 이유 없이 보물이 눈앞에 나타났기 때문이다. 마구 꼬인 나무 뿌리일지라도 만승 임금의 그릇이 될 수 있는 것은 주위에 있는 사람들이 먼저 조각을 하고 모양을 꾸미기 때문이다'라고 합니다. 그러므로 아무 이유 없이 눈앞에 나타나면 수후주隨侯珠나 야광벽도 원한을 사는 원인이 될 뿐 고맙게는 생각되지 않을 것입니다. 그러나 누군가가 미리 소개를 해 두게 되면 마른 나무와 썩은 등걸을 바쳐도 그의 공이 잊혀지지 않게 됩니다. 오늘날 지위도 벼슬도 없이 곤궁한 처지에 놓여 있는 선비는 요임금과 순임금의 도를 알고 이윤伊尹·관중과 같은 말재주를 가지고, 하나라 용봉龍逄과 은나라 비간 같은 뜻을 품고 당대의 임금에게 충성을 바치고 싶어도, 나무 뿌리를 다듬어 임금에게 바치듯이 아무도 천거해 주는 사람이 없고, 마음과 생각을 다해 충성과 진실을 열어 임금의 정치를 돕고 싶어도, 임금은 칼에 손을 얹고 노려보는 경향이 아무래도 있게 됩니다. 그것은 지위도 벼슬도 없는 선비를 마른 나무와 썩은 등걸만도 못하게 만듭니다.

그러므로 어진 임금이 세상을 다스리고 풍속을 바로잡을 경우에는 저 도공이 홀로 여러 가지 그릇을 만들 듯이 마음대로 세상을 어루만져, 천박하고 혼탁한 말에 이끌리거나 뭇 사람들의 근거 없는 말에 마음을 빼앗기는 일이 없습니다. 진나라 시황제는 총신인 중서자中庶子 몽가蒙嘉의 하는 말만 듣고 형가의 말을 믿었다가 몰래 감춰둔 비수에 찔릴 뻔하였습니다. 이와 달리 주나라 문왕은 경수涇水·위수渭水 가에서 사냥을 하다가 여상呂尙을 수레에 태우고 돌아와 그의 도움으로 천하의 왕이 되었습니다. 다시 말하면 진나라 시황제는 좌우의 말을 믿다가 죽음을 당할 뻔하였고, 문왕은 까마귀가 우연히 나무에 날아 앉듯이 우연히 여상을 발탁함으로써 왕이 되었던 것입니다. 이것은 무엇 때문이겠습니까? 그것은 주나라 문왕이 자신을 속박하는 따위의 말을 넘어서 어느 하나에 치우치지 않은 웅대한 포부를 세우고 공명 정대한 관점에 서 있었기 때문입니다. 그런데 오늘날 세상의 군주는 아첨하는 말에 스스로를 빠뜨리고 좌우에 있는 사람에게 이끌려, 마치 하늘에라도 뛰어오를 수 있을 것 같은 인재들을 소나 말처럼 취급해 왔습니다. 이것이 바로 주나라 포초가 세상을 원망한 나머지 부귀의 즐거움을 누리려 하지 않았던 이유입니다.

들는 바에 의하면 '의관을 바르게 하고 조정에 들어온 사람은 사사로운 이익을 위해 정의를 더럽히는 일이 없으며, 명예를 소중히 아는 사람은 사사로운 욕심 때문에 행실을 그르치지 않는다'고 하옵니다. 그러므로 승모勝母라는 이름을 가진 고을이라 하여 증자曾子는 들어서지 않았고, 조가朝歌라는 도시라 하여 묵자는 수레를 되돌렸던 것입니다. 그런데 오늘날 임금들은 천하의 식견과 기량이 뛰어난 선비들을 권력 앞에 무릎을 꿇게 하고, 세력과 지위만을 중히 여겨 짐짓 얼굴빛을 부드럽게 하고 행실을 더럽혀 가면서까지 아첨을 좋아하는 사람을 섬기게 하고, 좌우에 있는 사람들에게도 친하고 가깝게 하기를 바랍니다. 이래가지고는 뜻 있는 선비는 험악한 바위굴 속에 엎드려 죽는 도리밖에 없습니다. 어떻게 충정과 신의를 다해 대궐 밑으로 향하려 할 사람이 있겠습니까?"

이 글이 양나라 효왕에게로 올라가자, 효왕은 사람을 보내 추양을 풀어 준 다음 마침내 상객上客으로 맞았다.

孝王怒, 下之吏, 將欲殺之. 鄒陽客游, 以讒見禽, 恐死而負累, 乃從獄中上書曰:

「臣聞: 忠無不報, 信不見疑, 臣常以爲然, 徒虛語耳. 昔者, 荊軻慕燕丹之義, 白虹貫日, 太子畏之; 衛先生爲秦畫長平之事, 太白蝕昴, 而昭王疑之. 夫精變天地而信不喩兩主, 豈不哀哉! 今臣盡忠竭誠, 畢議願知, 左右不明, 卒從吏訊, 爲世所疑, 是使荊軻·衛先生復起, 而燕·秦不悟也. 願大王孰察之.

昔卞和獻寶, 楚王刖之; 李斯竭忠, 胡亥極刑. 是以箕子詳狂, 接輿辟世, 恐遭此患也. 願大王孰察卞和·李斯之意, 而後楚王·胡亥之聽, 無使臣爲箕子·接輿所笑. 臣聞比干剖心, 子胥鴟夷, 臣始不信, 乃今知之. 願大王孰察, 少加憐焉.

諺曰:『有白頭如新, 傾蓋如故.』何則? 知與不知也. 故昔樊於期逃秦之燕, 藉荊軻首以奉丹之事; 王奢去齊之魏, 臨城自剄以卻齊而存魏. 夫王奢·樊於期非新於齊·秦而故於燕·魏也, 所以去二國死兩君者, 行合於志而慕義無窮也. 是以蘇秦不信於天下, 而爲燕尾生; 白圭戰亡六城, 爲魏取中山. 何則? 誠有以相知也. 蘇秦相燕, 燕人惡之於王, 王按劍而怒, 食以駃騠; 白圭顯於中山, 中山人惡之魏文侯, 文侯投之以夜光之璧. 何則? 兩主二臣, 剖心坼肝相信, 豈移於浮辭哉!

故女無美惡, 入宮見妒; 士無賢不肖, 入朝見嫉. 昔者司馬喜髕脚於宋, 卒相中山; 范雎摺脅折齒於魏, 卒爲應侯. 此二人者, 皆信必然之畫, 捐朋黨之私, 挾孤獨之位, 故不能自免於嫉妒之人也. 是以申徒狄自沈於河, 徐衍負石入海. 不容於世, 義不苟取, 比周於朝, 以移主上之心. 故百里奚乞食於路, 繆公委之以政; 甯戚飯牛車下, 而桓公任之以國. 此二人者, 豈借宦於朝, 假譽於左右, 然後二主用之哉? 感於心, 合於行, 親於膠漆, 昆弟不能離, 豈惑於衆口哉? 故偏聽生姦, 獨任成亂. 昔者魯聽季孫之說而逐孔子, 宋信子罕之計而囚墨翟. 夫以孔·墨之辯, 不能自免於讒諛, 而二國以危. 何則? 衆口鑠金, 積毀銷骨也. 是以秦用戎人由余而霸中國, 齊用越人蒙而彊威·宣. 此二國, 豈拘於俗, 牽於世, 繫阿偏之辭哉? 公聽並觀, 垂名當世. 故意合則胡越爲昆弟, 由余·越人蒙是矣; 不合, 則骨肉出逐不收, 朱·象·管·蔡是矣. 今人主誠能用齊·秦之義, 後宋·魯之聽, 則五伯不足稱, 三王易爲也.

是以聖王覺寤, 捐子之之心, 而能不說於田常之賢; 封比干之後, 修孕婦之墓, 故功業復就於天下. 何則? 欲善無厭也. 夫晉文公親其讎, 彊霸諸侯; 齊桓公用其仇, 而一匡天下. 何則, 慈仁慇勤, 誠加於心, 不可以虛辭借也.

至夫秦用商鞅之法, 東弱韓·魏, 兵彊天下, 而卒車裂之; 越用大夫種之謀, 禽勁吳, 霸中國, 而卒誅其身. 是以孫叔敖三去相而不悔, 於陵子仲辭三公爲人灌園. 今人主誠能去驕傲之心, 懷可報之意, 披心腹, 見情素, 墮肝膽, 施德厚, 終與之窮達, 無愛於士, 則桀之狗可使吠堯, 而蹠之客可使刺由; 況因萬乘之權, 假聖王之資乎? 然則荊軻之湛七族, 要離之燒妻子, 豈足道哉!

臣聞: 明月之珠, 夜光之璧, 以闇投人於道路, 人無不按劍相眄者. 何則? 無因而至前也. 蟠伏根柢, 輪囷離詭, 而爲萬乘器者. 何則? 以左右先爲之容也. 故無因至前, 雖出隨侯之珠, 夜光之璧, 猶結怨而不見德. 故有人先談, 則以枯木朽株樹功而不忘. 今夫天下布衣窮居之士, 身在貧賤, 雖蒙堯·舜之術, 挾伊·管之辯, 懷龍逢·比干之意, 欲盡忠當世之君, 而素無根柢之容, 雖竭精思, 欲開忠信, 輔人主之治, 則人主必有按劍相眄之跡, 是使布衣不得爲枯木朽株之資也.

是以聖王制世御俗, 獨化於陶鈞之上, 而不牽於卑亂之語, 不奪於衆多之口. 故秦皇帝任中庶子蒙嘉之言, 以信荊軻之說, 而匕首竊發; 周文王獵涇·渭, 載呂尚而歸, 以王天下. 故秦信左右而殺, 周用烏集而王. 何則? 以其能越攣拘之語, 馳域外之議, 獨觀於昭曠之道也.

今人主沈於諂諛之辭, 牽於帷裳之制, 使不羈之士與牛驥同皁, 此鮑焦所以忿於世而不留富貴之樂也.

臣聞: 盛飾入朝者不以利汙義, 砥厲名號者不以欲傷行, 故縣名勝母而曾子不入, 邑號朝歌而墨子回車. 今欲使天下寥廓之士, 攝於威重之權, 主於位勢之貴, 故回面汙行以事諂諛之人而求親近於左右, 則士伏死堀穴巖藪之中耳, 安肯有盡忠信而趨闕下者哉!」

書奏梁孝王, 孝王使人出之, 卒爲上客.

⊚ 사마천의 평어

나 태사공은 이렇게 생각한다.

노중련은 그의 지향하는 뜻이 대의에는 맞지 않는다. 그러나 나는 그가 지위도 벼슬도 없는 몸으로 자신이 뜻을 거리낌 없이 말하여 제후들에게 굽히는 일이 없이 그의 언변을 당세에 날리며, 세도 대신들의 권력을 꺾은 것을 장하게 생각한다.

추양은 말은 좀 공손하지 못하였으나, 사물을 비교해 가며 그 실례를 하나씩 열거한 점에 있어서는 비장한 감이 있으며, 또한 불굴의 정신과 정직한 마음으로 그 자신을 굽히지 않았다고 말할 수 있다. 이런 이유로 그 내용을 이 열전에다 싣는다.

太史公曰: 魯連其指意雖不合大義, 然余多其在布衣之位, 蕩然肆志, 不詘於諸侯, 談說於當世, 折卿相之權. 鄒陽辭雖不遜, 然其比物連類, 有足悲者, 亦可謂抗直不橈矣, 吾是以附之列傳焉.

史記列傳

024(84) 굴원가생 열전屈原賈生列傳

① 굴원屈原, 屈平 ② 가생賈生, 賈誼

〈1〉굴원屈原

◉ 시기 질투에 고통을 당한 굴원

굴원屈原은 이름이 평平이며
초楚나라의 왕족과 성姓이 같다.
그는 초나라 회왕懷王의 좌도
左徒를 지냈으며, 견문이 넓고
기억력이 좋아 치세와 난세의
도리에 밝고 문장에 능하였다.
궁중에 들어가서는 임금과
국사를 의논하여 명령을 내리고,
밖에 나와서는 손님을 접대하고
제후들을 응대하여 왕의 신임이
매우 두터웠다.

상관대부上官大夫 근상斯尚은
굴원과 지위가 같았다. 근상은

屈原

임금의 총애를 다투어 마음 속으로 늘 굴원의 재능을 시기하였다. 회왕이
굴원에게 법령을 만들도록 하여 굴원이 법령의 초안을 만들자, 상관대부가
그것을 보고 빼앗으려고 하였다. 굴원이 이를 거절하자 상관대부 근상이
왕에게 무고를 하였다.

"대왕께서 굴원에게 법령을 만들도록 한 것은 모르는 자가 없습니다.
법령이 하나 만들어질 때마다 굴원은 자기의 공로를 자랑하고 '자기가
아니면 법령을 제대로 만들 사람이 없다'라고 떠벌리고 다닙니다."

왕은 노하여 굴원을 멀리하였다.

屈原者, 名平, 楚之同姓也. 爲楚懷王左徒. 博聞彊志, 明於治亂, 嫺於辭令. 入則與王圖議國事, 以出號令; 出則接遇賓客, 應對諸侯. 王甚任之.

上官大夫與之同列, 爭寵而心害其能. 懷王使屈原造爲憲令, 屈平屬草稿未定. 上官大夫見而欲奪之, 屈平不與, 因讒之曰:「王使屈平爲令, 衆莫不知, 每一令出, 平伐其功, 以爲非我莫能爲也.」王怒而疏屈平.

❀ '이소離騷'의 뜻

굴원은 왕이 신하의 말을 가려 들을 줄을 몰라 거짓 간하고 아첨하는 말이 왕의 총명을 덮어서 그릇됨이 공정함을 해치고 있다고 단정하고 정직한 사람을 받아들이지 않는 것을 마음 아프게 생각하였다.

이리하여 근심하고 사색하던 끝에 〈이소離騷〉를 지었다.

'이소'란 근심스런 일을 만났다는 뜻이다. 대체로 하늘은 사람의 시초이며, 부모는 사람의 근본이다. 사람이 곤궁해지면 근본을 돌이켜본다. 그런 까닭에 괴롭고 피곤하면 하늘을 찾지 않는 자가 없고 병고에 시달리면 부모를 찾지 않는 자가 없다. 굴원은 도리를 바르게 행하고, 충성을 다하고 지혜를 다하여 임금을 섬겼지만 무고로 이간을 당하게 되니, 일이 곤궁하게 되었다. 신의를 지키고도 의심받고, 충성을 다하고도 비방을 받는다면 원통해하지 않을 사람이 없을 것이다. 굴원이 〈이소〉를 지은 것도 원통한 생각에서 나온 것이라 생각된다.

《시》의 〈국풍國風〉 중 여러 편은 사랑을 읊었으면서도 음탕하거나 저속한 데로 흐르지 않았고, 〈소아小雅〉의 여러 편은 사람을 원망하고 비방하면서도 문란한 데에 이르지 않은 훌륭한 시라고 할 수 있다. 〈이소〉는 이 두 가지의 우수한 점을 모두 갖춘 것이라고 할 만하다.

〈이소〉의 내용은 위로는 제곡帝嚳을 칭찬하고, 아래로는 제나라 환공桓公을 말하였으며, 은나라 탕임금과 주나라 무왕을 그 중간에 서술하여 이들에 의해 당세의 일을 풍자하였다. 도덕의 광대 숭고함과 치세와 난세의 조리를 밝혀 빠짐없이 표현해 놓았다. 문장은 간략하고도 미묘하며 그 뜻은 고결하고 행위는 청렴하니, 문장의 양은 적으나 비유로 든 사물들이 크며, 예로 든 것은 흔히 보이는 사물을 인용하였지만 나타난 도리는 높고 깊다. 뜻이

고결하여 비유로 든 사물들이 향기가 있고, 행위가 청렴하여 그 몸은 죽어서 세상에 용납되지 않고 사람들에게서 멀어졌다. 진흙 속에 빠져 뒹굴다 더렵혀질지라도, 매미가 허물 벗듯이, 세속의 쌓인 때를 덮어쓰지 않았으니 진흙을 벗어나고, 먼지 쌓인 속세 바깥으로 따로 떨어져 세상의 더러움에 물들지 않았다. 그는 진흙 속에서도 더렵혀지지 않은 사람이었다. 그의 지조를 살펴보면 해와 달과 빛을 다툰다고 해도 지나친 말이 아닐 것이다.

屈平疾王聽之不聰也, 讒諂之蔽明也, 邪曲之害公也, 方正之不容也, 故憂愁幽思而作離騷.

離騷者, 猶離憂也. 夫天者, 人之始也; 父母者, 人之本也. 人窮則反本, 故勞苦倦極, 未嘗不呼天也; 疾痛慘怛, 未嘗不呼父母也. 屈平正道直行, 竭忠盡智以事其君, 讒人間之, 可謂窮矣. 信而見疑, 忠而被謗, 能無怨乎? 屈平之作離騷, 蓋自怨生也. 國風好色而不淫, 小雅怨誹而不亂. 若離騷者, 可謂兼之矣. 上稱帝嚳, 下道齊桓, 中述湯武, 以刺世事. 明道德之廣崇, 治亂之條貫, 靡不畢見. 其文約, 其辭微, 其志絜, 其行廉, 其稱文小而其指極大, 舉類邇而見義遠. 其志絜, 故其稱物芳. 其行廉, 故死而不容自疏. 濯淖汙泥之中, 蟬蛻於濁穢, 以浮游塵埃之外, 不獲世之滋垢, 皭然泥而不滓者也. 推此志也, 雖與日月爭光可也.

❧ 장의의 계략에 놀아난 회왕

굴원이 물러난 후, 진秦나라는 제齊나라를 치고자 하였다. 제나라가 초나라와 합종을 맺자, 진秦나라 혜왕惠王은 이를 근심하여 장의張儀에게 거짓으로 예물을 초나라에 가지고 가도록 하여 이렇게 말하도록 하였다.

"진나라는 제나라를 매우 미워하고 있소. 그런데 제나라는 초나라와 합종을 맺고 있습니다. 만약에 초나라에서 제나라와 국교를 끊는다면 진나라는 상오商於의 땅 600리를 바치겠습니다."

초나라 회왕은 욕심을 내어 장의의 말만 믿고 제나라와 국교를 끊고는 땅을 받아오도록 진나라로 사신을 보냈다. 그러자 장의는 속임수를 써서 말하였다.

"나는 초나라 왕에게 6리는 약속하였지 600리라고는 말한 적이 없소."

초나라의 사신이 화를 내고 돌아가 회왕에게 보고하자, 회왕은 노하여 진나라를 치고자 대군을 일으켰다. 진나라도 군사를 출동하여 이를 맞아 싸웠다. 단수丹水·석수淅水에서 초나라 군대를 크게 깨뜨리고 8만 명의 목을 베었으며, 초나라 장수 굴개屈匄를 사로잡고 초나라 한중漢中을 빼앗아 버렸다.

초나라 회왕은 다시 국내의 전병력을 동원하여 진나라를 치고 진나라 내부 깊숙이 들어가 남전藍田에서 싸웠다. 이 소식을 들은 위나라가 초나라를 습격하여 등鄧으로 진출하자, 초나라 군대는 겁을 먹고 진나라에서 후퇴하였다. 제나라는 초나라가 배신한 데 노하여 조금도 구원하지 않아 이 때문에 초나라는 크게 고통을 당하였다.

屈平旣絀, 其後秦欲伐齊, 齊與楚從親, 惠王患之, 乃令張儀詳去秦, 厚幣委質事楚, 曰：「秦甚憎齊, 齊與楚從親, 楚誠能絶齊, 秦願獻商·於之地六百里.」楚懷王貪而信張儀, 遂絶齊, 使使如秦受地. 張儀詐之曰：「儀與王約六里, 不聞六百里.」楚使怒去, 歸告懷王. 懷王怒, 大興師伐秦. 秦發兵擊之, 大破楚師於丹·淅, 斬首八萬, 虜楚將屈匄, 遂取楚之漢中地. 懷王乃悉發國中兵以深入擊秦, 戰於藍田. 魏聞之, 襲楚至鄧. 楚兵懼, 自秦歸. 而齊竟怒不救楚, 楚大困.

◉ 장의를 잡아 보내시오

이듬해, 진나라는 한중 땅을 돌려주면서 초나라와 화친하려고 하였으나 초나라 왕은 이렇게 말하였다.

"땅은 바라지 않소. 다만 장의를 붙들어 마음대로 하고 싶을 뿐이오."

장의는 이 말을 듣고 이렇게 자청하고 나섰다.

"저 한 사람으로써 한중 땅과 바꿀 수 있다면 저를 초나라로 보내 주십시오."

그는 자진하여 초나라로 가서 권세 높은 신하인 근상에게 정중히 예물을 바치고 또 궤변을 써서 회왕이 총애하는 부인 정수鄭袖에게 자신을 돌봐 주기를 청하였다. 회왕은 마침내 정수의 말을 받아들여 장의를 풀어주어 돌려보냈다.

明年, 秦割漢中地與楚以和. 楚王曰:「不願得地, 願得張儀而甘心焉.」
張儀聞, 乃曰:「以一儀而當漢中地, 臣請往如楚.」如楚, 又因厚幣用事者臣
靳尚, 而設詭辯於懷王之寵姬鄭袖. 懷王竟聽鄭袖, 復釋去張儀.

◉ 진나라에 갔다가 죽은 회왕

이때 굴원은 이미 임금의 곁에서 멀어져 벼슬자리에 있지 않았지만
제나라에 사신으로 갔다가 초나라로 돌아와서 회왕에게 이렇게 말하였다.
"어찌하여 장의를 죽이지 않았습니까?"
그제야 회왕이 후회하여 장의를 뒤쫓게 하였으나 따라잡을 수 없었다.
그 뒤 제후들이 함께 초나라를 쳐서 크게 깨뜨리고 장수 당말唐眜을
죽였다.
이때 진秦나라 소왕昭王은 초나라와 인척 관계였으므로, 초나라 회왕에게
회견을 청하였다. 회왕이 떠나려고 하자 굴원이 왕에게 말하였다.
"진나라는 호랑이나 이리 같은 나라로서 믿어서는 안 됩니다. 가지
않는 것이 좋습니다."
그러자 회왕의 막내 아들 자란子蘭이 말하였다.
"어찌 진나라의 호의를 거절합니까?"
그리하여 회왕은 마침내 출발하여 진나라의 무관武關으로 들어서자
진나라는 복병을 두어 후방을 끊고 회왕을 억류하여 땅을 떼어 주기를
요구하였다. 회왕은 노하여 승낙하지 않고 조나라로 도망하였는데 조나라가
받아들이지 않자, 할 수 없이 다시 진나라로 돌아갔다. 결국 회왕은 진나라에서
세상을 떠나 고국으로 돌아와 장사를 치렀다.

是時屈平旣疏, 不復在位, 使於齊, 顧反, 諫懷王曰:「何不殺張儀?」懷王悔,
追張儀不及.
其後諸侯共擊楚, 大破之, 殺其將唐眜.
時秦昭王與楚婚, 欲與懷王會. 懷王欲行, 屈平曰:「秦虎狼之國, 不可信,
不如毋行.」懷王稚子子蘭勸王行:「奈何絶秦歡!」懷王卒行. 入武關, 秦伏

兵絕其後, 因留懷王, 以求割地. 懷王怒, 不聽. 亡走趙, 趙不內. 復之秦,
竟死於秦而歸葬.

◉ 우물이 맑아도 먹는 자가 없구나

맏아들 경양왕頃襄襄王이 임금이 되고, 아우 자란이 영윤令尹이 되었다.
회왕을 진나라로 가도록 권하여 마침내 돌아오지 못하게 한 것은 자란이었
으므로 초나라 사람들은 자란에게 불만을 가지고 있었다.

굴원도 일찍부터 자란 등의 시기를 받았다. 굴원은 추방을 당해서도 초나라를
그리워하고 회왕을 생각하며 언젠가는 조정에 돌아가기를 염원하였다. 그는
임금을 다시 모시고 나라를 일으켜 옛날과 같은 시대를 갈망하는 뜻을
〈이소〉에 세 번씩이나 노래하였으나 결국 옛날로 돌이키지는 못하였다.
회왕이 최후까지 잘못을 깨닫지 못한 것은 이런 일로도 알 수 있다.

군주 된 자는 지혜로움과 어리석음, 어짊과 어질지 못함을 불문하고
자신을 위해 충성을 다하는 사람을 구하며, 또한 어진 사람을 써서 그의
보필을 원하지 않는 자는 없을 것이다. 그러나 나라를 망치고 집을 망친
자가 끊이지 않는 데 비해, 훌륭한 군주가 다스리는 좋은 시대가 대를
이어가며 계속되지 않는 것은, 이른바 충성한다는 자가 사실 불충하고
어질지 못하기 때문이다.

초나라 회왕은 충성스러움과 충성스럽지 않음을 구별하지 못하였기
때문에, 안으로는 정수에게 현혹당하였고, 밖으로는 장의에게 속았으며,
굴원을 멀리하고 상관대부와 영윤 자란을 믿었던 것이다. 따라서 군사는
꺾이고 여섯 개의 군郡을 잃었으며 땅을 깎이었다. 게다가 결국 몸은
진나라에서 객사하여 천하의 웃음거리가 되고 말았다. 이것은 사람을
보는 밝은 눈이 없었던 탓이다. 《역》에는 "우물이 맑아도 사람이 와서
마시지 않으니 이를 슬퍼한다. 물을 길어라. 왕이 현명하면 천하가 아울러
그 복은 받으리라"라 하였는데 왕이 현명하지 못하면 어찌 복이 있겠는가!

長子頃襄王立, 以其弟子蘭爲令尹. 楚人旣咎子蘭以勸懷王入秦而不反也.
屈平旣嫉之. 雖放流, 睠顧楚國, 繫心懷王, 不忘欲反, 冀幸君之一悟, 俗之
一改也. 其存君興國而欲反覆之, 一篇之中三致志焉. 然終無可柰何, 故不
可以反, 卒以此見懷王之終不悟也. 人君無愚智賢不肖, 莫不欲求忠以自爲,
擧賢以自佐, 然亡國破家相隨屬, 而聖君治國累世而不見者, 其所謂忠者不忠,
而所謂賢者不賢也. 懷王以不知忠臣之分, 故內惑於鄭袖, 外欺於張儀,
疏屈平而信上官大夫·令尹子蘭. 兵挫地削, 亡其六郡, 身客死於秦, 爲天
下笑. 此不知人之禍也. 易曰:「井泄不食, 爲我心惻, 可以汲. 王明, 並受其福.」
王之不明, 豈足福哉!

◉ 어부와의 대화

영윤 자란은 굴원이 자신을 미워한다는 말을 듣고 크게 노하여 상관대부로
하여금 경양왕에게 굴원을 무고하도록 하였다. 왕은 노하여 굴원을 강남으로
내쫓았다.

굴원은 양자강에 이르러 머리카락을 풀어 흩뜨린 채 노래를 읊으며
물이 흐르는 강가를 방황하였다. 안색은 초췌하고 그 몸은 말라 고목과
같았다. 한 어부가 물었다.

"그대는 삼려대부三閭大夫가 아니십니까? 어찌하여 이런 데를 오셨습니까?"

굴원이 대답하였다.

"세상이 다 혼탁해 있는데 나만 홀로 깨끗하고, 뭇 사람들이 다 취해
있는데 나만 홀로 깨어 있어서 추방을 당하였다네."

어부가 말하였다.

"성인은 사물에 구애받지 않고 시세를 따라 잘 처세한답니다. 세상이
다 혼탁해 있다면 어찌하여 그 흐름을 따라 그 물결에 실리지 않습니까?
뭇 사람이 모두 취해 있으면 어찌하여 술지게미나 거르고 난 술이라도
마셔 함께 취하지 않습니까? 어찌하여 근瑾·유瑜와 같은 아름다운 재능을
가지셨으면서 스스로 추방당하는 일을 하셨습니까?"

굴원이 말하였다.

"새로 머리를 감는 자는 반드시 관의 먼지를 털어 쓰는 법이며, 새로이 목욕한 자는 반드시 옷의 먼지를 털고 입는다고 하였소. 사람으로서 누가 그 깨끗한 몸을 때와 먼지로 더럽히려고 하겠는가? 차라리 강수에 몸을 던져 고기 뱃속에 장사를 지낼지언정 어찌하여 희고 흰 결백한 몸으로 세속의 더러운 먼지를 뒤집어쓰겠는가?"

令尹子蘭聞之大怒, 卒使上官大夫短屈原於頃襄王, 頃襄王怒而遷之. 屈原至於江濱, 被髮行吟澤畔. 顏色憔悴, 形容枯槁. 漁父見而問之曰: 「子非三閭大夫歟? 何故而至此?」屈原曰:「擧世混濁而我獨淸, 衆人皆醉而我獨醒, 是以見放.」漁父曰:「夫聖人者, 不凝滯於物而能與世推移. 擧世混濁, 何不隨其流而揚其波? 衆人皆醉, 何不餔其糟而啜其醨? 何故懷瑾握瑜而自令見放爲?」屈原曰:「吾聞之: 新沐者必彈冠, 新浴者必振衣, 人又誰能以身之察察, 受物之汶汶者乎! 寧赴常流而葬乎江魚腹中耳, 又安能以晧晧之白而蒙世俗之溫蠖乎!」

◉ 멱라수에 몸을 던지며

이렇게 하여 〈회사懷沙〉라는 부賦를 지었다. 그것은 다음과 같다.

여름날의 눈부신 햇살이여,
초목은 무성하도다.
상처난 마음의 슬픔은 끝이 없어
남쪽 땅으로 바삐 달려가도다.
문득 눈에 드는 골짜기,
그윽이 청정하도다.
마음에 맺힌 한은 가슴에 맺혀
몸은 비통한 곤경에 빠졌도다.
비통한 마음을 달래고 뜻을 밝혀,
고개 숙여 스스로를 억제하도다.

모난 것을 깎아 둥글게 만든다 해도
한번 정하여진 법도는 바꿀 수 없는 것.
처음에 뜻한 길을 바꾸려 하나
군자가 더러워하는 바로다.
분명하게 그은 한 획의 먹줄은
처음의 법도와 다름 없도다.
마음은 바르고 성품이 중후한 것을
현인들이 찬미하지만,
명장의 손길이 없다면
누가 그 올곧음을 알아채리요.
검은 무늬 어두운 곳에 두면
눈 뜬 봉사는 무늬가 없다 하도다.
이루離婁는 눈을 가늘게 뜨고 보는데
맹인은 그를 장님으로 여기네.

흰 것은 검다 하고
위가 도리어 아래가 되도다.
조롱에 갇힌 봉황이여
닭과 꿩은 날개짓 하도다.
옥과 돌은 뒤섞이어
하나로 헤아리니
저들의 더러운 마음이
어찌 숨겨둔 나의 뜻을 알리요!

가득 실린 짐 무거워
수렁에 빠져 움직일 수 없도다.
구슬을 손에 쥐고 있으나
보여줄 사람 없도다.
마을의 개들이 떼지어 짖어대는 것은
개들에게 이상하게 보이기 때문.

《楚辭》

인재를 비난하고 준걸을 의심하는 것은
못난 사람들의 추태로다.
재능이 안으로 감춰져 있으니
나의 재능을 아무도 알아주지 않는구나.
재능을 쌓고 쌓아도
누가 나의 재능을 알아주리요.
인의를 더 닦고
더욱 삼가고 더욱 덕행을 쌓아도
순임금 같은 분을 만날 수 없으니
누가 나의 진실을 알아주리요.
성군과 현신이 예로부터 같이하지 못하니
어찌 그 까닭을 알겠는가.
탕임금과 우임금은 아득히 멀어서
막막하여 사모할 수도 없도다.
한을 참고 분을 삭이고
마음을 억눌러 스스로 기운차려 보도다.
스스로 억제하고 참고 견디어
혼란의 시절 만났으나 변절하지 않고
내 뜻이 뒷세상의 본보기가 되기만을 바라네.
북쪽으로 옮기려 하니
날이 저물어 어둠이 깔리도다.
우울한 마음을 노래불러 슬픔을 달래노니
이제 죽음을 바라노라.

난가亂歌 :

광대하도다 원수沅水와 상수湘水여
갈라져 흐르며 더욱 빠르도다.
멀리 뻗은 길은 풀이 가리어
흘러간 길을 바라볼 수가 없도다.

슬픈 심정을 읊노라니
탄식만 길어지도다.
세상은 나를 버려도
나 또한 말하지 않으리.
마음에 품은 충정과 인품은
누구도 나눌 수 없도다.
백락伯樂 또한 이미 죽었으니
준마의 힘을 가늠할 수 없도다.
사람이 태어날 때 받은 천명은
누구에게나 돌아갈 길이 있도다.
마음을 정하고 뜻을 넓히면
다시는 두려움이 없으리.
쌓이는 슬픔이 애처로워
탄식만 길어지도다.
세상이 혼탁하여 알아주지 않아도
내 마음 말하지 않으리.
죽음은 피할 길 없는 것
삶에 매달릴 바 없도다.
분명하게 알리노니 군자여
내 그대들의 본보기가 되고자 하노라.

이렇게 하여 굴원은 돌을 안고 마침내 멱라강汨羅江에 몸을 던져 죽었다.

乃作《懷沙》之賦. 其辭曰:

「陶陶孟夏兮, 草木莽莽. 傷懷永哀兮, 汩徂南土. 眴兮窈窈, 孔靜幽墨.
冤結紆軫兮, 離愍之長鞠; 撫情效志兮, 俛詘以自抑.

刑方以爲圜兮, 常度未替; 易初本由兮, 君子所鄙. 章畫職墨兮, 前度未改;
內直質重兮, 大人所盛. 巧匠不斲兮, 孰察其揆正? 玄文幽處兮, 矇謂之不章;
離婁微睇兮, 瞽以爲無明. 變白而爲黑兮, 倒上以爲下. 鳳皇在笯兮, 雞雉翔舞.

同糅玉石兮, 一槩而相量. 夫黨人之鄙妒兮, 羌不知吾所臧.

任重載盛兮, 陷滯而不濟; 懷瑾握瑜兮, 窮不得余所示. 邑犬羣吠兮, 吠所怪也; 誹駿疑桀兮, 固庸態也. 文質疏內兮, 衆不知吾之異采; 材樸委積兮, 莫知余之所有. 重仁襲義兮, 謹厚以爲豐; 重華不可牾兮, 孰知余之從容! 古固有不並兮, 豈知其故也? 湯禹久遠兮, 邈不可慕也. 懲違改忿兮, 抑心而自彊; 離湣而不遷兮, 願志之有象. 進路北次兮, 日昧昧其將暮; 含憂虞哀兮, 限之以大故.

亂曰: 浩浩沅・湘兮, 分流汨兮. 脩路幽拂兮, 道遠忽兮. 曾唫恆悲兮, 永歎慨兮. 世旣莫吾知兮, 人心不可謂兮. 懷情抱質兮, 獨無匹兮. 伯樂旣歿兮, 驥將焉程兮? 人生稟命兮, 各有所錯兮. 定心廣志, 餘何畏懼兮? 曾傷爰哀, 永歎喟兮. 世溷不吾知, 心不可謂兮. 知死不可讓兮, 願勿愛兮. 明以告君子兮, 吾將以爲類兮.」

於是懷石遂自(投)[沈]汨羅以死.

◉ 굴원 이후의 문장가들

굴원이 죽은 후에 초나라에 송옥宋玉・당륵唐勒・경차景差의 무리가 있었는데 이들은 모두 문장을 좋아하고 시를 짓는 사람들로서 명성이 있었다. 그러나 모두 굴원의 차분한 문체를 본뜰 뿐 임금에게 간하려고 하는 자는 없었다. 그 뒤로 초나라는 하루하루 땅을 빼겨 영토가 좁아지고 수십 년 만에 결국 진나라에 의해 멸망하고 말았다.

굴원이 멱라강에 잠긴 지 100여 년 뒤에 한漢나라에 가생賈生이란 인물이 있었다. 가생은 장사왕長沙王의 태부太傅가 되어 상수湘水를 지나면서 글을 지어 강물에 던져 굴원을 애도하였다.

屈原旣死之後, 楚有宋玉・唐勒・景差之徒者, 皆好辭而以賦見稱; 然皆祖屈原之從容辭令, 終莫敢直諫. 其後楚日以削, 數十年竟爲秦所滅.

自屈原沈汨羅後百有餘年, 漢有賈生, 爲長沙王太傅, 過湘水, 投書以弔屈原.

<２> 가생賈生, 賈誼

● 어린나이에 학문에 뛰어났던 가의

가생賈生은 이름을 의誼라 하며
낙양雒陽 사람이다. 18세 때부터
시를 잘 지었고 문장이 능숙하여
고을에서 이름이 높았다. 오吳
정위廷尉가 하남 태수가 되었을
때, 가의가 수재란 말을 듣고
청하여 문하에 두고 매우 총애
하였다.

한나라 문제孝文帝가 처음으로
즉위하였을 무렵 하남 태수 오공
吳公의 치적이 천하 으뜸이었다.
문제는 오공이 원래 이사李斯와
같은 지역 출신이며 일찍이
이사를 좇아 배웠다는 말을 듣고
그를 불러 정위를 삼았다. 오
정위는 가생이 나이가 어리면
서도 제자백가의 학문에 매우

〈賈生(賈誼)〉像. 청대 《歷代名臣像解》

능통해 있는 것을 문제에게 아뢰었다. 문제는 가생을 불러 박사博士를
삼았는데, 그때 가생의 나이는 20여 세로서 가장 연소한 박사였다. 천자의
명령으로 물음이 있을 때마다 나이 많은 선생들이 대답을 하지 못하는
것도 가생은 모두 대답하였다. 누구나 마음 속에 생각은 하면서도 말로
나타내지 못하는 것을 아주 조리 있게 말하여 선생들도 가생을 당해
낼 수 없었다고 한다.

문제의 마음에 들어서 일약 발탁이 되어 가생은 1년 사이에 태중대부
太中大夫에 까지 오르게 되었다.

賈生名誼, 雒陽人也. 年十八, 以能誦詩屬書聞於郡中. 吳廷尉爲河南守, 聞其秀才, 召置門下, 甚幸愛. 孝文皇帝初立, 聞河南守吳公治平爲天下第一, 故與李斯同邑而常學事焉, 乃徵爲廷尉. 廷尉乃言賈生年少, 頗通諸子百家之書. 文帝召以爲博士.

是時賈生年二十餘, 最爲少. 每詔令議下, 諸老先生不能言, 賈生盡爲之對, 人人各如其意所欲出. 諸生於是乃以爲能, 不及也. 孝文帝說之, 超遷, 一歲中至太中大夫.

◉ 제도개혁과 시기질투

그때 가생은 다음과 같은 생각을 하였다.

"한나라가 건국되고 문제에 이르기까지 20여 년, 천하가 평화롭게 다스려지고 있으니 이제 역법曆法을 고치고 관복 색깔을 바꾸고, 제도를 정비하고, 관직명을 새로 제정하며 예의와 음악을 일으키는 것이 좋겠다."

그리하여 이런 것에 대한 의례와 법률을 기안하고, 색깔은 황색을 숭상하며 숫자는 5를 기준으로 하고 관명을 제정하는 등 옛 진秦나라 때의 법을 모두 고치려 하였다. 문제는 즉위한 지 얼마 되지 않아 아직 겸손하여 이런 것들을 실시할 겨를이 없었다. 그러나 모든 율령을 개정하고, 열후들을 각각 그 영지에 취임하도록 하였으니, 이는 모두 가생에게서 나온 의견이었다. 그리하여 천자는 여러 신하에게 물어 가생을 공경의 지위에 앉힐 인물로 생각하였다.

그런데 강후絳侯·관영灌嬰·동양후東陽侯·풍경馮敬 등의 무리는 가생을 시기하여 이렇게 비방하였다.

"저 낙양의 출신의 가생은 아직 젊고, 학문을 한 지가 얼마 되지 않는데 멋대로 권력을 휘둘러 모든 일을 어지럽게 하려고 듭니다."

이러한 일로 해서 천자도 뒤에는 그를 멀리하여 그의 건의를 받아들이지 않고 장사왕의 태부로 삼았다.

賈生以爲漢興至孝文二十餘年, 天下和洽, 而固當改正朔, 易服色, 法制度, 定官名, 興禮樂, 乃悉草具其事儀法, 色尚黃, 數用五, 爲官名, 悉更秦之法.

孝文帝初卽位, 謙讓未遑也. 諸律令所更定, 及列侯悉就國, 其說皆自賈生發之. 於是天子議以爲賈生任公卿之位.

絳·灌·東陽侯·馮敬之屬盡害之, 乃短賈生曰:「雒陽之人, 年少初學, 專欲擅權, 紛亂諸事.」於是天子後亦疏之, 不用其議, 乃以賈生爲長沙王太傅.

⚫ 장사로 가는 길에 굴원을 애도하다

가생은 하직을 하고 길을 나섰다. 장사長沙라는 곳은 지형이 낮고 습한 곳이라는 말을 듣고 수명이 길지 않으리라 생각하였다. 더욱이 좌천이 되어 떠나게 되니 심중이 편안할 수 없어 상수를 건널 때 글을 지어서 이것을 물 속에 던져 굴원을 조상하였던 것이다. 그 글 〈조굴원부吊屈原賦〉는 다음과 같다.

공손히 왕명을 받들어
장사에서 죄를 기다리는 몸이 되었구나.
얼핏 굴원에 대해서 들으니
스스로 멱라수에 몸을 던졌다 하네.
상수 흐르는 물에 부쳐
삼가 공경하는 마음으로 선생을 조상하노라.
선생은 법도가 없는 세상을 만나
마침내 그 몸을 강물에 던졌도다.
아, 슬프다.
좋지 못한 때를 만났음이여.
난새와 봉황새는 엎드려 숨어 버리고
올빼미는 일어나 날개를 친다.
재주 없고 불초한 무리는 존귀하게 되고
거짓말 아첨하는 무리는 뜻을 얻었구나.
현자와 성인은 거꾸로 끌어내려지고
바른 사람은 거꾸로 세워졌네.
세상 사람은 백이伯夷를 탐욕하다 하고

도척盜跖을 청렴하다 말하며
막야莫邪의 칼날을 둔하다 하고
납으로 만든 칼을 날카롭다 하네.
아, 무어라 할 말이 없네.
선생은 까닭 없이 화를 입었으니
무용한 표주박을 보배라 하는구나.
피로한 소에 수레를 끌게 하고
절름발이 나귀를 곁말로 쓰며
준마는 두 귀를 늘어뜨리고
소금 수레를 끄는구나.
머리에 쓴 관을 신발로 삼고 있으니
오래지 않아 난을 만나리라.
아, 가련한 선생이시여.
홀로 이런 재앙을 만나셨도다.

다시 이어지는 노래는 이러하다.

어찌하랴.
나라에 나를 아는 자 없으니
울울한 이 심정을 누구에게 말하랴.
봉황은 표표히 하늘 멀리 날아갔네.
스스로 날개짓 하며 멀리도 갔네.
구중의 못물 속에 잠긴 신령스런 용은
깊이 잠기어 스스로를 소중히 한다.
밝은 빛을 멀리하여 숨어 사노니
어찌 개미, 지렁이들과 짝을 하랴?
성인의 신덕을 귀히 알고
혼탁한 세상을 멀리하여 스스로 숨노라.
준마도 묶어서 자유를 잃게 하면
어찌 개나 양과 다르다고 말하랴.

어지러운 세상에서 머뭇거리며 재앙을 받은 것은

또한 선생 자신의 허물이라고 하리라.

천하를 두루 돌아 어진 임금을 돕지 않고

어찌 이 나라만 고집하였는가?

봉황은 천 길 높이에서 날다가

덕의 빛이 비치는 곳을 보면 내려오지만

작은 덕에서 험난한 징조를 보면

날개를 쳐 그곳을 멀리 날아간다네.

저 조그만 못물에

어찌 배를 삼킬 만한 큰 고기를 담을 수 있으랴.

강호에 큰물고기도

살 곳을 얻지 못하면 개미에게 욕을 본다네.

賈生旣辭往行, 聞長沙卑溼, 自以壽不得長, 又以適去, 意不自得. 及渡湘水, 爲賦以弔屈原. 其辭曰:

「共承嘉惠兮, 俟罪長沙. 側聞屈原兮, 自沈汨羅. 造託湘流兮, 敬弔先生. 遭世罔極兮, 乃隕厥身. 嗚呼哀哉, 逢時不祥! 鸞鳳伏竄兮, 鴟梟翱翔. 闒茸尊顯兮, 讒諛得志; 賢聖逆曳兮, 方正倒植. 世謂伯夷貪兮, 謂盜跖廉; 莫邪爲頓兮, 鉛刀爲銛. 于嗟嚜嚜兮, 牲之無故! 斡弃周鼎兮寶康瓠, 騰駕罷牛兮驂蹇驢, 驥垂兩耳兮服鹽車. 章甫薦屨兮, 漸不可久; 嗟苦先生兮, 獨離此咎!

訊曰: 已矣, 國其莫我知, 獨堙鬱兮其誰語? 鳳漂漂其高遰兮, 夫固自縮而遠去. 襲九淵之神龍兮, 沕深潛以自珍. 彌融爚以隱處兮, 夫豈從蟻與蛭螾? 所貴聖人之神德兮, 遠濁世而自藏. 使騏驥可得係羈兮, 豈云異夫犬羊! 般紛紛其離此尤兮, 亦夫子之辜也! 瞻九州而相君兮, 何必懷此都也? 鳳皇翔于千仞之上兮, 覽德煇而下之; 見細德之險(微)[徵]兮, 搖增翮逝而去之. 彼尋常之汙瀆兮, 豈能容吞舟之魚! 橫江湖之鱣鱏兮, 固將制於蟻螻.」

● 〈복조부鵬鳥賦〉

가생이 장사왕의 태부가 된 지 3년 후에 부엉이가 가생의 방으로 날아들어 한쪽 구석에 앉는 일이 있었다.

초나라 방언으로는 부엉이를 복服이라고 하였다.

가생은 속절없는 귀양살이 몸, 장사는 습한 땅이어서 도저히 오래 살지는 못한다고 슬퍼하며 이렇게 글 〈복조부鵬鳥賦〉를 지어서 스스로를 위로하였다.

정묘년, 4월 초여름.
경자일庚子日도 저물 무렵,
부엉이가 나의 집으로 날아왔네.
방구석에 앉았는데
그 모양은 매우 한가롭구나.
이상한 새가 날아드니
은근히 그 까닭이 괴이쩍도다.
책을 펼쳐 이것을 점치니
점괘가 그 길흉을 일러주는데
'들새 날아와서 방에 있으니
주인은 마침내 나가는 형국이구나.'
부엉이에게 묻노라.
'내가 가면 어디로 갈 것인고?
길한 일이거든 내게 말해주고
흉한 일이거든 어떤 재앙인지 말해다오.
그 이르고 늦은 시기를
내게 알려다오.'
부엉이는 곧 탄식하여
머리 들고 날개를 떨도다.
입은 말을 못하니
뜻으로써 대답하노라.

만물은 변화하니
진실로 쉬지 않는구나.
돌아 흘러 옮겨가고
혹은 추진하여 돌고 돈다.
형形과 기氣가 끊임없이 도니
변화하기 매미와 같도다.
그 깊은 이치 미묘하기는 한이 없으니
어찌 말로써 다하랴.
재앙은 복을 따라 나는 것
복은 재앙이 숨어 있는 곳이로다.
근심과 기쁨은 같은 문으로 모이고
길과 흉은 자리를 같이 하도다.
저 오나라는 강대하였지만
임금 부차夫差는 패망하였도다.
월나라는 회계會稽에 숨어 살았지만
구천은 세상을 제패하였도다.
이사는 유세에 성공하였지만
마침내 오형五刑을 받았고
부열傳說은 죄수였지만
뒤에 무정武丁의 재상이 되었도다.
이에 재앙과 복은
비비꼬인 새끼줄과 무엇이 다르랴.
천명은 설명할 수 없으니
누가 그 끝을 알랴.
물은 격해지면 사납고
화살은 격해지면 멀리 날아가도다.
만물은 돌고 돌아 서로 부딪치고
진동하여 변화하도다.
김이 올라가 구름이 되고

구름이 모여 비가 되니
서로 섞이며 흩어지도다.
조화옹造化翁이 만물을 만드는 일은
가이 없고 끝이 없도다.
하늘과 도는 그 이치가 심원하여
지레 짐작을 할 수 없으며
도는 미리 꾸밀 수 없도다.
더디고 빠른 것은 천명이니
어찌 그 시기를 알 수 있으랴.

천지는 화로요
조화옹은 공인工人이라
음양은 숯불이요
만물은 구리에 비할 것이로다.
사물이 생성 소멸하는 데에
일정한 규칙이 있겠는가.
천만 번 변화하여도
처음과 끝이 하나 같도다.
홀연히 사람이 되었을지라도
어찌 삶에 연연하랴?
다른 사물로 변하더라도
또 어찌 근심하랴?
지혜롭지 못한 자는 자신만을 생각하고
남을 천시하는 자는 자신만 옳다 한다.
통달한 사람은 넓게 보니
만물 보기를 한결같이 하도다.
탐욕스러운 사람은 재물 때문에 죽고
열사는 명예에 죽는다.
권세를 탐하는 자는 권세에 죽고

평범한 사람들은 삶에만 매달리네.
궁색한 자들은 이익에 유혹되어
이리저리 분주하도다.
대인은 사물에 굽히지 않고
수많은 변화에도 한결같도다.
어리석은 자는 세속에 묶이고
죄수와 같이 자신을 속박하도다.
지극히 덕 있는 자는 만물을 초월하고
다만 도와 함께 살아가도다.
많은 사람들은 미혹에 빠져서
좋고 나쁜 것을 마음 속에 쌓지만
진실한 사람은 담백하여
오직 도와 더불어 살아가도다.
지혜와 형체를 초탈하여
초연히 자아를 망각하고
공허하고 황홀한 세계에서
도와 함께 하늘을 날도다.
흐름을 타면 흘러가고
모랫벌을 만나면 곧 멈추도다.
몸을 하늘에 맡겨
자기 소유물로 여기지 않도다.
삶이란 물에 뜬 것과 같고
죽음이란 쉬는 것과 같도다.
심연의 잔잔함처럼 담담하고
매이지 않은 배처럼 떠 있도다.
살아도 삶에 집착하지 않고
공허한 성정을 길러서 유유자적하도다.
덕있는 사람은 마음의 괴로움이 없고
천명을 알아 근심하지 않도다.

하찮은 가시덤불이야
어찌 의심할 거리가 되겠는가!

賈生爲長沙王太傅三年, 有鵩飛入賈生舍, 止于坐隅. 楚人命鵩曰「服」.
賈生旣以適居長沙, 長沙卑溼, 自以爲壽不得長, 傷悼之, 乃爲賦以自廣.
其辭曰:

「單閼之歲兮, 四月孟夏, 庚子日施兮, 服集予舍, 止于坐隅, 貌甚閒暇.
異物來集兮, 私怪其故, 發書占之兮, 筴言其度. 曰『野鳥入處兮, 主人將去』.
請問于服兮:『予去何之? 吉乎告我, 凶言其菑. 淹數之度兮, 語予其期.』
服乃歎息, 舉首奮翼, 口不能言, 請對以意.

萬物變化兮, 固無休息. 斡流而遷兮, 或推而還. 形氣轉續兮, 變化而嬗.
沕穆無窮兮, 胡可勝言! 禍兮福所倚, 福兮禍所伏; 憂喜聚門兮, 吉凶同域.
彼吳彊大兮, 夫差以敗; 越棲會稽兮, 句踐霸世. 斯游遂成兮, 卒被五刑;
傅說胥靡兮, 乃相武丁. 夫禍之與福兮, 何異糾纆? 命不可說兮, 孰知其極?
水激則旱兮, 矢激則遠. 萬物回薄兮, 振蕩相轉. 雲蒸雨降兮, 錯繆相紛. 大專
槃物兮, 坱圠無垠. 天不可與慮兮, 道不可與謀. 遲數有命兮, 惡識其時?

且夫天地爲鑪兮, 造化爲工; 陰陽爲炭兮, 萬物爲銅. 合散消息兮, 安有常則;
千變萬化兮, 未始有極. 忽然爲人兮, 何足控摶; 化爲異物兮, 又何足患!
小知自私兮, 賤彼貴我; 通人大觀兮, 物無不可. 貪夫徇財兮, 烈士徇名;
夸者死權兮, 品庶馮生. 怵迫之徒兮, 或趨西東; 大人不曲兮, 億變齊同. 拘士
繫俗兮, 攌如囚拘; 至人遺物兮, 獨與道俱. 衆人或或兮, 好惡積意;　眞人淡
漠兮, 獨與道息. 釋知遺形兮, 超然自喪; 寥廓忽荒兮, 與道翱翔. 乘流則逝兮,
得坻則止; 縱軀委命兮, 不私與己. 其生若浮兮, 其死若休; 澹乎若深淵之靜,
氾乎若不繫之舟. 不以生故自寶兮, 養空而浮; 德人無累兮, 知命不憂. 細故
蔕芥兮, 何足以疑!」

⚙ 가생의 최후

그 뒤 1년쯤 지나 가생은 황제에게 불려갔다. 문제는 마침 제사를 지내고 남은 고기를 받아 정전에 앉아 있다가 귀신에 대해 느낀 바가 있어 가생에게 귀신의 본질에 대해 물었다. 가생은 자세히 도리를 설명하여 밤이 깊었고, 문제는 자리를 다가앉으며 듣고 있더니 이야기가 끝나자 이렇게 말하였다.

"나는 오랫동안 그대를 만나지 못하여 스스로 그대보다 낫다고 생각하였는데, 이제 내가 그대에게 미칠 수가 없음을 알았소."

그 뒤 얼마 아니하여 가생을 양나라 회왕懷王의 태부로 삼았다. 회왕은 문제의 막내 아들로서 아버지에게 사랑을 받고 독서를 즐겨 하였으므로 가생을 태부로 삼은 것이었다.

문제는 회남淮南 여왕厲王의 네 아들을 봉하여 다 열후를 삼자, 가생은 여러 번 상소하여 말하였다.

"천하의 근심은 이것으로부터 일어날 것입니다."

그리고 이렇게 덧붙였다.

"제후가 여러 군郡의 땅을 가지는 것은 고대의 제도와는 다릅니다. 점차 삭감하는 것이 좋을 것입니다."

그러나 문제는 듣지 않았다. 몇 년 뒤에 양나라 회왕이 말을 타다가 말에서 떨어져 죽었는데 후사가 없었다. 가생은 자기가 태부로 있으면서 그런 일이 생긴 불찰을 탄식하여 울기를 1년 남짓 결국 자신도 생을 마치고 말았다. 나이는 33세. 문제가 죽고 무제武帝가 즉위하자 가생의 손자 두 사람을 등용하여 둘이 다 군수에까지 이르렀다. 그 중 가가賈嘉는 학문을 좋아하여 가계를 이었으며, 나[사마천]와 편지를 주고받은 일이 있다. 그는 효소제 때에 구경의 대열에 들어서게 되었다.

後歲餘, 賈生徵見. 孝文帝方受釐, 坐宣室. 上因感鬼神事, 而問鬼神之本. 賈生因具道所以然之狀. 至夜半, 文帝前席. 旣罷, 曰:「吾久不見賈生, 自以爲過之, 今不及也.」居頃之, 拜賈生爲梁懷王太傅. 梁懷王, 文帝之少子, 愛, 而好書, 故令賈生傅之.

文帝復封淮南屬王子四人皆爲列侯. 賈生諫, 以爲患之興自此起矣. 賈生數上疏, 言諸侯或連數郡, 非古之制, 可稍削之. 文帝不聽.

居數年, 懷王騎, 墮馬而死, 無後. 賈生自傷爲傅無狀, 哭泣歲餘, 亦死. 賈生之死時年三十三矣. 及孝文崩, 孝武皇帝立, 擧賈生之孫二人至郡守, 而賈嘉最好學, 世其家, 與余通書. 至孝昭時, 列爲九卿.

◉ 사마천의 평어

나 태사공은 이렇게 생각한다.

나는 〈이소〉, 〈천문天問〉, 〈초혼招魂〉, 〈애영哀郢〉의 모든 부를 읽고, 그 뜻을 슬퍼하였으며 또 일찍이 장사에 가서 굴원이 몸을 던진 곳을 보고 눈물을 지으면서 그를 추모하지 않고는 견딜 수 없었다. 나는 또 가생이 굴원을 애도한 글을 보고, 굴원이 그만한 재능이 있으면 제후에게 유세하여 어디에라도 받아들이지 않을 리가 없는데 스스로 그러한 최후를 마친 것은 어찌된 일인가 하고 괴이하게 생각하였다. 그러나 〈복조부鵬鳥賦〉를 읽어보니 그는 죽음과 삶을 한 가지로 보고 벼슬에 나아가고 물러나는 것을 가볍게 여겼으니 나는 깨달은 바 있어 이전에 가졌던 내 생각을 흔쾌히 버리게 되었다.

太史公曰: 余讀〈離騷〉·〈天問〉·〈招魂〉·〈哀郢〉, 悲其志. 適長沙, 觀屈原所自沈淵, 未嘗不垂涕, 想見其爲人. 及見賈生弔之, 又怪屈原以彼其材, 游諸侯, 何國不容, 而自令若是. 讀《鵬鳥賦》, 同死生, 輕去就, 又爽然自失矣.

025(85) 여불위 열전呂不韋列傳

여불위呂不韋

☻ 진귀한 재물은 사둘 만하다

여불위呂不韋는 양책陽翟의 큰 상인이었다. 여러 곳을 왕래하면서 물건을 싸게 사서 비싸게 팔아 집안에 천금의 재산을 모았다.

진秦나라 소왕昭王 40년 태자가 죽자, 42년에 둘째 아들 안국군安國君이 태자가 되었다. 안국군에게는 아들이 20여 명 있었다. 안국군은 가장 사랑하는 여인을 정부인으로 삼았는데 그가 화양부인華陽夫人이었다. 그런데 그 부인과의 사이에는 아들이 없었다. 안국군의 둘째 아들은 이름을 자초子楚라고 하였다. 그의 어머니 하희夏姬는 안국군의 총애를 잃고 있었고, 자초는 진나라의 인질로써 조趙나라에 볼모가 되어 있었는데 진나라가 여러 차례 조나라를 공격하였으므로 조나라는 자초에게 아무런 예우를 해 주지 않고 있었다.

또한 자초는 첩의 소생이요 타국에 볼모가 되어 있는 신분이라, 거마車馬와 재물이 넉넉지 못할 뿐 아니라, 일상 생활도 곤궁하여 뜻을 잃고 있었다. 여불위가 장사일로 조나라의 도성 한단邯鄲에 갔을 때 자초를 가련히 생각하여 그를 찾아갔다.

"이것은 좋은 장사거리다. 사 두는 것이 좋으리라."

呂不韋者, 陽翟大賈人也. 往來販賤賣貴, 家累千金.

秦昭王四十年, 太子死. 其四十二年, 以其次子安國君爲太子. 安國君有子二十餘人. 安國君有所甚愛姬, 立以爲正夫人, 號曰華陽夫人. 華陽夫人無子. 安國君中男名子楚, 子楚母曰夏姬, 毋愛. 子楚爲秦質子於趙. 秦數攻趙, 趙不甚禮子楚.

子楚, 秦諸庶孽孫, 質於諸侯, 車乘進用不饒, 居處困, 不得意. 呂不韋賈邯鄲, 見而憐之, 曰『此奇貨可居』.

◉ 당신을 왕이 되도록 해 주겠소

이에 여불위는 자초를 찾아가 이렇게 말하였다.

"나는 당신의 가문을 크게 해 줄 수 있습니다."

그러자 자초는 웃으면서 말하였다.

"먼저 그대의 가문을 크게 이루고 나서 내 가문을 크게 이루어 주시오."

여불위가 말하였다.

"그대는 모르시는 말씀. 내 가문은 그대의 가문이 커짐에 따라서 커질 것입니다."

자초는 그의 말 뜻을 알아차리고 안으로 불러들여 마주 앉아 밀담을 나누었다. 여불위가 말하였다.

"진나라 왕은 이미 늙었고 안국군이 태자가 되었는데 듣기로는 안국군은 화양부인을 총애한다 합니다. 그러나 화양부인에게는 아들이 없으니 누군가를 뒤를 잇도록 정하여야 할 것입니다. 그것은 화양부인의 마음 하나에 달린 것입니다. 지금 그대의 형제는 20여 명이나 되는데, 그대는 둘째 아들이며 또 그리 귀함을 받지도 못하고 오랫동안 다른 제후 나라에 볼모로 있습니다. 만약 대왕께서 돌아가시고 안국군이 즉위하게 되면 그대는 아무래도 그대 형이나 또는 조석으로 안국군의 슬하에 있는 아우들과 태자의 자리를 놓고 싸울 수는 없을 것입니다."

자초가 말하였다.

"사실이 그렇소. 이를 어떻게 하면 좋겠소?"

여불위가 말하였다.

"그대는 가난하고 조나라에 볼모가 되어 있는 몸이어서 어버이를 봉양하는 일도, 빈객과 교제하는 일도 할 수 없습니다. 제가 비록 가난하지만 청컨대 천금을 던져 그대를 위해 서쪽 진나라로 가서 안국군과 화양부인에게 가까이하여 그대를 후사로 정하도록 주선하겠습니다."

자초는 머리를 숙여 말하였다.

"만약 그대의 계책대로 된다면, 진나라를 그대와 함께 나누어 가지겠소."

乃往見子楚, 說曰:「吾能大子之門.」子楚笑曰:「且自大君之門, 而乃大吾門!」呂不韋曰:「子不知也, 吾門待子門而大.」子楚心知所謂, 乃引與坐, 深語. 呂不韋曰:「秦王老矣, 安國君得爲太子. 竊聞安國君愛幸華陽夫人, 華陽夫人無子, 能立適嗣者獨華陽夫人耳. 今子兄弟二十餘人, 子又居中, 不甚見幸, 久質諸侯. 卽大王薨, 安國君立爲王, 則子毋幾得與長子及諸子旦暮在前者爭爲太子矣.」子楚曰:「然. 爲之柰何?」呂不韋曰:「子貧, 客於此, 非有以奉獻於親及結賓客也. 不韋雖貧, 請以千金爲子西游, 事安國君及華陽夫人, 立子爲適嗣.」子楚乃頓首曰:「必如君策, 請得分秦國與君共之.」

◎ 자초를 아들로 삼으시오

그리하여 여불위는 자초에게 500금을 주어 빈객과의 교제 비용으로 쓰도록 하고, 다시 500금으로 진기한 물건과 노리개거리들을 사 가지고 서쪽 진나라를 향해 떠났다. 화양부인의 언니를 통해 가지고 온 물건을 남김없이 화양부인에게 바치고 가까워지자 부인에게 말하였다.

"자초는 어질고 지혜가 있으며 멀리 천하 제후들의 빈객과 교제를 맺고 있습니다. 자초는 언제나 화양부인을 하늘처럼 우러러 받들고 있다는 말을 하며 주야로 태자와 부인을 흠모하여 눈물을 흘리고 있습니다."

화양부인은 매우 기뻐하였다. 여불위는 다시 그 언니로 하여금 부인을 설득해 주도록 부탁하였다.

"내 듣건대 '미색으로 사람을 섬기는 자는 그 미색이 쇠하고 나면 총애도 시들어진다'고 합니다. 화양부인은 태자를 모셔 매우 총애를 받고 있지만 아들이 없습니다. 그런데 어찌 지금 여러 공자들 중에서 어질면서 효성도 있는 자와 인연을 맺어 후사를 이을 양자로 삼아두지 않습니까? 남편이 세상에 있으면 그대로 존경을 받겠지만, 남편이 죽은 후면 양자가 왕이 되어야만 세력을 잃지 않습니다. 이것이 이른바 '한 마디 말로 만세의 이익을 얻는다'는 것입니다. 영화를 누리고 있을 때에 터를 단단히 다지지 않으면 미색이 쇠하여 총애가 시들해졌을 때 한 마디 말을 하려고 해도 이미 때는 늦고 맙니다. 지금 자초는 현명하여 둘째 아들로서는 자신이

왕위를 이을 수 없다는 것을 알고 있으며, 그의 어머니도 사랑을 받고
못하고 있으므로 애써 화양부인에게 마음을 쏟고 있습니다. 부인이 참으로
이 기회를 놓치지 않고 발탁하여 후사를 잇게 한다면 일생 동안 이 진나라에서
우대를 받는 몸이 될 것입니다."

화양부인은 과연 그렇다고 여겨 태자의 한가한 틈을 엿보아 태연한
얼굴로 설득하였다.

"조나라에 볼모가 되어 있는 아들 자초는 매우 현명하여 내왕이 있는
사람들은 모두 그를 칭찬을 하고 있습니다."

그리고 눈물을 흘리며 말을 이었다.

"나는 다행히도 후궁에 들어 정부인이 되기까지 하였으나 불행히도
아들이 없습니다. 아무쪼록 자초를 나의 아들로 삼아 후사를 잇게 하여
나의 말년을 돌보게 하였으면 합니다."

그러자 안국군은 이를 허락하고 부인을 위해 옥부玉符를 새겨 자초를
후사로 들이는 것을 약속하는 증거로 삼았다. 그리하여 안국군과 부인은
자초에게 후한 물건을 보내며 여불위에게 뒤를 돌봐 주도록 청하였다.
이로부터 자초의 명성은 차차 제후들 사이에 높아졌다.

呂不韋乃以五百金與子楚, 爲進用, 結賓客; 而復以五百金買奇物玩好,
自奉而西游秦, 求見華陽夫人姊, 而皆以其物獻華陽夫人. 因言子楚賢智,
結諸侯賓客徧天下, 常曰:「楚也以夫人爲天, 日夜泣思太子及夫人」. 夫人
大喜. 不韋因使其姊說夫人曰:「吾聞之, 以色事人者, 色衰而愛弛. 今夫人
事太子, 甚愛而無子, 不以此時蚤自結於諸子中賢孝者, 擧立以爲適而子之,
夫在則重尊, 夫百歲之後, 所子者爲王, 終不失勢, 此所謂一言而萬世之利也.
不以繁華時樹本, 卽色衰愛弛後, 雖欲開一語, 尙可得乎? 今子楚賢, 而自知
中男也, 次不得爲適, 其母又不得幸, 自附夫人, 夫人誠以此時拔以爲適,
夫人則竟世有寵於秦矣.」華陽夫人以爲然, 承太子閒, 從容言子楚質於趙
者絶賢, 來往者皆稱譽之. 乃因涕泣曰:「妾幸得充後宮, 不幸無子, 願得子
楚立以爲適嗣, 以託妾身.」安國君許之, 乃與夫人刻玉符, 約以爲適嗣.
安國君及夫人因厚餽遺子楚, 而請呂不韋傅之, 子楚以此名譽益盛於諸侯.

❀ 진시황의 출생 비밀

여불위는 용모가 뛰어나고 춤을 잘 추는 한단의 여자와 동거하고 있었다. 그런데 얼마 아니되어 그 여자가 임신을 하였다. 자초는 여불위의 초청을 받아 술을 마시는 자리에서 그 여자를 보고 한눈에 반하였다. 이에 그는 일어서서 여불위의 건강을 축하하면서 그 여자를 얻고 싶다고 청하였다. 여불위는 처음에 화가 났지만 이미 가산을 기울여서까지 자초를 위해 진력한 것도 그것으로 큰 이익을 낚으려던 것이었음을 다시 생각하고 마침내 그 여자를 자초에게 바쳤다. 그 여자는 임신한 사실을 숨기고 만삭이 되어 정政을 낳았다. 자초는 마침내 그 여자를 부인으로 맞았다.

呂不韋取邯鄲諸姬絶好善舞者與居, 知有身. 子楚從不韋飮, 見而說之, 因起爲壽, 請之. 呂不韋怒, 念業已破家爲子楚, 欲以釣奇, 乃遂獻其姬. 姬自匿有身, 至大期時, 生子政. 子楚遂立姬爲夫人.

❀ 자초가 장양왕이 되다

진나라 소왕 50년, 왕의王齮에게 명하여 조나라의 한단을 포위하자 한단은 위급한 지경에 빠졌고, 조나라에서는 전세가 다급해지자 자초를 죽이려 하였다. 자초는 여불위와 의논하고 금 600근으로 감시하는 관리를 매수하여 진나라 진영으로 도망하여 귀국할 수 있었다. 조나라에서는 또 자초의 처자를 죽이려 하였으나 자초의 부인은 조나라 호족의 딸로써 숨어서 지내다가 마침내 모자가 생명을 보전하게 되었다.

진나라 소왕은 즉위한 지 56년 만에 죽었다. 태자 안국군이 즉위하여 화양부인을 왕후로 하고 자초를 태자로 하였다. 그제야 조나라는 자초의 부인과 아들 정을 정중히 진나라로 돌려보냈다. 진나라 왕은 즉위한 뒤 1년 만에 죽었고 시호는 효문왕孝文王이라 하였다. 이렇게 되어 태자 자초가 임금이 되니 바로 장양왕莊襄王이다.

秦昭王五十年, 使王齮圍邯鄲, 急, 趙欲殺子楚. 子楚與呂不韋謀, 行金六百斤予守者吏, 得脫, 亡赴秦軍, 遂以得歸. 趙欲殺子楚妻子, 子楚夫人趙豪家女也, 得匿, 以故母子竟得活. 秦昭王五十六年, 薨, 太子安國君立爲王, 華陽夫人爲王后, 子楚爲太子. 趙亦奉子楚夫人及子政歸秦.

秦王立一年, 薨, 諡爲孝文王. 太子子楚代立, 是爲莊襄王.

◉ 진시황이 등극하다

장양왕은 양모 화양부인을 화양태후라 이름하고 자신의 친어머니 하희를 존경하여 하태후라 하였다. 장양왕 원년에 여불위를 승상에 앉혀 문신후文信侯라 봉하고 하남河南 낙양雒陽에 10만 호를 식읍으로 주었다.

장양왕은 즉위 3년 만에 작고하고 태자 정政이 왕이 되었다.

그는 여불위를 존경하여 상국相國으로 삼고 중부仲父라고 불렀다. 진나라 왕은 아직 연소하였으며 어머니 태후는 때때로 몰래 여불위와 사통하고 있었다. 당시 여불위의 집에는 하인이 1만 명이 있었다고 한다.

莊襄王所母華陽后爲華陽太后, 眞母夏姬尊以爲夏太后. 莊襄王元年, 以呂不韋爲丞相, 封爲文信侯, 食河南雒陽十萬戶.

莊襄王卽位三年, 薨, 太子政立爲王, 尊呂不韋爲相國, 號稱仲父. 秦王年少, 太后時時竊私通呂不韋. 不韋家僮萬人.

◉ 일자천금의 《여씨춘추》

당시에 위魏나라에는 신릉군信陵君, 초楚나라에 춘신군春申君, 조趙나라에는 평원군平原君, 제齊나라에 맹상군孟嘗君이 있었다. 이들은 다 나라의 선비를 대우하고 서로 빈객을 모시는 일로 경쟁하였다. 여불위는 진나라가 강국이면서도 이들 나라에 미치지 못하는 것을 수치로 생각하여 선비들을 불러 후대하여 식객이 3천 명이나 되었다. 이때 열국에는 변사辯士가 많았고, 순경荀卿 같은 사람은 책을 저술하여 천하에 널리 폈다. 그리하여 여불위도 자기의 빈객들에게 각각 견문을 모아 저술토록 하였으며, 이를 편찬하여 〈팔람八覽〉·〈육론六論〉·〈십이기十二紀〉로 모았는데 모두 20여만 언言에 이르렀다. 그 내용은 천지, 만물, 고금의 일을 망라하였으며 제목을 《여씨춘추呂氏春秋》라 하였다.

이것을 도성 함양咸陽의 성문에 진열하고 상금 천금을 걸고 열국의 유사遊士·빈객을 모아 말하였다.

"이 책에서 한 글자라도 증감할 수 있는 자가 있으면 천금을 주겠다."

當是時, 魏有信陵君, 楚有春申君, 趙有平原君, 齊有孟嘗君, 皆下士喜賓客以相傾. 呂不韋以秦之彊, 羞不如, 亦招致士, 厚遇之, 至食客三千人. 是時諸侯多辯士, 如荀卿之徒, 著書布天下. 呂不韋乃使其客人人著所聞, 集論以爲八覽·六論·十二紀, 二十餘萬言. 以爲備天地萬物古今之事, 號曰《呂氏春秋》. 布咸陽市門, 懸千金其上, 延諸侯游士賓客有能增損一字者予千金.

◉ 오동나무를 음경에 걸고 돌리는 노애

진나라 시황제는 차츰 장년이 되어 가는데도 모태후母太后의 음란은 그치지 않았다. 여불위는 이 일이 발각되어 자신에게 화가 미칠 것을 두려워하여 몰래 음경陰莖이 큰 노애嫪毐라는 사나이를 찾아내어 하인으로 삼고, 이따금 음탕한 음악을 연주케 하면서 노애의 음경에 오동나무 수레바퀴를 매달아 돌리며 걷게 하였다. 태후가 이 소문을 듣고 음란한 마음을 일으키도록 꾀한 짓이었다.

소문을 듣자 과연 태후는 몰래 그를 얻고 싶어하였다. 여불위는 노애를 태후에게 가까이하도록 하고 사람을 시켜 부형腐刑에 해당하는 죄를 지었노라 허위로 꾸며 노애를 고발하도록 하면서 동시에 몰래 태후에게 한 가지 꾀를 귀띔하였다.

"죄를 입어 부형에 처하였다고 속이면 그를 궁중으로 불러 급사중給事中으로 부릴 수가 있습니다."

태후는 부형을 맡은 관리에게 뇌물을 후히 주어서 판결을 위조하고 그의 수염을 뽑아 환관으로 만들어 측근에 둘 수 있도록 하였다. 태후는 그와 계속 사통하면서 매우 총애하였다. 그런 중에 임신이 되자 소문이 날 것을 두려워하여, 점괘를 거짓으로 꾸며 재액을 피하기 위하여 거처를 옮겨야 한다고 하고, 궁을 나와 옹雍으로 갔다. 노애는 일상 태후를 모시어 많은 상을 받았고 태후는 모든 일을 노애로 하여금 결재케 하였다. 그의 집 종은 수천 명이나 되었고, 벼슬을 얻기 위하여 노애의 사인舍人이 된 자도 천여 명이 넘었다.

始皇帝益壯, 太后淫不止. 呂不韋恐覺禍及己, 乃私求大陰人嫪毐以爲舍人, 時縱倡樂, 使毐以其陰關桐輪而行, 令太后聞之, 以啗太后. 太后聞, 果欲私得之. 呂不韋乃進嫪毐, 詐令人以腐罪告之. 不韋又陰謂太后曰:「可事詐腐, 則得給事中.」太后乃陰厚賜主腐者吏, 詐論之, 拔其鬚眉爲宦者, 遂得侍太后. 太后私與通, 絶愛之. 有身, 太后恐人知之, 詐卜當避時, 徙宮居雍. 嫪毐常從, 賞賜甚厚, 事皆決於嫪毐. 嫪毐家僮數千人, 諸客求官爲嫪毐舍人千餘人.

● 동쪽으로는 아들을, 서쪽으로는 남편을

시황제 7년, 장양왕의 생모 하태후가 죽었다. 효문왕의 왕비였던 화양태후는 효문왕의 수릉壽陵에 합장하고, 장양왕은 지양芷陽에 장사지냈으므로 하태후는 단독으로 두杜 땅에 장사지냈는데, 이는 그의 유언에 의한 것이었다.

"동쪽으로 내 아들을 바라보고 서쪽으로 내 남편을 바라보고 싶다. 100년 후에는 이 근방이 만호의 읍이 되리라."

始皇七年, 莊襄王母夏太后薨. 孝文王后曰華陽太后, 與孝文王會葬壽陵. 夏太后子莊襄王葬芷陽, 故夏太后獨別葬杜東, 曰「東望吾子, 西望吾夫. 後百年, 旁當有萬家邑」.

● 노애의 삼족을 멸하고 태후 소생의 두 동생을 죽이다

시황제 9년, 어떤 자가 밀고하였다.

"노애는 실은 환관이 아니고 항상 태후와 사통하고 아들 둘을 낳아서 이를 감추고 태후와 '만약 임금이 죽으면 이 아들로 뒤를 잇게 하자'라고 밀약하였습니다."

이에 시황제는 관리로 하여금 이를 조사하도록 하여 결국 전후 실정이 드러나고 말았으며, 상국 여불위에게도 연관이 있음을 알게 되었다.

그 해 9월, 노애의 삼족을 멸하고, 태후가 낳은 두 아들을 죽여 없앴으며, 마침내 태후를 옹으로 옮겼다. 노애의 가산을 모두 몰수하고 사인들은 촉蜀으로 내몰았다.

시황은 여불위도 죽이고자 하였으나, 선왕에게 진력한 공로가 큰 것과 그를 위해 변호하는 빈객과 변사가 많아 급히 법을 적용할 수가 없었다.

진나라 시황제 10년 10월에 상국 여불위의 직책을 파면하였다.

그 뒤에 제나라 사람 모초茅焦의 말을 좇아, 시황은 태후를 옹에서 맞아 함양咸陽으로 돌아오게 하고, 문신후 여불위를 도성에서 추방하여 하남의 식읍으로 옮겨가 있도록 하였다.

始皇九年, 有告嫪毐實非宦者, 常與太后私亂, 生子二人, 皆匿之. 與太后謀曰「王卽薨, 以子爲後」. 於是秦王下吏治, 具得情實, 事連相國呂不韋. 九月, 夷嫪毐三族, 殺太后所生兩子, 而遂遷太后於雍. 諸嫪毐舍人皆沒其家而遷之蜀. 王欲誅相國, 爲其奉先王功大, 及賓客辯士爲游說者衆, 王不忍致法. 秦王十年十月, 免相國呂不韋. 及齊人茅焦說秦王, 秦王乃迎太后於雍, 歸復咸陽, 而出文信侯就國河南.

🏵 여불위의 최후

그러나 1년 이상이 지나도 문신후에게 면회를 청하는 제후의 빈객과 사자가 도로에 끊이지 않자, 시황은 모반이 일어날까 두려워 문신후에게 이렇게 편지를 보냈다.

"그대는 진나라에 무슨 공로가 있어 진나라가 그대를 하남에 봉하고 10만 호의 식읍을 내렸소? 또 그대는 진나라에 무슨 혈연이 있어 중부라는 일컬음을 받고 있소? 그대는 가족을 데리고 함께 촉으로 가서 살도록 하시오."

여불위는 스스로 자신의 권세가 날로 추락하고 결국은 죽음을 당할 것임을 알고 이를 두려워하여 독주를 마시고 죽었다.

시황이 분하게 여겼던 여불위와 노애가 죽자 그에 앞서 촉으로 내쫓았던 노애의 사인들을 모두 돌아오도록 하였다.

시황 19년에, 태후가 죽자 시호를 제태후帝太后라 하고 장양왕과 함께 채양莐陽에 합장하였다.

歲餘, 諸侯賓客使者相望於道, 請文信侯. 秦王恐其爲變, 乃賜文信侯書曰: 「君何功於秦? 秦封君河南, 食十萬戶. 君何親於秦? 號稱仲父. 其與家屬徙處蜀!」呂不韋自度稍侵, 恐誅, 乃飮酖而死. 秦王所加怒呂不韋・嫪毒皆已死, 乃皆復歸嫪毒舍人遷蜀者.

始皇十九年, 太后薨, 諡爲帝太后, 與莊襄王會葬莐陽.

⊛ 사마천의 평어

나 태사공은 이렇게 생각한다.

여불위는 노애까지 존귀하게 만들었다. 여불위는 문신후, 노애는 장신후長信侯 칭호를 받았다. 어떤 사람이 노애를 밀고한 것은 노애도 들어서 알고 있었다. 진나라 시황제는 좌우에 있는 자에게 명하여 증거를 가지고 있으면서도 이를 발표하지 아니하고 옹에 나아가 교제郊祭를 지내려고 하였다. 노애는 몸에 화가 일어날 것이 두려워 도당과 꾀하고 거짓으로 태후의 도장을 눌러 군사를 징발하고, 기년궁蘄年宮에서 모반을 일으켰다.

시황은 관리를 보내어 노애를 치게 하고 노애가 패하여 달아나자 이를 뒤쫓아 호치好畤에서 베고 마침내 그 일족을 멸하였다. 여불위도 사건에 연루되어 배척당하였다. 공자孔子가 말하는 동네나 주위의 '소문'이라는 것은 여불위와 같은 자를 가리킨 것인가?

太史公曰: 不韋及嫪毒貴, 封號文信侯. 人之告嫪毒, 毒聞之. 秦王驗左右, 未發. 上之雍郊, 毒恐禍起, 乃與黨謀, 矯太后璽發卒以反蘄年宮. 發吏攻毒, 毒敗亡走, 追斬之好畤, 遂滅其宗. 而呂不韋由此絀矣. 孔子之所謂「聞」者, 其呂子乎?

026(86) 자객 열전刺客列傳

① 조말曹沫 ② 전제專諸 ③ 예양豫讓
④ 섭정聶政 ⑤ 형가荊軻 ⑥ 고점리高漸離

〈1〉조말曹沫

◉ 빼앗아간 땅을 내놓으시오

조말曹沫은 노魯나라 사람이다. 용기와 힘이 뛰어나 노나라 장공莊公에게
등용되었다. 장공은 용력을 좋아하였으며, 조말은 노나라의 장군이 되어
제齊나라와 싸웠는데 세 번 모두 패배하였다. 장공은 제나라를 두려워하여
수읍遂邑의 땅을 제나라에 바치는 조건으로 화친을 맺고자 하면서 조말은
그대로 장군의 직책을 맡게 하였다. 제나라 환공桓公은 노나라 장공과
가柯 땅에서 회견하고 화친을 허락하여 단상에서 서약을 하고 있었다.
이 때 갑자기 조말이 비수를 들고 환공을 협박하였다. 환공의 좌우에
있는 누구도 움직일 수 없었다. 환공이 물었다.

"그대가 하는 짓은 무엇인가?"

조말이 말하였다.

"제나라는 강하고 노나라는 약한데 대국인 제나라가 노나라를 침범하는
것이 도리가 아니오. 이제 제나라의 국경은 깊이 노나라로 들어와 국도에까지
육박하고 있소. 임금께서는 이를 헤아려 주시오."

그리하여 환공은 노나라로부터 빼앗은 땅을 모두 돌려줄 것을 승낙하였다.
이를 듣자 조말은 비수를 던지고 단에서 내려가 북쪽을 향해 신하들의
자리에 되돌아가 앉았는데, 안색은 조금도 변함이 없고 말하는 소리도
여전하였다. 환공이 노하여 약속을 깨려고 하자 관중이 말하였다.

"그것은 안 됩니다. 작은 이익을 탐하여 거기에 만족하신다면, 제후에게
신망이 떨어지고 천하의 도움을 잃게 됩니다. 약속대로 땅을 돌려주느니만
못합니다."

환공은 마침내 노나라에서 **빼앗은** 땅을 돌려주었고, 조말은 세 번 싸워 잃은 땅은 이로써 모두 되찾게 되었다.

그로부터 167년이 지나 오吳나라에 전제 사건이 있었다.

曹沫者, 魯人也, 以勇力事魯莊公. 莊公好力. 曹沫爲魯將, 與齊戰, 三敗北. 魯莊公懼, 乃獻遂邑之地以和. 猶復以爲將.

齊桓公許與魯會于柯而盟. 桓公與莊公旣盟於壇上, 曹沫執匕首劫齊桓公, 桓公左右莫敢動, 而問曰:「子將何欲?」曹沫曰:「齊強魯弱, 而大國侵魯亦甚矣. 今魯城壞卽壓齊境, 君其圖之.」桓公乃許盡歸魯侵地. 旣已言, 曹沫投其匕首, 下壇, 北面就羣臣之位, 顔色不變, 辭令如故. 桓公怒, 欲倍其約. 管仲曰:「不可. 夫貪小利以自快, 棄信於諸侯, 失天下之援, 不如與之.」於是桓公乃遂割魯侵地, 曹沫三戰所亡地盡復予魯.

其後百六十有七年而吳有專諸之事.

⟨2⟩ 전제專諸

⊛ 오자서가 전제의 재능을 알아보다

전제專諸는 오나라 당읍堂邑 사람이다. 오자서伍子胥가 초나라로부터 오나라로 도망갔을 때 전제의 재능을 알아보았다. 오자서가 오나라 왕 요僚를 만나 초나라를 공략하는 이익을 말하자, 공자 광光이 임금에게 이렇게 반대하였다.

"저 오자서는 아버지와 형이 모두 초나라 왕에게 죽음을 당하였습니다. 그가 초나라를 치려고 하는 것은 사사로이 복수를 하려는 것이지 오나라를 위해 도모하는 일이 아닙니다."

그리하여 오나라 왕은 초나라를 치는 것을 단념하였다.

專諸者, 吳堂邑人也. 伍子胥之亡楚而如吳也, 知專諸之能. 伍子胥旣見吳王僚, 說以伐楚之利. 吳公子光曰:「彼伍員父兄皆死於楚而員言伐楚, 欲自爲報私讎也, 非能爲吳.」吳王乃止.

● 마땅히 내가 왕이 되어야 한다고 여긴 공자 광

오자서는 공자 광이 오왕 요를 죽이고자 하고 있음을 알아차리고 이렇게
생각하였다.

"저 광은 국내에서 난을 일으키려는 야심이 있으니 초나라를 치는 문제를
거론해서는 안 되리라."

그리고는 전제를 공자 광에게 추천하여 후일의 일에 대비하였다. 광의
아버지는 오나라 왕 제번諸樊으로 제번에게는 아우가 셋이 있었는데 바로
밑의 아우는 여제餘祭, 그 다음은 이말夷昧, 그리고 막내 아우가 계자季子·
찰札이었다. 제번은 계자 찰이 현명함을 알아차리고는 태자를 세우지
않고 차례차례 세 아우에게 임금자리를 물려주어 결국 계자 찰에게 나라가
돌아가도록 할 생각이었다. 제번이 죽은 뒤 여제가 왕위에 오르고 여제가
죽고 나서 이말이 다음을 이었으며, 이말이 죽고 나서 당연히 계자 찰이
왕위에 올라야 할 차례였지만, 그는 왕이 되는 것이 싫어 도망치고 말았다.

그리하여 오나라는 이말의 아들 요를 세워 왕으로 삼자, 이를 두고
공자 광은 내심 불만이었다.

"형제의 순서로 임금이 되기로 하면 계자 찰이 서야 하며, 아들의 순서로
한다면 내가 진정한 후계자이다. 당연히 내가 왕위를 이어야 한다."

이에 공자 광은 평소부터 몰래 심복들을 길러 왕위를 빼앗을 방법을
찾고 있었다. 이 때에 전제를 얻자 빈객으로 후히 대우하였다.

9년 뒤, 초나라 평왕平王이 죽고, 그 해 봄 오나라 왕 요는 초나라가
상중임을 틈타 초나라를 치기로 하고 아우 공자 갑여蓋餘와 촉용屬庸을
장군으로 하여 초나라의 잠潛을 포위하도록 하는 한편, 연릉延陵의 계자
찰을 진晉나라로 보내어 제후의 움직임을 살피도록 하였다. 그런데 이
싸움에서 초나라가 출병하여 오나라 장군 갑여와 촉용의 퇴로를 끊자
오나라 군대는 돌아갈 수가 없게 되었다. 이때 공자 광이 전제에게 말하였다.

"이 시기를 놓쳐서는 안 되겠소. 구하는 것이 있어야 얻는 것이 있게
마련! 내가 진정한 후계자이고, 내가 왕위에 오르는 것이 당연하오. 계자
찰이 돌아오더라도 나를 폐하지는 못할 것이오."

그 말에 전제도 찬성하였다.

"왕 요를 죽일 때가 왔습니다. 그 어머니는 늙었고 그 아들은 어리고 두 아우는 군대를 이끌고 초나라로 갔다가 초나라 군대에 후방을 끊기었습니다. 이제 오나라는 나라 밖으로는 초나라에 고통을 당하고, 나라 안은 텅 비어 조정에는 충직한 신하가 없는 상황이니 우리를 어떻게 할 수도 없을 것입니다."

공자 광은 머리를 끄덕이며 말하였다.

"나의 몸은 바로 그대의 몸이오."

伍子胥知公子光之欲殺吳王僚, 乃曰:「彼光將有內志, 未可說以外事.」乃進專諸於公子光.

光之父曰吳王諸樊. 諸樊弟三人: 次曰餘祭, 次曰夷眛, 次曰季子札. 諸樊知季子札賢而不立太子, 以次傳三弟, 欲卒致國于季子札. 諸樊旣死, 傳餘祭. 餘祭死, 傳夷眛. 夷眛死, 當傳季子札; 季子札逃不肯立, 吳人乃立夷眛之子僚爲王. 公子光曰:「使以兄弟次邪, 季子當立; 必以子乎, 則光眞適嗣, 當立.」故嘗陰養謀臣以求立.

光旣得專諸, 善客待之. 九年而楚平王死. 春, 吳王僚欲因楚喪, 使其二弟公子蓋餘·屬庸將兵圍楚之灊; 使延陵季子於晉, 以觀諸侯之變. 楚發兵絶吳將蓋餘·屬庸路, 吳兵不得還. 於是公子光謂專諸曰:「此時不可失, 不求何獲! 且光眞王嗣, 當立, 季子雖來, 不吾廢也.」專諸曰:「王僚可殺也. 母老子弱, 而兩弟將兵伐楚, 楚絶其後. 方今吳外困於楚, 而內空無骨鯁之臣, 是無如我何.」公子光頓首曰:「光之身, 子之身也.」

◉ 구운 생선에 비수를 숨기고

4월 병자丙子일에 공자 광은 무장한 병사를 지하실에 숨기고 술을 마련해 놓은 다음 요왕을 초대하였다. 왕은 궁궐에서 광의 집까지 호위 군사를 늘어세우게 하고 궁전을 나와 광의 저택으로 갔다.

문과 계단 좌우에 서 있는 사람들도 모두 왕 요의 친척 심복들로서 왕을 에워싸고 모셨다. 그들은 모두 긴 칼을 손에 쥐고 있었다.

주연이 무르익자, 공자 광은 거짓으로 발이 아픈 시늉을 하며 지하실로 들어가 전제에게 명하여 구운 생선 뱃속에 비수를 감추고 이를 올리도록 하였다. 임금 앞에 나아간 전제는 생선배를 찢고 감추어둔 비수를 꺼내어 요왕을 찔렀다. 요왕은 즉사하였고 전제도 왕의 좌우에 있는 자들에게 붙들려 죽음을 당하였다. 왕의 수행자들은 크게 소동하였으나, 공자 광은 숨겨 놓았던 군사들을 불러내어 요왕의 무리들을 쳐서 무찌르고 마침내 스스로 왕이 되었다.

이가 곧 합려閤廬이다. 합려는 전제의 아들을 봉하여 상경上卿으로 삼았다. 그로부터 70여 년 뒤 진晉나라에 예양 사건이 일어났다.

四月丙子, 光伏甲士於窟室中, 而具酒請王僚. 王僚使兵陳自宮至光之家, 門戶階陛左右, 皆王僚之親戚也. 夾立侍, 皆持長鈹. 酒旣酣, 公子光詳爲足疾, 入窟室中, 使專諸置匕首魚炙之腹中而進之. 旣至王前, 專諸擘魚, 因以匕首刺王僚, 王僚立死. 左右亦殺專諸, 王人擾亂. 公子光出其伏甲以攻王僚之徒, 盡滅之, 遂自立爲王, 是爲闔閭. 闔閭乃封專諸之子以爲上卿.

其後七十餘年而晉有豫讓之事.

〈3〉예양豫讓

◉ 선비는 자신을 알아주는 자를 위하여 죽는다

예양豫讓은 진晉나라 사람이다. 일찍이 범씨范氏·중항씨中行氏를 섬기고 있었는데 명성이 오르지 않아 다시 지백智伯을 섬기게 되었다. 지백은 그를 매우 존경하고 사랑하였다. 지백이 조양자趙襄子를 치자, 조양자는 한씨韓氏·위씨魏氏와 공모하여 지백을 멸하고 그 자손을 죽여 땅을 셋으로 분할하였다. 그 뒤에 조양자는 지백을 아주 원망하여 지백의 두개골에 옻칠을 하여 커다란 술잔으로 사용하였다. 예양은 산중으로 도망하여 혼자 다짐하였다.

"아, '선비는 자기를 알아주는 자를 위해서 죽고, 여자는 자기를 사랑하는 사람을 위해서 얼굴을 단장한다'고 하였다. 지백은 진실로 나를 알아 준

지기였다. 나는 어떻게 해서라도 지백을 위해 원수를 갚은 다음 죽어서 지백에게 알리리라. 그러면 나의 혼백도 부끄러울 것이 없으리라.”

그리하여 성명을 바꾸고 죄인들의 무리 속에 끼어서 궁중에 들어가 화장실 벽을 바르는 일을 하면서 조양자를 찔러 죽일 기회를 엿보았다.

양자가 화장실에 가면서 어쩐지 느낌이 이상하여 벽을 바르는 죄수들을 심문하였더니 예양이 있었다. 품속에 비수를 가지고 있었다.

“지백을 위해 원수를 갚으려고 하였소.”

예양은 자백하였다. 좌우에 있는 자가 죽이고자 하였으나 양자는 말렸다.

“의로운 자이다. 나만 조심해서 피하면 그만이다. 지백을 멸하여 자손도 없는데 옛날 신하로 복수하려는 것은 천하의 현인이다.”

이리하여 그는 석방되었다.

豫讓者, 晉人也, 故嘗事范氏及中行氏, 而無所知名. 去而事智伯, 智伯甚尊寵之. 及智伯伐趙襄子, 趙襄子與韓·魏合謀滅智伯, 滅智伯之後而三分其地. 趙襄子最怨智伯, 漆其頭以爲飮器. 豫讓遁逃山中, 曰:「嗟乎! 士爲知己者死, 女爲說己者容. 今智伯知我, 我必爲報讎而死, 以報智伯, 則吾魂魄不愧矣.」乃變名姓爲刑人, 入宮塗廁, 中挾匕首, 欲以刺襄子. 襄子如廁, 心動, 執問塗廁之刑人, 則豫讓, 內持刀兵, 曰:「欲爲智伯報仇!」左右欲誅之. 襄子曰:「彼義人也, 吾謹避之耳. 且智伯亡無後, 而其臣欲爲報仇, 此天下之賢人也.」卒釋去之.

❸ 몸에 옻칠을 하고 벌건 숯을 먹어

얼마 뒤에 예양은 또다시 복수를 위해 몸에 옻칠을 하여 문둥병을 가장하고 벌건 숯을 먹어 목소리도 바꾸었다. 이처럼 예양은 아무도 알아보지 못하도록 모양을 바꾸어 시중에 나가 걸식을 하였다. 그런데 마누라조차 이를 알아보지를 못하였으나 마침 길 가던 친구가 알아보고 이렇게 말하였다.

“자네 예양이 아닌가?”

예양이 대답하였다.

“그렇다.”

친구는 울면서 말하였다.

"자네 만한 재능으로 예물을 바치고 양자의 신하가 되면 양자는 틀림없이 자네를 가까이하고 총애할 걸세. 그런 뒤에 자네가 하고 싶은 일을 하면 오히려 손쉽지 않은가? 어찌하여 몸을 망치고 모습을 추하게 해 가면서 양자에게 원수를 갚으려 하다니 이 얼마나 어려운 일인가!"

그러자 예양은 이렇게 말하였다.

"예물을 바치고 신하가 되어서 그 주인을 죽이려고 한다면 두 마음을 품는 것이 된다. 지금 내가 하고 있는 일은 매우 견디기 어려운 고통이지만 그렇게 하지 않을 수 없는 것은, 천하 후세에 남의 신하가 되어서 두 마음을 품고 주인을 섬기는 자들로 하여금 수치를 느끼도록 하려는 것이다."

居頃之, 豫讓又漆身爲厲, 呑炭爲啞, 使形狀不可知, 行乞於市. 其妻不識也. 行見其友, 其友識之, 曰:「汝非豫讓邪?」曰:「我是也.」其友爲泣曰:「以子之才, 委質而臣事襄子, 襄子必近幸子. 近幸子, 乃爲所欲, 顧不易邪? 何乃殘身苦形, 欲以求報襄子, 不亦難乎!」豫讓曰:「既已委質臣事人, 而求殺之, 是懷二心以事其君也. 且吾所爲者極難耳! 然所以爲此者, 將以愧天下後世之爲人臣懷二心以事其君者也.」

❸ 그대 옷이라도 베고 싶소

그 뒤 양자가 외출할 때 예양은 양자가 지나갈 다리 아래 숨어 있었다. 양자가 다리에 이르자 말이 놀라서 뛰었다. 양자가 말하였다.

"이는 틀림없이 예양이리라."

다리 밑을 수색하였더니 과연 예양이 있었다. 양자는 예양을 이렇게 꾸짖었다.

"그대는 일찍이 범씨·중항씨를 섬기지 않았는가? 지백은 그 두 사람을 다 멸하였다. 그런데 그대는 그를 위해 복수를 하지 않더니 도리어 예물을 바쳐 지백을 섬겼다. 그런데 그 지백이 죽고 나서는 어찌하여 지백을 위해서만 이토록 끈질기게 복수를 하려는가?"

예양이 말하였다.

"나는 범씨와 중항씨를 섬겼으나 그 두 사람은 모두 나를 평범한 사람으로 대하였소. 따라서 나도 그들을 평범한 사람으로 대한 것이오. 그러나 지백은 나를 국사國土로 대우하였소. 그러므로 나는 국사로서 보답을 하려는 것이오."

양자는 위연히 탄식하며 눈물까지 흘렸다.

"아, 예자豫子여! 그대가 지백을 위한 명분은 이미 성취된 셈일세. 그렇지만 내가 그대를 용서해 주는 것도 이제는 충분히 할 만큼 하였다네. 그대는 스스로 계책을 세우기를 바라네. 나도 더 이상 용서할 수 없다네!"

그리고는 군사에게 명령하여 그를 포위토록 하였다. 예양이 말하였다.

"신이 들건대 '현명한 군주는 다른 사람의 아름다운 이름을 덮어 숨기지 않으며, 충신은 명분을 위해 죽는 것을 의롭게 여긴다'라 하였소. 지난번 군주께서 나를 관대히 용서한 일로 천하에서 왕의 어짊을 칭찬하지 않는 자가 없소. 오늘의 일로 나는 두 말 없이 죽음 앞에 머리를 바치겠소. 그러나 다만 바라는 것은 당신의 옷을 얻어 그것만이라도 베어보고 싶소. 그렇게 해서라도 복수의 뜻을 이룬다면 비록 죽어도 한이 없겠소. 이는 내가 지금 감히 바랄 수 있는 것이 아님을 알지만 뱃속에 숨겨진 본심을 말하는 것이오!"

양자는 이에 크게 마음이 움직여 사람을 시켜 옷을 가져오도록 하여 예양에게 주었다. 예양은 칼을 뽑아 세 번을 뛰어오르며 옷을 베었다. 그리고 소리쳤다.

"나는 비로소 내려가 지백에게 보고할 수 있게 되었도다!"

그리고는 그는 마침내 칼에 엎어져 자살하였다. 이날 조나라의 지사志士들은 이 말을 전해 듣고, 모두 눈물을 지으며 울었다.

그 뒤 40여 년이 지나 지帜 땅에 섭정聶政 사건이 일어났다.

旣去, 頃之, 襄子當出, 豫讓伏於所當過之橋下. 襄子至橋, 馬驚, 襄子曰:「此必是豫讓也.」使人問之, 果豫讓也. 於是襄子乃數豫讓曰:「子不嘗事范·中行氏乎? 智伯盡滅之, 而子不爲報讎, 而反委質臣於智伯. 智伯亦已死矣,

而子獨何以爲之報讎之深也?」豫讓曰:「臣事范·中行氏, 范·中行氏皆衆
人遇我, 我故衆人報之. 至於智伯, 國士遇我, 我故國士報之.」襄子喟然歎
息而泣曰:「嗟乎, 豫子! 子之爲智伯, 名旣成矣, 而寡人赦子, 亦已足矣.
子其自爲計, 寡人不復釋子!」使兵圍之. 豫讓曰:「臣聞明主不掩人之美,
而忠臣有死名之義. 前君已寬赦臣, 天下莫不稱君之賢. 今日之事, 臣固伏誅,
然願請君之衣而擊之, 焉以致報讎之意, 則雖死不恨, 非所敢望也, 敢布腹心!」
於是襄子大義之, 乃使使持衣與豫讓. 豫讓拔劍三躍而擊之, 曰:「吾可以下
報智伯矣!」遂伏劍自殺. 死之日, 趙國志士聞之, 皆爲涕泣.

其後四十餘年而軹有聶政之事.

〈4〉섭정聶政

◉ 개백정으로 숨어살다

섭정聶政은 한韓나라의 지읍軹邑 심정리深井里 사람이다. 사람을 죽인
일이 있어 원수를 피해 어머니, 누나와 더불어 제齊나라로 가서 백정으로
생계를 꾸려가고 있었다.

오랜 세월이 흐른 뒤, 위衛나라 복양濮陽 사람 엄중자嚴仲子가 한나라
애후哀侯에게 발탁되었으나, 한나라 재상 협루俠累와 사이가 나빴다. 엄중자는
죽음을 당할 것이 두려워 도망하여 여러 읍으로 다니면서 협루에게 보복할
인물을 찾다가 제나라에 이르렀다. 제나라의 어떤 사람이 중자에게 이렇게
일러주었다.

"섭정이란 용감한 사나이가 있는데 원수를 피해 백정들 사이에 끼어
숨어 살고 있지요."

엄중자는 그 집을 찾아가 교제를 청하고 자주 왕래한 뒤에 술을 가지고
가서 손수 섭정의 어머니에게 잔을 권하였다. 술이 취할 즈음에 엄중자는
어머니의 장수를 축복하고 공손히 황금 100일을 바쳤다. 섭정은 너무
엄청난 예물에 놀라 괴이쩍게 생각하며 굳이 사양하였다. 엄중자는 억지로
그것을 바치려고 하자 섭정이 사양하며 이렇게 말하였다.

"나에게 다행히 늙은 어머니가 계시기에 집은 비록 가난하여 객지에

나와서 도살하는 일로 구차하게 생계를 이어가고 있으나 아침저녁 밥상에는 맛있고 연한 것을 차려 어머니에 대한 효도를 하고 있으니 당신의 뜻은 고맙지만 받지 않아도 됩니다."

엄중자는 사람을 멀리하고 섭정에게 말하였다.

"나에게는 원수가 있소. 제후의 나라를 여기저기 다니다가 제나라에 와서 당신의 의기가 높다는 말을 들었소. 황금 100일을 드린 것은 어머니를 봉양하는 비용으로 쓰라는 것뿐이오. 서로 친교를 더하자는 것뿐 다른 뜻은 없습니다."

그러자 섭정은 이렇게 말하였다.

"내가 뜻을 바꾸고 몰락하여 시정에서 도살을 직업으로 삼고 있는 것은 다만 어머니를 돌보기 위한 것이오. 노모가 살아계신 동안 나의 몸을 남에게 바칠 수 없습니다."

섭정은 아무리 엄중자가 권하여도 끝내 예물을 받지 않았다. 그러나 엄중자는 최후까지 주객의 예를 다하고 떠나갔다.

聶政者, 軹深井里人也. 殺人避仇, 與母·姊如齊, 以屠爲事.

久之, 濮陽嚴仲子事韓哀侯, 與韓相俠累有卻. 嚴仲子恐誅, 亡去, 游求人可以報俠累者. 至齊, 齊人或言聶政勇敢士也, 避仇隱於屠者之間. 嚴仲子至門請, 數反, 然後具酒自暢聶政母前. 酒酣, 嚴仲子奉黃金百溢, 前爲聶政母壽. 聶政驚怪其厚, 固謝嚴仲子. 嚴仲子固進, 而聶政謝曰:「臣幸有老母, 家貧, 客游以爲狗屠, 可以旦夕得甘毳以養親. 親供養備, 不敢當仲子之賜.」嚴仲子辟人, 因爲聶政言曰:「臣有仇, 而行游諸侯衆矣; 然至齊, 竊聞足下義甚高, 故進百金者, 將用爲大人麤糲之費, 得以交足下之驩, 豈敢以有求望邪!」聶政曰:「臣所以降志辱身居市井屠者, 徒幸以養老母; 老母在, 政身未敢以許人也.」嚴仲子固讓, 聶政竟不肯受也. 然嚴仲子卒備賓主之禮而去.

◉ 나를 알아주는 자를 위해

그 후 섭정의 어머니가 죽어 장사를 끝마치고 상복을 입는 기간도 모두 끝나자 섭정은 이렇게 말하였다.

"아! 나는 시정에서 도살을 하는 천한 몸이고, 엄중자는 제후국의 대신이요 재상이다. 그런데도 엄중자는 천 리를 멀다 않고 나를 찾아와 교제하였는데, 나는 그를 너무 냉대하였다. 또한 아무런 힘도 써 주지 않았는데 황금 100일을 바쳐 어머니의 장수를 축복하였다. 돈은 굳이 받지를 않았지마는 그만큼 나를 알아 준 것은 틀림이 없다. 대체 그만한 어진 사람이 눈을 흘겨 원수를 원망하고 나 같은 시골 촌놈을 믿어주는데 어찌 나 홀로 그대로 있을 수 있겠는가? 지난 날 엄중자가 나를 필요로 하였을 때 나는 다만 노모를 위해 응하지 않았다. 이제 노모가 돌아가신 이상에는 나를 알아주는 자를 위해 쓰이리라."

久之, 聶政母死. 旣已葬, 除服, 聶政曰:「嗟乎! 政乃市井之人, 鼓刀以屠; 而嚴仲子乃諸侯之卿相也, 不遠千里, 枉車騎而交臣. 臣之所以待之, 至淺鮮矣, 未有大功可以稱者, 而嚴仲子奉百金爲親壽, 我雖不受, 然是者徒深知政也. 夫賢者以感忿睚眥之意而親信窮僻之人, 而政獨安得嘿然而已乎! 且前日要政, 政徒以老母; 老母今以天年終, 政將爲知己者用.」

● 얼굴 가죽을 벗기고 눈을 후벼내다

그리하여 마침내 서쪽 위衛나라의 도읍 복양으로 가서 엄중자를 만나 이렇게 말하였다.

"지난 날 당신에게 몸을 바치지 않은 것은 다만 어머니가 살아 계셨기 때문이었습니다. 이제 불행하지만 어머니께서는 천수를 누리시고 돌아가셨습니다. 당신이 원수를 갚겠다고 한 그 자는 누구입니까? 청컨대 제가 할 일을 알려주십시오!"

그러자 엄중자가 즉석에서 사정을 고백하였다.

"내 원수는 한나라 재상 협루요. 그는 한나라 왕의 막내 숙부가 되며 일족이 번성하여 수가 많고 거처에는 경비가 대단히 엄중하오. 나는 사람을 시켜 그를 찔러 죽이려고 하였으나 저쪽이 워낙 수가 많아서 끝내 목적을 이루지 못하였소. 이제 그대가 다행히 나를 버리지 않고 원수 갚는 일을 맡아 준다면 수레와 말, 그리고 장사를 그대에게 도움이 될 만큼 충분히 마련해 주도록 하겠소."

섭정이 대답하였다.

"한나라와 위나라는 그다지 먼 거리가 아닙니다. 이제 다른 나라의 재상을 죽이려고 하는데 그 재상이 또 국왕의 친척이라고 하면 한꺼번에 많은 사람을 써서는 안 됩니다. 사람이 많으면 그 중에 두 마음을 품는 사람이 있을 수 있으며 만약 배반하는 자가 나오면 그 입에서 비밀이 샐 수밖에 없습니다. 일이 탄로가 나게 되면 한나라는 온 나라를 들어 그대를 적으로 대할 것이니 매우 위험하게 됩니다."

그리하여 섭정은 수레와 말, 장사의 동행을 사양하였다. 섭정은 작별 인사를 하고 단신으로 출발하여 칼을 지팡이로 삼아 한나라에 도착하였다. 재상 협루는 관청에 앉아 있었는데 무기를 가진 호위병이 매우 많았다. 섭정은 들어가자 곧 계단으로 뛰어올라 협루를 찔러 죽였다. 좌우에 있던 자들이 크게 소동하자, 섭정은 고함을 지르면서 수십 명을 함께 찔러 죽였다. 그리고는 스스로 자기 얼굴 가죽을 벗기고 눈알을 후벼낸 다음, 배를 갈라 창자를 긁어내고 마침내 숨을 거두고 말았다.

한나라에서는 섭정의 시신을 시장 바닥에 내어놓고 상금을 걸어 어느 곳의 누군인지를 물었으나 알아낼 수가 없었다. 재상 협루를 죽인 자의 성명을 알리는 자에게는 천금을 주겠다고 널리 알렸으나 시간이 흘러도 알아내는 자가 없었다.

乃遂西至濮陽, 見嚴仲子曰:「前日所以不許仲子者, 徒以親在; 今不幸而母以天年終. 仲子所欲報仇者爲誰? 請得從事焉!」嚴仲子具告曰:「臣之仇韓相俠累, 俠累又韓君之季父也, 宗族盛多, 居處兵衛甚設, 臣欲使人刺之, 終莫能就. 今足下幸而不棄, 請益其車騎壯士可爲足下輔翼者.」聶政曰:「韓之與衛, 相去中閒不甚遠, 今殺人之相, 相又國君之親, 此其勢不可以多人, 多人不能無生得失, 生得失則語泄, 語泄是韓擧國而與仲子爲讐, 豈不殆哉!」遂謝車騎人徒, 聶政乃辭獨行.

杖劍至韓, 韓相俠累方坐府上, 持兵戟而衛侍者甚衆. 聶政直入, 上階刺殺俠累, 左右大亂. 聶政大呼, 所擊殺者數十人, 因自皮面決眼, 自屠出腸, 遂以死

韓取聶政屍暴於市, 購問莫知誰子. 於是韓(購)縣[購]之, 有能言殺相俠
累者予千金. 久之莫知也.

◉ 이는 내 동생 섭정입니다

섭정의 누나 영榮 嫈은 한나라의 재상을 죽인 자가 있으나 범인의 이름을
몰라 시체를 장바닥에 드러내놓고 천금의 현상금을 걸었다는 소문을
듣고 근심하며 말하였다.

"그것은 내 동생이 아닐까? 아! 엄중자는 내 동생의 지기였었지!"

영은 황급히 집을 떠나 한나라의 서울로 갔다. 시장에 가 보았더니
과연 섭정이었다. 누나는 시체에 엎드려 이렇게 통곡하였다.

"이 사람은 지읍 심정리의 섭정이라고 하는 사람입니다."

그러자 길가는 사람들과 주위에 있던 사람들은 일제히 말하였다.

"이 자는 우리나라 재상을 죽였다. 임금께서는 천금을 걸어 그 성명을
알려고 하는 것을 그대는 아직 듣지 못하였는가? 어찌하여 일부러 와서
아는 체를 하는가?"

영이 대답하였다.

"그 말은 나도 들었습니다. 그러나 지금까지 섭정이 오욕을 뒤집어쓰고
시장에 숨어지냈던 것은 노모가 계시고 내가 아직 시집을 가기 전이었기
때문이었습니다. 그런데 벌써 어머니는 세상을 떠나셨고 나는 시집을
갔습니다. 일찍이 엄중자는 내 동생의 인물됨을 알고 곤궁에 빠져 있는데도
교제를 하였고 또 그 은혜가 매우 두터웠답니다. 그것을 보답하기 위해서는
어찌할 수 없었던 것이지요. 사나이는 자신을 알아주는 자를 위하여 목숨을
바친다고 합니다. 지금 내가 아직 살아 있기 때문에 자신의 얼굴을 벗기고
내가 모르도록 모든 것을 숨기려 한 것입니다. 내 어찌 내 몸에 닥칠
주벌이 겁난다고 어진 동생의 이름을 없앨 수가 있겠습니까?"

이 말을 듣고 한나라 사람들은 크게 놀랐다. 영은 큰 소리로 하늘을
부르기를 세 번, 마침내 비통하게 울다가 그 곁에서 죽었다.

政姊榮聞人有刺殺韓相者, 賊不得, 國不知其名姓, 暴其尸而縣之千金, 乃於邑曰:「其是吾弟與? 嗟乎, 嚴仲子知吾弟!」立起, 如韓, 之市, 而死者果政也, 伏尸哭極哀, 曰:「是軹深井里所謂聶政者也.」市行者諸衆人皆曰:「此人暴虐吾國相, 王縣購其名姓千金, 夫人不聞與? 何敢來識之也?」榮應之曰:「聞之. 然政所以蒙汚辱自棄於市販之閒者, 爲老母幸無恙, 妾未嫁也. 親旣以天年下世, 妾已嫁夫, 嚴仲子乃察擧吾弟困汚之中而交之, 澤厚矣, 可柰何! 士固爲知己者死, 今乃以妾尙在之故, 重自刑以絶從, 妾其柰何畏殁身之誅, 終滅賢弟之名!」大驚韓市人. 乃大呼天者三, 卒於邑悲哀而死政之旁.

⊛ 사람을 알아본 엄중자와 누나

진晉·초楚·제齊·위衛의 사람들은 모두 이 말을 듣고 이렇게 말하였다. "섭정만이 훌륭한 일을 한 것이 아니다. 그 누나 또한 장한 여인이다. 섭정은 아마 누나가 이렇게 될 줄을 몰랐을 것이다. 만일 섭정이 누나도 역시 해골을 드러내는 것을 대단한 일로 생각지 않고, 험난한 천릿길을 달려와 자기와 이름을 나란히 하여 한나라의 시장바닥에서 욕됨을 당할 줄 알았더라면, 틀림없이 자신의 한 몸을 엄중자를 위해 허락하지는 않았을지 모를 일이다. 엄중자도 또한 인물을 잘 알아보아 유능한 사람을 얻었다고 말할 수 있으리라!"

그로부터 220여 년이 지나 진秦나라에 형가荊軻 사건이 일어났다.

晉·楚·齊·衛聞之, 皆曰:「非獨政能也, 乃其姊亦烈女也. 鄉使政誠知其姊無濡忍之志, 不重暴骸之難, 必絶險千里以列其名, 姊弟俱僇於韓市者, 亦未必敢以身許嚴仲子也. 嚴仲子亦可謂知人能得士矣!」

其後二百二十餘年秦有荊軻之事.

⟨5⟩ 형가荊軻와 태자 단丹

◉ 제후국을 떠돌다

형가荊軻는 위衛나라 사람이다.
선조는 제나라 사람이었는데,
형가는 위나라로 옮겨 가서
위나라 사람들로부터 경경慶卿
이라고 불리었다. 뒤에 연나라로
갔는데 연나라에서는 그를 형경
荊卿이라 불렀다.

형경은 독서와 검술을 좋아
하였다. 형경은 그 능력을 내세워
위衛나라 원군元君에게 청을
넣었으나 쓰여지지 않았다.
진秦나라는 위魏나라를 쳐서
동군東郡을 설치하고, 위나라
원군에서 분파된 일족을 야왕
野王으로 옮겨 살게 하였다.

형가는 일찍이 떠돌아다닐

〈荊軻〉

때 유차楡次를 지나다가 갑섭蓋聶과 서로 검술에 대한 이야기를 하였다.
이야기 도중에 갑섭이 노하여 눈을 부릅뜨자, 형가는 곧 떠나 버렸다.
어떤 사람이 다시 한 번 형가를 불러 말을 나누어 보는 것이 좋겠다고
권하니 갑섭은 이렇게 말하였다.

"전날 함께 검술 이야기하다가 의견이 맞지 않아 노려보았는데 그 일로
그가 나갔다. 아마 다른 곳으로 떠났을 것이다."

그리하여 사자를 숙소로 보냈던 바 과연 수레를 타고 유차를 떠나
버린 뒤였다. 사자가 돌아오자 갑섭이 말하였다.

"그럴 것이다. 내가 전날 노려보아 위협을 하였지!"

형가가 한단邯鄲에 가서 머물고 있을 때, 노구천魯句踐이란 자와 장기를

두다가 승부수에 대해 논쟁하게 되었다. 노구천이 노하여 큰 소리로 꾸짖자, 형가는 잠자코 빠져 나와 두 번 다시 만나지 않았다.

荊軻者, 衛人也. 其先乃齊人, 徙於衛, 衛人謂之慶卿. 而之燕, 燕人謂之荊卿.
荊卿好讀書擊劍, 以術說衛元君, 衛元君不用. 其後秦伐魏, 置東郡, 徙衛元君之支屬於野王.

荊軻嘗游過楡次, 與蓋聶論劍, 蓋聶怒而目之. 荊軻出, 人或言復召荊卿. 蓋聶曰:「曩者吾與論劍有不稱者, 吾目之; 試往, 是宜去, 不敢留.」使使往之主人, 荊卿則已駕而去楡次矣. 使者還報, 蓋聶曰:「固去也, 吾曩者目攝之!」

荊軻游於邯鄲, 魯句踐與荊軻博, 爭道, 魯句踐怒而叱之, 荊軻嘿而逃去, 遂不復會.

〈6〉고점리 高漸離

⊛ 고점리·전광과 사귀다

형가는 이윽고 연나라로 온 뒤로부터 연나라의 어떤 개백정과 축筑의 명수인 고점리高漸離라고 하는 자를 좋아하여 사귀게 되었다. 형가는 술을 즐겨 날마다 그 개백정과 고점리를 데리고 시장에 나가서 마셨다. 술이 취하면 고점리가 축을 울리고 형가가 그에 맞추어 노래를 불러 여러 사람들과 함께 즐기는가 하면 나중엔 함께 우는 등 그 행동거지가 방약무인하였다.

형가는 술꾼들과 섞여 놀았으나 그 사람됨은 침착하여 독서를 좋아하고, 그가 방문한 여러 제후국에서는 어느 곳에서나 현인·호걸·장자長者들과 사귀었다. 그는 연나라에 가서도 처사處士 전광田光 선생이 그를 잘 대우하였는데 이는 전광이 그가 범용한 사람이 아닌 것을 알고 있었기 때문이다.

荊軻既至燕, 愛燕之狗屠及善擊筑者高漸離. 荊軻嗜酒, 日與狗屠及高漸離飲於燕市, 酒酣以往, 高漸離擊筑, 荊軻和而歌於市中, 相樂也, 已而相泣, 旁若無人者. 荊軻雖游於酒人乎, 然其爲人沈深好書; 其所游諸侯, 盡與其賢豪長者相結. 其之燕, 燕之處士田光先生亦善待之, 知其非庸人也.

● 연나라 태자 단

얼마쯤 지나 진秦나라에 볼모로 가 있던 연나라 태자 단丹이 연나라로 도망해 온 사건이 있었다.

태자 단은 일찍이 조나라에 볼모가 된 일이 있었고, 조나라에서 태어난 진나라 왕 정政, 秦始皇은 어렸을 때 태자 단과 사이가 좋았다. 정이 진나라 왕이 되었을 때 단은 진나라의 볼모가 되었는데, 진나라 왕의 대우가 좋지 않았으므로 원망을 하고 도망해 온 것이었다. 돌아와서 진왕에게 보복할 적당한 인물을 찾았으나, 나라가 작고 힘이 미치지 못하였다. 그로부터 진나라는 나날이 산동山東에 출병하여 제·초·삼진三晉을 치고 점차 제후의 땅을 잠식하여 바야흐로 연나라에 육박해 왔다. 연나라의 여러 신하들은 재앙이 이르리라고 모두 겁을 먹고 있었다. 태자 단은 걱정 끝에 태부太傅 국무鞠武에게 자문을 구하였다. 그러자 국무가 이렇게 대답하였다.

"진나라의 영토는 천하에 가득 차고 그 위력은 한·위·조나라를 위협하고 있습니다. 북쪽에 감천甘泉·곡구谷口의 요새지가 있고, 남쪽에 경하涇河· 위하渭河 유역의 기름진 평야가 있으며, 파巴·한漢의 풍요한 지대를 독점하고 오른편에 농隴·촉蜀의 험한 산악 지대, 왼편에 관關·효殽의 험한 요새지가 있습니다. 백성들은 많고 군사들은 용감하며 무기와 장비 역시 여유가 있습니다. 그러므로 진나라가 치려고 들기만 하면 장성長城 이남과 역수易水 이북의 땅은 앞으로 어떻게 될지 예측할 수 없습니다. 어찌 박대하였다는 것만으로 원한을 품고 진나라 왕의 분노를 사려고 합니까?"

태자가 물었다.

"그러면 어떻게 하면 좋겠소?"

국무가 말하였다.

"안으로 들어가 천천히 계획을 세워 봅시다."

居頃之, 會燕太子丹質秦亡歸燕. 燕太子丹者, 故嘗質於趙, 而秦王政生於趙, 其少時與丹驩. 及政立爲秦王, 而丹質於秦. 秦王之遇燕太子丹不善, 故丹怨而亡歸. 歸而求爲報秦王者, 國小, 力不能. 其後秦日出兵山東以伐齊·楚·三晉, 稍蠶食諸侯, 且至於燕, 燕君臣皆恐禍之至. 太子丹患之, 問其傅鞠武. 武對曰:「秦地徧天下, 威脅韓·魏·趙氏, 北有甘泉·谷口之固, 南有涇·渭之沃, 擅巴·漢之饒, 右隴·蜀.之山, 左關·殽之險, 民衆而士厲, 兵革有餘. 意有所出, 則長城之南, 易水以北, 未有所定也. 秦何以見陵之怨, 欲批其逆鱗哉!」丹曰:「然則何由?」對曰:「請入圖之.」

● 번장군을 받아 주어서는 안 됩니다

그리고 얼마 뒤, 진나라의 장군 번오기樊於期가 진나라 왕에게 죄를 짓고 연나라로 도망해 오는데, 태자가 이를 받아들여 관사에 들이자 국무가 말하였다.

"안 됩니다. 포악한 진나라 왕은 그렇지 않아도 연나라에 대해 온갖 노여움을 품고 있어 크게 걱정스러운 지경인데 그 위에 번장군이 연나라에 있다는 것을 들으면 어떤 일이 일어날지 모릅니다. 마치 주린 범의 통로에 고기를 두는 것과 같은 일이니 화를 부르는 것은 정한 일이며 관중管仲·안영晏嬰이 있어도 구원할 길이 없을 것입니다. 태자께서는 번장군을 하루 빨리 흉노 땅으로 보내 진나라에 침략 구실을 주지 마시고, 대신 서쪽으로 삼진과 약정하고 남으로 제·초나라와 연합하며, 북으로 선우單于와 화친을 맺어 두도록 하십시오. 그렇게 하면 혹 진나라에 대한 대책을 세울 수도 있을지도 모릅니다."

태자가 말하였다.

"태부의 계책은 오랜 시일을 요하는데 지금은 내 마음이 다급하여 잠시도 미룰 수 없는 것을 어찌하면 좋겠소? 게다가 이런 일 뿐이 아닙니다. 번장군은 천하에 몸둘 곳이 없어 내게 의탁하고자 찾아온 것이오. 아무리 강한 진나라가 위협을 할지라도 애련한 정을 버리고 흉노로 넘겨줄 수도 없는 일이오. 이런 일은 진실로 나의 운명이 다하였을 때나 할 수 있는 일이오. 어떻게든지 태부는 저를 위해 다른 계책을 세워주시기를 바라오."

태부가 말하였다.

"대체로 위험한 일을 저지르면서도 안전을 구하고, 화의 씨를 심으면서 복을 구하고자 하는 것은 얕은 계략이어서 깊은 원한을 남깁니다. 한 사람과의 교우를 먼 앞날까지 계속하기 위해 국가의 큰 해를 돌아보지 않는 것은 이른바 '원한을 쌓고 재앙을 조장하는 것'입니다. 진나라가 연나라를 치는 것은 새의 깃털을 화로에 태우는 것 같아 조금도 어려울 것이 없습니다. 게다가 독수리·솔개와 같은 진나라가 원한을 품고 포악하게 노여움을 터뜨리면 그 맹렬함은 이루 말할 수 없습니다.

연나라에 전광 선생이라고 하는 사람이 있는데 그의 사람됨은 지혜가 깊고 용기가 있으니 함께 계략을 의논하기에 족한 사람인 줄로 압니다."

태자가 말하였다.

"태부의 소개로 그 전광 선생을 만나고 싶소. 어떻소?"

태부가 허락하였다.

"삼가 그 일을 맡겠습니다."

국무는 물러 나와 전광 선생을 만났다.

"태자께서는 나라일을 선생과 의논하고자 원하고 있습니다."

전광 선생이 말하였다.

"삼가 그 말씀을 따르겠습니다."

전광은 곧 태자궁으로 찾아갔다. 태자는 몸소 영접하여 뒤로 몸을 물려 안내하고 무릎을 꿇어 그를 위해 방석의 먼지를 털었다. 전광이 자리에 앉고 좌우에 사람을 물려 아무도 없도록 하면서 태자가 자리에서 내려와 앉으며 말하였다.

"연나라와 진나라는 아무래도 양립할 수 없습니다. 원컨대 선생의 배려를 바랍니다."

그러자 전광이 말하였다.

"신이 듣기로 기기驥驥 같은 천리마가 기운이 왕성할 때는 하루에 천리를 달리지만 그런 말도 노쇠하면 둔한 말에게도 앞서지 못한다고 하였습니다. 태자께서는 내가 한창일 때 나에 대하여 들었을 뿐, 힘이 쇠진한 지금의 처지는 모르십니다. 그렇다고 저는 그것을 이유로 나라 일을 돌보지 않으려는 것은 아닙니다. 저의 친구에 형경이라고 하는 자가 있는데 이 사람이야말로 부릴 수 있을 것입니다."

태자가 다그쳤다.

"원컨대 선생의 소개로 형경을 만나고 싶소. 어떻소?"

전광이 승낙을 하고 물러나오자, 태자는 문까지 전송하면서 이렇게 다짐하였다.

"제가 말한 것이나 선생이 말한 것은 모두 나라의 중대한 일이니 누설치 않기를 당부하오."

居有閒, 秦將樊於期得罪於秦王, 亡之燕, 太子受而舍之. 鞠武諫曰:「不可. 夫以秦王之暴而積怒於燕, 足爲寒心, 又況聞樊將軍之所在乎? 是謂『委肉當餓虎之蹊』也, 禍必不振矣! 雖有管・晏, 不能爲之謀也. 願太子疾遣樊將軍入匈奴以滅口. 請西約三晉, 南連齊・楚, 北購於單于, 其後迺可圖也.」太子曰:「太傅之計, 曠日彌久, 心惽然, 恐不能須臾. 且非獨於此也, 夫樊將軍窮困於天下, 歸身於丹, 丹終不以迫於彊秦而棄所哀憐之交, 置之匈奴, 是固丹命卒之時也. 願太傅更慮之.」鞠武曰:「夫行危欲求安, 造禍而求福, 計淺而怨深, 連結一人之後交, 不顧國家之大害, 此所謂『資怨而助禍』矣. 夫以鴻毛燎於爐炭之上, 必無事矣. 且以鵰鷙之秦, 行怨暴之怒, 豈足道哉! 燕有田光先生, 其爲人智深而勇沈, 可與謀.」太子曰:「願因太傅而得交於田先生, 可乎?」鞠武曰:「敬諾.」出見田光, 道「太子願圖國事於先生也」. 田光曰:「敬奉教.」乃造焉.

太子逢迎, 卻行爲導, 跪而蔽席. 田光坐定, 左右無人, 太子避席而請曰:「燕秦不兩立, 願先生留意也.」田光曰:「臣聞騏驥盛壯之時, 一日而馳千里; 至其衰老, 駑馬先之. 今太子聞光盛壯之時, 不知臣精已消亡矣. 雖然, 光不敢以圖國事, 所善荊卿可使也.」太子曰:「願因先生得結交於荊卿, 可乎?」田光曰:「敬諾.」即起, 趨出. 太子送至門, 戒曰:「丹所報, 先生所言者, 國之大事也, 願先生勿泄也!」

⊛ 비밀이 누설되지 않았음을 죽음으로 밝히다

전광은 몸을 굽히고 웃으면서 승낙하였다. 그리고 늙은 몸의 허리를 굽히면서 형경을 찾아가 말하였다.

"나와 그대와의 친교는 연나라에서 모르는 사람이 없소. 이제 태자께서는 내가 건장하였을 때의 얘기를 듣고 지금의 노쇠한 것을 모르면서 황송하게도 나에게 연·진 두 나라가 양립할 수 없음을 말하면서 나에게 유념하라고 말씀하더이다. 나는 은근히 그대를 생각해 내고 태자에게 추천하였소. 아무쪼록 태자 궁으로 들어가기를 바라오."

형경이 대답하였다.

"삼가 그 말씀을 따르겠습니다."

그러자 전광이 다시 이렇게 말하였다.

"어른 된 사람이라면 행동에 남의 의심을 받아서는 안 된다 말이 있는데, 태자께서는 나에게 함께 나눈 말을 누설되지 않도록 해 달라고 하셨소. 이것은 태자가 나를 의심한 것이오. 일을 꾀하며 남으로부터 의심을 받는 것은 절의와 의협이라고 할 수 없소."

말이 끝나자 전광은 자살을 하면서 형경을 격려하여 이렇게 말을 덧붙였다.

"원컨대 그대는 급히 태자에게 가서 전광은 이미 죽었다고 말하고 나라의 중대한 일이 누설될 염려가 없다는 것을 밝혀 주시오."

그리고는 스스로 목을 찔러서 죽었다.

田光俛而笑曰:「諾.」僂行見荊卿, 曰:「光與子相善, 燕國莫不知. 今太子聞光壯盛之時, 不知吾形已不逮也, 幸而敎之曰『燕秦不兩立, 願先生留意也』. 光竊不自外, 言足下於太子也, 願足下過太子於宮.」荊卿曰:「謹奉敎.」田光曰:「吾聞之, 長者爲行, 不使人疑之. 今太子告光曰『所言者, 國之大事也, 願先生勿泄』, 是太子疑光也. 夫爲行而使人疑之, 非節俠也.」欲自殺以激荊卿, 曰:「願足下急過太子, 言光已事, 明不言也.」因遂自剄而死.

❀ 진시황을 찔러죽이는 길밖에 없소

형가는 태자를 뵙고 전광이 이미 죽었음을 말하고 전광이 한 말을 전하였다. 태자는 두 번 절하고 무릎으로 기면서 눈물을 흘렸다. 그리고는 한참을 지나 입을 열었다.

"단이 전 선생에게 다른 말이 없기를 당부한 것은 큰 일을 성공하려는 생각밖에 다른 뜻이 없었소. 전 선생이 죽어서까지 비밀을 누설할 생각이 없음을 밝힌 것이 어찌 나의 본의이겠소?"

형가가 자리에 앉자 태자는 자기 자리에서 내려와 머리를 굽히고 나서 말하였다.

"전 선생은 내가 불초한 줄을 모른 채 그대 앞에서 말할 수 있는 기회를 열어 주었소. 이것이야말로 하늘이 연나라를 불쌍히 여겨 나를 버리지 않은 증거겠지요. 이제 진나라는 이익을 탐하여 욕심은 끝이 없고 천하의 땅은 모두 빼앗고, 천하의 모든 임금을 신하로 삼고자 하여 군사를 일으켜 남쪽의 초나라를 치고, 북쪽의 조나라에 육박하고 있소. 진나라 장군 왕전王翦은 수십 만의 대군을 이끌고 장漳·업鄴의 땅을 쳐서 막아버리고 이신李信은 태원太原과 운중雲中으로 출격하고 있소. 조나라가 진나라의 침입을 견뎌내지 못하면 틀림없이 진나라 신하가 되고 말 것이오. 그렇게 되면 연나라에 화가 미치는 것은 면할 수가 없는 일입니다. 연나라는 약한 나라로서 자주 싸움에 시달렸기 때문에 이젠 온 나라의 힘을 기울여 싸우려 해도 진나라에는 대적할 수가 없으며 게다가 제후들도 진나라에 굴복하여 감히 합종할 자가 없소.

나 홀로 계책을 세워보건대 진실한 천하의 용사를 진나라로 보내어 중한 이익으로 진나라 왕을 유혹하는 방법이 있소. 그렇게 하면 진왕은 이익을 탐하여 틀림없이 단번에 우리가 원하는 것을 들을 것이오. 만약 진왕을 위협하여 제후들이 빼앗긴 땅을 남김없이 회복하기를, 저 조말과 제환공 같이 한다면 아주 좋겠으나 만약 그렇게 되지 않는다면 그 자리에서 당장 진왕을 찔러 죽이는 것이오. 진나라의 장군은 군사를 나라 바깥으로 내어 멋대로 행동하고 있으므로 만약 국내에서 반란이 일어나면 임금과 신하는 서로 의심을 하게 될 것이오. 그 틈을 타서 제후들의 합종이 성립되면 진나라가 망하는 것은 틀림없는 사실이 될 것이오. 이것이 다시없는 나의 소원인데 이러한 임무를 맡길 수 있는 인물을 알지 못하고 있었소. 형경께서 다만 이 일을 유념해 주시오."

荊軻遂見太子, 言田光已死, 致光之言. 太子再拜而跪, 膝行流涕, 有頃而后言曰:「丹所以誡田先生毋言者, 欲以成大事之謀也. 今田先生以死明不言,豈丹之心哉!」荊軻坐定, 太子避席頓首曰:「田先生不知丹之不肖, 使得至前, 敢有所道, 此天之所以哀燕而不棄其孤也. 今秦有貪利之心, 而欲不可足也. 非盡天下之地, 臣海內之王者, 其意不厭. 今秦已虜韓王, 盡納其地. 又舉兵南伐楚, 北臨趙; 王翦將數十萬之衆距漳·鄴, 而李信出太原·雲中. 趙不能支秦, 必入臣, 入臣則禍至燕. 燕小弱, 數困於兵, 今計舉國不足以當秦. 諸侯服秦, 莫敢合從. 丹之私計愚, 以爲誠得天下之勇士使於秦, 闚以重利; 秦王貪, 其勢必得所願矣. 誠得劫秦王, 使悉反諸侯侵地, 若曹沫之與齊桓公, 則大善矣; 則不可, 因而刺殺之. 彼秦大將擅兵於外而內有亂, 則君臣相疑, 以其閒諸侯得合從, 其破秦必矣. 此丹之上願, 而不知所委命, 唯荊卿留意焉.」

● 형가, 드디어 승락하다

형가는 한참을 생각하고 나서 이렇게 말하였다.

"이것은 나라의 중대한 일입니다. 신은 재능이 부족하므로 황송하오나 사명을 달성하지 못할 줄로 압니다."

태자는 앞으로 나앉으며 머리를 조아리고 어떻든지 일을 맡아 주기를 간절히 바라 겨우 승낙을 받았다.

그리하여 형경을 높여 상경上卿으로 삼고 상사上舍에 머물게 하였다. 태자는 날마다 그 문에 나아가 태뢰太牢의 큰 잔치를 열어 좋은 음식을 공급하고 진품을 갖춰 보내며, 때로는 거마·미녀를 바치기도 하여 형가가 하고자 하는 대로 맡겨서 비위를 맞추려고 하였다.

그리하여 꽤 오랜 동안의 날짜가 지났는데도 형가는 출발할 모습을 보이지 않는 것이었다. 한편 진나라는 왕전을 장수로 하여 조나라를 깨뜨리고 조나라 왕을 사로잡아 조나라의 땅을 모두 점령하고 다시 군사를 몰아 북쪽의 토지를 공략하여 연나라의 남쪽 국경으로 밀어닥쳐 왔다. 태자 단은 두려워 형가에게 말하였다.

"진나라의 군대가 며칠 지나 우리의 역수易水를 건너오면 그대의 일을 기다리려 하여도 어찌 기다릴 수 있겠소?"

久之, 荊軻曰:「此國之大事也, 臣駑下, 恐不足任使」太子前頓首, 固請毋讓,
然後許諾. 於是尊荊卿爲上卿, 舍上舍. 太子日造門下, 供太牢具, 異物閒進,
車騎美女恣荊軻所欲, 以順適其意.

久之, 荊軻未有行意. 秦將王翦破趙, 虜趙王, 盡收入其地, 進兵北略地至
燕南界. 太子丹恐懼, 乃請荊軻曰:「秦兵旦暮渡易水, 則雖欲長侍足下,
豈可得哉!」

● 번장군의 목과 독항의 지도를 준비하시오

형가가 말하였다.

"태자의 말씀이 없더라도 신은 말씀을 올리려 하였습니다. 지금 진나라에
가더라도 믿도록 하지 못하면 진나라 왕에게 접근할 수가 없습니다. 그런데
번장군의 목에는 금 1천 근과 1만 호의 식읍이 상으로 걸려 있습니다.
만약 번장군의 목과 연나라의 독항督亢의 지도를 가지고 가서 진나라
왕에게 바치면 진나라 왕은 틀림없이 만족해하며 저를 만나 줄 것입니다.
그때야말로 신은 태자에게 보답할 수 있을 것입니다."

태자가 말하였다.

"번장군은 곤궁한 끝에 내게로 와서 몸을 의탁한 자입니다. 나는 사사로운
이익을 위해 그런 어른의 뜻을 해칠 수 없소. 어떻게 다른 꾀를 생각해 보시오."

형가는 태자가 절대로 번장군을 죽이지 않으려는 것을 알고 몰래 번오기를
만났다.

"진나라가 장군에 대한 대우는 참으로 지나치다고 하지 않을 수 없습니다.
부모를 비롯하여 종족을 모두 죽이고 이제 장군의 목에 금 1천 근과 1만
호의 식읍을 걸었다고 하오. 장군은 이 일에 대해 어떻게 하실 작정이십니까?"

번오기가 하늘을 우러러 탄식하고 눈물을 흘리면서 말하였다.

"나는 이를 생각하면 고통이 골수에 사무치오. 그러나 어떻게 해야
할지는 나로서도 알지 못하고 있다오."

이에 형가가 이렇게 말하였다.

"이제 한 마디만 허락하면 연나라의 근심을 덜고 장군의 원수를 갚을

수가 있습니다. 장군은 어떻게 생각하십니까?"

형가가 하는 말에 번오기는 앞으로 나앉으며 물었다.

"어떻게 하면 되는 일입니까?"

형가가 대답하였다.

"장군의 목이 필요합니다. 장군의 목을 진나라 왕에게 바치면 진나라 왕은 틀림없이 즐거워하며 나를 만나 줄 것입니다. 그 때 신은 왼손으로 진나라 왕의 소매를 붙들고 오른손으로 그 가슴을 찌르는 것입니다. 그렇게 되면 장군의 원수도 갚고 모욕을 당하던 연나라의 수치도 풀 수가 있습니다. 장군은 어떻게 생각하십니까?"

번오기는 한쪽 어깨를 드러내고 한손으로 팔을 움켜쥐어 앞으로 다가서며 말하였다.

"이것이야말로 내가 밤낮으로 이를 악물고 가슴을 치며 고대하던 일이오. 이제 그대의 가르침을 듣고 내 뜻을 얻었소."

그리고 스스로 목을 찔러 죽었다.

태자는 이 말을 듣고 달려가 시체에 엎드려 곡하면서 숨이 꺼질 듯이 슬퍼하였다. 그러나 이미 죽은 것을 어떻게도 하는 수가 없었다. 번오기의 목을 함에다 넣어 봉하였다.

이때부터 태자는 천하에서 가장 날카로운 비수를 구하던 중 조나라 사람 서부인徐夫人의 비수를 백금을 주고 손에 넣었다. 그리고 공인工人에게 명하여 독약을 비수의 날에 묻혀 사람

〈태자 단이 荊軻를 떠나보내는 모습〉 馬駘《馬駘畫寶》

에게 시험하였더니 피 한 방울이 흐르는 정도의 상처로도 그자리에서 죽지 않는 사람이 없었다. 이렇게 하여 채비를 갖추고 나서 형가를 진나라로 보내게 되었다.

荊軻曰:「微太子言, 臣願謁之. 今行而毋信, 則秦未可親也. 夫樊將軍, 秦王購之金千斤, 邑萬家. 誠得樊將軍首與燕督亢之地圖, 奉獻秦王, 秦王必說見臣, 臣乃得有以報.」太子曰:「樊將軍窮困來歸丹, 丹不忍以己之私而傷長者之意, 願足下更慮之!」

荊軻知太子不忍, 乃遂私見樊於期曰:「秦之遇將軍可謂深矣, 父母宗族皆爲戮沒. 今聞購將軍首金千斤, 邑萬家, 將柰何?」於期仰天太息流涕曰:「於期每念之, 常痛於骨髓, 顧計不知所出耳!」荊軻曰:「今有一言可以解燕國之患, 報將軍之仇者, 何如?」於期乃前曰:「爲之柰何?」荊軻曰:「願得將軍之首以獻秦王, 秦王必喜而見臣, 臣左手把其袖, 右手揕其匈, 然則將軍之仇報而燕見陵之愧除矣. 將軍豈有意乎?」樊於期偏袒搤捥而進曰:「此臣之日夜切齒腐心也, 乃今得聞教!」遂自剄. 太子聞之, 馳往, 伏屍而哭, 極哀. 旣已不可柰何, 乃遂盛樊於期首函封之.

於是太子豫求天下之利匕首, 得趙人徐夫人匕首, 取之百金, 使工以藥焠之, 以試人, 血濡縷, 人無不立死者. 乃裝爲遣荊卿.

◉ 친구를 기다리고 있소

연나라에 용사 진무양秦舞陽이란 자가 있었다. 13살에 사람을 죽인 일이 있을 정도여서 누구 한 사람도 그를 거역하려는 자가 없었다. 태자는 진무양으로 하여금 형가를 따르도록 하였다. 그런데 형가는 달리 기대하였던 사람이 있어 그를 데리고 갈 생각이었으나 그는 먼 곳에 있어 그가 미처 도착하기 전이었다. 모든 준비가 다 갖추어졌는데도 형가가 얼마 동안 출발하지 않고 기다리자 태자는 힘겨워 형가의 변심을 의심하기까지 하였다.

"벌써 날짜도 다하였소. 그대는 무엇인가 달리 생각하는 일이라도 있소? 진무양이라도 먼저 보냈으면 하는 생각인데."

그 말에 형가는 몹시 노하여 태자를 이렇게 꾸짖었다.

"태자께서는 어찌 진무양을 보낸다는 것입니까? 한 번 가면 그뿐 무양은 돌아오지 못합니다. 비수 한 자루를 가지고 위험한 진나라 속으로 들어가는 일입니다. 내가 시일을 늦추는 것은 기대하는 친구가 돌아오기를 기다려 함께 동행하고자 한 것입니다. 그런데 태자께서 그것을 모른 채 늦다고 채근하시니 작별을 고하고 이대로 떠나겠습니다."

燕國有勇士秦舞陽, 年十三, 殺人, 人不敢忤視. 乃令秦舞陽爲副. 荊軻有所待, 欲與俱; 其人居遠未來, 而爲治行. 頃之, 未發, 太子遲之, 疑其改悔, 乃復請曰:「日已盡矣, 荊卿豈有意哉? 丹請得先遣秦舞陽.」荊軻怒, 叱太子曰:「何太子之遣? 往而不返者, 豎子也! 且提一匕首入不測之彊秦, 僕所以留者, 待吾客與俱. 今太子遲之, 請辭決矣!」

◉ 바람을 쓸쓸하고 역수는 차도다

마침내 길을 나섰다. 태자와 형가의 사정을 아는 사람들은 모두 흰 상복을 입고 전송하였다. 역수 근방에 이르러 먼 길 가는 사람의 의식인 조신祖神에게 제사를 지내고 나그네의 길에 올랐다. 이때 고점리는 축筑을 울리고 형가는 여기에 맞추어 노래를 불렀다. 변치變徵의 비애를 띤 곡조가 울려 퍼지자 전송을 나온 사람들은 눈물을 흘리며 훌쩍거리며 울었다. 형가는 앞으로 나서면 이렇게 노래를 불렀다.

〈易水送別圖〉 淸 吳歷 그림

바람소리 쓸쓸하고,

역수는 차도다.

장사 한 번 가면

다시 오지 못하리.

다시 우성羽聲으로 바뀌어 분노를 띤 소리가 높아지자, 듣는 사람들은 모두 눈에 노기를 띠고 머리카락이 곤두서 관을 찌르고 있었다.

이렇게 하여 형가는 수레를 타고 떠나가며 끝내 뒤도 돌아보지 않았다.

遂發. 太子及賓客知其事者, 皆白衣冠以送之. 至易水之上, 旣祖, 取道, 高漸離擊筑, 荊軻和而歌, 爲變徵之聲, 士皆垂淚涕泣. 又前而爲歌曰: 「風蕭蕭兮易水寒, 壯士一去兮不復還!」 復爲羽聲忼慨, 士皆瞋目, 髮盡上指冠. 於是荊軻就車而去, 終已不顧.

⦿ 몽가에게 뇌물을 주어 진시황을 접견하다

형가가 진나라에 도착하자 값이 천금이나 되는 예물을 진나라 왕이 남달리 아끼는 충신인 중서자中庶子 몽가蒙嘉에게 뇌물로 바쳤다. 몽가는 형가를 위해 진나라 왕에게 이렇게 말하였다.

"연나라 왕은 진실로 대왕의 위력에 겁을 내어 감히 군사를 동원하여 대왕의 군사를 대항하지 않고 있습니다. 그는 나라를 들어 대왕의 신하가 되며 제후로서 임무를 다하여 공물바치기를 마치 진나라의 군현과 같이 하고 선왕의 종묘지키기를 바라고 있답니다. 연나라 왕은 너무도 황공하여 몸소 와서 진정하기를 삼가고, 번오기의 머리와 연나라 독항의 지도를 함에 넣어 봉하여 보내왔습니다. 연나라 왕은 궁정에서 증정 의식을 올린 후 사신을 보내어 대왕께 말씀을 아뢰고자 한다 합니다. 대왕의 명령을 기다립니다."

진나라 왕은 이를 듣고 크게 기뻐하였다. 진왕은 예복을 갖추고 구빈九賓의 예를 베풀어 연나라 사자를 함양궁咸陽宮에서 접견하였다. 형가는 번오기의 머리가 든 함을 받들고 진무양은 지도가 든 함을 받들어 차례대로 나아가 뜰에 계단에 이르렀다. 그런데 그 때 진무양의 안색이 변하여 몸이 떨렸다. 여러 신하들이 이를 괴이히 여기자, 형가는 무양을 돌아보며 웃은 다음 다시 앞으로 나아가 이렇게 사과하였다.

"북방 오랑캐의 미천한 자가 아직 천자께 배알한 일이 없으므로 겁이 나서 몸을 떠는 것입니다. 원컨대 대왕은 이 무례함을 용서해 주시고 사자의 예를 대왕의 앞에서 끝마치도록 하여 주십시오."

그러자 진나라 왕이 말하였다.

"진무양이 가지고 있는 지도를 가져오너라."

荊軻가 秦始皇을 뒤쫓는 장면 明刻本《新列國志》삽화

遂至秦, 持千金之資幣物, 厚遺秦王寵臣中庶子蒙嘉. 嘉爲先言於秦王曰: 「燕王誠振怖大王之威, 不敢擧兵以逆軍吏, 願擧國爲內臣, 比諸侯之列, 給貢職如郡縣, 而得奉守先王之宗廟. 恐懼不敢自陳, 謹斬樊於期之頭, 及獻燕督亢之地圖, 函封, 燕王拜送于庭, 使使以聞大王, 唯大王命之.」 秦王聞之, 大喜, 乃朝服, 設九賓, 見燕使者咸陽宮. 荊軻奉樊於期頭函, 而秦舞陽奉地圖柙, 以次進. 至陛, 秦舞陽色變振恐, 羣臣怪之. 荊軻顧笑舞陽, 前謝曰:「北蕃蠻夷之鄙人, 未嘗見天子, 故振慴. 願大王少假借之, 使得畢使於前.」秦王謂軻曰:「取舞陽所持地圖.」

❀ 비수로 진왕을 찔렀으나

형가가 이를 받아 꺼내어 진나라 왕에게 올렸다. 왕이 지도를 다 펼치자 비수가 나타났다. 그러자 형가는 곧 왼손으로 왕의 소매를 잡고 오른손으로 비수를 잡아 왕을 찔렀다. 그러나 칼날이 몸에 닿으려는 순간 놀란 왕이 몸을 빼는 바람에 소매가 잘리었다. 진나라 왕은 자기 칼을 빼려고 하였으나 칼이 길어 칼집만 잡히는 것이었다. 워낙 당황한 순간이라 칼이 대번에 빠지지 않았다. 형가가 진나라 왕을 쫓아가자 왕은 기둥을 돌아서 달아났다. 여러 신하들은 모두 경악하여 정신을 잃었다. 그리고 진나라 법에는 왕을 모시는 신하가 전상殿上에 오를 때는 몸에 한 치의 무기도 지니는 것이 허락되지 않았으며, 호위 낭중들은 모두 계단 아래에서 무기를 들고 늘어서 있으면서도 임금의 명령이 없으니 전상으로 오를 수가 없었다.

　진왕은 다급한 나머지 무기를 가진 신하를 불러 올릴 겨를이 없었고 이에 따라 형가는 왕을 뒤쫓을 수 있었다. 대신들도 당황하고 있었지만 형가를 칠 수가 없어 다만 주먹으로 대들뿐이었다. 이때 시의侍醫 하무저夏無且가 손에 가지고 있던 약주머니를 형가에게 내던졌다. 진왕이 기둥을 돌아 달아나며 공포에 어찌할 바를 모를 때 좌우 신하들이 소리쳤다.

　"왕이시어, 칼을 등에 지고 빼보십시오."

　진왕은 칼을 등에 지고 마침
내 칼을 뽑아 형가를 쳐서 왼쪽
다리를 베었다. 형가는 주저앉아
넘어지면서 비수를 왕에게 던졌
으나 왕의 몸에는 맞지 않고 구리
기둥에 맞고 말았다. 진왕은 다시
형가를 베어 여덟 군데나 상처를

荊軻가 진시황을 찌르는 모습. 東漢 畫像石

입혔다. 형가는 이제는 일이 그르친 것을 알고 기둥을 잡고 웃으며 두 다리를 벌리고 앉아 이렇게 꾸짖었다.

　"일이 실패한 까닭은 진나라 왕을 사로잡아 협박하여 반드시 약속을 받아내어 연나라 태자에게 보답하려 하였기 때문이었다."

　주위에 있던 신하들이 달려나와 형가를 죽였다.

　진나라 왕은 한참을 놀라고 두려운 얼굴 표정을 감추지 못하였다.

　얼마 뒤에 논공을 하여 신하들에게 상을 내리고 죄에 해당하는 자는 응분의 벌을 가하였는데 하무저에게는 황금 200일을 주면서 이렇게 칭찬하였다.

　"하무저는 나를 사랑하여 약주머니를 형가에게 던졌지."

軻既取圖奏之, 秦王發圖, 圖窮而匕首見. 因左手把秦王之袖, 而右手持
匕首揕之. 未至身, 秦王驚, 自引而起, 袖絶. 拔劍, 劍長, 操其室. 時惶急,
劍堅, 故不可立拔. 荊軻逐秦王, 秦王環柱而走. 羣臣皆愕, 卒起不意, 盡失其度
而秦法, 羣臣侍殿上者不得持尺寸之兵; 諸郎中執兵皆陳殿下, 非有詔召不
得上. 方急時, 不及召下兵, 以故荊軻乃逐秦王. 而卒惶急, 無以擊軻, 而以手
共搏之. 是時侍醫夏無且以其所奉藥囊提荊軻也. 秦王方環柱走, 卒惶急,
不知所爲, 左右乃曰:「王負劍!」負劍, 遂拔以擊荊軻, 斷其左股. 荊軻廢,
乃引其匕首以擿秦王, 不中, 中桐柱. 秦王復擊軻, 軻被八創. 軻自知事不就,
倚柱而笑, 箕踞以罵曰:「事所以不成者, 以欲生劫之, 必得約契以報太子也.」
於是左右既前殺軻, 秦王不怡者良久. 已而論功, 賞羣臣及當坐者各有差,
而賜夏無且黃金二百溢, 曰:「無且愛我, 乃以藥囊提荊軻也.」

◉ 태자 단의 목

이 사건으로 진나라 왕은 크게 노하여 더욱 병력을 증가하여 조나라에
보내고 왕전에게 연나라를 치게 하였다. 열 달 만에 연나라 도성 계薊가
함락되자 연나라 왕 희喜와 태자 단은 모두 정병을 이끌고 동쪽 요동으로
도망쳤다. 진나라 장수 이신은 연나라 왕을 맹렬히 추격하였다. 대왕代王
가嘉가 연나라 왕 희에게 이렇게 편지를 보내었다.

"진나라가 맹렬히 왕을 추격하는 것은 태자 단 때문이오. 이제 왕이
만일 단을 죽여서 진나라 왕에게 바치면 틀림없이 진왕의 노여움은 풀릴
것입니다. 그렇게 되면 연나라의 사직은 다행히 제사를 계속 이을 수
있을 것입니다."

한편 이신李信이 태자 단을 쫓아가자, 단은 연수衍水 가운데 있는 섬에
숨었다. 연나라 왕은 사자를 보내 단의 목을 베어 진나라에 바치려 하였다.
진나라는 다시 군사를 몰아 연나라를 치고 5년이 지난 후에 마침내 연나라를
멸망시켜 연나라 왕 희를 사로잡았다.

於是秦王大怒, 益發兵詣趙, 詔王翦軍以伐燕. 十月而拔薊城. 燕王喜·
太子丹等盡率其精兵東保於遼東. 秦將李信追擊燕王急, 代王嘉乃遺燕王

喜書曰:「秦所以尤追燕急者, 以太子丹故也. 今王誠殺丹獻之秦王, 秦王必解, 而社稷幸得血食.」其後李信追丹, 丹匿衍水中, 燕王乃使斬太子丹, 欲獻之秦. 秦復進兵攻之. 後五年, 秦卒滅燕, 虜燕王喜.

⊛ 고점리의 후일담

그 이듬해 진나라는 천하를 통일하고 진나라 왕은 황제의 자리에 올랐다. 진나라는 태자 단과 형가의 빈객들을 추방하여 그들은 모두 도망하여 숨었다.

고점리는 성명을 바꾸고 남의 하인이 되어 송자宋子에 숨어 오랫동안 숱한 노고를 겪었다. 그런데 그는 집 주인을 찾아온 어떤 손이 축筑을 연주하는 것을 듣고 평을 해주고 싶어 머뭇거리며 발을 뗄 수가 없었다. 그러면서 매번 이렇게 중얼거렸다.

"저렇게 치는 것은 좋으나 이렇게 치는 것은 좋지 않다."

다른 하인이 이를 듣고는 주인에게 일러바쳤다.

"저 사람은 음악을 아는지 잘하고 못하는 것을 몰래 평을 하곤 합니다."

주인이 고점리를 불러서 축을 연주해 보도록 하였더니 이를 들은 사람들은 모두 놀라 술을 권하였다. 고점리는 오랫동안 숨어서 곤궁하게 살아도 가난이 끝이 없으리라 생각하고 방으로 가서 짐짝 속에서 축과 좋은 옷을 꺼내어 용모를 고친 다음 여러 사람 앞에 나섰다. 손들은 모두 놀라 자리를 물러앉으며 동등한 예로 그를 맞아 축을 연주하며 노래를 부르게 하였다. 그 연주에 눈물을 흘리지 않는 자가 없었다. 송자의 사람들은 서로 고점리를 자기 집으로 청하여 손님으로 대우하였다.

其明年, 秦幷天下, 立號爲皇帝. 於是秦逐太子丹・荊軻之客, 皆亡. 高漸離變名姓爲人庸保, 匿作於宋子. 久之, 作苦, 聞其家堂上客擊筑, 傍偟不能去. 每出言曰:「彼有善有不善.」從者以告其主, 曰:「彼庸乃知音, 竊言是非.」家丈人召使前擊筑, 一坐稱善, 賜酒. 而高漸離念久隱畏約無窮時, 乃退, 出其裝匣中筑與其善衣, 更容貌而前. 擧坐客皆驚, 下與抗禮, 以爲上客. 使擊筑而歌, 客無不流涕而去者. 宋子傳客之.

☸ 축 속에 납을 넣고 진시황을 쳤으나

이 말이 진시황의 귀에까지 들어가 황제의 앞에 불려 나갔다. 그런데 그를 알아보는 사람이 있었다.

"저 사람은 고점리이다."

황제는 그가 축의 명수인 것을 애석히 여겨 죽이지 않고 불로 눈을 지져 눈이 멀게 하고 말았다. 그리고 나서 진나라 시황은 고점리의 축을 치는 일에는 칭찬을 아끼지 않았으며 점점 그를 가까이하였다. 고점리는 납덩이를 축 안에 넣고 기회를 엿보다가 황제를 가까이하는 기회에 축을 번쩍 들어 황제를 쳤으나 맞지 않았다. 황제는 고점리를 죽이고 이 일이 있은 뒤부터는 죽을 때까지 제후국 사람들을 가까이하지 않았다.

노구천魯句踐은 형가가 진나라 왕을 찌르려고 한 소식을 듣고 은근히 이렇게 말하였다.

"아, 그가 사람을 찌르는 검술을 배우지 않은 것이 애석한 일이다. 그리고 나는 왜 사람을 알아보지 못하였을까? 지난날 나에게 꾸짖음을 듣고 가만히 도망친 것은 지금 생각하면 나를 사람 같지 않게 여겼던 것이겠지."

聞於秦始皇. 秦始皇召見, 人有識者, 乃曰:「高漸離也.」秦皇帝惜其善擊筑, 重赦之, 乃矐其目. 使擊筑, 未嘗不稱善. 稍益近之, 高漸離乃以鉛置筑中, 復進得近, 擧筑朴秦皇帝, 不中. 於是遂誅高漸離, 終身不復近諸侯之人.

魯句踐已聞荊軻之刺秦王, 私曰:「嗟乎, 惜哉其不講於刺劍之術也! 甚矣吾不知人也! 曩者吾叱之, 彼乃以我爲非人也!」

☸ 사마천의 평어

나 태사공은 이렇게 생각한다.

형가에 관하여 세상에 전하여지는 이야기 중에 하늘이 태자 단의 운명에 대하여 '하늘에서 곡식을 내리고 말에 뿔이 났다'라고 전하고 있으나 이는 심히 그릇된 말이다. 또 형가가 진나라 왕에게 상처를 입혔다고 하나 이것도 사실이 아니다. 일찍이 공손계공^{公孫季功}·동중서^{薰仲舒} 두 사람은 하무저와 교유 관계가 있어 이 일을 자세히 알고 있었는데 이 두 사람은 나에게도 〈자객열전〉과 똑같은 이야기를 하였다. 그 진상은 내가 기록한 그대로이다. 조말에서 형가에 이르는 다섯 사람의 자객들은 그 의거가 혹은 성공하기도 하였고 혹은 실패하기도 하였다. 그러나 그들의 목적은 매우 분명하였고 자신들의 뜻을 욕되게 하지 않았다. 그들의 이름이 후세에 전해지는 것을 어찌 망령된 일이라 하겠는가!

太史公曰: 世言荊軻, 其稱太子丹之命, 「天雨粟, 馬生角」也, 太過. 又言荊軻傷秦王, 皆非也. 始公孫季功·董生與夏無且游, 具知其事, 爲余道之如是. 自曹沫至荊軻五人, 此其義或成或不成, 然其立意較然, 不欺其志, 名垂後世, 豈妄也哉!

027(87) 이사 열전李斯列傳

① 이사李斯 ② 조고趙高

因能明其畫
遂得意於海內
斯爲謀首
作李斯列傳。

〈1〉이사李斯

⊛ 변소의 쥐와 곡식 창고의 쥐

이사李斯는 초楚나라 상채上蔡 사람이다. 소년 시절에 고을의 하급 관리가 되었을 때, 어느 날 관청 뒷간의 쥐가 불결한 것을 먹다가 사람이나 개의 기척이 나면 놀라 달아나는 것을 보았다. 그런데 곡식 창고에 들어갔더니 그 안의 쥐는 쌓인 곡식을 먹으면서 넓은 집에 살고 있으면서도 사람이나 개를 겁내지도 않는 것이었다. 이에 이사는 이렇게 탄식하여 말하였다.

"사람이 어질다거나 못났다고 하는 것은, 비유하면 이런 쥐와 같아서 자신이 처해 있는 곳에 달렸을 뿐이로구나!"

그리하여 순경荀卿을 스승으로 삼아 제왕의 통치술을 배웠다. 학업을 마치자, 초나라 왕은 섬길 만한 인물이 못되고 여섯 나라는 모두 약소하여 스스로 공을 세울 여지가 적다고 생각하고, 서쪽 진나라로 들어가기로 작정하였다. 그리하여 순경에게 이렇게 작별 인사를 드렸다.

"때를 얻으면 놓치지 말라는 말씀을 들었습니다. 이제 만승의 제후국들이 서로 세력을 다투고, 유세하는 선비들이 나라일을 주관하고 있습니다. 특히 진나라 왕은 천하를 삼켜 황제라 일컬으며 다스리려 합니다. 정녕 포의布衣의 선비가 분주할 때이며, 유세하는 선비에게는 긴요한 때이기도 합니다. 비천한 지위에 있는 자가 거기에 대해 아무런 계획도 세우지 아니하고 있는 것은, 마치 짐승이 고기를 앞에 두고 사람들이 그들을 쳐다보고 있다는 이유로 참고 그냥 지나치는 것과 같습니다. 따라서 비천한 것만큼 부끄러운 것이 없으며, 곤궁한 것만큼 슬픈 것은 없습니다. 오래도록 비천하고 곤궁한 처지에 있어서 세상의 부귀를 비방하고 남의 이득을 미워하며 스스로 실행하지 않는 것을 자랑인 양 여기는 것은 선비 된 자의 진심이 아닐 것입니다. 그러므로 저는 이제부터 서쪽으로 가서 진나라 왕에게 유세하려 합니다."

이렇게 하여 이사는 진秦나라로 가서 재상 문신후文信侯 여불위呂不韋의 사인舍人이 되었다.

李斯者, 楚上蔡人也. 年少時, 爲郡小吏, 見吏舍廁中鼠食不絜, 近人犬, 數驚恐之. 斯入倉, 觀倉中鼠, 食積粟, 居大廡之下, 不見人犬之憂. 於是李斯乃歎曰:「人之賢不肖譬如鼠矣, 在所自處耳!」

乃從荀卿學帝王之術. 學已成, 度楚王不足事, 而六國皆弱, 無可爲建功者, 欲西入秦. 辭於荀卿曰:「斯聞得時無怠, 今萬乘方爭時, 游者主事. 今秦王欲吞天下, 稱帝而治, 此布衣馳騖之時而游說者之秋也. 處卑賤之位而計不爲者, 此禽鹿視肉, 人面而能彊行者耳. 故詬莫大於卑賤, 而悲莫甚於窮困. 久處卑賤之位, 困苦之地, 非世而惡利, 自託於無爲, 此非士之情也. 故斯將西說秦王矣.」

● 여섯 나라를 합병하시오

그가 진秦나라에 갔더니 마침 장양왕莊襄王이 죽었다. 여불위는 이사가 똑똑한 사람임을 알아보고 낭郞의 직책에 임명하였다. 그리하여 이사는 진나라 왕에게 유세할 기회를 얻게 되었으며 그 때에 왕에게 이렇게 말하였다.

"막연히 기다리는 사람은 기회를 놓칩니다. 큰 공을 세우는 사람은 상대의 약점을 틈타 과감하게 밀고 나갑니다. 옛날 진나라 목공穆公이 천하의 패자가 되고서도 끝내 동방의 여섯 나라를 병합할 수 없었던 것은 무슨 까닭이겠습니까? 당시에 남아 있는 제후들이 아직 많았고, 주周나라 왕실의 영향력도 아직 쇠약하지 않았으며, 오패五霸가 잇달아 일어나 서로 주실을 존중하였기 때문입니다. 그런데 진나라 효공孝公 이래로 주실이 쇠약해져 제후들은 서로 병합하고 함곡관 동쪽에는 여섯 나라만이 남았습니다. 진나라는 승리의 기세를 타고 제후들을 눌러온 지 6대에 미치고, 이제는 제후들이 진나라에 복종하기를 마치 진나라의 군현과 같이 합니다. 이러한 진나라의 강대한 힘과 대왕의 현명함이 있다면 제후국들을 멸망시키고 황제로서의 대업을 이루고 천하를 통일하는 것은 부엌 아낙네가 부뚜막 먼지 닦아내듯 쉬운 일입니다. 이것은 만 년에 한 번 있는 기회입니다. 지금 주저하기만 하면서 급히 서두르지 않고 제후들이 다시 강성해져서 합종이라도 맺게 되면 설령 황제黃帝 같은 현명한 왕이 나타나더라도 천하를 병합할 수는 없을 것입니다."

진나라 왕은 이사를 장사長史에 임명하고 그 계책을 받아들여 모사謀士들에게 황금과 주옥을 주며 몰래 열국으로 보내어 제후들에게 유세하도록 하였다. 또 열국의 명사로서 재물과 보물의 힘으로 자기 편을 만들 수 있는 사람에게는 후히 뇌물을 보내고 재물로 움직일 수 없는 자는 자객을 시켜 죽여 없애도록 하였으며, 임금과 신하의 사이를 이간시키는 계략을 쓰면서 뛰어난 장수를 보내어 뒤따라 치게 하였다. 진나라 왕은 이사를 객경客卿으로 삼았다.

至秦, 會莊襄王卒, 李斯乃求爲秦相文信侯呂不韋舍人; 不韋賢之, 任以爲郎. 李斯因以得說, 說秦王曰:「胥人者, 去其幾也. 成大功者, 在因瑕釁而遂忍之. 昔者秦穆公之霸, 終不東幷六國者, 何也? 諸侯尙衆, 周德未衰, 故五伯迭興, 更尊周室. 自秦孝公以來, 周室卑微, 諸侯相兼, 關東爲六國, 秦之乘勝役諸侯, 蓋六世矣. 今諸侯服秦, 譬若郡縣. 夫以秦之彊, 大王之賢, 由竈上騷除, 足以滅諸侯, 成帝業, 爲天下一統, 此萬世之一時也. 今怠而不急就, 諸侯復彊, 相聚約從, 雖有黃帝之賢, 不能幷也.」秦王乃拜斯爲長史, 聽其計, 陰遣謀士齎持金玉以游說諸侯. 諸侯名士可下以財者, 厚遺結之; 不肯者, 利劍刺之. 離其君臣之計, 秦王乃使其良將隨其後. 秦王拜斯爲客卿.

❀ 축객령과 〈상진황축객서上秦皇逐客書〉

그 때 마침 한韓나라의 정국鄭國이 진나라에 들어와서 이간을 쓰고자 왕에게 권하여 물을 대는 운하를 만들게 하였다. 이것은 진나라의 남은 힘을 소진시켜 그 틈을 노리려는 한나라의 모략이었다. 이것이 발각되자 진나라의 종실 및 대신들은 모두 왕에게 말하였다.

"제후국사람으로서 진나라에 쓰이는 자들은 자기 나라 군주를 위해 유세하고 진나라의 군신 사이를 이간하려고 할 뿐입니다. 모쪼록 빈객들을 모두 추방해 주십시오."

이사도 축객의 논의의 대상이 되어 추방자 명단에 오르자 그는 이렇게 글을 올렸다.

"신이 듣건대, 관리들은 빈객의 추방을 결의하였다고 합니다. 신이 생각하건대 이는 지나친 잘못입니다. 옛날 목공은 어진 선비를 구하여 유여由余를 서쪽의 융戎에서 데려오고, 백리해百里奚를 동쪽의 완宛에서 얻었으며, 건숙蹇叔을 송宋나라에서 맞이하였고, 비표丕豹·공손지公孫支를 진晉나라에서 찾아냈습니다. 이 다섯 사람의 모국은 진秦나라가 아니었지만 목공은 그들을 등용하여 20개 나라를 병합하고 마침내 서융의 패자가 되었습니다. 또 효공이 상앙商鞅의 변법을 채택하여 풍속을 개혁함으로써 백성들은 번영하고 나라는 부강하게 되었으며, 백성들은 기꺼이 부역을 하고 제후들은 친절히 복종하였습니다. 그리하여 초·위 두 나라의 군사를 깨뜨려 넓힌 땅이 천 리나 되었습니다. 이 때문에 지금도 나라가 잘 다스려지고 군사가 강한 것입니다.

혜왕惠王은 장의張儀의 계획을 써서 삼천三川의 땅을 서쪽으로 파巴·촉蜀의 땅까지 합하고, 북쪽으로 상군上郡을 치고, 남으로 한중漢中을 공략하여 구이九夷를 포섭하여 초나라의 수도 언영鄢郢을 제압하고, 동쪽으로는 성고成皋의 험난한 지형을 의지하여 기름진 땅을 빼앗고, 마침내 여섯 나라의 합종 맹약을 깨뜨려 서쪽을 바라보며 진나라에 복종하도록 하여 그 공로는 오늘날까지 이어지고 있습니다.

소왕昭王은 범저范雎를 얻어 그 계책에 의하여 양후穰侯를 폐하고 화양군華陽君을 추방함으로써 진나라 왕실을 굳건히 하고 대신들의 세력이 커지는 것을 막고 제후의 땅을 잠식하여 진나라의 제업帝業을 이룩하였습니다.

이 네 분의 군주는 모두 빈객을 등용하여 성공한 것입니다. 이렇게 보면 빈객이 진나라를 배반한다고 말할 근거가 어디에 있습니까? 만약 이 네 분의 군주가 일찍이 빈객을 물리쳐 받아들이지 아니하고 어진 선비를 소홀히 하여 등용하지 않았더라면, 나라는 부귀함을 이루지 못하고 진나라의 굳센 명성도 없었을 것입니다. 이제 폐하께서는 곤강昆崗의 유명한 옥을 손에 넣고 수후주隨侯珠와 화씨벽和氏璧을 차지하고 명월주明月珠를 몸에 장식하며, 태아太阿의 명검을 차고 섬리마纖離馬를 타며, 취봉翠鳳의 깃발을 세우고, 영타靈鼉의 북을 설치해 놓았습니다. 이들 여러 가지 보배는 어느 하나도 진나라에서 나는 물건이 아닌데 폐하께서 이런 물건을 귀중히 여기는 것은 무슨 까닭입니까? 만약 진나라에서 나는 물건만을 쓰신다고 하면 야광의 벽옥은 조정에 장식할 수 없고 코뿔소의 뿔, 상아로 만든 물건을 즐길 수 없을 것입니다. 정鄭·위衛나라의 미녀는 후궁으로 쓸 수 없고, 결제駃騠의 준마로 마구간을 채울 수 없으며, 강남江南의 금과 주석도 가져다 쓸 수 없을 것이며 서촉西蜀의 단청으로 채색할 수도 없을 것입니다. 후궁을 장식하고 궁내의 소용 닿는 물건을 충당하고, 마음을 즐겁게 하고, 눈과 귀를 기쁘게 하는 것들이 반드시 진나라 산물이어야 한다면 완宛의 주옥으로 만든 비녀, 부기傅璣의 귀걸이, 아호阿縞의 옷, 금수錦繡의 장식은 대왕 앞에 올릴 수가 없으며 우아하고 아름답게 차린 조나라 미인 역시 지금처럼 폐하를 모실 수는 없을 것입니다. 수옹水甕을 치고, 부缶를 두드리며 쟁箏이나 연주하며 넓적다리를 치며 노래 불러 귀를 즐겁게 하는 것만이 진정 진나라 음악입니다. 정鄭·위衛·상간桑間·소昭·우虞·무武·상象은 다른 나라의 음악입니다. 그런데도 지금 진나라에서는 수옹을 치고 부를 두드리는 것을 그치고, 정·위의 음악을 연주하며 쟁을 연주하기를 그만 두고, 소·우를 받아들였는데 이것은 무슨 까닭입니까? 그것은 곧 마음을 즐겁게 하고 눈으로 보기에 훌륭하기 때문일 것입니다.

그런데 이제 인재를 뽑아 쓰는 데는 그렇지 않습니다. 그 인물의 사람됨이 옳은지 그른지를 묻지 않고 굽은지 곧은지를 따지지 않고 진나라 사람이 아니면 물러나라 하면서 빈객들을 추방하려고 합니다. 이렇게 보면 진나라가 존중하는 것은 여색과 음악과 주옥뿐이며 경시하는 것은 사람이라는 것이 됩니다. 이렇게 해서는 천하에 군림하며 제후들을 제압할 수 없습니다.

신이 듣건대 '땅이 넓으면 곡식이 많이 나고 나라가 크면 백성들이 많게 되며, 군대가 강하면 병사가 용감해진다'라고 합니다. 이 까닭으로 태산泰山은 한 덩이의 흙도 양보하지 않기 때문에 능히 그처럼 높을 수 있고, 하해는 작은 물줄기 하나도 가려 받는 것이 아니기 때문에 그토록 깊을 수 있는 것이며, 임금들은 뭇 백성들을 물리치지 않기 때문에 그토록 덕을 천하에 밝힐 수 있는 것입니다. 따라서 임금의 땅에는 사방의 구별이 없고 임금의 백성들에게는 다른 나라의 차별이 없습니다. 4계절이 조화하여 그 아름다움이 충만하고 귀신도 성인의 시대를 칭송하여 복을 내리는 것입니다. 이것이 바로 오제五帝, 삼왕三王에게 적이 없었던 까닭이라고 하겠습니다.

그런데 지금 진나라에서는 백성들을 버리고 적국을 이롭게 하며, 빈객을 몰아냄으로써 제후를 돕고, 천하의 선비를 몰아내어 서쪽 진나라로 향하지 못하게 하며 발을 묶어 진나라로 들여놓지 못하게 하는 것은, 이른바 '적에게 군사를 내어 주고 도적에게 양식을 제공하는 일'이라는 것입니다.

진나라에서 나는 물건이 아니고도 보배로 삼을 것이 많으며, 진나라에서 난 선비가 아니고도 충성스러운 인물이 많습니다. 이제 빈객들을 내쫓아 적의 나라를 이롭게 하고, 백성을 줄여서 적국에 보태주어 나라 안은 텅 비게 되고 나라 밖에서는 제후들에게 원한을 사게 되면, 나라에 위험이 없기를 바란들 그렇게 될 수밖에 없는 것입니다."

會韓人鄭國來閒秦, 以作注漑渠, 已而覺. 秦宗室大臣皆言秦王曰:「諸侯人來事秦者, 大抵爲其主游閒於秦耳, 請一切逐客.」 李斯議亦在逐中. 斯乃上書曰:

「臣聞吏議逐客, 竊以爲過矣. 昔繆公求士, 西取由余於戎, 東得百里奚於宛, 迎蹇叔於宋, 來丕豹·公孫支於晉. 此五子者, 不産於秦, 而繆公用之, 幷國二十, 遂霸西戎. 孝公用商鞅之法, 移風易俗, 民以殷盛, 國以富彊, 百姓樂用, 諸侯親服, 獲楚·魏之師, 擧地千里, 至今治彊. 惠王用張儀之計, 拔三川之地, 西幷巴·蜀, 北收上郡, 南取漢中, 包九夷, 制鄢·郢, 東據成皐之險, 割膏腴之壤, 遂散六國之從, 使之西面事秦, 功施到今. 昭王得范雎, 廢穰侯, 逐華陽, 彊公室, 杜私門, 蠶食諸侯, 使秦成帝業. 此四君者, 皆以客之功. 由此觀之, 客何負於秦哉! 向使四君卻客而不內, 疏士而不用, 是使國無富利之實而秦無彊大之名也.

今陛下致昆山之玉, 有隨·和之寶, 垂明月之珠, 服太阿之劍, 乘纖離之馬, 建翠鳳之旗, 樹靈鼉之鼓. 此數寶者, 秦不生一焉, 而陛下說之, 何也? 必秦國之所生然後可, 則是夜光之璧不飾朝廷, 犀象之器不爲玩好, 鄭·衛之女不充後宮, 而駿良駃騠不實外廄, 江南金錫不爲用, 西蜀丹青不爲采. 所以飾後宮充下陳娛心意說耳目者, 必出於秦然後可, 則是宛珠之簪, 傅璣之珥, 阿縞之衣, 錦繡之飾不進於前, 而隨俗雅化佳冶窈窕趙女不立於側也. 夫擊甕叩缶彈箏搏髀, 而歌呼嗚嗚快耳(目)者, 眞秦之聲也;《鄭》·《衛》·《桑間》·《昭》·《虞》·《武》·《象》者, 異國之樂也. 今弃擊甕叩缶而就《鄭衛》, 退彈箏而取《昭》《虞》, 若是者何也? 快意當前, 適觀而已矣. 今取人則不然. 不問可否, 不論曲直, 非秦者去, 爲客者逐. 然則是所重者在乎色樂珠玉, 而所輕者在乎人民也. 此非所以跨海內制諸侯之術也.

臣聞地廣者粟多, 國大者人衆, 兵彊則士勇. 是以太山不讓土壤, 故能成其大; 河海不擇細流, 故能就其深; 王者不卻衆庶, 故能明其德. 是以地無四方, 民無異國, 四時充美, 鬼神降福, 此五帝·三王之所以無敵也. 今乃弃黔首以資敵國, 卻賓客以業諸侯, 使天下之士退而不敢西向, 裹足不入秦, 此所謂「藉寇兵而齎盜糧」者也.

夫物不産於秦, 可寶者多; 士不産於秦, 而願忠者衆. 今逐客以資敵國, 損民以益讎, 內自虛而外樹怨於諸侯, 求國無危, 不可得也.」

● 진나라의 천하 통일

이 상서에 의하여 진나라 왕은 축객령逐客令을 폐지하고, 이사를 복직시켜 그의 계책을 썼으며, 그를 정위廷尉로 삼았다.

그 후 20여 년에 마침내 천하를 통일하고 왕을 높여 황제皇帝라 칭하였으며, 이사를 승상으로 삼았다. 군현에 있는 성벽을 무너뜨리고 무기를 녹여 다시는 무기로 사용하지 않을 것임을 보여 주었다.

진나라가 한 치의 땅에도 사람을 봉하지 않았고, 후손을 세워 왕으로 내세우지 않았으며, 공신을 제후로 삼는다든가 하는 일을 전혀 하지 않았다. 이것은 훗날 내란의 우환을 아예 없애기 위함이었다.

秦王乃除逐客之令, 復李斯官, 卒用其計謀. 官至廷尉. 二十餘年, 竟幷天下, 尊主爲皇帝, 以斯爲丞相. 夷郡縣城, 銷其兵刃, 示不復用. 使秦無尺土之封, 不立子弟爲王, 功臣爲諸侯者, 使後無戰攻之患.

◉ 학문 활동을 금지하다

진나라 시황제 34년에, 함양궁咸陽宮에서 주연을 벌여 박사博士 복야僕射 주청신周青臣 등이 시황제의 위덕을 칭송하였다. 먼저 제나라 사람 순우월淳于越이 앞으로 나아가 말하였다.

"신이 듣건대 은·주나라가 천여 년에 걸쳐 왕실을 존속할 수 있었던 것은 자제子弟 공신들을 봉하여 왕실을 받들도록 하였기 때문이라고 알고 있습니다. 그런데 이제 폐하께서 나라를 보유하고 계신데 폐하의 자제는 그저 평범한 사람에 지나지 않습니다. 만일 제나라 전상田常이나 진晉나라의 육경六卿과 같은 환란이 갑자기 생기면 보필할 신하가 없으니 어떻게 나라를 구할 수 있겠습니까? 어떤 일을

秦 〈嶧山刻石〉 嶧山碑(繹山碑), 李斯의 小篆으로 새긴 것

막론하고 옛일을 교훈으로 삼지 않고서 오래도록 지속되었다는 예를 들은 적이 없습니다. 이제 주청신 등이 아첨을 일삼아서 폐하의 과실을 거듭되게 하는 것은 충성이라고 할 수 없습니다."

시황제는 이 건의를 승상에게 분부하여 검토하도록 하였다. 승상 이사는 순우월의 견해가 타당치 못하다며 물리치면서 이렇게 상서를 올렸다.

"옛날에는 천하가 어지러워도 누구도 이것을 통일할 자가 없었습니다. 그 때문에 제후들이 어깨를 나란히 하고 일어났던 것입니다. 순우월이 말하는 것은 모두 옛것을 끌어내어 지금을 기피하고 헛된 말을 꾸며 현실을 어지럽히려는 것입니다. 사람들은 모두 자기가 배운 학문을 좋은 것이라 여기고, 나라에서 세운 제도를 비난하는 것입니다. 이제 폐하께서는 천하를 병합하여 사물의 흑백을 구별하고 천하에 한 분의 황제만이 있도록 정하였습니다. 그런데 학문을 하는 자들은 이미 만들어진 법과 제도를 비난하고 새 법령을 내릴 때마다 자기가 배운 학설을 근거로 이를 비판하고 나섭니다. 이들은 집에서는 마음 속으로 헐뜯고 밖으로 나와서는 길거리에서

사람들과 논의합니다. 그들은 임금을 비난하여 자신을 자랑하고 이단을 제창하여 스스로 높다 하며 무리들을 이끌어 비방하는 것으로 일삼고 있습니다. 이러한 일을 금하지 않으면 위로는 임금의 권위가 떨어지고 아래로는 당파가 생겨나고 말 것입니다. 어떻게 해서라도 이것을 금하는 것이 상책입니다. 원컨대 모든 문학과 《시》, 《서》와 제자백가의 저술을 폐기하고 명령을 받은 지 30일이 지나도 버리지 않는 자는 먹줄을 넣는 형을 가하여 성 쌓는 형벌에 처하십시오. 다만 버리지 않아야 할 것이란 의약·복서卜筮·원예의 서적에만 한하고 만약 배우려고 하는 자는 관리를 스승으로 삼도록 하면 됩니다."

시황제는 이 건의를 재가하고 《시》, 《서》와 제자백가의 저술을 몰수하였다. 이리하여 모든 백성들을 어리석게 만들어 천하의 어느 누구든 옛것을 끌어내어 지금 세상을 비판하는 일이 없도록 하였다. 법도를 분명히 하고 율령을 정한 것도 다 시황제 때에 비롯된 것이다. 문자를 통일하고, 각지에 이궁離宮과 별관別館을 짓고 황제가 영토 안을 순행하는 것을 분명히 하고 대외적으로는 사방의 오랑캐를 쫓아내었다. 이것은 모두 이사의 힘을 입은 바가 컸다.

始皇三十四年, 置酒咸陽宮, 博士僕射周青臣等頌稱始皇威德. 齊人淳于越進諫曰:「臣聞之, 殷周之王千餘歲, 封子弟功臣自爲支輔. 今陛下有海內, 而子弟爲匹夫, 卒有田常·六卿之患, 臣無輔弼, 何以相救哉? 事不師古而能長久者, 非所聞也. 今青臣等又面諛以重陛下過, 非忠臣也.」始皇下其議丞相. 丞相謬其說, 絀其辭, 乃上書曰:「古者天下散亂, 莫能相一, 是以諸侯並作, 語皆道古以害今, 飾虛言以亂實, 人善其所私學, 以非上所建立. 今陛下幷有天下, 別白黑而定一尊; 而私學乃相與非法敎之制, 聞令下, 卽各以其私學議之, 入則心非, 出則巷議, 非主以爲名, 異趣以爲高, 率羣下以造謗. 如此不禁, 則主勢降乎上, 黨與成乎下. 禁之便. 臣請諸有文學《詩書》百家語者, 蠲除去之. 令到滿三十日弗去, 黥爲城旦. 所不去者, 醫藥卜筮種樹之書. 若有欲學者, 以吏爲師.」始皇可其議, 收去《詩書》百家之語以愚百姓, 使天下無以古非今. 明法度, 定律令, 皆以始皇起. 同文書. 治離宮別館, 周徧天下. 明年, 又巡狩, 外攘四夷, 斯皆有力焉.

◉ 만물이 극에 달하면

이사의 장남 유由는 삼천 태수가 되고, 그 밖의 아들들도 모두 진나라 공주의 배필이 되었으며, 딸들은 모두 진나라의 여러 공자들에게 시집을 보내었다. 삼천 태수 이유가 휴가를 얻어 함양에 돌아왔을 때 이사가 집에서 주연을 열었는데, 백관의 우두머리는 모두 와서 이사를 위해 건강을 축복하였고, 문전의 광장에는 수레와 말이 몇 천이나 늘어섰다. 이를 본 이사는 이렇게 탄식하였다.

"아! 내가 순경荀卿에게서 들건대 사물은 지나치게 성대해지는 것을 경계하지 않으면 안 된다고 하였다. 나는 상채에 살던 평민으로서 마을의 한 백성에 지나지 않았었다. 그런데 임금께서는 나의 재주 없음에도 불구하고 발탁하여 마침내 오늘에 이르렀다. 이제는 임금의 신하로서 내 위에 서는 자가 없으니 부귀를 다하였다 하리라. 모든 사물은 극한에 달하면 쇠약해지는 것이니, 수레를 끌던 노역에서 풀려 나온 늙은 말과 같이 이 몸의 앞날이 어떻게 될 것인지는 나도 알 수가 없도다."

斯長男由爲三川守, 諸男皆尙秦公主, 女悉嫁秦諸公子. 三川守李由告歸咸陽, 李斯置酒於家, 百官長皆前爲壽, 門廷車騎以千數. 李斯喟然而歎曰: 「嗟乎! 吾聞之荀卿曰『物禁大盛』. 夫斯乃上蔡布衣, 閭巷之黔首, 上不知其駑下, 遂擢至此. 當今人臣之位無居臣上者, 可謂富貴極矣. 物極則衰, 吾未知所稅駕也!」

◉ 진시황의 죽음

진나라 시황제 37년 10월에 황제는 회계산會稽山을 순행하고, 해안 기슭 북쪽의 낭야琅邪로 갔다. 승상 이사와 중거부령中車府令 조고趙高가 부새령符璽令을 겸직하여 수행하였다. 시황제에게는 20여 명의 아들이 있었다. 장자 부소扶蘇는 곧잘 임금에게 솔직하게 간하는 일이 많아 그 때문에 미움을 받아 흉노에 대비하여 설치한 상군上郡 파견군의 감독으로 보내졌다. 파견군의 장수는 몽염蒙恬이었다. 황제의 총애가 두터운 막내아들 호해胡亥만

수행하는 것이 허락되었을 뿐 다른 공자들은 모두 남아 있게 되었다.

그 해 7월에 사구沙丘에 이르렀을 때 시황제는 병이 위급해지자, 조고에게 명하여 편지를 장자 부소에게 보내게 하였다. 그 편지에는 이렇게 씌여 있었다.

"군사를 몽염에게 맡기고 함양에서 내 유해를 맞아 장례를 지내도록 하라."

이 편지는 봉함까지 하였으나, 미처 사자의 손에 전해지기도 전에 시황은 승하하였다.

始皇三十七年十月, 行出游會稽, 並海上, 北抵琅邪. 丞相斯·中車府令趙高兼行符璽令事, 皆從. 始皇有二十餘子, 長子扶蘇以數直諫上 上使監兵上郡, 蒙恬爲將. 少子胡亥愛, 請從, 上許之. 餘子莫從.

其年七月, 始皇帝至沙丘, 病甚, 令趙高爲書賜公子扶蘇曰:「以兵屬蒙恬, 與喪會咸陽而葬.」 書已封, 未授使者, 始皇崩.

〈2〉조고趙高

⊛ 조고의 음모

편지와 옥새는 모두 조고가 가지고 있었다. 시황의 죽음을 알고 있는 것은 다만 호해와 승상 이사와 조고 및 심복 환관 5, 6명 뿐으로 다른 신하들은 누구도 알지 못하였다. 이사는 임금이 순행 도중에 죽은 것과 태자를 세우지 않은 것을 고려하여 시황제의 상을 숨기고 시황제의 유해를 온량거輼輬車에 안치하였다. 백관이 말씀을 아뢰는 것이나 수라상을 올리는 일을 평상과 같이 하고 환관이 수레 안에서 일을 재가하는 것처럼 꾸몄다. 조고는 부소에게 내린 옥새가 찍힌 편지를 손에 쥐고 공자 호해에게 이렇게 말하였다.

"황상은 돌아가셨으나 여러 아들 가운데 누구를 봉하여 뒤를 잇게 한다는 조서가 없이 다만 장자에게 글월을 내렸을 뿐입니다. 장자가 오시면 즉위하여 황제가 될 것인데 공자에게는 조그마한 영지도 없습니다. 어떻게 하시렵니까?"

호해가 말하였다.

"그것은 당연한 일이오. 현명한 군주는 신하를 잘 알고 어진 아버지는 아들을 잘 안다고 하지 않았소? 아버님께서 돌아가실 때까지 아들들을 왕으로 봉하지 않았다고 해서 아들로서 무슨 다른 말이 있을 수 있겠소?"

조고가 말하였다.

"그렇지 않습니다. 이제 천하의 권력을 얻는 것도 잃는 것도 공자와 나와 승상의 생각에 달린 것이니 이것을 잘 생각해 보시기 바랍니다. 남을 신하로 하는 것과 남의 신하가 되는 것, 또 남을 지배하는 것과 남에게 지배를 받는 것을 어찌 같다고 할 수 있겠습니까?"

호해가 말하였다.

"형을 물리치고 아우를 세우는 것은 의롭지 못한 일입니다. 아버지의 조서를 받들지 않고 음모를 하는 것은 불효한 일이며, 내 재능이 천박한데 억지로 남의 공에 의지하려는 것은 무능한 일입니다. 이 세 가지는 덕을 거스르는 일이니 천하가 이에 복종하지 않을 것이며, 내 몸은 위태로운 지경에 빠질 것이며, 사직은 끊어지고 말 것입니다."

그러나 조고는 완강하였다.

"신이 듣건대 탕왕과 무왕은 각각 자기의 군주를 죽였지만 천하 사람들은 이것을 의롭다 할 뿐 불충하다고 하지 않았습니다. 위衛나라의 군주는 아버지를 죽였지만 위나라 백성들은 그 덕을 받들었고, 공자도 이를 《춘추春秋》에 기록하면서 불효라는 말은 하지 않았습니다. 또 큰 일을 행하는 사람은 작은 도의를 돌아보지 않고 큰 덕이 있는 사람은 일을 사양하지 않는다고 합니다. 마을에도 각기 좋은 점이 있고 백관도 임무가 다 같지 않습니다. 그러므로 작은 일에 구애되어 큰 일을 잊어버리면 뒤에 반드시 해를 입게 되며, 의심을 하면서 주저하다가는 뒤에 틀림없이 후회하고 맙니다. 결단성이 있게 행하면 귀신도 피하고 후일에 반드시 성공할 것입니다. 공자께서는 부디 이 일을 단행하시기 바랍니다!"

그러자 호해는 탄식하면서 말하였다.

"아직 황제께서 승하하신 사실도 발표하지 않고 상례喪禮도 아직 끝나지 않았는데 이 일에 대해서 어떻게 승상의 동의를 구할 수 있단 말이오?"

조고가 말하였다.

"지금이야말로 좋은 기회입니다. 이 기회를 놓쳐서는 후일에 아무리 좋은 계책을 써도 미치지 않습니다. 양식을 지고 말을 달려 서둘러도 늦지 않을까 걱정입니다."

호해가 마침내 조고의 말이 그럴 듯하다고 여기는 눈치를 보이자 조고가 말하였다.

"승상과 의논하지 않으면 성공할 수 없을지도 모릅니다. 공자를 위해 승상과 의논을 하겠습니다."

書及璽皆在趙高所, 獨子胡亥·丞相李斯·趙高及幸宦者五六人知始皇崩, 餘群臣皆莫知也. 李斯以爲上在外崩, 無眞太子, 故祕之. 置始皇居輼輬車中, 百官奏事上食如故, 宦者輒從輼輬車中可諸奏事.

趙高因留所賜扶蘇璽書, 而謂公子胡亥曰:「上崩, 無詔封王諸子而獨賜長子書. 長子至, 卽立爲皇帝, 而子無尺寸之地, 爲之柰何?」胡亥曰:「固也. 吾聞之, 明君知臣, 明父知子. 父捐命, 不封諸子, 何可言者!」趙高曰:「不然. 方今天下之權, 存亡在子與高及丞相耳, 願子圖之. 且夫臣人與見臣於人, 制人與見制於人, 豈可同日道哉!」胡亥曰:「廢兄而立弟, 是不義也; 不奉父詔而畏死, 是不孝也; 能薄而材譾, 彊因人之功, 是不能也: 三者逆德, 天下不服, 身殆傾危, 社稷不血食.」高曰:「臣聞湯·武殺其主, 天下稱義焉, 不爲不忠. 衛君殺其父, 而衛國載其德, 孔子著之, 不爲不孝. 夫大行不小謹, 盛德不辭讓, 鄕曲各有宜而百官不同功. 故顧小而忘大, 後必有害; 狐疑猶豫, 後必有悔. 斷而敢行, 鬼神避之, 後有成功. 願子遂之!」胡亥喟然歎曰:「今大行未發, 喪禮未終, 豈宜以此事干丞相哉!」趙高曰:「時乎時乎, 閒不及謀! 贏糧躍馬, 唯恐後時!」

胡亥旣然高之言, 高曰:「不與丞相謀, 恐事不能成, 臣請爲子與丞相謀之.」

◉ 이사를 협박하다

그리고 조고는 이사에게 이렇게 말하였다.

"황제께서 승하하실 때 장자에게 줄 편지에 의하면 함양에서 유해를 맞아 장사지내고 후사를 세우라고 하셨는데 편지는 아직 발송되지 않았습니다. 지금 임금이 돌아가신 일은 누구도 알지 못하며 장자에게 쓴 편지와 옥새는 호해에게 있습니다. 태자를 정하는 것은 당신과 나 두 사람에게 달렸습니다. 어떻게 하면 좋습니까?"

그러자 이사가 대답하였다.

"어찌하여 나라 망칠 말을 하시오? 신하된 자로서 할 말이 못되오."

조고가 말하였다.

"당신이 스스로 능력을 평가할 때 몽염과 비교하여 누가 낫다고 생각하십니까? 공이 높은 것으로 몽염과 비교하여 누가 더 높다고 생각하십니까? 먼 장래를 계획하는 데 실책이 없기로는 몽염과 비교하여 누가 확실하겠습니까? 천하 사람들로부터 원망받지 않는 점에서는 누가 더 낫습니까? 장자인 부소의 신임을 받기로는 몽염과 비교하여 누가 낫다고 생각하십니까?"

이사가 대답하였다.

"그 다섯 가지 점에서 나는 다 몽염에는 미치지 못하오. 그렇다고 해서 그대가 그것을 심하게 따지는 것은 무슨 까닭이오?"

조고가 말하였다.

"나는 본래 하찮은 일이나 하는 환관이지만, 형법의 공문서 담당 관리로서 진나라 조정에 들어가게 되었고, 업무를 맡아 본 지 20여 년이 되었습니다. 그동안 진나라에서 파면된 승상 또는 공신으로 작위를 봉함이 2대에 계속되는 것을 보지 못하였습니다. 결국은 다 죽음을 받고 망하고 말았습니다. 황제의 아들 20여 명은 모두 승상께서 알고 있습니다. 장자는 강하고 용맹스러우며 백성들에게 신임을 받아 사기를 떨치는 분으로, 그가 임금이 되면 틀림없이 몽염을 승상으로 등용할 것입니다. 승상도 최후에는 통후通侯의 인수를 내놓고 고향으로 돌아가게 될 것이 뻔한 일입니다. 나는 시황제의 칙명을 받들어 호해를 훈육한 지 수 년, 그동안 법률을 가르쳤는데 일찍이 과실을 범한 일이 없고, 인자하며 행실은 독실하고, 재물을 가벼이 알고, 선비를 중히 여기며, 마음이 착실하여 말씨도 겸손하고, 예를 다하여 선비를 공경하기로는 진나라의 여러 공자들 중에서 따를 자가 없습니다. 임금의 뒤를 이을 만한 인물이라고 생각되니 승상께서는 잘 생각해서 결정하십시오."

이사가 말하였다.

"그대는 자기 지위에 돌아가서 직무를 지키고 있으면 되는 것이오. 나는 황제의 조칙을 받들어 천명에 맡길 뿐이오. 어찌 우리가 결정할 수 있는 일이겠소?"

조고가 말하였다.

"태평한 것도 굴려서 위험하게 할 수 있고, 위험한 것도 굴려서 태평하게 할 수 있습니다. 위험하고 태평한 것을 결정하지 못한다면 어찌 승상을 지혜를 가진 분으로 존중하겠습니까?"

이사가 말하였다.

"나는 상채 마을의 한 평민이었소. 다행히 임금께 발탁되어 승상이 되고 열후로 봉함을 입어 자손도 모두 높은 지위와 많은 녹을 받는 자리에 나아갈 수 있었던 거요. 이것은 원래 나라의 존망과 안위를 나에게 맡기려고 한 일이었소. 어찌 그 뜻을 배반할 수 있겠소? 충신은 죽음을 피하기 위해 만일의 요행을 바라지 않고, 효자는 효행을 부지런히 하고 위험을 저지르지 않는다고 하였소. 신하는 저마다 직분만 지키고 있으면 좋은 것이니, 그대는 두 번 다시 이런 말을 입에 올리지 않도록 하오. 그대의 말을 좇는다면 나는 죄를 범하는 것이 되오."

조고가 말하였다.

"그러나 성인은 무슨 일이 정해졌다고 여기지 않으며 변화에 따르고 시대에 순응하며, 끝을 보면 근본을 알며, 지향하는 바를 보면 돌아갈 곳을 안다고 들었습니다. 모든 사물은 원래 이러한 것입니다. 어찌하여 변하지 않는 고정된 법칙이 있을 수 있겠습니까! 이제 천하의 대권은 호해에게 달려 있으며 나는 그의 마음을 잘 알고 있습니다. 밖에서 안을 제어하는 것을 혹惑이라고 말하며, 아래에서 위를 제어하는 것을 적賊이라고 말합니다. 같은 도리로 가을이 깊어 서리가 내리면 초목은 시들고 봄에 얼음이 풀려 물이 흐르면 만물이 생동하는 것은 자연의 법칙입니다. 승상께서는 어찌하여 판단이 느리십니까?"

이사가 말하였다.

"진晉나라는 태자 신생申生을 폐하였기 때문에 헌공·혜공·문공 3대에 걸쳐서 나라가 편안하지 못하였고, 제나라 환공의 형제들은 서로 임금의 자리를 다투었기 때문에 공자 규糾가 죽음당하였고, 은나라의 주왕은 친족을 죽여서 간하는 말을 받아들이지 않았기 때문에 국토가 황폐해졌고 사직이 위태로워졌던 것입니다. 이 세 사람은 하늘을 거역한 결과 종묘의 제사까지 끊어지게 한 것이오. 내가 사람으로써 어찌 하늘을 거역하여 모반을 꾀하겠소?"

조고가 말하였다.

"위와 아래가 마음을 합하면 일은 길이 계속되고 중심과 밖이 한 몸뚱이가 되면 일의 표리가 없는 것입니다. 승상께서 나의 계책을 받아들이면 길이 봉후의 지위를 보존하여 자자손손이 고孤라 일컬을 것이며, 반드시 왕자 교喬나 적송자赤松子처럼 장수할 것이고 공자孔子나 묵자墨子의 지혜를 얻을 수가 있을 것입니다. 이제 이 모책을 따르지 않는다면 화는 자손에까지 미치고, 두려운 결과를 불러오게 될 것입니다. 처세를 잘 하는 자는 화를 굴려 복으로 돌리는 법인데 승상께서는 어떻게 하시렵니까?"

이사는 하늘을 우러러 탄식하고 눈물을 흘려 한숨을 쉬었다.

"아, 홀로 난세를 만나 죽을 수도 없으니 어디에다 내 목숨을 의탁하랴?"

이렇게 하여 이사는 조고의 모략에 동의하고 말았다.

조고는 이에 호해에게 이렇게 보고하였다.

"신이 태자의 밝은 뜻을 받들어 승상 이사에게 알렸더니 그도 따르기로 하였습니다."

高乃謂丞相斯曰:「上崩, 賜長子書, 與喪會咸陽而立爲嗣. 書未行, 今上崩, 未有知者也. 所賜長子書及符璽皆在胡亥所, 定太子在君侯與高之口耳. 事將何如?」斯曰:「安得亡國之言! 此非人臣所當議也!」高曰:「君侯自料能孰與蒙恬? 功高孰與蒙恬? 謀遠不失孰與蒙恬? 無怨於天下孰與蒙恬?
長子舊而信之孰與蒙恬?」斯曰:「此五者皆不及蒙恬, 而君責之何深也?」
高曰:「高固內官之廝役也, 幸得以刀筆之文進入秦宮, 管事二十餘年, 未嘗
見秦免罷丞相功臣有封及二世者也, 卒皆以誅亡. 皇帝二十餘子, 皆君之所知.
長子剛毅而武勇, 信人而奮士, 卽位必用蒙恬爲丞相, 君侯終不懷通侯之印
歸於鄉里, 明矣. 高受詔教習胡亥, 使學以法事數年矣, 未嘗見過失. 慈仁篤厚,
輕財重士, 辯於心而詘於口, 盡禮敬士, 秦之諸子未有及此者, 可以爲嗣.
君計而定之.」斯曰:「君其反位! 斯奉主之詔, 聽天之命, 何慮之可定也?」
高曰:「安可危也, 危可安也. 安危不定, 何以貴聖?」斯曰:「斯, 上蔡閭巷布
衣也, 上幸擢爲丞相, 封爲通侯, 子孫皆至尊位重祿者, 故將以存亡安危屬
臣也. 豈可負哉! 夫忠臣不避死而庶幾, 孝子不勤勞而見危, 人臣各守其職
而已矣. 君其勿復言, 將令斯得罪.」高曰:「蓋聞聖人遷徙無常, 就變而從時,
見末而知本, 觀指而覩歸. 物固有之, 安得常法哉! 方今天下之權命懸於胡亥,
高能得志焉. 且夫從外制中謂之惑, 從下制上謂之賊. 故秋霜降者草花落,
水搖動者萬物作, 此必然之效也. 君何見之晚?」斯曰:「吾聞晉易太子, 三世
不安; 齊桓兄弟爭位, 身死爲戮; 紂殺親戚, 不聽諫者, 國爲丘墟, 遂危社稷:
三者逆天, 宗廟不血食. 斯其猶人哉, 安足爲謀!」高曰:「上下合同, 可以長久;
中外若一, 事無表裏. 君聽臣之計, 卽長有封侯, 世世稱孤, 必有喬松之壽,
孔·墨之智. 今釋此而不從, 禍及子孫, 足以爲寒心. 善者因禍爲福, 君何
處焉?」斯乃仰天而歎, 垂淚太息曰:「嗟乎! 獨遭亂世, 旣以不能死, 安託
命哉!」於是斯乃聽高. 高乃報胡亥曰:「臣請奉太子之明命以報丞相, 丞相
斯敢不奉令!」

⊕ 이 칼로 자결하라

세 사람이 공모하여 승상이 시황제의 조서를 받았다고 속여 호해를
태자로 세우고 장자 부소에게 내렸던 글은 이렇게 거짓으로 고쳐 썼다.
"짐이 천하를 순행하며 명산의 모든 신에게 기도하여 수명을 연장하였다.

이제 너 부소는 장군 몽염과 군사 수십 만을 이끌고 변경에 주둔하기 10여 년, 아무런 전진이 없을 뿐만 아니라 병력들을 많이 소모하면서 한 치의 공로도 없다. 도리어 자주 글을 올려 짐이 하는 일을 비방하고 직분을 포기하여 도성에 돌아와서 밤낮으로 태자가 되지 못함을 원망하였다니 부소, 너는 아들 된 자로서 불효하다. 칼을 내려 주니 자결하라. 장군 몽염은 부소와 함께 밖에 있으면서 부소를 바로잡지 못하였을 뿐만 아니라 당연히 음모까지도 알고 있었을 터인 즉 신하로서 불충하였기에 죽음을 내리니 군사를 부장副將 왕리王離에게 맡기도록 하라."

이 편지에 황제의 옥새를 눌러서 봉하고 호해의 빈객이 받들어 지니고 가서 상군에 있는 부소에게 전하였다. 사자가 도착하여 편지를 열어보고 나서 부소는 울면서 안으로 들어가 자결하려 하였다. 그러자 몽염이 부소를 이렇게 말렸다.

"폐하는 지금 순행 중이며 아직 태자를 세우지 않았습니다. 또 신에게 명하여 30만 대군을 이끌고 변경을 지키게 하였으며 공자를 감독으로 명령하셨습니다. 이것은 천하의 중책입니다. 이제 사자 한 명이 왔다고 해서 자결하면 만일에 그것이 거짓으로 보낸 사자일 때는 어떻게 하시렵니까? 아무쪼록 폐하께 한번 은혜로운 용서를 빌어 보시기 바랍니다. 그런 다음에 자살하셔도 늦지 않습니다."

사자는 재삼 자살하기를 재촉하였다. 천성이 어진 부소는 몽염에게 이렇게 말하였다.

"아버지께서 죽음을 내리셨는데 아들로서 어떻게 은혜로운 용서를 청할 수 있겠소?"

그리고 곧 자살하였다. 몽염이 곁에서 자살을 막자 사자는 그를 관리에게 인도하여 양주陽周의 옥에다 가둬 놓고 돌아와서 그 전말을 보고하였다. 호해와 이사와 조고 세 사람은 크게 기뻐하며 함양으로 돌아와 시황제의 죽음을 발표하였다.

태자 호해는 2세 황제가 되고 조고는 낭중령郎中令으로 임명되어 항상 궁중에서 황제를 모시며 권력을 휘둘렀다.

於是乃相與謀, 詐爲受始皇詔丞相, 立子胡亥爲太子. 更爲書賜長子扶蘇曰: 「朕巡天下, 禱祠名山諸神以廷壽命. 今扶蘇與將軍蒙恬將師數十萬以屯邊, 十有餘年矣, 不能進而前, 士卒多秏, 無尺寸之功, 乃反數上書直言誹謗我 所爲, 以不得罷歸爲太子, 日夜怨望. 扶蘇爲人仔不孝, 其賜劍以自裁! 將軍 恬與扶蘇居外, 不匡正, 宜知其謀. 爲人臣不忠, 其賜死, 以兵屬裨將王離.」 封其書以皇帝璽, 遣胡亥客奉書賜扶蘇於上郡.

使者至, 發書, 扶蘇泣, 入內舍, 欲自殺. 蒙恬止扶蘇曰: 「陛下居外, 未立太子, 使臣將三十萬衆守邊, 公子爲監, 此天下重任也. 今一使者來, 卽自殺, 安知 其非詐? 請復請, 復請而後死, 未暮也.」 使者數趣之. 扶蘇爲人仁, 謂蒙恬曰: 「父而賜子死, 尚安復請!」 卽自殺. 蒙恬不肯死, 使者卽以屬吏, 繫於陽周.

使者還報, 胡亥 · 斯 · 高大喜. 至咸陽, 發喪, 太子立爲二世皇帝. 以趙高 爲郎中令, 常侍中用事.

✿ 호해와 조고의 폭정

2세 황제가 한가한 틈에 조고를 불러서 말을 나누게 되었다.

"대체로 사람이 나서 이 세상에 살고 있는 것은 마치 말 여섯 필이 끄는 수레가 지나가는 것을 문 틈으로 보는 것과 같이 빠르게 지나가 버리오. 짐은 이제 천하에 군림해 있으면서 이목에 좋다는 것은 다해 보았고, 마음에 즐거움을 끝까지 해 보았으며, 종묘를 편안히 하여 만민을 즐겁게 하고 길이 천하를 보유하여 천수를 다하고자 하는데 어떻게 하면 그렇게 누릴 수 있겠소?"

조고가 말하였다.

"그것은 현군만이 할 수 있는 일이며 어둡고 어리석은 군주로서는 될 수 없는 일입니다. 거기에 대해서 도끼로 목을 치는 형벌을 무릅쓰고 말씀드릴 것이니 다만 폐하께서 조금이라도 유의해 주시면 그것으로 족합니다. 저 사구沙丘에서 꾀한 음모는 여러 공자들과 대신에 이르기까지 모두 의심을 하고 있습니다. 더욱이 공자들은 모두가 폐하의 형이 되며 대신들도 먼저 선제께 등용되었던 사람들입니다. 이제 폐하께서 즉위하자 그 자들은 모두 미심쩍어하며 마음 속으로 복종하지 않고 있어 언제든 반란을 일으키지 않을까 걱정이 됩니다. 그 위에 몽염은 아직 죽지 않았고 그의 아우 몽의蒙毅는 군대를 이끌고 밖에 나가 있어 신은 도저히 무사히 넘어가지는 않으리라고 생각됩니다. 이런 상황에서 어찌 폐하께서 말씀하신 편안함을 얻을 수가 있겠습니까?"

이세가 물었다.

"그러면 어떻게 해야 좋겠소?"

조고가 대답하였다.

"법률을 준엄하게 하고, 형벌을 가혹하게 하고, 죄가 있는 자는 연좌連坐로 일족을 죽이고, 선제先帝 때의 대신들을 물러나게 하고, 육친을 멀리하고 가난한 자를 부하게 하고, 천한 자를 귀하게 하며, 선제의 옛 신하들은 모두 제거하여, 새로이 폐하께서 믿을 수 있는 자를 가까이하는 것이 좋으리라 생각합니다. 이렇게 하면 숨어 있던 덕이 폐하께로 돌아오고 화는 제거되고, 간사한 꾀는 막히고, 뭇 신하들은 폐하의 은택을 입고 후한 덕을 입지 않은 자가 없게 되어 폐하께서는 베개를 높이고 뜻을 마음대로 하여 영화 안락함을 얻을 것입니다. 이보다 나은 계책은 없을 줄로 압니다."

2세 황제는 조고의 말을 받아들이고 새로이 법률을 제정하였다. 그리하여 신하들과 공자들 중 죄가 있으면 용서 없이 조고에게 맡겨 조사하도록 하였다. 그로 해서 대신 몽의 등을 죽였고 공자 12명을 함양의 시장 바닥에서 죽였으며, 공주 10명은 두현杜縣에서 죽여 거열형車裂刑에 처하였다. 또 그 재산은 몰수하여 국고에 넣었다. 여기에 연루된 사람은 그 수를 셀 수 없을 만큼 많았다.

二世燕居, 乃召高與謀事, 謂曰:「夫人生居世間也, 譬猶騁六驥過決隙也. 吾旣已臨天下矣, 欲悉耳目之所好, 窮心志之所樂, 以安宗廟而樂萬姓, 長有天下, 終吾年壽, 其道可乎?」高曰:「此賢主之所能行也, 而昏亂主之所禁也. 臣請言之, 不敢避斧鉞之誅, 願陛下少留意焉. 夫沙丘之謀, 諸公子及大臣皆疑焉, 而諸公子盡帝兄, 大臣又先帝之所置也. 今陛下初立, 此其屬意怏怏皆不服, 恐爲變. 且蒙恬已死, 蒙毅將兵居外, 臣戰戰栗栗, 唯恐不終. 且陛下安得爲此樂乎?」二世曰:「爲之柰何?」趙高曰:「嚴法而刻刑, 令有罪者相坐誅, 至收族, 滅大臣而遠骨肉; 貧者富之, 賤者貴之. 盡除去先帝之故臣, 更置陛下之所親信者近之. 此則陰德歸陛下, 害除而姦謀塞, 羣臣莫不被潤澤, 蒙厚德, 陛下則高枕肆志寵樂矣. 計莫出於此.」二世然高之言, 乃更爲法律. 於是羣臣諸公子有罪, 輒下高, 令鞫治之. 殺大臣蒙毅等, 公子十二人僇死咸陽市, 十公主矺死於杜, 財物入於縣官, 相連坐者不可勝數.

⚫ 공자 고의 상소문

공자 고高는 도망하려고 하였으나 온 가족이 몰살당하는 것이 두려워 이렇게 글을 올렸다.

"선제께서 살아 계실 때에 신은 궁중에 들어가면 음식을 주셨고 나가면 수레를 타게 하셨으며 의복과 말도 주셨습니다. 그러므로 신은 의당 선제를 따라 죽어야 함에도 그렇게 하지 못하였습니다. 아들로서는 불효, 신하로서는 불충하여 이 세상에 살아갈 명목이 없습니다. 그런 까닭에 이제 신은 선제를 위하여 죽고자 하오니 원컨대 신을 여산驪山의 기슭에 묻어주십시오. 다만 폐하께서 저를 불쌍히 여겨 주시면 다행이겠습니다."

이 편지가 올라가자 호해는 크게 기뻐하고 조고를 불러 편지를 보이며 이렇게 말하였다.

"이래도 사태가 급박하다고 말할 수 있겠소?"

이에 조고가 말하였다.

"신하가 자신의 죽음을 근심하여 다른 생각할 겨를이 없는데 무슨 모반을 꾀할 수가 있겠습니까?"

호해는 공자 고가 올린 청원을 재가하고 10만 전을 내려 매장하였다.

법령과 형벌은 날이 갈수록 가혹해져 신하들은 위험이 자신의 몸에 닥칠 것을 두려워하여 모반을 하려는 자가 많았다. 2세 황제는 또 아방궁阿房宮을 건축하고 직도直道와 치도馳道를 만들어 세금은 무겁게 부과되고 변방의 부역 징발이 그치지 않았다. 그리하여 초나라의 수비병 진승陳勝·

오광吳廣 등이 반란을 일으켜 산동에 군사를 출동하고 호걸들은 누구나 다 일어서서 스스로 후侯 또는 왕이라 일컫고 진나라를 배반하여 한때는 홍문鴻門에까지 진격하였다가 물러갔다.

公子高欲奔, 恐收族, 乃上書曰:「先帝無恙時, 臣入則賜食, 出則乘輿. 御府之衣, 臣得賜之; 中廄之寶馬, 臣得賜之. 臣當從死而不能, 爲人子不孝, 爲人臣不忠. 不忠者無名以立於世, 臣請從死, 願葬酈山之足. 唯上幸哀憐之」書上, 胡亥大說, 召趙高而示之, 曰:「此可謂急乎?」趙高曰:「人臣當憂死而不暇, 何變之得謀!」胡亥可其書, 賜錢十萬以葬.

法令誅罰日益刻深, 羣臣人人自危, 欲畔者衆. 又作阿房之宮, 治直[道]·馳道, 賦斂愈重, 戍傜無已. 於是楚戍卒陳勝·吳廣等乃作亂, 起於山東, 傑俊相立, 自置爲侯王, 叛秦, 兵至鴻門而卻.

☺ 내 뜻대로 하겠소

이사는 자주 틈을 보아 말하려고 하였으나, 2세 황제는 허락지 않고 도리어 힐문하였다.

"나에게는 나의 의견이 있소. 그것은 한비韓非에게서 들은 것인데 그는 말하기를 '요임금이 천하를 차지하였을 때 당堂의 높이는 석 자 서까래는 다듬지도 않고, 지붕은 억새풀로 덮었으나 끝을 가지런히 베지도 않았다. 나그네 숙사도 이처럼 검소할 수가 없다. 겨울에는 사슴 가죽옷을 입고 여름에는 칡으로 만든 베를 두르고, 거친 밥에 명아주나 콩잎으로 끓인 국을 질그릇에 담아 먹고 마시니 문지기의 생활도 이보다 더 검소할 수는 없었다. 우 임금은 용문산龍門山을 뚫어 대하大夏를 지나 구하九河를 통하게 하였고, 구곡九曲에 둑을 둘러쌓아 물을 흘려 바다로 들어가게 하였다. 우임금은 이런 일을 하기에 너무 분주하여 종아리의 털은 닳아 없어지고, 손발에 못이 박혔고, 얼굴은 햇볕에 검게 그을렸다. 그리하여 마침내 객지에서 죽어 회계산會稽山에 장사지냈다. 노예의 수고로움도 이토록 맹렬하지는 않았을 것이다. 그렇다면 천하를 다스리는 일이 귀중하다는 것은 자기 몸을 괴롭히고 정신을 수고롭게 하며 몸은 나그네의 숙사 같은 데에 살고, 입으로는 문지기의 밥을 먹고, 손은 노예의 노동에 종사하는 것과 같이 하라는 것이다'라 하였소. 이것은 어리석은 자의 할 일일 뿐 현자의 할 바가 아니오. 현자가 천하를 소유할 때는 오로지 천하를 자기의 몸에 맞도록 하는 것이오. 이것이야말로 천하를 다스린다는 귀중한 까닭이 되는 것이외다. 이른바 어진 사람은 반드시 천하를 편안히 하고 만민을 다스릴 수 있어야 하오. 그러나 이제 자기 몸조차 이롭게 하는 것도 못하면서, 어찌 천하를 다스릴 수가 있겠소! 그러므로 짐은 내 뜻대로 해서 욕심을 넓혀서 길이 천하를 가지며 그리고도 화가 없기를 바라고 있는데, 그렇게 되려면 어떻게 하면 되겠소?"

李斯數欲請閒諫, 二世不許. 而二世責問李斯曰:「吾有私議而有所聞於韓子也, 曰『堯之有天下也, 堂高三尺, 采椽不斲, 茅茨不翦, 雖逆旅之宿不勤於此矣. 冬日鹿裘, 夏日葛衣, 粢糲之食, 藜藿之羹, 飯土匭, 啜土鉶, 雖監門之養不觳於此矣. 禹鑿龍門, 通大夏, 疏九河, 曲九防, 決淳水致之海, 而股無胈, 脛無毛, 手足胼胝, 面目黎黑, 遂以死于外, 葬於會稽, 臣虜之勞不烈於此矣』. 然則夫所貴於有天下者, 豈欲苦形勞神, 身處逆旅之宿, 口食監門之養, 手持臣虜之作哉? 此不肖人之所勉也, 非賢者之所務也. 彼賢二之有天下也, 專用天下適己而已矣, 此所以貴於有天下也. 夫所謂賢人者, 必能安天下而治萬民, 今身且不能利, 將惡能治天下哉! 故吾願賜志廣欲, 長享天下而無害, 爲之柰何?」

◉ 이사가 위기를 느껴 올린 글

이사의 아들 이유는 삼천 태수였는데, 도적의 무리인 오광吳廣 등이 삼천 지역의 서부를 약탈하는 것을 저지할 수 없었다. 진나라 장수 장한章邯이 오광 등의 도적 무리를 깨뜨려 몰아 내었다. 그 때문에 삼천 사건을 조사하는 사자가 자주 왕래하면서 서로 짜고 이사를 책망하였다.

"그대는 삼공의 자리에 있으면서 도적들이 이렇게 날뛰게 하니 이는 어찌된 일이오?"

이사는 두려웠지만 벼슬과 녹봉을 중히 여기는 터라 어찌해야 할지를 몰랐다. 그리하여 2세 황제에게 비위를 맞추어 용서를 빌고자 글을 올렸다.

"대체로 현명한 군주는 반드시 수단을 다하여 신하의 잘못을 질책하는 방법을 행합니다. 책임을 질책하면 신하는 능력을 다하여 군주를 따르지 않을 수가 없습니다. 그리하여 신하와 군주의 직분이 정해지고 상하의 의리가 분명해지면, 천하의 신하는 어질고 어질지 않음의 구별 없이 모두 힘을 다하고 책임을 다하여 군주를 따르지 않을 자가 없습니다. 그런 까닭으로 군주 한 분만이 천하를 통제할 뿐 남에게 통제를 받는 일이 없으며, 더 없는 즐거움을 다할 수가 있습니다. 그러므로 현명한 군주는 이런 도리를 살피지 않을 수 있겠습니까?

이에 신불해申不害는 '천하를 차지하고서도 하고 싶은 행동을 하지 못한다면, 천하를 스스로의 질곡桎梏으로 삼는 것이 된다'라고 말한 것입니다. 이것은 다른 뜻이 아니라 신하를 잘 질책하지 못하면, 도리어 천하 백성들을 위해 내 몸을 괴롭히는 것입니다. 요임금과 우임금이 그러하였는데, 이것을 질곡에 비유할 수 있다는 것입니다. 대체로 신불해나 한비자의 훌륭한 법술을 배워 신하를 질책하는 방법을 행하여 천하를 마음대로 부리지도 못하고, 부질없이 자기 몸과 마음을 수고롭게 하여 몸소 백성들에게 봉사하는 것은 백성들이 할 일이지 천하를 다스리는 군주의 역할이 아닙니다. 이래서야 어찌 군주를 존귀하다 할 수 있겠습니까?

남을 자기에게 따르게 하면 자기는 존귀해지고 남은 비천해지지만, 자기를 남에게 따르게 하면 자신이 천해지고 남이 존귀하게 됩니다. 그러므로 남을 따르는 자는 천해지고 남이 따르게 하는 자는 존귀한 것이니 이 도리는 예로부터 지금까지 변함이 없는 것입니다. 무릇 옛 사람이 현명한 자를 존중한 것은 그것이 존귀하였기 때문이며, 불충한 사람을 미워한 것은 그것이 비천하였기 때문입니다. 그런데 요임금과 우임금은 몸소 천하의 백성들을 따랐는데, 그들을 존귀하게 여긴다면 현명한 자들을 존중하는 명분이 없어지게 되니 이것은 크게 잘못된 일이라 하지 않을 수 없습니다. 이것을 질곡이라고 하는 것이 당연하지 않습니까? 이것은 신하를 질책하지 않은 과실이라 하겠습니다.

그런 까닭에 한비자는 '어진 어머니에게 방탕한 아들은 있으나, 엄한 집에 주인을 거역하는 종은 없다'고 말하였습니다. 이것은 어찌된 이유이겠습니까? 어진 어머니는 아들을 너무 사랑하기 때문이요, 엄한 집은 반드시 벌을 가하기 때문입니다. 상군의 법에는 도로에 재를 버리는 것도 처벌하였습니다. 재를 버리는 것은 조그마한 일이지만 무거운 형벌을 가하였습니다. 가벼운 죄도 크게 다스리는 것은 현명한 군주만이 할 수 있는 일입니다. 가벼운 죄도 엄하게 다스리니 무거운 죄는 더 말할 것도 없는 일입니다. 그러므로 백성들이 결코 법을 어기지 않습니다. 한비자가 '하찮은 베 조각이나 비단 조각은 일반 사람들도 가져가지만 좋은 황금 100일은 도척도 훔쳐가지 않는다'고 한 것은 일반 사람들이 조그마한 이익도 귀중하게 여기는 것도 아니며, 도척의 물욕이 없어서 그런 것이 아니며, 또 도척이 100일의 귀중한 황금을 가볍게 보고 업신여겨서가 아닙니다. 훔치면 반드시 엄중한 벌을 받게 되므로 도척도 금 100일을 훔치지를 않는 것입니다. 그리고 처벌을 받는 것이 분명하지 않다면, 일반 사람들 또한 하찮은 것이라도 훔치게 될 것입니다. 그러므로 성벽의 높이가 다섯 길밖에 되지 않더라도 누계樓季 같이 날랜 자도 가벼이 넘지 못하고, 태산의 높이가 100길이나 되어도 절름발이 양치기는 그 위에서 양을 칩니다. 누계도 다섯 길의 높이를 어렵게 여겼는데, 어떻게 절름발이 양치기가 100길 높이를 쉽게 여겼겠습니까? 이는 곧게 높아진 것과 완만하게 높아진 것의 형세가 다르기 때문입니다.

현명한 군주, 성스러운 왕이 오래 그 자리를 유지하고 권세를 가져 천하의 이익을 마음대로 하게 되는 것은 별다른 수완이 있어서가 아닙니다. 결단을 내리고 질책할 바를 살펴서 반드시 엄한 형벌을 가하기 때문에 천하의 누구도 죄를 범하지 않습니다. 이제 백성들이 죄를 범하는 근본 원인을 소홀히 하여, 어진 어머니가 아들을 그릇되게 하는 것과 같이 하는 것은 성인의 이치를 살피지 못하는 것입니다. 성인의 이치를 행하지 않고 자기를 버려서 천하를 위해 고생하는 것을 어찌하여 본받으려 하십니까?

이것은 슬픈 일이 아닐 수 없습니다. 다시 또 검소하고 어진 인물이 조정에 있어서 나라일을 본다면, 방탕한 쾌락은 사라질 것이며, 간하는 말과 도리를 말하는 신하가 곁에 있어 입을 열면 쓸데없는 의견이 없어질 것이요, 충성에 죽는 열사의 행동이 세상에 드러나면 음탕하고 안일한 즐거움이 그림자를 감출 것입니다. 그러므로 현명한 군주는 이 세 부류의 사람들을 멀리하여 오로지 군주로서 신하를 다스리는 방법을 써서 간언하는 신하와 의견을 말하는 신하들을 제어하고 철저한 법률을 제정해야 합니다. 이렇게 하면 군주의 몸은 높고 권세는 무거워집니다.

무릇 현명한 군주는 필히 세속을 거스르고 습관을 고치고, 싫어하는 것을 없애고, 하고자 하는 것을 세우려고 합니다. 따라서 세상에 있는 동안에는 존경을 받고 권력이 무거워지며, 사후에는 현명함을 칭송하는 시호를 받게 됩니다. 그러므로 현명한 군주는 스스로 결정하기 때문에 권력이 신하에게 있지 않습니다. 그런 후에 인의仁義의 주장을 없애고 이론을 따지는 자의 입을 막고, 열사의 행동을 억제하여 귀를 막고 눈을 가리어 마음 속으로 혼자 보고 혼자 듣습니다. 그리하여 밖으로는 인의가 있는 사람과 열사의 행동에 마음을 기울이지 않을 수 있고, 안으로는 간하는 말과 변설에도 마음을 빼앗기지 않을 수 있습니다.

군주는 초연히 혼자서 자신이 하고 싶은 대로 하며 누구도 감히 거역하는 자가 없습니다. 이렇게 하고서야 신자와 한비자의 학술을 밝히고 상군의 법을 다하였다고 말할 수 있습니다. 법을 실천하고 학술을 밝히고서도 천하가 어지러워진 일은 일찍이 들은 바가 없습니다. 옛말에 '왕도王道는 간략하여 행하기 쉽다. 다만 현명한 군주만이 이것을 행할 수 있다'고 한 것도 이 때문입니다. 이렇게 하면 신하들을 진실로 질책할 수 있으며, 신하들에게 간사한 마음이 없게 됩니다. 간사한 신하가 없어지면 천하는 편안하고, 천하가 편안하면 군주는 존엄하고, 군주가 존엄하면 반드시 처벌이 실시되고, 처벌이 실시되면 구하는 것이 얻어지고, 구하는 것이 얻어지면 국가가 부유하고, 국가가 부유하면 군주의 즐거움도 넉넉해집니다. 그러므로 신하를 질책하는 법을 실시하면 군주는 어떠한 욕망이라도 얻지 못하는 것이 없고, 신하들과 백성들은 과실을 벗어나기에 겨를이 없고, 어떠한 모반도 감히 꾀할 수가 없습니다. 이렇게 하여 제왕의 길이 완비하게 되는 것입니다. 이것은 또 임금과 신하의 도리를 밝힌 것이라고 말할 수 있으니, 신불해와 한비자가 다시 이 세상에 태어난다고 하더라도 이보다 더할 수는 없습니다."

李斯子由爲三川守, 羣盜吳廣等西略地, 過去弗能禁. 章邯以破逐廣等兵, 使者覆案三川相屬, 誚讓斯居三公位, 如何令盜如此. 李斯恐懼, 重爵祿, 不知所出, 乃阿二世意, 欲求容, 以書對曰:

「夫賢主者, 必且能全道而行督責之術者也. 督責之, 則臣不敢不竭能以 徇其主矣. 此臣主之分定, 上下之義明, 則天下賢不肖莫敢不盡力竭任以徇 其君矣. 是故主獨制於天下而無所制也. 能窮樂之極矣, 賢明之主也, 可不 察焉!

故申子曰『有天下而不恣睢, 命之曰以天下爲桎梏』者, 無他焉, 不能督責, 而顧以其身勞於天下之民, 若堯·禹然, 故謂之『桎梏』也. 夫不能修申·韓 之明術, 行督責之道, 專以天下自適也, 而徒務苦形勞神, 以身徇百姓, 則是 黔首之役, 非畜天下者也, 何足貴哉! 夫以人徇己, 則己貴而人賤; 以己徇人, 則己賤而人貴. 故徇人者賤, 而人所徇者貴, 自古及今, 未有不然者也. 凡古 之所爲尊賢者, 爲其貴也; 而所爲惡不肖者, 爲其賤也. 而堯·禹以身徇天下 者也, 因隨而尊之, 則亦失所爲尊賢之心矣, 未可謂大繆矣. 謂之爲『桎梏』, 不亦宜乎? 不能督責之過也.

故韓子曰『慈母有敗子而嚴家無格虜』者, 何也? 則能罰之加焉必也. 故商君之法, 刑弃灰於道者. 夫弃灰, 薄罪也, 而被刑, 重罰也. 彼唯明主爲能 深督輕罪. 夫罪輕且督深, 而況有重罪乎? 故民不敢犯也. 是故韓子曰『布帛 尋常, 庸人不釋, 鑠金百溢, 盜跖不搏』者, 非庸人之心重, 尋常之利深, 而盜 跖之欲淺也; 又不以盜跖之行, 爲輕百鎰之重也. 搏必隨手刑, 則盜跖不搏 百鎰; 而罰不必行也, 則庸人不釋尋常. 是故城高五丈, 而樓季不輕犯也; 泰山之高百仞, 而跛牂牧其上. 夫樓季也而難五丈之限, 豈跛牂也而易百仞 之高哉? 峭塹之勢異也. 明主聖王之所以能久處尊位, 長執重勢, 而獨擅天 下之利者, 非有異道也, 能獨斷而審督責, 必深罰, 故天下不敢犯也. 今不務所以不犯, 而事慈母之所以敗子也, 則亦不察於聖人之論矣. 夫不能行聖人之術, 則舍爲天下役何事哉? 可不哀邪!

且夫儉節仁義之人立於朝, 則荒肆之樂輟矣; 諫說論理之臣閒於側, 則流漫之志詘矣; 烈士死節之行顯於世, 則淫康之虞廢矣. 故明主能外此三者, 而獨操主術以制聽從之臣, 而修其明法, 故身尊而勢重也. 凡賢主者, 必將能拂世磨俗, 而廢其所惡, 立其所欲, 故生則有尊重之勢, 死則有賢明之謚也. 是以明君獨斷, 故權不在臣也. 然後能滅仁義之塗, 掩馳說之口, 困烈士之行, 塞聰揜明, 內獨視聽, 故外不可傾以仁義烈士之行, 而內不可奪以諫說忿爭之辯. 故能犖然獨行恣睢之心而莫之敢逆. 若此然後可謂能明申‧韓之術, 而脩商君之法. 法脩術明而天下亂者, 未之聞也. 故曰『王道約而易操』也. 唯明主爲能行之. 若此則謂督責之誠, 則臣無邪, 臣無邪則天下安, 天下安則主嚴尊, 主嚴尊則督責必, 督責必則所求得, 所求得則國家富, 國家富則君樂豐. 故督責之術設, 則所欲無不得矣. 羣臣百姓救過不給, 何變之敢圖? 若此則帝道備, 而可謂能明君臣之術矣. 雖申‧韓復生, 不能加也.」

◉ 어리석은 2세 황제

이 글이 올라가자 2세 황제는 기뻐하였다. 그리하여 처벌을 더욱더 엄하게 하고 백성들에게서 세납을 잘 받는 자를 명관이라고 하면서 이렇게 말하였다.

"이렇게 하는 것이 처벌을 잘하는 것이라 할 수 있다."

그 후 형벌을 받은 자의 수가 길을 걷는 자의 수에 못지 않고 그 시체는 날로 시장 바닥에 쌓였다. 사람을 많이 죽인 관리를 충신이라 하면서 2세는 이렇게 말하였다.

"이렇게 하는 것이 처벌을 잘하는 것이라 할 수 있다."

처음 조고는 낭중령의 직권을 써서 많은 사람을 죽여 사사로운 원한을 가진 자가 많아지자, 대신들이 조정에 들어가서 임금에게 자신을 헐뜯고 악평을 할까 두려웠다. 이에 그는 2세 황제에게 이렇게 말하였다.

"천자를 귀하다고 하는 것은 다만 신하들이 소리만 듣고 얼굴을 볼 수 없기 때문입니다. 그러므로 천자는 스스로를 일컬어 짐朕이라고 합니다. 폐하께서는 춘추가 연소하여 아직 반드시 모든 사정에 능통할 수는 없습니다. 이제 만일 조정에 납시어 신하의 견책과 등용에 부당한 처사가 있으면, 자신의 단점을 대신들에게 드러내 보이는 것이 됩니다. 이것은 폐하의 신성 영명한 것을 천하에 보이는 것이라고 할 수가 없습니다. 폐하께서는 당분간 팔짱을 끼시고 궁중 깊숙이 계시어 신과 법률에 밝은 시중에게 일을 맡기되 일이 생기면 의논하신 후에 적당히 처리하셔야 합니다. 이렇게 하면 대신들도 감히 의심쩍은 일은 아뢰지를 못할 것이며 천하는 폐하를 성주聖主라고 우러러 받들 것입니다."

2세 황제는 조고의 건의를 받아들여 대신들을 인견하기 위해 조정에 나오는 일을 피하여 궁궐에 깊이 들어앉았다. 조고는 상시로 궁중에서 정무를 집행하여 만사가 조고의 손에 의하여 결정되었다.

書奏, 二世悅. 於是行督責益嚴, 稅民深者爲明吏. 二世曰:「若此則可謂能督責矣.」刑者相半於道, 而死人日成積於市. 殺人衆者爲忠臣. 二世曰:「若此則可謂能督責矣.」

初, 趙高爲郎中令, 所殺及報私怨衆多, 恐大臣入朝奏事毀惡之, 乃說二世曰:「天子所以貴者, 但以聞聲, 羣臣莫得見其面, 故號曰『朕』. 且陛下富於春秋, 未必盡通諸事, 今坐朝廷, 譴擧有不當者, 則見短於大臣, 非所以示神明於天下也. 且陛下深拱禁中, 與臣及侍中習法者待事, 事來有以揆之. 如此則大臣不敢奏疑事, 天下稱聖主矣.」二世用其計, 乃不坐朝廷見大臣, 居禁中. 趙高常侍中用事, 事皆決於趙高.

⊕ 한가한 나를 만날 수 없다니

조고는 이사가 이 일에 대하여 말하려 한다는 말을 듣자 그를 만나서 말하였다.

"함곡관 동쪽에는 도적떼들이 많다고 하는데, 이제 폐하께서는 급히 부역을 징발하여 아방궁을 수축하고 필요치도 않은 개와 말을 모아들이고 있습니다. 신은 간언하고 싶으나 지위가 낮아 말씀을 올리기가 난처합니다. 이런 일이야말로 승상의 임무인데 어찌 간언하지 않습니까?"

이사가 말하였다.

"본디 나는 나의 의무로 간하고 싶은 생각이 있습니다. 그러나 근자에 임금께서 조정에 나오시지 않고 항상 궁중에 깊이 들어앉아 계시니 말씀을 올리고 싶어도 절차를 밟을 길이 없고 뵙고 싶어도 기회가 없습니다."

조고가 말하였다.

"만약 승상께서 진실로 간하고 싶은 뜻이 있다면 폐하께서 틈이 나시는 때를 보아 승상께 알려드리겠습니다."

조고는 2세가 한창 주연을 즐기며 미녀들을 앞에 두고 한창 흥에 겨워 있을 때를 기다렸다가 사람을 보내 말하였다.

"폐하께서 지금 한가하시니 말씀을 올릴 수 있습니다."

승상은 궁문에 이르러 뵙기를 청하였으나 만날 수 없었다. 이런 일이 세 번 반복되자 2세는 노하여 말하였다.

"짐은 언제나 한가한 날이 많은데 승상은 그때 오지 않고 왜 하필 주연을 즐길 때만 와서 만나기를 청하오? 승상은 내가 어리다고 얕잡아보는 것이오? 아니면 나를 어리석다고 깔보는 것이오?"

조고는 그 틈을 타서 2세에게 말하였다.

"그것은 위험한 일입니다. 저 사구에서의 음모에는 승상도 참여하였습니다. 이제 폐하께서는 황제가 되셨지만 승상에게는 더 존귀해진 것이 없습니다. 생각건대 승상은 폐하로부터 땅을 얻어 왕이 되기를 바랄 것입니다. 폐하께서 묻지 않으므로 신도 감히 말씀드리지 않았습니다만, 승상의 장남 이유는 삼천 태수이며, 초나라의 도적 진승 등은 모두 승상과 가까운 고을의 출신들입니다. 그러므로 초나라의 도적이 공공연히 횡행하고 삼천을 통과하여도 이유는 성 안에 들어앉아 치려고 하지도 않았습니다. 신은 그들이 편지를 왕래하고 있다고 들었는데 아직 확증을 얻지 못하여 말씀을 아뢰지 않은 것입니다. 승상의 권세는 궁정 밖에서는 폐하보다도 무겁습니다."

高聞李斯以爲言, 乃見丞相曰:「關東羣盜多, 今上急益發繇治阿房宮, 聚狗馬無用之物. 臣欲諫, 爲位賤. 此眞君侯之事, 君何不諫?」李斯曰:「固也, 吾欲言之久矣. 今時上不坐朝廷, 上居深宮, 吾有所言者, 不可傳也, 欲見無閒.」趙高謂曰:「君誠能諫, 請爲君侯上閒語君.」於是趙高待二世方燕樂, 婦女居前, 使人告丞相:「上方閒, 可奏事.」丞相至宮門上謁, 如此者三. 二世怒曰:「吾常多閒日, 丞相不來. 吾方燕私, 丞相輒來請事. 丞相豈少我哉? 且固我哉?」趙高因曰:「如此殆矣! 夫沙丘之謀, 丞相與焉. 今陛下已立爲帝, 而丞相貴不益, 此其意亦望裂地而王矣. 且陛下不問臣, 臣不敢言. 丞相長男李由爲三川守, 楚盜陳勝等皆丞相傍縣之子, 以故楚盜公行, 過三川, 城守不肯擊. 高聞其文書相往來, 未得其審, 故未敢以聞. 且丞相居外, 權重於陛下.」

❀ 조고의 악행을 알고나 계십니까

2세 황제는 그렇다고 여겨 승상의 죄를 조사할 생각으로 확증을 얻고자 사자를 보내 삼천 태수가 도적들과 내통한 상황을 조사하도록 하였다. 이사는 이 말을 들었으나 그 때 2세가 감천궁甘泉宮에서 곡저觳抵씨름과 연극을 구경하고 있어 뵈올 수가 없어 글을 써서 조고의 부당한 처사를 아뢰었다.

"신이 듣건대 신하가 그 임금과 비슷한 권력을 누리면 나라를 위태롭게 하고, 첩이 그 남편과 동등한 세력을 가지면 집안을 위태롭게 한다고 들었습니다. 이제 폐하의 측근에 있는 대신으로서 자기 뜻대로 남에게 이익을 주고, 하고 싶은 대로 남에게 위해를 가하여 권력을 행사하기를 폐하와 같이 하는 자가 있습니다. 이것은 심히 부당한 일입니다. 옛날에 사성司城의 자리에 있었던 자한子罕은 송나라의 재상이 되자, 형벌을 마음대로 행사하고 그 위력을 행사하다가 1년 만에 자신의 임금을 위협하기에 이르렀습니다. 전상田常은 제나라 간공簡公의 신하가 되어 작위와 서열로는 나라 안에서 따를 자가 없고, 그의 재산이 제나라 공실公室과 비등하고 은혜를 펴고 덕을 베풀어 아래로는 백성들의 마음을 수습하고 위로는 신하들의 뜻을 맞추어, 몰래 재여宰予를 뜰에서 죽이고, 곧 간공을 조정에서 체포하여 죽이고 마침내 제나라를 빼앗았습니다. 이것은 천하가 다 아는 일입니다.

이제 조고에게는 사악한 뜻과 위험한 반역을 행한 것은 자한이 송나라의 재상이었을 때와 같고, 사재를 불리기는 제나라의 전씨와 같습니다. 전상과 자한의 반역된 행동을 아울러 가져서 폐하의 위신을 위협하는 것은, 그 뜻이 한기韓玘가 한韓나라 왕안王安의 재상이었을 때와 비슷합니다. 폐하께서 지금 그에 대한 대책을 생각하지 않으면 모반을 일으키지 않을까 두려운 생각입니다."

二世以爲然. 欲案丞相, 恐其不審, 乃使人案驗三川守與盜通狀. 李斯聞之.
是時二世在甘泉, 方作觳抵優俳之觀. 李斯不得見, 因上書言趙高之短曰:
「臣聞之, 臣疑其君, 無不危國; 妾疑其夫, 無不危家. 今有大臣於陛下擅利
擅害, 與陛下無異, 此甚不便. 昔者司城子罕相宋, 身行刑罰, 以威行之, 暮年
遂劫其君. 田常爲簡公臣, 爵列無敵於國, 私家之富與公家均, 布惠施德,
下得百姓, 上得羣臣, 陰取齊國, 殺宰予於庭, 卽弑簡公於朝, 遂有齊國. 此天
下所明知也. 今高有邪佚之志, 危反之行, 如子罕相宋也; 私家之富, 若田氏
之於齊也. 兼行田常·子罕之逆道而劫陛下之威信, 其志若韓玘爲韓安相也.
陛下不圖, 臣恐其爲變也.」

◉ 조고를 두둔하고 나선 2세

2세는 답하였다.

"무슨 말이오? 조고는 본디 천한 환관 출신이오. 제 몸이 편안하다고 해서 자기 뜻을 마음대로 하지 않았고 자신이 위태롭다고 해서 마음을 바꾸지 않았으며, 행실을 결백하게 하고 착한 일에 힘쓰고 스스로 노력하여 현재의 지위를 얻은 것이오. 충성으로써 승진하고 신의로써 지위를 지키므로 짐은 심히 어진 사람이라고 생각하고 있소. 그런데 그대가 조고를 의심한다는 것은 무슨 까닭이오? 짐은 연소하여 아버지를 잃고 사물을 잘 분별하지 못하고, 백성들을 다스리는 데 익숙하지 못한데, 그대는 또 노년에 들었으므로 천하와 인연이 끊어지는 것을 두려워하고 있소. 짐으로서는 조군趙君을 믿지 않고 누구를 믿겠소? 조군은 사람됨이 청렴하고 부지런하며 아래로는 백성들의 마음을 알고 위로는 나의 뜻을 알고 있소. 그를 의심해서는 안 되오.”

이사는 다시 글을 올렸다.

“그렇지 않습니다. 조고는 본디 천한 사람입니다. 도리를 분별하지 못하고 탐욕이 이루 말할 수 없으며 이익을 추구하기를 그치지 않고, 위세를 떨치기를 임금과 같이 하고, 욕망을 채우기에 다함이 없습니다. 그러므로 신은 위험하다고 아뢰는 것입니다.”

二世曰:「何哉? 夫高, 故宦人也, 然不爲安肆志, 不以危易心, 絜行脩善, 自使至此, 以忠得進, 以信守位, 朕實賢之, 而君疑之, 何也? 且朕少失先人, 無所識知, 不習治民, 而君又老, 恐與天下絶矣. 朕非屬趙君, 當誰任哉? 且趙君爲人精廉彊力, 下知人情, 上能適朕, 君其勿疑」李斯曰:「不然. 夫高, 故賤人也, 無識於理, 貪欲無厭, 求利不止, 列勢次主, 求欲無窮, 臣故曰殆.」

◉ 이사를 심문하라

2세 황제는 전부터 조고를 믿고 있었기에 이사가 조고를 죽일 것을 걱정하여 조고에게 몰래 이 일을 알렸다. 조고가 말하였다.

“승상의 방해물은 이 조고 한 사람뿐입니다. 제가 죽으면 승상은 곧 전상 같은 행동을 할 것입니다.”

이에 2세는 명령을 내렸다.

“이사를 낭중령에게 맡겨 조사하도록 하라.”

조고가 이사를 심문하게 되었다. 이사는 붙들려 묶인 채 감옥에 갇혀 하늘을 우러러 탄식하였다.

“아아, 슬프구나. 도리를 모르는 군주에게 무슨 계책을 의논할 수 있겠는가? 옛날 하나라 걸왕桀王은 관룡봉關龍逢을 죽였고, 은나라 주왕紂王은 왕자 비간比干을 죽였으며, 오나라 왕 부차夫差는 오자서伍子胥를 죽였다.

이 세 신하가 어찌 불충한 신하였던가? 그런데도 몸은 형벌의 죽음을 면치 못하였다. 죽음을 당한 것은 그들의 왕이 충성을 받을 만한 군주가 못 되었기 때문이다. 이제 나는 지혜가 이 세 사람만 못하고, 2세의 무도함은 걸왕·주왕·부차보다 더하도다. 내가 충의로운 까닭에 죽는 것도 당연한 일이라고 하리라. 그러니 2세의 다스림이 어찌 어지럽지 않을 수 있겠는가?

지난날 그는 자기 형제들을 죽이고 스스로 즉위하였고, 충신을 죽이고 천한 조고를 귀하게 여기며 아방궁을 수축하여 천하에 무거운 세금을 거두었다. 내가 직언하지 않은 것이 아니라 나의 하는 말을 받아들이지 않았다. 무릇 옛날의 성왕聖王들은 음식에 절도가 있었고, 수레나 물건에도 정해진 수가 있었고, 궁실을 짓는 데도 한도가 있었다. 조칙을 내려 사업을 일으킴에 있어서도 경비가 많이 들어 백성들에게 이익이 없는 일을 금하였기 때문에 오래도록 태평하였다. 그런데 2세는 형제들에게 도리에 어긋난 행위를 하고도 그 행위를 반성할 줄 모르고, 충신을 죽이고도 다가올 재앙을 생각지 않고 있다. 마구 공사를 일으켜 궁실을 지어 천하 백성들에게 무거운 세금을 거두어 비용을 아끼지 않았다. 벌써 이 세 가지 일만으로도 천하의 백성들은 복종하지 않을 것이다. 이제 반역의 무리가 천하의 반을 차지하게 되었는데도 2세는 아직 눈을 뜨지 못하고 조고의 보좌만을 받고 있다. 생각건대 틀림없이 도적들이 함양을 떨어뜨려 진나라를 멸하고 그 폐허에 고라니와 사슴의 무리가 뛰노는 것을 보게 되리라."

2세는 조고에 명하여 이사의 죄상을 밝혀 처벌하게 하였다. 조고는 이사가 아들 유와 모반을 꾀한 죄상을 문책하고, 그 일족과 빈객들을 모두 체포하였다. 조고는 이사를 심문하면서 천여 번이나 넘는 매질로 고문을 하였다. 이사는 그 아픔을 견디지 못하여 마침내 사실이 아닌 죄를 자복하였다.

二世已前信趙高, 恐李斯殺之, 乃私告趙高. 高曰:「丞相所患者獨高, 高已死, 丞相卽欲爲田常所爲.」於是二世曰:「其以李斯屬郞中令!」

趙高案治李斯. 李斯拘執束縛, 居囹圄中, 仰天而歎曰:「嗟乎, 悲夫! 不道之君, 何可爲計哉! 昔者桀殺關龍逢, 紂殺王子比干, 吳王夫差殺伍

子胥. 此三臣者, 豈不忠哉, 然而不免於死, 身死而所忠者非也. 今吾智不
及三子, 而二世之無道過於桀·紂·夫差, 吾以忠死, 宜矣. 且二世之治豈
不亂哉! 日者夷其兄弟而自立也, 殺忠臣而貴賤人, 作爲阿房之宮, 賦斂
天下. 吾非不諫也, 而不吾聽也. 凡古聖王, 飲食有節, 車器有數, 宮室有度,
出令造事, 加費而無益於民利者禁, 故能長久治安. 今行逆於昆弟, 不顧
其咎; 侵殺忠臣, 不思其殃; 大爲宮室, 厚賦天下, 不愛其費: 三者已行,
天下不聽. 今反者已有天下之半矣, 而心尚未寤也, 而以趙高爲佐, 吾必見
寇至咸陽, 麋鹿游於朝也.」

於是二世乃使高案丞相獄, 治罪, 責斯與子由謀反狀, 皆收捕宗族賓客.
趙高治斯, 榜掠千餘, 不勝痛, 自誣服.

⊛ 나의 죄 일곱 가지

이사가 자결하지 않은 것은 스스로 말할 수 있는 변설과 진나라에
대한 공로가 있고, 또 사실 모반할 마음이 없었던 것을 자부하여 다행히
글을 올려 진정하면 2세도 그름을 깨닫고 용서가 있으리라 생각하였기
때문이다. 이사는 옥중에서 글을 올렸다.

"신이 승상이 되어 백성을 다스린 지 어언 30여 년, 진나라의 영토가
아직 좁았을 때부터의 일입니다. 선왕의 시대에는 진나라의 땅은 겨우
사방 천 리, 군사는 수십 만에 불과하였습니다. 신은 구차한 재능을 다하여
삼가 법령을 받들고, 지모가 있는 신하를 가려 가만히 금과 옥을 주어서
제후들에게 유세토록 하고, 또 몰래 병기를 만들어 정치와 교화를 정돈하고,
투사를 관직에 앉히고 공신을 존중하여 녹을 높였습니다.

그 결과 한나라를 위협하고 위나라를 약하게 하였으며, 연·조나라를
깨뜨리고 제·초나라를 평정하여 마침내 6국을 병합하고 그 왕들을 사로잡아
진나라 왕을 천자로 세웠습니다. 이것이 신의 첫 번째 죄입니다.

그 후에 영토가 좁은 것은 아니었으나, 다시 북쪽의 호胡와 맥貉을
몰아 내고 남쪽 백월百越을 평정하여 진나라의 강성을 과시하였습니다.
이것이 신의 두 번째 죄입니다.

대신을 존중하고 벼슬을 높여 임금과 신하를 친밀하게 하였습니다. 이것이 신의 세 번째 죄입니다.

사직을 튼튼히 하고 종묘를 운영하여 그로 해서 임금의 어진 덕을 분명히 하였습니다. 이것이 신의 네 번째 죄입니다.

자와 저울을 고쳐서 셈을 통일하고 문물제도를 천하에 보급하여 진나라의 명성을 높였습니다. 이것이 신의 다섯 번째 죄입니다.

임금께서 순행하는 길을 만들고 구경하는 장소를 만들어 임금의 득의를 나타내었습니다. 이것이 신의 여섯 번째 죄입니다.

형벌을 너그럽게 하고 조세를 가벼이 하여 임금께로 인심을 모으고 만민이 임금을 받들어 죽음도 불사케 하였습니다. 이것이 신의 일곱 번째 죄입니다.

신이 신하로서 죽을죄에 당한 것은 이미 오래 전에 있은 일이나 다행히도 임금의 음덕을 입어 능력을 다하고 살아서 오늘에 이른 것입니다. 원컨대 폐하께서는 이 충정을 살펴 주옵소서!"

斯所以不死者, 自負其辯, 有功, 實無反心, 幸得上書自陳, 幸二世之寤而赦之. 李斯乃從獄中上書曰:「臣爲丞相治民, 三十餘年矣. 逮秦地之陝隘. 先王之時秦地不過千里, 兵數十萬. 臣盡薄材, 謹奉法令, 陰行謀臣, 資之金玉, 使游說諸侯, 陰脩甲兵, 飾政敎, 官鬪士, 尊功臣, 盛其爵祿, 故終以脅韓弱魏, 破燕·趙, 夷齊·楚, 卒兼六國, 虜其王, 立秦爲天子. 罪一矣. 地非不廣, 又北逐胡·貉, 南定百越, 以見秦之彊. 罪二矣. 尊大臣, 盛其爵位, 以固其親. 罪三矣. 立社稷, 脩宗廟, 以明主之賢. 罪四矣. 更剋畫, 平斗斛度量文章, 布之天下, 以樹秦之名. 罪五矣. 治馳道, 興游觀, 以見主之得意. 罪六矣. 緩刑罰, 薄賦斂, 以遂主得衆之心, 萬民戴主, 死而不忘. 罪七矣. 若斯之爲臣者, 罪足以死固久矣. 上幸盡其能力, 乃得至今, 願陛下察之!」

● 토끼 사냥을 하던 시절이 그립구나

글이 올라가자, 조고는 관리에게 분부하여 찢어 팽개쳐 버리게 하고 말하였다.

"죄수 따위가 글을 올리다니 될 법한 일인가?"

조고는 자신의 빈객 십여 명을 시켜 그 신분을 어사御史·알자謁者·시중侍中으로 거짓 꾸며 번갈아 가며 이사를 반복 심문하도록 하였다. 이사는 임금께서 보낸 사자로만 알고 사실대로 고하였기 때문에 사람을 보내어 또다시 매를 치게 하였다. 그 후에 2세는 정말 사자를 보내어 이사를 심문하였는데 이사는 또 전과 같은 줄로 알고 아예 호소하려고도 않고 죄를 자인하였다. 판결이 아뢰어지자 2세는 기뻐하며 말하였다.

"만일에 조군이 없었더라면 위험하게도 승상에게 모반당할 뻔하였소."

2세의 명령을 받고 삼천 태수를 심문하러 갔던 사자가 삼천에 도착한 때는 이미 이유가 반란군 항량項梁에 의해 죽은 뒤이며 사자가 돌아왔을 때는 마침 승상이 옥리의 손에 넘어간 직후였다. 이사와 이유의 모반에 관한 진술은 모두 조고가 거짓으로 꾸민 것이었다.

2세 2년 7월, 이사를 함양의 시장 바닥에서 오형五刑을 갖춘 요참형腰斬刑에 처한다는 판결이 내려졌다. 이사가 감옥에서 끌려 나오자, 같이 감옥에 있던 둘째 아들도 함께 묶었다. 이사는 둘째 아들을 돌아다보며 말하였다.

"나는 너와 함께 누런 개를 데리고 고향 상채의 동문 밖에서 토끼 사냥을 하고 싶었는데 이제는 그것도 할 수 없게 되었구나."

아버지와 아들은 소리를 높여서 울고 마침내 그 삼족은 죄다 멸망을 당하였다.

書上, 趙高使吏弃去不奏, 曰:「囚安得上書!」

趙高使其客十餘輩詐爲御史·謁者·侍中, 更往覆訊斯. 斯更以其實對, 輒使人復榜之. 後二世使人驗斯, 斯以爲如前, 終不敢更言, 辭服. 奏當上, 二世喜曰:「微趙君, 幾爲丞相所賣.」及二世所使案三川之守至, 則項梁已擊殺之. 使者來, 會丞相下吏, 趙高皆妄爲反辭.

二世二年七月, 具斯五刑, 論腰斬咸陽市. 斯出獄, 與其中子俱執, 顧謂其
中子曰:「吾欲與若復牽黃犬俱出上蔡東門逐狡兔, 豈可得乎!」遂父子相哭,
而夷三族.

◉ 사슴을 말이라니

이사가 죽은 후, 2세는 조고를 종묘에 배례하도록 하고 중승상中丞相에
임명하여 모든 일을 다 조고가 결정하게 되었다. 조고는 자신의 권력이
무거운 것을 알고 시험삼아 사슴을 바치면서 말이라고 하였다. 2세는
좌우에 있는 신하들에게 물었다.

"이것은 사슴이지?"

이에 모두가 한결같이 대답하였다.

"말입니다."

2세 황제는 놀라서 자신도 미혹해지고 말았다. 그리하여 태복太卜을
불러 점을 쳐 보도록 하였다. 그러자 태복이 말하였다.

"폐하께서는 봄·가을로 교사郊祀를 지낼 때와 종묘의 귀신을 섬길 적에
재계齋戒를 깨끗이 하지 못하여 이러한 일이 생긴 것입니다. 그러하오니
덕을 닦으시고 재계를 정히 하심이 좋을 줄로 아옵니다."

李斯已死, 二世拜趙高爲中丞相, 事無大小輒決於高. 高自知權重, 乃獻鹿,
謂之馬. 二世問左右:「此乃鹿也?」左右皆曰「馬也」. 二世驚, 自以爲惑,
乃召太卜, 令卦之, 太卜曰:「陛下春秋郊祀, 奉宗廟鬼神, 齋戒不明, 故至于此.
可依盛德而明齋戒.」

◉ 2세를 협박하여 자결하도록 하다

그리하여 2세 황제는 상림원上林苑에 들어가 재계를 하는 척하고 매일
짐승을 사냥하면서 놀았다. 그런데 상림원을 통행하는 자가 있어 2세는

그를 쏘아 죽였는데 이를 두고 조고는 함양령咸陽令으로 있는 사위 염악閻樂으로 하여금 이렇게 탄핵하게 하였다.

"누군지 분명치 않으나 사람을 죽여 시체를 상림원에 옮겨 놓은 자가 있다."

그리하여 조고는 2세 황제에게 간하는 척하고 이렇게 권하였다.

"천자가 까닭 없이 죄 없는 자를 죽이는 것은, 천제天帝가 금단한 바로서 신령도 폐하의 제사를 받지 않을 것이며, 하늘은 이제 곧 재앙을 내릴 것입니다. 궁궐에서 멀리 떨어진 곳으로 가서 기도하여 재앙을 면하도록 하는 것이 좋을 줄로 아룁니다."

그리하여 2세는 궁궐을 떠나 망이궁望夷宮으로 옮겨 그곳에 머물렀다. 사흘 뒤에 조고는 황제의 분부라고 속이고, 경호하는 무사들에게 흰옷을 입혀 무기를 가지고 궁 안으로 향하도록 명령하고 자기는 먼저 들어가서 2세에게 이렇게 아뢰었다.

"산동의 도적떼들이 쳐들어왔습니다."

2세는 망루에 올라가서 이것을 보고 겁을 내어 떨었다. 그러자 조고는 2세를 위협하여 자살하도록 하였다.

조고는 옥새를 손에 넣고 황제의 복장을 하여 스스로 천자가 되려고 하였다. 그러나 좌우 백관 중 누구도 따르는 자가 없었다. 스스로 궁전에 올라가자, 궁전이 깨어지는 듯 세 번을 진동하였다. 조고는 하늘이 자기에게 임금을 허락지 않고 신하들도 자기가 천자가 되는 것을 허락하지 않는 것을 깨닫고, 2세의 형의 아들 자영子嬰을 불러 옥새를 주었다.

於是乃入, 上林齋戒. 日游弋獵, 有行人入上林中, 二世自射殺之. 趙高教其女壻咸陽令閻樂劾不知何人賊殺人移上林. 高乃諫二世曰:「天子無故賊殺不辜人, 此上帝之禁也, 鬼神不享, 天且降殃, 當遠避宮以禳之.」二世乃出居望夷之宮.

留三日, 趙高詐詔衛士, 令士皆素服持兵內鄉, 入告二世曰:「山東羣盜兵大至!」二世上觀而見之, 恐懼, 高卽因劫令自殺. 引璽而佩之, 左右百官莫從; 上殿, 殿欲壞者三. 高自知天弗與, 羣臣弗許, 乃召始皇弟, 授之璽.

◉ 자영과 조고의 최후

자영은 즉위하였으나, 조고를 두려워하여 병이라는 구실로 정무를 보지 않고 환관 한담韓談 및 그 아들과 꾀하여 조고를 죽이려고 하였다. 조고가 자영의 병을 위문하기 위해 왔을 때, 한담에게 명하여 찔러 죽이도록 하고 다시 그 삼족을 멸망시켰다.

子嬰卽位, 患之, 乃稱疾不聽事, 與宦者韓談及其子謀殺高. 高上謁, 請病, 因召入, 令韓談刺殺之, 夷其三族.

◉ 유방의 입성과 진나라의 멸망

자영이 즉위한 지 석 달만에 패공沛公 유방劉邦의 군사는 무관武關으로부터 입성하여 함양에 쇄도하였다. 진나라 신하들과 관리들 중에는 자영을 배반하고 패공에게 달려가는 자가 많았다. 자영은 처자와 함께 목에 옥새가 달린 끈을 걸고 지도軹道 부근에서 투항하였다. 패공은 자영을 관리에게 넘겼으나, 초나라 항왕項王이 와서 자영을 베었다. 이렇게 하여 진나라는 마침내 천하를 잃게 되었다.

子嬰立三月, 沛公兵從武關入, 至咸陽, 群臣百官皆畔, 不適. 子嬰與妻子 自係其頸以組, 降軹道旁. 沛公因以屬吏. 項王至而斬之. 遂以亡天下.

◉ 사마천의 평어

나 태사공은 이렇게 생각한다.

이사는 시골 골목의 미천한 몸으로 태어나 제후들에게 유세하다가 진나라에 들어가 진나라 왕의 신하가 되었다. 열국 사이에 틈이 생기자 공작을 하고 시황을 보좌하여 마침내 진나라의 제업을 성취시켰다. 이사 자신은 삼공의 지위에 올랐으니 진실로 귀중하게 쓰였다고 말할 수 있다.

그러나 이사는 육예六藝 경전經典의 근본 뜻을 잘 알면서도 공명 정대하게 정치를 하여 군주의 결점을 보완하는 데 힘쓰지 않았다. 높은 작위와 녹을 누리는 지위에 있으면서도 군주에게 아부하고 영합하였다. 조칙을 엄하게 하고 형벌을 혹독하게 하였으며, 조고의 요사한 말을 들어 적자를 폐하고 서자를 세웠다. 제후들이 반란을 일으킨 뒤 비로소 군주에게 직언하려 하였으나 이미 때가 너무 늦지 않았는가! 세상 사람들은 모두 이사는 충성을 다하였으면서도 오형五刑을 받아 죽었다고 말하나, 그 근본을 살펴볼 때 세속의 말과는 다르다. 그렇지만 않았던들 이사의 공적은 정녕 주공周公·소공召公과 어깨를 겨룰 만하였을 것이다.

太史公曰: 李斯以閭閻歷諸侯, 入事秦, 因以瑕釁, 以輔始皇, 卒成帝業, 斯爲三公, 可謂尊用矣. 斯知六藝之歸, 不務明政以補主上之缺, 持爵祿之重, 阿順苟合, 嚴威酷刑, 聽高邪說, 廢適立庶. 諸侯已畔, 斯乃欲諫爭, 不亦末乎! 人皆以斯極忠而被五刑死, 察其本, 乃與俗議之異. 不然, 斯之功且與周·召列矣.

史記列傳

028(88) 몽염 열전蒙恬列傳

몽염蒙恬

◉ 몽씨 집안의 활약상

몽염蒙恬은 선조가 제齊나라 사람이다. 몽염의 조부 몽오蒙驁 때에 제나라에서 옮겨와 진나라 소왕昭王에게 등용되어 상경上卿의 벼슬에 올랐다. 진나라 장양왕莊襄王 원년에 몽오는 진나라의 장수가 되어 한韓나라를 쳐서 성고成皐·형양滎陽을 빼앗고, 삼천군三川郡을 설치하였다. 그 2년에 몽오는 조趙나라를 쳐 37개 성을 빼앗고, 시황제 3년에는 한나라를 쳐서 13개 성을 빼앗았다. 시황제 5년에는 위나라를 쳐서 20개 성을 빼앗고 이곳에 동군東郡이 설치되었다.

시황제 7년에 몽오가 죽었다. 몽오의 아들은 무武라 하였고 몽무의 아들이 몽염이다.

몽염은 처음에 관리가 되어 소송과 재판의 문서를 맡아보았다. 시황제 23년, 아들 몽무는 진나라 부장이 되어 왕전王翦 장군과 함께 초나라를 쳐서 크게 군대를 깨뜨리고 항연項燕을 죽였다. 그 24년, 몽무는 또 초나라를 쳐서 초나라 왕을 사로잡았다.

몽염의 아우는 의毅라 하였다. 시황제 26년, 몽염은 집안의 직책을 이어받아 진나라의 장군이 되었다. 몽염은 제나라를 쳐서 크게 깨뜨리고 내사內史에 임명되었다.

진나라는 천하를 통일한 뒤에 몽염에게 명령을 내려 30만 대군을 이끌고, 북의 오랑캐를 쫓아버리고 하남河南을 손안에 넣은 다음 장성長城을 쌓게 하였다. 몽염은 지형을 이용해서 험준한 성채를 만들었는데, 장성은 임조臨洮를 기점으로 하여 요동遼東까지 길이가 만여 리나 되었다. 그 후 몽염은 황하를 넘어 양산陽山에 웅거하고 우회하여 북으로 올라가 있었다. 군사들이 국경 밖에서 햇볕을 쬐기 10여 년, 상군上郡을 근거지로 삼아 주둔하였다. 이 무렵 몽염의 위력은 흉노를 떨게 하였다. 시황제는 몽씨 일족을 매우 사랑하여 현인으로 신임하였다. 그리하여 몽염의 아우 몽의도 신임을 얻어 지위는 상경上卿에 이르렀고, 황제의 외출에는 항상 수레에 배승하였으며, 궁중에서도 항상 곁에서 모시었다. 몽염에게는 궁궐 밖을 맡기고 몽의는 내정을 꾀하게 하여 형제는 함께 충직한 신하로 일컬어져, 다른 장수나 대신들도 감히 이 두 사람과는 다툴 생각을 하지 않았다.

蒙恬者, 其先齊人也. 恬大父蒙驁, 自齊事秦昭王, 官至上卿. 秦莊襄王元年, 蒙驁爲秦將, 伐韓, 取成皐·滎陽, 作置三川郡. 二年, 蒙驁攻趙, 取三十七城. 始皇三年, 蒙驁攻韓, 取十三城. 五年, 蒙驁攻魏, 取二十城, 作置東郡. 始皇七年, 驁卒. 驁子曰武, 武子曰恬. 恬嘗書獄典文學. 始皇二十三年, 蒙武爲秦裨將軍, 與王翦攻楚, 大破之, 殺項燕. 二十四年, 蒙武攻楚, 虜楚王. 蒙恬弟毅.

始皇二十六年, 蒙恬因家世得爲秦將, 攻齊, 大破之, 拜爲內史. 秦已幷天下, 乃使蒙恬將三十萬衆北逐戎狄, 收河南. 築長城, 因地形, 用制險塞, 起臨洮, 至遼東, 延袤萬餘里. 於是渡河, 據陽山, 逶蛇而北. 暴師於外十餘年, 居上郡. 是時蒙恬威振匈奴. 始皇甚尊寵蒙氏, 信任賢之. 而親近蒙毅, 位至上卿, 出則參乘, 入則御前. 恬任外事而毅常爲內謀, 名爲忠信, 故雖諸將相莫敢與之爭焉.

◉ 조고와의 관계

조고趙高는 조씨 가문의 먼 일족이었다. 조고의 형제 중 몇 사람은 은궁隱宮에서 태어났고, 그의 어머니도 형벌을 받아 대대로 비천하였다. 진나라 왕은 조고가 부지런하고 형법에 밝다는 것을 듣고 등용하여 중거부령中車府令을 삼았다. 조고는 은근히 공자 호해胡亥를 섬겨 죄를 판결하는 법을 가르쳤다. 한때 조고가 대죄를 짓자 진나라 왕이 몽의에게 법에 따라 다스리도록 명령하였다. 몽의는 법대로 조고의 죄가 사형에 해당한다 하여 환관 명부에서 삭제하였다. 그러나 진나라 왕은 조고가 일에 부지런하다고 하여 특히 용서를 베풀어 복직시켰다.

시황제는 천하를 순행할 생각으로 구원九原에서 감천甘泉으로 직행하기 위해 몽염에게 명하여 구원·감천 사이에 도로를 만들게 하였다. 몽염은 산을 파고 골짜기 메우기를 1천 800리나 하였는 데도 수월히 완성되지 않았다. 그리하여 시황제 37년 겨울, 회계會稽로 순행하여 해안을 따라 북쪽 낭야琅邪로 향하는 도중에 시황제는 병이 들었다. 몽의에게 수도로 돌아가 산천의 신에게 기도하도록 하였으나, 몽의가 수도에 도착하기 전에 시황제는 사구沙丘에서 죽었다. 이 일은 비밀에 부쳐 신하들도 거의 아는 자가 없었다. 당시에 승상 이사李斯와 공자 호해胡亥와 중거부령 조고, 이 세 사람이 항상 황제를 모시고 있었다. 조고는 본디부터 호해에게 사랑을 받고 있었으므로, 호해를 황제 자리에 올릴 생각을 하였다. 또 조고는 일찍이 몽의가 자기를 재판하였을 때, 법에 따라 다스리고 자기를 비호해 주지 않은 것을 원망하여 그를 죽일 마음을 가지고 있었다. 그리하여 가만히 승상 이사 및 임금의 막내아들 호해와 계책을 꾸며 호해를 태자로 세웠다.

태자가 정해지자, 시황제의 명의로 사자를 보내어 죄를 덮어 씌워 공자 부소扶蘇와 몽염 장군에게 자살을 명령하였다. 부소는 자결하였으나 몽염은 명령을 의심하여 다시금 어명을 청하였으므로, 사자는 몽염을 관리에게 인도하고 동행한 이사의 사인을 호군護軍으로 임명하여 몽염과 교대하도록 하고 돌아와 그 전말을 보고하였다. 호해는 부소가 죽었다는 말을 듣고 몽염을 석방하려고 하였으나, 조고는 몽씨가 다시 귀히 되어 정사에 관여하면, 자기에게 원망을 가지고 보복을 하지나 않을까 두려워하였다. 몽의가 돌아오자 조고는 호해에게 충성하는 척하면서 몽씨를 없애려고 호해에게 이렇게 말하였다.

"신이 듣건대 선제先帝가 앞서부터 공자를 태자로 삼으려고 하였다고 합니다. 그런데 몽의가 안 된다고 극력 간하였다 합니다. 만약 몽의가 태자께서 현명하다는 것을 알면서 오랫동안 태자로 세우지 않았다면 참으로 불충한 일이며 선제를 현혹케 한 일이 됩니다. 어리석은 소견으로는 죽이는 것이 좋을 것 같습니다."

호해는 이 말을 받아들여 몽의를 대代의 옥에 가두었다. 이보다 앞서 몽염은 이미 양주陽周의 옥에 갇혀 있었다.

시황제의 영구가 함양에 도착하여 장례를 끝내자, 태자가 뒤를 이어

2세 황제가 되었다. 조고는 2세를 가까이 모시면서 밤낮 없이 몽씨를 헐뜯고 그들의 허물을 찾아내어 탄핵하였다.

趙高者, 諸趙疏遠屬也. 趙高昆弟數人, 皆生隱宮, 其母被刑僇, 世世卑賤. 秦王聞高彊力, 通於獄法, 擧以爲中車府令. 高卽私事公子胡亥, 喩之決獄. 高有大罪, 秦王令蒙毅法治之. 毅不敢阿法, 當高罪死, 除其宦籍. 帝以高之敦於事也, 赦之, 復其官爵.

始皇欲游天下, 道九原, 直抵甘泉, 迺使蒙恬通道, 自九原抵甘泉, 塹山埋谷, 千八百里. 道未就.

始皇三十七年冬, 行出游會稽, 並海上, 北走琅邪. 道病, 使蒙毅還禱山川, 未反.

始皇至沙丘崩, 祕之, 羣臣莫知. 是時丞相李斯・公子胡亥・中車府令趙高常從. 高雅得幸於胡亥, 欲立之, 又怨蒙毅法治之而不爲己也, 因有賊心, 迺與丞相李斯・公子胡亥陰謀, 立胡亥爲太子. 太子已立, 遣使者以罪賜公子扶蘇・蒙恬死. 扶蘇已死, 蒙恬疑而復請之. 使者以蒙恬屬吏, 更置. 胡亥以李斯舍人爲護軍. 使者還報, 胡亥已聞扶蘇死, 卽欲釋蒙恬. 趙高恐蒙氏復貴而用事, 怨之.

毅還至, 趙高因爲胡亥忠計, 欲以滅蒙氏, 乃言曰:「臣聞先帝欲擧賢立太子久矣, 而毅諫曰『不可』. 若知賢而兪弗立, 則是不忠而惑主也. 以臣愚意, 不若誅之.」胡亥聽而繫蒙毅於代. 前已囚蒙恬於陽周. 喪至咸陽, 已葬, 太子立爲二世皇帝, 而趙高親近, 日夜毀惡蒙氏, 求其罪過, 擧劾之.

◉ 자영의 변호

자영子嬰이 자진하여 나아가 말하였다.

"신이 듣건대 예전의 조나라 왕 천遷은 어진 신하 이목李牧을 죽이고 안추顔聚를 썼고, 연나라 왕 희喜는 몰래 형가荊軻의 모책을 써서 진나라와의 맹약을 배반하였으며, 제나라 왕 건建은 이전 시대의 충신을 죽이고 후승后勝의 건의를 받아들였는데, 이 세 임금은 각각 옛 신하를 버렸기 때문에 나라를 잃고 자신에게까지 재앙이 미친 것이라고 합니다. 몽씨는 진나라의 대신이며 모사입니다. 그런데 폐하께서는 하루아침에 몽씨를 버리려고 하시니 신은 마음에 은근히 안 되는 일이라고 생각됩니다. '경솔한 생각으로는 나라를 다스릴 수 없고, 한 사람의 지혜로는 군주의 자리를 보존하지 못한다'라는 말이 있습니다. 충신을 죽이고 절조 없는 사람을 세우는 것은, 안으로는 신하들을 서로 불신하게 만들고 밖으로는 전쟁을 치르는 군사들의 의지를 미혹하게 하는 것입니다. 신은 마음 속으로 이렇게 해서는 안 된다고 생각합니다."

子嬰進諫曰:「臣聞故趙王遷殺其良臣李牧而用顔聚, 燕王喜陰用荊軻之謀而倍秦之約, 齊王建殺其故世忠臣而用后勝之議. 此三君者, 皆各以變古者失其國而殃及其身. 今蒙氏, 秦之大臣謀士也, 而主欲一旦弃去之, 臣竊以爲不可. 臣聞輕慮者不可以治國, 獨智者不可以存君. 誅殺忠臣而立無節行之人, 是內使羣臣不相信而外使鬪士之意離也, 臣竊以爲不可.」

● 충신을 죽이고 성공한 임금은 없습니다

호해는 그의 말을 받아들이지 않았다. 호해는 어사 전궁田宮에게 역마를 타고 대代로 가게 하여 몽의에게 다음과 같이 명령을 전하도록 하였다.
"전에 선제께서 나를 태자로 세우려고 할 때 경은 이를 비난하였소. 이제 승상은 경의 행동을 불충하다 하여 그 죄가 일족에 미친다고 하였소. 그러나 짐은 차마 그렇게 할 수 없어 경에게만 죽음을 내리니 이를 다행하게 여겨 자결하도록 하오."
이에 몽의가 대답하였다.
"신이 선제의 뜻을 잘 몰랐다고 하나 신은 젊은 시절부터 선제의 밑에 들어가, 승하하시는 때까지 뜻을 받들고 은총을 입은 자로서 선제의 뜻을 알았다고 해야 할 것입니다. 또 신은 태자의 능력을 잘 몰랐다고 하나 태자께서는 형제 여러분 중에 다만 홀로 선제의 순행을 따라 모셔 천하를 두루 다니셨습니다. 이것은 태자의 능력이 다른 공자보다 훨씬 위에 있기 때문이며, 신도 결코 그것을 의심한 적이 없습니다. 선제께서 폐하를 태자로 세우려고 하신 것은 생각해 오신 것이시니, 신으로서 무엇을 간하고 무슨 책모를 생각하였겠습니까? 신이 이렇게 말하는 것은 말을 꾸며 죽음을 면하려는 것이 아니고 선제의 이름을 더럽히는 것을 부끄럽게 생각하기 때문입니다. 원컨대 대부大夫께서는 이런 일을 잘 헤아리시어 정당한 죄로 신을 죽게 하여 주십시오. 임금에게 쓰이어 공을 이루고 몸을 온전히 하는 것은 사람의 도리로서 귀중한 것이며, 형벌을 받아 죽음을 당하는 것은 사람의 도리로서는 마지막이라고 하겠습니다. 옛날 진나라 목공穆公은 세 사람의 어진 신하와 백리해百里奚를 죽였으나, 실상은 죄가 없기 때문에 공에게 목繆이라는 시호를 드렸습니다. 또 소양왕昭襄王은 무안군 백기白起를 죽이고, 초나라 평왕平王은 오사伍奢를 죽였으며, 오왕 부차夫差는 오자서伍子胥를 죽였습니다. 이 네 분의 군주 모두 큰 과실을 범하였기 때문에 천하 사람들의 비난을 받았으며, 현명하지 못한 군주로 제후들 사이에 악명으로 알려져 있습니다. 그런 까닭에 '도리에 의해 다스리는 자는 죄 없는 자를 죽이지 아니하고, 무고한 사람에게 벌을 내리지 않는다'고 합니다. 대부께서는 다만 이런 일에 유념해 주십시오."

그러나 사자는 호해의 의향을 알고 있으므로 몽의의 말을 받아들이지 않고 결국 죽여 버렸다.

胡亥不聽. 而遣御史曲宮乘傳之代, 令蒙毅曰:「先主欲立太子而卿難之. 今丞相以卿爲不忠, 罪及其宗. 朕不忍, 乃賜卿死, 亦甚幸矣. 卿其圖之!」毅對曰:「以臣不能得先主之意, 則臣少官, 順幸沒世, 可謂知意矣. 以臣不知太子之能, 則太子獨從, 周旋天下, 去諸公子絶遠, 臣無所疑矣. 夫先主之擧用太子, 數年之積也, 臣乃何言之敢諫, 何慮之敢謀! 非敢飾辭以避死也, 爲羞累先主之名, 願大夫爲慮焉, 使臣得死情實. 且夫順成全者, 道之所貴也; 刑殺者, 道之所卒也. 昔者秦穆公殺三良而死, 罪百里奚而非其罪也, 故立號曰『繆』. 昭襄王殺武安君白起. 楚平王殺伍奢. 吳王夫差殺伍子胥. 此四君者, 皆爲大失, 而天下非之, 以其君爲不明, 以是籍於諸侯. 故曰『用道治者不殺無罪, 而罰不加於無辜』. 唯大夫留心!」使者知胡亥之意, 不聽蒙毅之言, 遂殺之.

◉ 주공이 손톱을 잘라 창고에 보관한 것은

2세 황제는 다시 사자를 양주陽周로 보내어 몽염에게 명령을 내렸다.

"그대는 과실이 많다. 경의 아우 몽의가 대죄를 범하였으므로, 법에 의하여 내사內史에게까지 미친다."

이 명령을 받은 몽염이 말하였다.

"내 집은 선조로부터 진나라에 봉사하여 공을 쌓고, 신임을 쌓기를 3대에 이르렀고, 이제 신은 군사 30여 만을 거느린 장수의 신분입니다. 갇혀 있는 몸이지만 나의 세력으로 한다면 반역을 하는 일도 안 될 일은 아닙니다. 그럼에도 죽을 것을 알면서도 의리를 지키는 것은 선조의 가르침을 부끄럽게 하지 않고 나아가서는 선제의 은덕을 잊지 않기 때문입니다.

옛날에 주나라 성왕成王이 처음으로 즉위하였을 때, 아직 어려 강보에 싸여 있어 작은아버지 주공 단旦이 업고 조정에 나섰으며 마침내 천하를 평정하였습니다. 성왕이 병이 들어 위독하였을 때 주공 단은 스스로 손톱을 잘라, 그것을 황하에 던지면서 '임금은 아직 어려서 아무 일도 모르며 오로지 일을 맡아 행하고 있는 것은 나 단이다. 만약 허물이 있다면 내가 화를 받겠다'고 하였습니다. 그리하여 이 사실을 문서로 만들어 기부記府에 간직해 두었는데 이는 두터운 신의라고 하지 않을 수 없습니다. 뒤에 성왕이 성년이 되어 나라를 직접 통치하게 되자, 어떤 적신賊臣이 '주공 단은 오래 전부터 반란을 계획하고 있습니다. 임금께서 만일에 대비하지 않으면 틀림없이 큰 일을 만날 것입니다' 라고 무고하자, 성왕은 격노하였고 주공 단은 초나라로 달아났습니다.

그 뒤, 성왕은 기록을 들추어보다가 손톱을 황하에 던지고 기도한 글을 읽고서 눈물을 흘리며 '주공 단이 반란을 획책하였다고 말한 자는 대체 누구인가?' 하고 그 적신을 죽인 후에 주공 단을 불러들였습니다. 《주서周書》에 '반드시 삼경三卿에게 자문을 구하고, 오대부五大夫에게 의견을 말하도록 한다'라고 하였으니 바로 이 때문입니다. 이제 몽염의 일족에는 대대로 두 마음을 품은 자가 없었는데 갑자기 이런 일이 일어난 것은 틀림없이 조정 내부에 군주를 능가하는 간신이 있어서 반역하는 것이 틀림없습니다.

저 성왕은 과실을 범하였으나, 스스로 과실을 고쳐 마침내 번영하였습니다. 하나라 걸왕은 관용봉關龍逢을 죽이고 은나라 주왕은 왕자 비간比干을 죽이고서도 뉘우치지 않아 결국 자신은 죽음에 이르고 나라는 망하였습니다. 그러므로 신은 '과실이 있으면 바로잡아야 하며, 간하는 말은 깨달아야 하며, 삼경과 오대부에게 자문을 구하고 살피는 것이 성왕의 도리이다'라고 말씀드리고 싶습니다. 신이 드리는 말씀은 이런 것을 아뢰어 죄를 면하려고 하는 것이 아니고 간언을 드리고 죽으려는 것입니다. 원컨대 폐하께서는 모든 백성들을 위해 도리를 따르도록 하십시오."

二世又遣使者之陽周, 令蒙恬曰:「君之過多矣, 而卿弟毅有大罪, 法及內史.」恬曰:「自吾先人, 及至子孫, 積功信於秦三世矣. 今臣將兵三十餘萬, 身雖囚繫, 其勢足以倍畔, 然自知必死而守義者, 不敢辱先人之敎, 以不忘先主也. 昔周成王初立, 未離襁褓, 周公旦負王以朝, 卒定天下. 及成王有病甚殆, 公旦自揃其爪以沈於河, 曰:『王未有識, 是旦執事. 有罪殃, 旦受其不祥.』乃書而藏之記府, 可謂信矣. 及王能治國, 有賊臣言:『周公旦欲爲亂久矣, 王若不備, 必有大事.』王乃大怒, 周公旦走而奔於楚. 成王觀於記府, 得周公旦沈書, 乃流涕曰:『孰謂周公旦欲爲亂乎!』殺言之者而反周公旦. 故《周書》曰『必參而伍之』. 今恬之宗, 世無二心, 而事卒如此, 是必孼臣逆亂, 內陵之道也. 夫成王失而復振則卒昌; 桀殺關龍逢, 紂殺王子比干而不悔, 身死則國亡. 臣故曰過可振而諫可覺也. 察於參伍, 上聖之法也. 凡臣之言, 非以求免於咎也, 將以諫而死, 願陛下爲萬民思從道也.」

◉ 나의 죄라면 지맥을 끊은 것이리라

사자가 말하였다.

"나로서는 조칙을 받들어 장군에게 형을 집행할 따름이오. 장군의 말을 폐하께 올릴 수는 없소."

몽염은 한숨을 쉬면서 말하였다.

"내가 하늘에 무슨 죄를 지었기에 과실도 없는데 죽어야 한단 말인가?"

그는 얼마 동안 탄식하다가 서서히 말하였다.

"나의 죄가 죽음에 해당하는 것도 무리는 아니다. 임조에서 요동에 이르는 장성을 쌓기를 만여 리, 그 중간에 지맥地脈을 끊는 일이 없다고 할 수 있겠는가? 이것이 바로 나의 죄라면 죄일 것이다."

마침내 독약을 마시고 죽었다.

使者曰:「臣受詔行法於將軍, 不敢以將軍言聞於上也.」蒙恬喟然太息曰:「我何罪於天, 無過而死乎?」良久, 徐曰:「恬罪固當死矣. 起臨洮屬之遼東, 城塹萬餘里, 此其中不能無絶地脈哉? 此乃恬之罪也.」乃吞藥自殺.

❀ 사마천의 평어

나 태사공은 이렇게 생각한다.

나는 북방 변경에 가서 직도直道를 거쳐 돌아오는 길에 몽염이 진나라를 위해 쌓은 장성의 요새를 본 적이 있다. 산을 파고 골짜기를 메워 지름길을 통하게 했으니 참으로 백성의 노고를 돌아보지 않은 것이었다. 진나라가 제후를 멸한 직후에 천하의 인심은 아직 안정되지 않았고 전쟁의 상처 또한 가라앉지 않았다. 명장 몽염으로서는 이런 때일수록 곤궁한 백성들을 구하고 양로養老에 힘쓰며, 고아를 불쌍히 여기고, 백성들을 안정되고 평화롭게 하는 일에 강하게 간언하지 않고 도리어 시황제의 야심에 동조하여 공사를 일으켰다. 그렇게 해서는 형제가 다같이 죽음을 당한 것도 당연한 일이 아니겠는가! 어찌 죄를 지맥을 끊은 탓으로 돌리려 하는가?

太史公曰: 吾適北邊, 自直道歸, 行觀蒙恬所爲秦築長城亭障, 塹山埋谷, 通直道, 固輕百姓力矣. 夫秦之初滅諸侯, 天下之心未定, 痍傷者未瘳, 而恬爲名將, 不以此時彊諫, 振百姓之急, 養老存孤, 務修衆庶之和, 而阿意興功, 此其兄弟遇誅, 不亦宜乎! 何乃罪地脈哉?

史記列傳

029(89) 장이진여 열전張耳陳餘列傳

① 장이張耳 ② 진여陳餘

◉ 부잣집 예쁜 딸

장이張耳는 위魏나라 대량大梁 사람으로, 젊었을 때 위나라 공자 무기毋忌, 無忌의 식객이 된 적이 있었다.

장이가 한 때 죄를 짓고 달아나 외황外黃에서 유랑하였는데, 그 때 외황의 한 부잣집에 매우 예쁜 딸이 있었다. 천한 고용살이에게 시집을 갔다가 남편에게서 도망쳐 나와 아버지의 빈객에게 몸을 의탁하고 있었다. 이 빈객은 전부터 장이를 알고 있어서 그 여인에게 말하였다.

"굳이 현명한 남편을 구하고 싶거든 장이를 따라가거라."

그 여자가 승낙하자, 빈객은 그 여자를 위하여 남편과의 이혼 절차를 밟고 장이에게 시집보냈다. 장이는 이때 혐의가 풀려 자유로이 돌아다닐 수 있었다. 여자의 집에서 후한 예물을 갖추어 보내자, 장이는 천 리 먼 곳에 사는 사람들까지도 초청할 수가 있었다. 그리하여 위나라에 벼슬을 하여 마침내 외황 현령이 되어 더욱 어진 사람으로 명성이 높아졌다.

진여陳餘 또한 대량 사람으로 유교의 학문을 좋아하였으며, 그는 조趙나라 고형苦陘에 자주 유람하였다. 고형의 부호 공승公乘씨가 딸을 진여에게 아내로 주었다. 이것도 진여가 평범한 사람이 아닌 줄 알았기 때문이었다.

진여는 젊은 시절에 장이를 아버지와 같이 섬겼으며 그 두 사람은 문경지교刎頸之交를 맺었다.

張耳者, 大梁人也. 其少時, 及魏公子毋忌爲客. 張耳嘗亡命游外黃. 外黃富人女甚美, 嫁庸奴, 亡其夫, 去抵父客. 父客素知張耳, 乃謂女曰:「必欲求賢夫, 從張耳.」女聽, 乃卒爲請決, 嫁之張耳. 張耳是時脫身游, 女家厚奉給張耳, 張耳以故致千里客. 乃宦魏爲外黃令. 名由此益賢. 陳餘者, 亦大梁人也,好儒術, 數游趙苦陘. 富人公乘氏以其女妻之, 亦知陳餘非庸人也. 餘年少, 父事張耳, 兩人相與爲刎頸交.

◉ 하찮은 관리에게 죽음을 당하려 하는가

진나라가 대량을 함락시켰을 때 장이는 외황에 집을 장만해 살고 있었다. 그때 고조高祖 유방劉邦는 아직 평민이었을 때였다. 유방은 자주 장이를 따르며 사귄 적도 있었고 몇 달 동안 빈객이 된 일도 있었다.

진秦나라는 위나라를 없애고, 나서 수년 후, 장이와 진여 두 사람이 위나라의 명사였음을 것을 듣고, 장이에게는 1천 금, 진여에게는 500금의 상금을 걸고 두 사람을 수배하였다. 장이와 진여는 이름을 바꾸고 함께 진陳나라로 가서 시골 마을의 문지기가 되어 살았다. 어느 날 마을 관리가 무슨 혐의를 발견하고 진여를 매질하였다. 진여가 일어나서 반항을 하려 들자, 장이는 그의 발을 밟아 관리에게 대항하지 않도록 눈짓을 하여 그대로 매를 맞게 하였다. 관리가 떠난 다음에 장이는 진여를 뽕나무 밭 속으로 데리고 가서 꾸짖었다.

"처음에 나와 그대가 맹세하였을 때 뭐라고 말하였는가? 그런데도 불구하고 이제 하찮은 모욕을 받았다고 해서 한 하급 관리의 손에 죽음을 당하려 하는가?"

진여는 과연 그렇다는 여겼다.

진나라는 조서를 내려 상을 걸고 두 사람을 찾았다. 두 사람도 또한 모른 척하고 문지기의 책임을 다하기 위해 이 조서를 마을에 전하였다.

秦之滅大梁也, 張耳家外黃. 高祖爲布衣時, 嘗數從張耳游, 客數月. 秦滅魏數歲, 已聞此兩人魏之名士也, 購求有得張耳千金, 陳餘五百金. 張耳·陳餘乃變名姓, 俱之陳, 爲里監門以自食. 兩人相對. 里吏嘗有過笞陳餘, 陳餘欲起, 張耳躡之, 使受笞. 吏去, 張耳乃引陳餘之桑下而數之曰:「始吾與公言何如? 今見小辱而欲死一吏乎?」陳餘然之. 秦詔書購求兩人, 兩人亦反用門者以令里中.

◉ 왕위를 거절하십시오

진섭陳涉이 기蘄에서 봉기하여 진陳 땅에 이르렀을 때, 병력은 수만 명에 달하였다. 장이와 진여는 진섭에게 만나기를 청하였다.

진섭이나 좌우의 사람들은 전부터 장이와 진여의 명성을 듣기는 하였으나 아직 만난 일은 없었다. 여기 와서 비로소 만나게 되자 크게 기뻐하였다.

그 때 진陳나라의 호걸과 원로들은 진섭에게 말하였다.

"장군은 스스로 갑주를 차리고 무기를 들어 군사들을 이끌고 포악한 진秦나라를 쳐서 초楚나라의 사직을 부흥시켜 주었으며, 망한 것을 다시 일으켜 세우고 끊어진 것을 이었습니다. 그 공덕으로 보면 왕이 되는 것이 당연합니다. 천하의 모든 장수 앞에 서려면 아무래도 왕이 되지 않고는 아니될 것입니다. 초나라의 왕이 되어 주십시오."

진섭이 이 문제를 장이·진여 두 사람에게 묻자 두 사람은 이렇게 대답하였다.

"무릇 진秦나라는 참으로 무도하여 남의 나라를 깨뜨리고 사직을 없애고, 남의 자손을 끊고, 백성들의 힘을 피폐케 하고 재산을 모두 빼앗았습니다. 이러한 때 장군은 눈을 부릅뜨고 담력을 크게 하여 만 번 죽음에 한 번 삶을 돌아보지 않는 큰 계책을 내어 천하를 위해 잔학한 진나라를 쳐 없애려고 하는 것입니다. 그러한데 이제 진陳 땅에 입성한 것으로 해서 왕이 되는 것은 천하에 사사로운 욕심을 보이는 것이 됩니다. 원컨대 장군은 왕에 오를 것이 아니라 서둘러 군사를 동원하여 서쪽으로 나아가 진秦나라를 치고, 멸망한 여섯 나라에 사자를 보내어 후계자를 세워 뒤를 잇게 하십시오. 이것은 장군을 위해서는 동지를 만드는 일이 되며 진秦나라에는 적을 많이 만들어 주는 것이 됩니다."

두 사람은 계속해서 방책을 말하였다.

"진秦나라에 적이 많아지면 그 힘은 분산될 것이며, 우리편에 동지가 많아지면 장군의 군사는 강력해집니다. 형세가 이렇게 되면 들에서는 각축하는 적의 군사를 보지 않게 되고, 현에서는 성을 지켜 저항하는 자가 없고, 포학한 진秦나라 왕을 죽여 그 나라의 도성 함양咸陽을 근거로 하여 제후를 호령할 수 있을 것입니다. 여섯 나라 제후들도 멸망하였다가 왕이 되었으니, 장군의 은덕을 생각하여 따를 것입니다. 이렇게 하면 제업帝業을 이룰 수 있을 것입니다. 장군께서 다만 진陳 땅의 왕이 될 뿐이라면 아마 천하는 갈라져서 흩어질 것입니다."

그러나 진섭이 이 말을 듣지 않고 마침내 왕위에 오르고 말았다.

陳涉起蘄, 至入陳, 兵數萬. 張耳·陳餘上謁陳涉. 涉及左右生平數聞張耳·陳餘賢, 未嘗見, 見卽大喜.

陳中豪傑父老乃說陳涉曰:「將軍身被堅執銳, 率士卒以誅暴秦, 復立楚社稷, 存亡繼絶, 功德宜爲王. 且夫監臨天下諸將, 不爲王不可, 願將軍立爲楚王也.」陳涉問此兩人, 兩人對曰:「夫秦爲無道, 破人國家, 滅人社稷, 絶人後世, 罷百姓之力, 盡百姓之財. 將軍瞋目張膽, 出萬死不顧一生之計, 爲天下除殘也. 今始至陳而王之, 示天下私. 願將軍毋王, 急引兵而西, 遣人立六國後, 自爲樹黨, 爲秦益敵也. 敵多則力分, 與衆則兵彊. 如此野無交兵, 縣無守城, 誅暴秦, 據咸陽以令諸侯. 諸侯亡而得立, 以德服之, 如此則帝業成矣. 今獨王陳, 恐天下解也.」陳涉不聽, 遂立爲王.

◉ 지금이 공을 세울 때입니다

진여가 다시 진왕陳王에게 말하였다.

"대왕께서는 양나라와 초나라의 병력을 거느리고 서쪽으로 진군하고 있습니다. 그 사명은 함곡관函谷關에 들어가서 진秦나라를 치는 데에 있는데 아직 황하 이북 땅은 손에 들어오지 않았습니다. 신은 일찍이 조나라에 두루 돌아다닌 적이 있어 그곳의 호족들과 지형을 잘 알고 있습니다. 원컨대 기병을 몰아 북쪽 조나라 땅을 치기를 바랍니다."

진왕陳王은 이를 허락하여 본디 친교가 있었던 진陳나라 사람 무신武臣을 장군으로 삼고 소소邵騷를 호군護軍으로, 그리고 장이와 진여를 좌교위左校尉와 우교위右校尉로 삼아 병사 3천을 주어 북쪽 조나라 땅을 공격하도록 명하였다.

陳餘乃復說陳王曰:「大王擧梁·楚而西, 務在入關, 未及收河北也. 臣嘗游趙, 知其豪桀及地形, 願請奇兵北略趙地.」於是陳王以故所善陳人武臣爲將軍, 邵騷爲護軍, 以張耳·陳餘爲左右校尉, 予卒三千人, 北略趙地.

◉ 호족을 설득하다

무신 등은 백마진白馬津에서 황하를 건너 하북 지방의 호족들을 설득하였다.
"진秦나라는 문란한 정치를 행하고 포악한 형벌을 베풀어 천하를 박해하기
수십 년, 북에는 장성長城의 부역이 있었고 남에는 오령五嶺의 수비에
힘을 쏟고 있습니다. 안팎이 모두 소란하여 백성들은 피폐해졌는데도
집집마다 식구 수대로 세금을 거둬들여 군비에 충당하고 있습니다. 재물은
궁핍하고 힘은 다하여 백성들은 삶이 편할 수 없고 게다가 법은 가혹하여
형벌은 혹독하고, 천하의 모든 사람들의 마음을 불안에 떨게 하고 있습니다.
이에 진왕陳王께서 천하의 민생을 위해 팔을 걷고 용기를 내어 항전을
제창하여 초나라 땅에 임금이 되었으니, 사방 2천 리 사이에 방울 소리를
따르듯 응하지 않는 자가 없습니다. 집집이 자기 집을 위해 스스로 떨쳐
일어나고, 사람들마다 자기를 위해 싸우며, 저마다 원한을 갚아 원수를
치고, 현에서는 현령과 현승을 죽이고, 군郡에서는 군수와 군위를 죽였습니다.
이제 초나라를 일으켜 진왕陳王이 되고, 오광吳廣·주문周文으로 하여금
군사 100만의 장수로 하여 진秦나라를 치도록 하였습니다. 이 때에
한 나라나 한 성의 주인이 될 수 있는 공을 세우지 않는 자는 호걸이라
할 수 없습니다. 여러분들은 잘 생각해 보십시오. 천하가 한 마음으로
진나라에 괴로움을 느낀 지가 오래되었습니다. 천하의 힘을 아울러 무도한
군주를 치고 부형의 원한을 갚고 땅을 떼어 받아 봉후의 업을 행하는
것은 남아로서 공을 이루는 놓칠 수 없는 기회가 아니겠습니까?"
호족들은 모두 이 말에 수긍하여 가담하였다.

武臣等從白馬渡河, 至諸縣, 說其豪桀曰:「秦爲亂政虐刑以殘賊天下,
數十年矣. 北有長城之役, 南有五嶺之戍, 外內騷動, 百姓罷敝, 頭會箕斂,
以供軍費, 財匱力盡, 民不聊生. 重之以苛法峻刑, 使天下父子不相安. 陳王
奮臂爲天下倡始, 王楚之地, 方二千里, 莫不響應, 家自爲怒, 人自爲鬪, 各報

其怨而攻其讎, 縣殺其令丞, 郡殺其守尉. 今已張大楚, 王陳, 使吳廣·周文將卒百萬西擊秦. 於此時而不成封侯之業者, 非人豪也. 諸君試相與計之! 夫天下同心而苦秦久矣. 因天下之力而攻無道之君, 報父兄之怨而成割地有土之業, 此士之一時也.」豪桀皆然其言.

◉ 그대를 조문하러 왔소

이렇게 하여 갈수록 병사들을 거두어들여 그 수가 수만 명에 이르렀으며 무신 장군은 존경을 받아 무신군武信君이라 칭하게 되었다.

이윽고 조나라의 10개 성을 함락하였다. 그 나머지는 성을 지키며 항복을 거부하자, 이에 군사를 이끌고 동북의 범양范陽을 쳤다. 이때 범양 사람 괴통蒯通이 범양 현령에게 이렇게 말하였다.

"몰래 듣건대 공께서 곧 죽을 것이라 하여 조문하러 왔습니다. 그러나 공께서 이 괴통을 얻어 살아나게 된 것을 축하드립니다."

현령이 말하였다.

"어찌 나를 조문한다는 말이오?"

괴통이 말하였다.

"진秦나라 법은 매우 엄합니다. 공께서는 범양 현령을 지낸 지 10년이 되는데 그 동안에 남의 아버지를 죽이고, 남의 아들을 고아로 만들고, 사람들의 다리를 베고, 사람의 얼굴에 먹물을 넣는 등 마구 행한 일이 이루 셀 수가 없을 지경입니다. 그런데도 자애로운 아버지와 효성스런 자식들이 감히 그대의 배에 칼을 꽂지 못하고 있는 것은 진나라의 법이 무서웠기 때문입니다. 이제 천하는 크게 어지러워지고 진나라의 법은 제대로 시행되지 못하게 되었습니다. 그렇다면 자애로운 아버지와 효성스런 자식들이 이제야 때가 왔다고 칼로 그대의 배를 찔러 명성을 올리려 할 것은 뻔한 일입니다. 이것이 내가 공을 조문하는 까닭입니다. 이제 제후들은 진나라를 배반하고 무신군의 군사는 바야흐로 이곳을 공격해 들어오고 있습니다. 공께서는 아직도 범양을 굳이 지키려고 하나 젊은 사람들은 서로 앞다투어 그대를 죽이고 무신군에게 가담하려 합니다.

만약 그대가 신속히 나로 하여금 무신군을 만나게 하면 화를 복으로 돌릴 수 있을 것이지만 때를 놓치면 기회는 다시 없을 것입니다."

이에 범양 현령이 괴통을 무신군에게 보내자 괴통이 무신군에게 말하였다.

"그대는 전쟁을 하여 땅을 빼앗고 공격하여 성을 항복받는데, 제가 몰래 생각하는 바로는 그것은 틀린 방법입니다. 만약 그대가 저의 계책을 들으신다면 치지 않고 성을 항복받고, 싸우지 아니하고 땅을 빼앗으며, 격문을 전하는 것으로써 천 리를 평정할 수 있을 것입니다. 어떻습니까?"

무신군이 물었다.

"어떻게 한다는 것인가?"

괴통이 말하였다.

"이제 범양 현령은 군사를 정돈하여 수비를 튼튼히 해야 할 터인데 비겁하게도 죽음을 겁내고 탐욕스럽게도 부귀를 중히 여겨 천하에서 가장 먼저 항복하려고 듭니다. 다만 그로써는 그대가 진秦나라에서 임명한 관리라고 하여 전번 10성을 공략할 때처럼 자신을 죽이지 않을까 두려워하고 있습니다. 범양의 젊은이들은 현령을 죽이고 저희들끼리 성을 지키며 그대에게 저항을 하려고 합니다. 그러니 그대가 내게 제후의 인印을 주어 다시 그를 범양 현령으로 임명할 수 있도록 해 준다면, 범양 현령은 성을 들어 그대에게 항복할 것이며 젊은이들도 감히 현령을 죽이려 들지 못할 것입니다. 그리고 나서 범양 현령을 붉은 칠을 한 화려한 좌석의 수레에 태워 연나라와 조나라의 교외를 달리게 하면 교외에서 보는 자들은 모두 '저 사람은 제일 처음으로 항복한 범양 현령이다'라고 떠들어 관리들도 안심하고 기뻐하게 될 것입니다. 이렇게 하여 연·조나라의 성은 공격할 것도 없이 항복을 받게 되는 것이니 격문을 전하는 것만으로 천 리의 땅을 평정할 수 있다는 것은 바로 이것을 말하는 것입니다."

무신군은 이 계책을 좇아 괴통에게 제후의 인을 주어 범양 현령에게 보내었다. 조나라에 이 소문이 전해지자 싸우지 않고 항복한 성이 30여 곳에 달하였다.

乃行收兵, 得數萬人, 號武臣爲武信君. 下趙十城, 餘皆城守, 莫肯下. 乃引兵東北擊范陽. 范陽人蒯通說范陽令曰:「竊聞公之將死, 故弔. 雖然, 賀公得通而生.」范陽令曰:「何以弔之?」對曰:「秦法重, 足下爲范陽令十年矣, 殺人之父, 孤人之子, 斷人之足, 黥人之首, 不可勝數. 然而慈父孝子莫敢倳刃公之腹中者, 畏秦法耳. 今天下大亂, 秦法不施, 然則慈父孝子且倳刃公之腹中以成其名, 此臣之所以弔公也. 今諸侯畔秦矣, 武信君兵且至, 而君堅守范陽, 少年皆爭殺君, 下武信君. 君急遣臣見武信君, 可轉禍爲福, 在今矣.」

范陽令乃使蒯通見武信君曰:「足下必將戰勝然後略地, 攻得然後下城, 臣竊以爲過矣. 誠聽臣之計, 可不攻而降城, 不戰而略地, 傳檄而千里定, 可乎?」武信君曰:「何謂也?」蒯通曰:「今范陽令宜整頓其士卒以守戰者也, 怯而畏死, 貪而重富貴, 故欲先天下降, 畏君以爲秦所置吏, 誅殺如前十城也, 然今范陽少年亦方殺其令, 自以城距君. 君何不齎臣侯印, 拜范陽令, 范陽令則以城下君, 少年亦不敢殺其令. 令范陽令乘朱輪華轂, 使驅馳燕‧趙郊. 燕‧趙郊見之, 皆曰此范陽令, 先下者也, 卽喜矣, 燕‧趙城可毋戰而降也. 此臣之所謂傳檄而千里定者也.」武信君從其計, 因使蒯通賜范陽令侯印. 趙地聞之, 不戰以城下者三十餘城.

◉또 하나의 진나라 횡포를 만드는 격

이렇게 하여 무신군은 어렵지 않게 조나라의 옛 서울 한단邯鄲에 입성하자, 이때 장이와 진여는 주장周章의 군대가 함곡관으로 들어와 희戲 땅까지 갔다가 퇴각하였다는 소문을 들었다. 여러

〈張耳斬陳餘圖〉 明刻本 《兩漢開國中興志傳》 삽화

장수들이 진왕陳王을 위해 각지를 공격하여 땅을 빼앗았으나 대부분의 장수가 참소와 비방에 의해 억울하게 죽음을 당한 자가 많다는 소문도 들었다. 전날 진왕陳王이 자신들이 올린 계책을 듣지 않고 또 자신들을 장군으로 삼지 않고, 교위로 삼은 것을 원망하여 무신을 설득하여 다음과 같이 말하였다.

"진왕陳王은 기에서 일어나 진陳 땅에 이르러 왕이 되었으나, 이것도 결국

여섯 나라의 후예는 아닙니다. 장군께서는 이제 3천 명을 이끌고 조나라 수십 개 성을 항복받고 홀로 떨어져 하북河北에 주둔해 있는데 장군께서 왕이 되지 않고서는 하북을 평정할 수 없을 것입니다. 게다가 진왕陳王은 참소에 쉽게 현혹되는 사람이니, 하북에서 돌아가 복명하더라도 화를 면하기 어려울 것입니다. 또 조나라 왕을 세우는 데 대해서도 훈공이 있는 장군보다는 자기의 형제를 왕위로 세우려고 할 것이며, 아니면 조나라 왕의 후손을 세울 것입니다. 장군께서는 이 때를 놓치지 마시오. 시간의 여유가 없습니다."

무신은 이 말을 받아들이고 마침내 조왕趙王이 되었다. 진여를 대장군, 장이를 우승상, 소소邵騷를 좌승상으로 삼아, 사자를 진왕陳王에게로 보내어 이 사실을 알리게 하였다.

진왕陳王은 크게 노하여 무신의 일족을 모조리 죽이고 군대를 동원하여 조나라를 치려고 하였다. 이때 진왕陳王의 상국 방군房君이 왕에게 이렇게 말하였다.

"진秦나라가 아직 멸망하지 않았는데 무신 일족을 죽이는 것은, 또 하나의 횡포한 진나라가 생기는 것과 같은 일입니다. 이런 때는 도리어 무신에게 축하를 올리면서 급히 군사를 이끌고 서쪽 진나라를 치는 것이 좋습니다."

진왕陳王은 이 말을 그렇다고 여겨 무신 등의 일족들을 궁중에 옮겨 연금하고 장이의 아들 오敖를 성도군成都君에 봉하였다.

한편 사자를 보내어 조나라 왕을 축하하고 출병을 재촉하여 함곡관으로 들어가도록 요청하였다. 이에 장이와 진여가 무신에게 말하였다.

"대왕께서 조나라 왕이 된 것은 초楚나라의 본래 의도가 아닙니다. 초나라는 다만 계책으로써 축복하는 데 지나지 않습니다. 진秦나라를 멸망시키고 나면, 초나라는 틀림없이 조나라를 치고자 할 것입니다. 원컨대 대왕께서는 군사를 서쪽으로 움직이지 마시고 북쪽의 연燕·대代를 공격하여 빼앗고 남쪽의 하내河內를 손에 넣어 영토를 넓히도록 하십시오. 조나라가 남쪽 대하大河에 웅거하여 국경을 지키고, 북쪽 연·대 지방을 아울러 가지면 설령 초나라가 진秦나라에 이기더라도 조나라를 제압하지는 못할 것입니다."

조나라 왕은 그렇다고 여겨 군사를 서쪽으로 돌리지 않고 대신 한광韓廣에게 연나라를, 이량李良에게 상산常山 지방을, 장염張黶에게 상당上黨을 공략하도록 하였다.

至邯鄲, 張耳·陳餘聞周章軍入關, 至戲卻; 又聞諸將爲陳王徇地, 多以讒毀得罪誅, 怨陳王不用其筴不以爲將而以爲校尉. 乃說武臣曰:「陳王起蘄, 至陳而王, 非必立六國後. 將軍今以三千人下趙數十城, 獨介居河北, 不王無以填之. 且陳王聽讒, 還報, 恐不脫於禍. 又不如立其兄弟; 不, 卽立趙後. 將軍毋失時, 時閒不容息.」武臣乃聽之, 遂立爲趙王. 以陳餘爲大將軍, 張耳爲右丞相, 邵騷爲左丞相.

使人陳王, 陳王大怒, 欲盡族武臣等家, 而發兵擊趙. 陳王相國房君諫曰:「秦未亡而誅武臣等家, 此又生一秦也. 不如因而賀之, 使急引兵西擊秦.」陳王然之, 從其計, 徙繫武臣等家宮中, 封張耳子敖爲成都君.

陳王使使者賀趙, 令趣發兵西入關. 張耳·陳餘說武臣曰:「王王趙, 非楚意, 特以計賀王. 楚已滅秦, 必加兵於趙. 願王毋西兵, 北徇燕·代, 南收河內以自廣. 趙南據大河, 北有燕·代, 楚雖勝秦, 必不敢制趙.」趙王以爲然, 因不西兵, 而使韓廣略燕, 李良略常山, 張靨略上黨.

◉ 마구간지기 병사의 활약

그런데 연나라로 간 한광은 연나라 사람들에게 추앙되어 연나라 왕이 되어버리자, 조나라 왕은 장이·진여와 함께 연나라 국경을 쳤다. 조나라 왕이 몰래 밖에 나갔다가 그만 연나라 군사들에게 붙들렸다.

연나라의 장수는 조나라 왕을 가두어 놓고 조나라가 영토를 반분해 준다면 그 왕을 돌려보내겠다고 하였다. 조나라의 사자가 연달아 연나라로 갔으나 연나라에서는 그 때마다 사자를 죽이고 땅을 요구하였다.

장이와 진여가 걱정하고 있을 때 마구간지기 병사 한 사람이 같은 막사의 동료들에게 이별을 고하며 말하였다.

"나는 장이와 진여 두 분을 위해 연나라를 설득하고 조나라 왕과 함께 수레로 돌아오겠소."

그러자 막사에 있는 사람들은 한결같이 비웃었다.

"지금까지 10여 명이나 사자가 갔는데 모두 죽음을 당하였다. 어떻게 당신이 왕을 모시고 돌아올 수 있겠는가?"

그러나 마구간지기 병사는 연나라의 성을 향해 나아가 연나라의 장수를 만나서 물었다.

"내가 무엇을 원하는지 아시겠소?"

연나라 장수가 대답하였다.

"너는 조나라 왕을 구원하고자 할 것이다."

그러자 그 병사는 다시 이렇게 물었다.

"당신은 장이와 진여가 어떤 사람인지 아십니까?"

연나라 장수가 답하였다.

"똑똑한 사람들이지."

병사가 물었다.

"그들이 무슨 일을 하고 싶어하는지 아십니까?"

연나라 장수가 말하였다.

"왕을 구하고 싶어하겠지."

그러자 조나라의 병사는 웃으며 이렇게 말하였다.

"그대는 두 사람이 바라는 것을 아직 모르고 있습니다. 무신과 장이, 진여 이 세 사람은 채찍을 흔드는 것만으로 조나라의 수십 개 성을 항복받았소. 그리고 저마다 왕이 될 뜻을 가지고 있을 뿐 대신·재상으로서 만족할 사람들이 아닙니다. 신하와 임금의 지위를 어찌 같다고 하겠습니까? 생각건대 세력이 안정된 그 당장에는 나라를 셋으로 나누어 저마다 왕이 되려고 하지 않고 연장자인 것을 이유로 얼마 동안은 무신을 왕으로 세워 조나라의 민심을 모으려고 하는 것입니다. 그러나 지금 조나라의 땅이 완전히 손에 들어왔으니 저 두 사람도 역시 조나라를 갈라 각기 왕이 될 것을 원하고 있습니다. 다만 시기를 보고 있을 뿐입니다. 이제 그대가 조나라 왕을 붙잡아 놓고 있으나 이 두 사람이 조나라 왕을 구해 내려고 하는 것은, 다만 명분만을 위한 것이지 내심에는 연나라가 조나라 왕을 죽여 없애주기를 바라고 있습니다. 그가 죽고나면 두 사람은 조나라 땅을 갈라 각각 왕이 될 것입니다. 조나라 하나만으로도 오히려 연나라를 업신여기는데, 더욱이 똑똑한 두 사람이 좌우로 손잡아 조나라 왕을 죽인 연나라의 죄를 문책한다면 연나라를 멸망시키는 것은 쉬울 것입니다."

연나라 장수는 과연 그렇다고 여겨 조나라 왕을 석방하였고, 그 병사는 마차에 왕을 태워 돌아왔다.

韓廣至燕, 燕人因立廣爲燕王. 趙王乃與張耳·陳餘北略地燕界. 趙王閒出, 爲燕軍所得. 燕將囚之, 欲與分趙地半, 乃歸王. 使者往, 燕輒殺之以求地. 張耳·陳餘患之. 有廝養卒謝其舍中曰:「吾爲公說燕, 與趙王載歸.」舍中皆笑曰:「使者往十餘輩, 輒死, 若何以能得王?」乃走燕壁. 燕將見之, 問燕將曰: 「知臣何欲?」燕將曰:「若欲得趙王耳.」曰:「君知張耳·陳餘何如人也?」 燕將曰:「賢人也.」曰:「知其志何欲?」曰:「欲得其王耳.」趙養卒乃笑曰: 「君未知此兩人所欲也. 夫武臣·張耳·陳餘杖馬箠下趙數十城, 此亦各欲 南面而王, 豈欲爲卿相終己邪? 夫臣與主豈可同日而道哉, 顧其勢初定, 未敢 參分而王, 且以少長先立武臣爲王, 以持趙心. 今趙地已服, 此兩人亦欲分 趙而王, 時未可耳. 今君乃囚趙王. 此兩人名爲求趙王, 實欲燕殺之, 此兩人 分趙自立. 夫以一趙尚易燕, 況以兩賢王左提右挈, 而責殺王之罪, 滅燕易矣.」 燕將以爲然, 乃歸趙王, 養卒爲御而歸.

◉ 왕의 누이

이량이 상산 지방을 평정하고 돌아와 보고하자, 조나라 왕은 다시 이량에게 태원太原을 치도록 하였다. 이량이 석읍石邑에 이르자, 진秦나라 군대가 정형井陘의 험한 지세를 막고 있어 더 이상 전진할 수가 없었다.

진나라 장수가 2세 황제의 사자라고 속여 이량에게 편지를 보내면서 고의로 봉하지 않았다. 그 편지에는 이렇게 쓰여 있었다.

"그대 이량은 일찍이 나를 섬겨 높은 직위와 후한 대우를 받았다. 만약 그대가 진심으로 조나라를 배반하고 진나라를 위한다면 그대의 죄를 용서하여 벼슬의 지위를 높여 주리라."

이량은 이 편지를 보고 의심하여 믿지 않았다. 그리고 한단으로 돌아와 증원을 청하려 하였다. 그때 도중에서 조나라 왕의 누이가 연회를 마치고 돌아가는 행렬을 만나게 되었다. 행렬은 100여 기를 거느리고 있었다. 이량이 이 행차를 왕의 거동인 줄로 잘못 알고 길바닥에 엎드려 절을 하자, 왕의 누이는 그때 술에 취하여 이량이 장군인 줄도 모르고 수레 안에서 기병에게 명하여 답례하게 하였다. 이량은 본래 귀인의 신분이었는데 일어설 때 자기의 부하들을 돌아보기가 부끄러웠다. 그러자 부하 하나가 이렇게 말하였다.

"이제 천하가 진秦나라를 배반하고 있습니다. 능력 있는 자가 먼저 왕이 될 때입니다. 조나라 왕은 본디 장군의 밑에 있던 사람입니다. 그런데 지금 그의 누이조차 장군을 보고 수레에서 내리지도 않고 그냥 지나가는 것을 그냥 둘 수 없습니다. 쫓아가서 죽이는 것을 허락해 주십시오."

이량은 진나라의 편지를 받고나서부터 조나라를 배반할까 생각하면서도 아직 뜻을 결정하지 못하고 있던 참이다. 이렇게 되자 노여움을 참지 못해 사람을 보내어 왕의 누이를 도중에서 죽이고 마침내 그의 부하 군사를 이끌고 한단을 습격하였다. 한단에서는 이를 알지 못하고 있었고 무신과 소소는 마침내 죽음을 당하고 말았다.

李良已定常山, 還報, 趙王復使良略太原. 至石邑, 秦兵塞井陘, 未能前. 秦將詐稱二世使人遺李良書, 不封, 曰:「良嘗事我得顯幸. 良誠能反趙爲秦, 赦良罪, 貴良.」良得書, 疑不信. 乃還之邯鄲, 益請兵. 未至, 道逢趙王姊出飮, 從百餘騎. 李良望見, 以爲王, 伏謁道旁. 王姊醉, 不知其將, 使騎謝李良. 李良素貴, 起, 慙其從官. 從官有一人曰:「天下畔秦, 能者先立. 且趙王素出 將軍下, 今女兒乃不爲將軍下車, 請追殺之.」李良已得秦書, 固欲反趙, 未決, 因此怒, 遣人追殺王姊道中, 乃遂將其兵襲邯鄲. 邯鄲不知, 竟殺武臣·邵騷.

◉ 위기에서 탈출한 장이와 진여

조나라 사람들 중에는 장이·진여의 귀와 눈이 되어서 첩보를 전해 주는 자가 많았기 때문에 두 사람은 이 위기를 탈출할 수 있었고, 휘하 군사를 정돈하니 수만 명이 되었다. 빈객 중에 어떤 자가 장이에게 이렇게 말하였다.

"두 분은 타국에서 들어온 나그네 같은 몸입니다. 조나라에서 독립하려고 해도 그것은 어려운 일입니다. 조나라 왕의 후손을 왕으로 세우고 의義를 내세워 그를 도우면 성공할 수 있을 것입니다."

그리하여 옛 조나라 왕의 후손 조헐趙歇이라는 자를 찾아내어 조나라 왕으로 세우고 신도信都에 자리잡게 되었다.

이량은 군사를 동원하여 진여를 쳤으나 도리어 진여에게 격파되어 패주하다가, 진秦나라의 장수 장한章邯에게 투항하고 말았다.

장한은 군사를 이끌고 한단으로 나아가 백성들을 모두 하내로 옮기고 성곽을 파괴하였다. 장이는 조나라 왕 헐과 함께 거록성鉅鹿城으로 들어갔지만, 진秦나라 장수 왕리王離에게 포위당하고 말았다. 한편 진여는 북쪽 상산 지방의 군사를 정돈하여 수만 명을 얻어 거록의 북쪽에 진을 치고 있었다. 장한은 거록의 남쪽 극원棘原에 진을 치고 용도甬道를 만들어 하수河水 연안까지 연결하여 왕리에게 군량을 공급하였다. 왕리의 군대는 식량이 충분해지자 분발하여 거록을 급습하였다.

거록성 내에는 식량이 이미 바닥나고 병력이 적었다. 장이는 진여에게 여러 차례 사신을 보내어 군사를 전진시키라고 도촉하였지만, 진여는 진秦나라에 대항하기에는 병력이 적다고 생각하여 몇 달 동안 나아가려고 하지 않았다. 장이는 크게 노하여 진여에게 장염張黶과 진택陳澤을 보내어 책망하였다.

"전에 나는 그대와 문경지교를 맺은 사이오. 지금 왕과 내가 아침저녁을 기약하지 못하고 죽음과 직면해 있는데 그대는 수만 명의 군사를 보유하고 있으면서도 구원을 하지 않고 있으니 서로를 위해 목숨을 버리자는 의리는 어찌된 것이오! 만약 그대에게 신의가 있다면 어찌하여 진나라 군대와 일전을 겨루어 함께 죽자고 하지 않고 있소? 그렇게 하면 그래도 열에 한둘은 온전할 수 있을 텐데."

그러자 진여가 말하였다.

"나아가 치더라도 결국은 조나라를 구할 수가 없으며 경솔하게 대들었다가 군사들만 떼죽음하고 말 것이오. 내가 같이 죽으려고 하지 않는 것은 조나라 왕과 장공을 위해 진秦나라에 보복하고자 사는 생각 때문이오. 이제 한꺼번에 죽는 것은 주린 범에게 고기를 던지는 것과 같으니 무슨 이익이 있겠소?"

이에 장염과 진택이 한목소리로 말하였다.

"사태는 이미 급박하오! 함께 죽어 신의를 세워야지 어찌 후일만 생각하시오?"

그러자 진여가 말하였다.

"내가 죽는다고 무슨 소용이 있겠소? 어찌 되었건 그대 말대로 하고자 한다면 5천 명을 파견키로 하겠소."

그리하여 우선 장염과 진택에게 5천 명을 주어 진秦나라 군대에 맞서도록 하였으나 역시 싸움터에 이르러 모두 전사하였다.

趙人多爲張耳·陳餘耳目者, 以故得脫出. 收其兵, 得數萬人. 客有說張耳曰: 「兩君羈旅, 而欲附趙, 難; 獨立趙後, 扶以義, 可就功.」 乃求得趙歇, 立爲趙王, 居信都. 李良進兵擊陳餘,. 陳餘敗李良, 李良走歸章邯.

章邯引兵至邯鄲, 皆徙其民河內, 夷其城郭. 張耳與趙王歇走入鉅鹿城, 王離圍之. 陳餘北收常山兵, 得數萬人, 軍鉅鹿北. 章邯軍鉅鹿南棘原, 築甬 道屬河, 餉王離. 王離兵食多, 急攻鉅鹿. 鉅鹿城中食盡兵少, 張耳數使人召 前陳餘, 陳餘自度兵少, 不敵秦, 不敢前. 數月, 張耳大怒, 怨陳餘, 使張黶· 陳澤往讓陳餘曰: 「始吾與公爲刎頸交, 今王與耳旦暮且死, 而公擁兵數萬, 不肯相救, 安在其相爲死! 苟必信, 胡不赴秦軍俱死? 且有十一二相全.」 陳餘曰: 「吾度前終不能救趙, 徒盡亡軍. 且餘所以不俱死, 欲爲趙王·張君 報秦. 今必俱死, 如以肉委餓虎, 何益?」 張黶·陳澤曰: 「事已急, 要以俱死 立信, 安知後慮!」 陳餘曰: 「吾死顧以爲無益. 必如公言.」 乃使五千人令 張黶·陳澤先嘗秦軍, 至皆沒.

● 초나라 군사가 구해준 셈

이때 조나라의 위급함을 듣고 연·제·초나라 각지에서 원군이 왔다. 장이의 아들 오敖도 또한 북쪽 대代의 군사를 거두어 1만여 명을 거느리고 달려왔다. 그들은 모두 진여의 진지 한 옆에 방벽을 쌓고 있을 뿐 서둘러 진秦나라를 치려 하지는 않는 것이었다.

때마침 항우項羽의 군사가 여러 번 장한의 용도를 차단하여 왕리의 군대는 식량 보급을 받지 못해 곤궁에 처하고 말았다. 뒤이어 항우는 전 군사를 이끌고 하수를 건너 마침내 장한의 군사를 쳐서 깨뜨렸다. 장한은 군사를 물려 흩어지고 말았으며, 제후들의 연합군은 거록을 포위하여 진나라 군대를 쳐서 마침내 왕리를 사로잡았다. 이에 진나라 장수 섭간涉閒은 자살하였다. 결국 거록성을 구한 것은 초나라의 힘이었다.

當是時, 燕·齊·楚聞趙急, 皆來救. 張敖亦北收代兵, 得萬餘人, 來, 皆壁 餘旁, 未敢擊秦. 項羽兵數絕章邯甬道, 王離軍乏食, 項羽悉引兵渡河, 遂破 章邯. 章邯引兵解, 諸侯軍乃敢擊圍鉅鹿秦軍, 遂虜王離. 涉閒自殺. 卒存鉅 鹿者, 楚力也.

◉ 인수를 되돌려 주지 않자

조나라 왕 헐과 장이는 그제야 거록성을 나와 제후들에게 감사의 예를 표했다. 장이는 진여를 만나, 조나라 왕의 구출을 거부한 일을 책망하고 장염과 진택의 소재를 물으며 이렇게 말하였다.

"장염과 진택은 나에게 전사하라고 협박하였소. 그리하여 그들 두 사람 에게 5천 명을 거느리고 가서 먼저 진나라 군대와 맞서 보도록 하였으나 모두 전사하였는지 누구 한 사람도 살아서 돌아온 자가 없소."

장이는 이 말을 믿지 않고 진여가 죽인 것이라고 생각하여 더욱 끈질기게 캐묻자 진여는 끝내 이렇게 화를 냈다.

"당신이 나를 이렇게도 심히 원망할 줄은 몰랐소! 내가 장군의 직을 떠나는 것을 원통하게 생각하고 있는 줄 아시오?"

진여는 인수를 끌러 장이에게 내밀었다. 장이도 놀라 받지 않으려하였다. 진여가 일어나 변소로 간 사이에 빈객이 장이에게 말하였다.

"제가 듣건대 '하늘이 주는 것을 받지 않으면 도리어 그 화를 입는다'라고 하였습니다. 이제 진장군이 인수를 양보하려고 하는데 그대가 받지 않으면 이는 하늘의 뜻을 거역하는 것이 되어 상서롭지 못한 일입니다. 서둘러 받으시는 것이 좋겠습니다!"

장이는 그 인수를 차고 진여의 부하를 수중에 거두기로 하였다. 변소에서 돌아온 진여는 장이가 인수를 돌려주지 않는 것을 원망하며 그 자리를 떠나갔다.

장이는 마침내 진여의 군사를 거두었다. 진여는 부하 중에서 친한 사람 수백 명과 하수로 가서 고기잡이하는 것을 일로 삼았다. 이런 일로 해서 진여와 장이의 사이는 마침내 틈이 벌어지게 되었다.

於是趙王歇·張耳乃得出鉅鹿, 謝諸侯. 張耳與陳餘相見, 責讓陳餘以不肯救趙, 及問張黶·陳澤所在. 陳餘怒曰:「張黶·陳澤以必死責臣, 臣使將五千人先嘗秦軍, 皆沒不出.」張耳不信, 以爲殺之, 數問陳餘. 陳餘怒曰:「不意君之望臣深也! 豈以臣爲重去將哉?」乃脫解印綬, 推予張耳. 張耳亦愕不受. 陳餘起如廁. 客有說張耳曰:「臣聞『天與不取, 反受其咎』. 今陳將軍與君印, 君不受, 反天不祥. 急取之!」張耳乃佩其印, 收其麾下. 而陳餘還, 亦望張耳不讓, 遂趨出. 張耳遂收其兵. 陳餘獨與麾下所善數百人之河上澤中漁獵. 由此陳餘·張耳遂有卻.

◉ 항우에게 불만을

조나라 왕 헐은 다시 신도에 머물러 있었고, 장이는 항우와 제후들을 따라 함곡관으로 들어갔다.

한漢나라 원년 2월, 항우는 제후들을 왕으로 세웠다. 장이는 본래 여러 곳을 유람하여 각국의 많은 인사들에게 칭송을 받았고, 항우 또한 평소부터 여러 차례 장이가 똑똑하다는 것을 듣고 있던 터라 조나라를 분할하여 장이를 상산왕常山王으로 세워 신도를 다스리게 하였다. 그리고 신도의 이름을 양국襄國으로 바꾸었다.

진여의 빈객들 대부분이 항우에게 말하였다.

"진여와 장이와 한몸 같은 사이로서 똑같이 조나라에 공이 있습니다."

그러나 항우는 진여가 자신을 따라 함곡관으로 들어오지 않았지만 남피南皮에 있다는 말을 듣고, 곧 남피 부근의 3개 현을 주어 봉읍으로 삼았다. 그리고 조나라 왕 헐은 대로 옮겨 왕을 삼았다.

장이가 자신의 본국으로 가자, 진여는 더욱 노하여 말하였다.

"장이와 나는 공이 같은데 장이는 왕이 되고, 나만 홀로 후侯로 있는 것은 항우의 불공평한 처사이다."

제나라 왕 전영田榮이 초나라에 반기를 들자, 진여는 하열夏說로 하여금 전영을 이렇게 설득하도록 하였다.

"항우는 천하를 다스리나 불공평합니다. 모든 장수를 모두 좋은 땅의 왕으로 삼아주면서 본래 왕의 집안인 혈은 좋지 않은 땅으로 옮겨 왕으로 세워버렸습니다. 조나라 왕은 대에 있습니다. 대왕께서 신에게 군사를 빌려 주신다면, 남피의 땅을 대왕을 지키는 울타리로 만들겠습니다."

전영은 조나라와 친의를 맺어 초나라를 배반할 생각으로 군사를 보내어 진여의 지휘 아래 들게 하였다.

진여는 자신의 영지 3현의 군사를 모두 동원하여 상산왕 장이를 습격하였다.

趙王歇復居信都. 張耳從項羽諸侯入關. 漢元年二月, 項羽立諸侯王, 張耳雅游, 人多爲之言, 項羽亦素數聞張耳賢, 乃分趙立張耳爲常山王, 治信都. 信都更名襄國.

陳餘客多說項羽曰:「陳餘·張耳一體有功於趙.」項羽以陳餘不從入關, 聞其在南皮, 卽以南皮旁三縣以封之, 而徙趙王歇王代.

張耳之國, 陳餘愈益怒, 曰:「張耳與餘功等也, 今張耳王, 餘獨侯, 此項羽不平.」及齊王田榮畔楚, 陳餘乃使夏說說田榮曰:「項羽爲天下宰不平, 盡王諸將善地, 徙故王王惡地, 今趙王乃居代! 願王假臣兵, 請以南皮爲扞蔽.」田榮欲樹黨於趙以反楚 乃遣兵從陳餘. 陳餘因悉三縣兵襲常山王張耳.

◉ 진나라에 먼저 들어가는 자가 왕이 되리라

장이는 패주하면서 제후 중에 믿을 만한 자가 없다는 생각이 들어 이렇게 말하였다.

"한漢나라 왕과는 예부터 교분이 있었기는 하지만, 항우는 강성한 데다가 나를 왕으로 세워 주었으니 나는 초나라로 가련다."

이에 천문가天文家 감공甘公이 말하였다.

"한漢나라 왕이 함곡관으로 들어왔을 때 다섯 개의 별이 동정東井에 모였습니다. 동정은 천문으로 진秦나라의 분야에 해당하므로, 먼저 진나라에 들어온 자가 반드시 승리자가 될 것입니다. 초나라는 강성하지만 진나라에 들어오기는 한나라보다 늦었습니다. 초나라는 후일에 틀림없이 한나라에 종속될 것입니다."

이에 장이는 한나라로 달아났다. 그 무렵 한나라 왕도 삼진三秦을 평정하고 나서 장한을 폐구廢丘에서 포위하고 있었다. 장이가 한나라 왕을 만나자, 한나라 왕은 그를 후대하였다.

진여는 장이를 깨뜨리고 조나라 땅을 모두 거두어들인 다음, 이전의 조나라 왕을 대에서 맞아 다시 조나라 왕으로 받들었다. 조나라 왕은 진여를 대 땅의 왕으로 삼았지만, 진여는 조나라 왕이 미력하고 나라가 겨우 안정되었을 뿐이어서 자신의 나라로 가지 않고 머물러 조나라 왕의 사부가 되었다. 대신 하열을 보내 대의 재상으로 있으면서 나라를 지키도록 하였다.

한나라 2년, 한나라는 동쪽의 초나라를 치기 위하여 사자를 조나라로 보내어 함께 공략할 것을 제의하였다. 그러자 진여는 이렇게 대답하였다. "한나라가 장이를 죽이면 제의에 응하리다."

한나라 왕은 장이와 용모가 같은 자를 찾아내어 이를 베어 그 목을 진여에게 보내 주었다.

진여는 군사를 보내 한나라를 도왔으나, 한나라 군사가 팽성彭城 서쪽에서 패하고 또 장이가 죽지 않은 것을 알자 한나라를 배반하였다.

한나라 3년, 한신韓信이 위魏나라 땅을 평정하였다. 또한 한나라 왕은 장이와 한신을 보내 조나라의 정형井陘을 깨뜨리고 진여를 지수泜水 부근에서 베고 조나라 왕 헐을 쫓아 양국襄國에서 죽였다. 한나라는 장이를 조나라 왕으로 세웠다.

한나라 5년, 장이가 죽자 시호를 경왕景王이라 하고 아들 장오張敖가 대를 이어 조나라 왕이 되었다. 고조高祖의 장녀 노원공주魯元公主가 조나라 왕 장오의 왕후가 되었다.

張耳敗走, 念諸侯無可歸者, 曰:「漢王與我有舊故, 而項羽又彊, 立我, 我欲之楚.」甘公曰: 漢王之入關, 五星聚東井. 東井者, 秦分也. 先至必霸. 楚雖彊, 後必屬漢.」故耳走漢. 漢王亦還定三秦, 方圍章邯廢丘. 張耳謁漢王, 漢王厚遇之.

陳餘已敗張耳, 皆復收趙地, 迎趙王於代, 復爲趙王. 趙王德陳餘, 立以爲代王. 陳餘爲趙王弱, 國初定, 不之國, 留傅趙王, 而使夏說以相國守代.

漢二年, 東擊楚, 使使告趙, 欲與俱. 陳餘曰:「漢殺張耳乃從.」於是漢王求人類張耳者斬之, 持其頭遺陳餘. 陳餘乃遣兵助漢. 漢之敗於彭城西, 陳餘亦復覺張耳不死, 卽背漢.

漢三年, 韓信已定魏地, 遣張耳與韓信擊破趙井陘, 斬陳餘泜水上, 追殺趙王歇襄國. 漢立張耳爲趙王. 漢五年, 張耳薨, 諡爲景王. 子敖嗣立爲趙王. 高祖長女魯元公主爲趙王敖后.

◉ 장인 조고에게 예를 다하였지만

한나라 7년, 고조가 평성平城에서 조나라를 통과할 때, 조나라 왕은 아침저녁으로 웃옷을 벗고 앞치마를 걸치고 몸을 낮추어 손수 식사를 올려 사위로서의 예를 다하였다. 그런데도 고조는 두 발을 뻗치고 앉아 큰 소리로 꾸짖는 등 매우 불손하게 모욕하는 태도를 보였다. 조나라의 재상 관고貫高·조오趙午 등은 나이 60여 세로서 본래 장이의 식객이었다. 그들은 평소부터 의지가 굳고 남에게 굴하지 않는 성격이었다. 그리하여 고조의 불손한 태도를 보자 노하여 이렇게 말하였다.

"우리 왕은 아무 힘도 없는 나약한 왕이다!"

그리고 왕을 설득하여 이렇게 말하였다.

"이제 천하는 호걸이 연달아 일어나 능력 있는 자가 먼저 왕이 되는 때입니다. 이제 대왕께서는 고조를 섬기어 예를 다하였는데도 고조는 조금도 예의가 없습니다. 대왕을 위해 그를 죽이겠습니다!"

그래도 조나라 왕 장오는 자기 손가락을 깨물어 피를 내보이면서 말하였다.

"그대들은 그런 말을 함부로 하오? 선왕張耳께서는 한 번 나라를 잃어버렸을 때, 고조의 힘을 의지하여 나라를 회복할 수가 있었으며, 그 은택은 우리들 자손에게까지 미치게 되었소. 우리들이 가지고 있는 털끝 만한 물건조차도 다 고조가 주신 것이오. 그대들은 두 번 다시 그런 말을 입에 올리지 않기 바라오."

관고·조오 등 10여 명은 모두 입을 모아 다음과 같이 말하였다.

"이것은 우리들이 생각을 잘못한 것이오. 우리 왕은 관대하고 덕망 있는 사람으로서 남의 은덕을 배반하지 않았소. 그러나 우리의 의로써 판단한다면, 우리 왕이 모욕을 당하는 것을 가만히 보고만 있을 수는 없소. 고조가 우리 임금을 모욕하는 것을 원망하여 고조를 죽이려고 하는 것이, 어찌하여 임금의 덕을 더럽히는 것이 되겠소? 일이 성공되면 공을 왕에게 돌리고 실패하면 우리들 스스로가 죄를 받을 것이오."

漢七年, 高祖從平城過趙, 趙王朝夕祖鞲蔽, 自上食, 禮甚卑, 有子壻禮. 高祖箕踞罵, 甚慢易之. 趙相貫高·趙午等年六十餘, 故張耳客也. 生平爲氣, 乃怒曰:「吾王孱王也!」說王曰:「夫天下豪桀並起, 能者先立. 今王事高祖 甚恭, 而高祖無禮, 請爲王殺之!」張敖齧其指出血, 曰:「君何言之誤! 且先 人亡國, 賴高祖得復國, 德流子孫, 秋豪皆高祖力也. 願君無復出口.」貫高· 趙午等十餘人皆相謂曰:「乃吾等非也. 吾王長者, 不倍德. 且吾等義不辱, 今怨高祖辱我王, 故欲殺之, 何乃汙王爲乎? 令事成歸王, 事敗獨身坐耳.」

◉ 땅 이름이 남을 협박하는 곳이라

한나라 8년, 고조는 동원東垣에서 돌아오는 도중에 조나라를 지나게 되었다. 관고 등은 박인현栢人縣의 숙사 벽 안에 사람을 숨겨 놓았다가 고조를 죽이려고 하였다. 고조가 이곳을 지날 때 숙박할 요량으로 물었다.

"현의 이름을 뭐라고 하는가?"

"박인현栢人縣이라 합니다."

"박인이란 남에게 협박을 받는다는 뜻이로다!"

고조는 불길하게 여겨 숙박을 하지 않고 떠나 버렸다.

한나라 9년, 관고와 사이가 나빴던 사람이 그때의 음모를 알고 몰래 글을 올려 고해 바쳤다.

고조는 조나라 왕을 비롯하여 관고 등의 일당을 일제히 체포하자 그 때 연루된 수십 명이 다투어 자살하였으나, 관고만은 홀로 노하여 이렇게 꾸짖었다.

"그대들에게 이러한 음모를 꾸며 준 자가 누구요? 지금 우리 왕께서는 음모를 조금도 모르는데 함께 잡혀왔소. 그대들이 다 죽어버리면 대체 누가 왕께서 반기를 들지 않았음을 증명하겠소!"

漢八年, 上從東垣還, 過趙, 貫高等乃壁人柏人, 要之置廁. 上過欲宿, 心動, 問曰:「縣名爲何?」曰:「柏人.」「柏人者, 迫於人也!」不宿而去.

漢九年, 貫高怨家知其謀, 乃上變告之. 於是上皆幷逮捕趙王·貫高等. 十餘人皆爭自剄, 貫高獨怒罵曰:「誰令公爲之? 今王實無謀, 而幷捕王; 公等皆死, 誰白王不反者!」

● 자신의 처자를 사랑하지 않는 자가 어디 있소

관고와 조나라 왕 장오는 함거에 꼼짝도 못하게 갇힌 채 국도 장안長安으로 압송되어 그 죄를 묻게 되었다. 고조는 이렇게 조칙을 내렸다.

"조나라의 군신·빈객 중에 만일 왕을 쫓아오는 자가 있으면 일족을 모두 죽여 없애는 형벌을 내리리라."

그런데도 불구하고 빈객 맹서孟舒 등 10여 명은 스스로 머리를 깎고 칼을 쓰고 왕가의 노예 신분으로 따라나섰다.

관고는 장안에 도착하자, 문초하는 옥리에게 이렇게 진술하였다.

"다만 우리들 동지만이 모략하였던 것이오. 왕은 알지도 못하는 일이오."

관리는 자백을 시키기 위해 수천 번의 매를 치고 쇠바늘로 찔러서 전신에 모두 상처를 내어 더 이상 매를 칠 만한 성한 살이 없을 지경이 되었다. 그러나 관고는 끝까지 아무 말도 하지 않았다.

여후呂后는 고조에게 조나라 왕이 노원공주를 보아서라도 그러한 음모에 가담할 리가 없다고 거듭 말하였지만, 고조는 화를 내며 여후에게 말하였다.

"만약 장오가 천하를 차지한다면, 그대의 딸과 같은 경우가 한둘이겠는가?"

고조는 여후의 말을 듣지 않았다. 그때 정위廷尉가 관고를 문초한 전말을 아뢰자 고조는 말하였다.

"대단한 장사로다. 누가 관고와 아는 자인가? 사사로운 정과 도리로 물어 보라."

중대부中大夫 설공泄公이 말하였다.

"관고는 신과 같은 고을 사람으로 전부터 아는 사이입니다. 본래 그는 조나라의 명예와 도의를 중히 여기는 사람으로 믿음을 저버리지 않는 인물입니다."

고조는 설공에게 명하여 부절을 가지고 관고를 만나보도록 하였다. 설공이 대로 만든 가마를 타고 관고를 찾아가자, 관고가 그를 쳐다보며 말하였다.

"설공인가?"

설공은 그의 고통을 위로하며 평생의 친분으로 이야기를 나누다가 장왕이 과연 음모에 관련이 있는가 없는지의 여부를 물었다. 관고가 말하였다.

"인간으로서 자기 부모·처자를 사랑하지 않는 자가 어디 있겠소? 이제 우리 삼족은 모두 사형을 선고받고 있는데 아무리 임금을 위해서라지만, 어찌 나와 육친을 돌아보지 않을 수 있겠소? 그렇지만 왕께서는 음모를 꾸미지 않았소. 우리들만으로 일을 꾸민 것이오."

그리하여 일이 일어나게 된 원인과 이 일의 경과에 대해 왕은 전혀 알지 못하였다는 것을 갖추어 말하였다. 설공이 궁중으로 들어가서 고조에게 상세히 보고하자, 그제야 고조는 조나라 왕을 풀어 주었다.

乃轞車膠致, 與王詣長安. 治張敖之罪. 上乃詔趙羣臣賓客有敢從王皆族. 貫高與客孟舒等十餘人, 皆自髡鉗, 爲王家奴, 從來. 貫高至, 對獄, 曰:「獨吾屬爲之, 王實不知.」吏治榜笞數千, 刺剟, 身無可擊者, 終不復言. 呂后數言張王以魯元公主故, 不宜有此. 上怒曰:「使張敖據天下, 豈少而女乎!」不聽. 廷尉以貫高事辭聞, 上曰:「壯士! 誰知者, 以私問之.」中大夫泄公曰:「臣之邑子, 素知之. 此固趙國立名義不侵爲然諾者也.」上使泄公持節問之箯輿前. 仰視曰:「泄公邪?」泄公勞苦如生平驩, 與語, 問張王果有計謀不. 高曰:「人情寧不各愛其父母妻子乎? 今吾三族皆以論死, 豈以王易吾親哉! 顧爲王實不反, 獨吾等爲之.」具道本指所以爲者王不知狀. 於是泄公入, 具以報, 上乃赦趙王.

⚈ 왕을 시해하려 하였으니 어찌 부끄러움이 없겠소

그리고 고조는 신의를 지킨 관고의 사람됨이 현명하다 하여 설공을 보내어 그 동안의 사정을 알려 주도록 하였다.

"조나라 왕은 벌써 풀려났소. 따라서 관고도 용서하셨소."

관고는 기뻐하여 물었다.

"우리 왕이 분명히 석방되었소?"

설공은 대답하였다.

"그렇소."

그리고 나서 다시 덧붙였다.

"폐하께서는 그대가 훌륭하다 여기시고 그대를 용서하신 것이오."

그러자 관고는 말하였다.

"내가 온몸에 성한 살이 없도록 매를 맞으면서도 죽지 않은 것은 장왕에게 죄가 없음을 분명히 밝히려는 한 마음에서 그렇게 한 것이었소. 이제 왕이 석방되었다니 나의 책임은 이미 끝난 것이오. 이제 죽어도 한이 없소. 신하로서 군주를 죽이려 하였는데 무슨 면목으로 다시 왕을 섬길 수 있겠소! 설령 왕께서 나를 용서한다 하더라도 어찌 내 마음 속에 부끄러움이 없겠소?"

말을 마치고 관고는 목을 끊어 자살하였다. 이 일로 그의 이름은 천하에 널리 전해졌다.

上賢貫高爲人能立然諾, 使泄公具告之, 曰:「張王已出.」因赦貫高. 貫高 喜曰:「吾王審出乎?」泄公曰:「然.」泄公曰:「上多足下, 故赦足下.」貫高曰: 「所以不死一身無餘者, 白張王不反也. 今王已出, 吾責已塞, 死不恨矣. 且人臣有簒殺之名, 何面目復事上哉! 縱上不殺我, 我不愧於心乎?」乃仰 絶肮, 遂死. 當此之時, 名聞天下.

⊛ 빈객과 장씨 집안 후예들

장오가 이미 풀려나자, 그는 노원공주의 남편이라 하여 다시 선평후宣平侯로 봉해졌다. 고조는 또 장왕의 모든 빈객들이 칼을 쓰고 노비가 되어서까지 장왕을 좇아 함곡관으로 들어온 것을 어질다고 여겨 모두 제후의 재상·군수로 등용하였다. 효혜孝惠, 惠帝·고후高后·문제文帝·효경孝景, 景帝 때에 이르러 장왕의 빈객들의 자손들은 모두 봉록 2천 석의 고관을 지냈다.

장오는 고후 6년에 죽고, 그의 아들 언偃은 노원왕魯元王이 되었다. 어머니가 여후의 딸이었으므로 여후가 노원왕을 봉한 것이다.

노원왕은 허약한 데다가 형제가 적었다. 이밖에 장오의 서자인 두 아들이 봉을 받아, 수壽는 낙창후樂昌侯가 되고, 치侈는 신도후信都侯가 되었다. 고후가 별세한 뒤에 여씨 일족은 무도하였던 까닭으로 대신들이 이들을 죽이고 노원왕 및 낙창후·신도후도 폐하였다.

문제가 즉위하자 또 그전 나라 원왕 언을 남궁후南宮侯로 봉하여 장씨의 뒤를 잇게 하였다.

張敖已出, 以尚魯元公主故, 封爲宣平侯. 於是上賢張王諸客, 以鉗奴從張王入關, 無不爲諸侯相·郡守者. 及孝惠·高后·文帝·孝景時, 張王客子孫皆得爲二千石.

張敖, 高后六年薨. 子偃爲魯元王. 以母呂后女故, 呂后封爲魯元王. 元王弱, 兄弟少, 乃封張敖他姬子二人: 壽爲樂昌侯, 侈爲信都侯. 高后崩, 諸呂無道, 大臣誅之, 而廢魯元王及樂昌侯·信都侯. 孝文帝卽位, 復封故魯元王偃爲南宮侯, 續張氏.

⊛ 사마천의 평어

나 태사공은 이렇게 생각한다.

장이와 진여는 똑똑한 자들이라 세상에 전해졌다. 그들의 빈객과 종들까지도 천하의 준수俊秀·호걸 아닌 자가 없었고, 각기 거주한 나라에서 대신·재상의 지위를 획득하지 않은 자가 없었다.

장이와 진여는 빈천하였을 때, 서로 믿고 서로 친하여 죽음을 무릅쓰고 신의를 지켰으니 둘 사이에는 아무런 거리낌도 없는 사이였다. 그런데 각기 나라를 세워 권력을 다투자, 마침내 서로를 멸망시켰다. 예전에 서로 경모하고 신의를 다하는 사이였는데, 뒤에 가서 서로 배반하고 사리에 어긋난 행동을 한 것은 무엇 때문인가? 그것은 사리사욕 때문이 아니겠는가? 명예가 아무리 높고 빈객이 아무리 많다 해도 이 두 사람이 걸어온 길은 오태백吳太伯이나 연릉延陵의 계자季子가 나라를 서로 양보하였던 도리와는 너무도 다르다고 하겠다.

太史公曰: 張耳·陳餘, 世傳所稱賢者; 其賓客廝役, 莫非天下俊桀, 所居國無不取卿相者. 然張耳·陳餘始居約時, 相然信以死, 豈顧問哉. 及據國爭權, 卒相滅亡, 何鄉者相慕用之誠, 後相倍之戾也! 豈非以勢利交哉? 名譽雖高, 賓客雖盛, 所由殆與太伯·延陵季子異矣.

030(90) 위표팽월 열전魏豹彭越列傳

① 위표魏豹 ② 팽월彭越

〈1〉위표魏豹

◉ 천하가 어지러우면 충신이 나타나는 법

위표魏豹는 본래 위魏나라 공자 중의 한 사람이었다. 그의 사촌형 위구魏咎는 옛 위나라 시대에 영릉군寧陵君에 봉해졌는데, 진秦나라가 위나라를 멸망시켰을 때 서민으로 격하되었다. 진승陳勝이 봉기하여 왕이 되자, 위구는 그를 찾아가 그 아래 들게 되었다.

진왕陳王, 陳勝은 위나라 사람 주불周市로 하여금 위나라 땅을 빼앗도록 하였다. 그러나 위나라는 이미 항복하여 주불을 위나라 왕으로 세우고자 하였다. 주불이 이렇게 거절하였다.

"천하가 어지러우면 충신이 나타난다고 하는데, 이제 천하는 누구나 할 것 없이 진나라를 배반하고 있소. 도리로 보아 위나라 왕의 후예를 왕으로 세우는 것이 좋을 것이오."

제나라와 조나라에서도 각기 수레 50대를 보내어 주불을 위나라 왕으로 세우려 하였으나, 주불은 사양하고 받지 않았다. 한편 진陳나라에서는 위구를 맞이하려고 사자가 다섯 번이나 왕복하였다. 그리하여 진왕陳王도 하는 수 없이 위구를 보내어 위나라 왕으로 세울 수 있었다.

진秦나라 장수 장한章邯은 진왕陳王을 깨뜨린 후에 군사를 몰아 위나라 도성인 임제臨濟를 쳤다. 위나라 왕은 주불을 제·초나라에 보내 구원을 청하였다.

제나라와 초나라는 항타項它와 전파田巴에게 군사를 이끌고 주불을 따라 위나라를 구하도록 하였다. 그러나 장한은 마침내 주불의 군사를 깨뜨려 주불을 죽이고 임제를 포위하였다. 이에 위구는 백성들을 위하여 항복을 결정하고 약정이 성립되자 자신은 불 속에 몸을 던져 자결하여 버렸다.

위구의 사촌동생 위표는 초나라로 달아났다. 초나라 회왕懷王은 위표에게 수천 명의 군사를 주어 다시 위나라 땅을 공략하게 하였다. 그 때 항우項羽는 이미 진秦나라를 깨뜨리고 장한을 굴복시켰다. 위표가 위나라의 20여 성을 공략하여 빼앗자, 항우는 위표를 위나라 왕으로 삼았다. 위표는 정병을 이끌고 항우를 따라 함곡관函谷關으로 들어갔다.

魏豹者, 故魏諸公子也. 其兄魏咎, 故魏時封爲寧陵君. 秦滅魏, 遷咎爲家人. 陳勝之起王也, 咎往從之. 陳王使魏人周市徇魏地, 魏地已下, 欲相與立周 市爲魏王. 周市曰:「天下昏亂, 忠臣乃見. 今天下共畔秦, 其義必立魏王後 乃可.」齊·趙使車各五十乘, 立周市爲魏王. 市辭不受, 迎魏咎於陳. 五反, 陳王乃遣立咎爲魏王.

章邯已破陳王, 乃進兵擊魏王於臨濟. 魏王乃使周市出請救於齊·楚. 齊·楚遣項它·田巴將兵隨市救魏. 章邯遂擊破殺周市等軍, 圍臨濟. 咎爲 其民約降. 約定, 咎自燒殺.

魏豹亡走楚. 楚懷王予魏豹數千人, 復徇魏地. 項羽已破秦, 降章邯. 豹下 魏二十餘城, 立豹爲魏王. 豹引精兵從項羽入關.

◉ 한왕과는 만나지 않겠소

한나라 원년, 항우는 제후들을 봉하고 자신은 양梁나라 땅을 차지하겠다고 하였다. 그리하여 위나라 왕 위표를 하동河東 땅으로 옮겨 평양平陽에 도읍을 정하도록 하고 서위왕西魏王이라 하였다. 한나라 왕이 삼진三秦을 평정하고, 임진臨晉에서 황하를 건너자 위나라 왕 위표는 나라를 들어 한나라 왕에게 귀의하고 마침내 한나라 왕을 좇아 초나라의 도성 팽성彭城을 쳤다.

그러나 여기에서 한나라 군이 패하여 형양滎陽까지 물러나자, 위표는 어머니의 병 간호를 핑계로 귀국을 청하여 위나라에 돌아와서는 곧바로 하수의 나루를 막고 한나라에 반기를 들고 말았다.

한나라 왕은 위표의 반란을 들어 알고 있었으나, 동쪽에 초나라란 대적을 두고 있는 터라 그쪽이 근심되어 위표를 칠 만한 여유가 없었다. 그리하여 역생酈生이라는 변사에게 이렇게 제의하였다.

"그대가 가서 위표를 설득하여 항복시키면 1만 호의 봉읍을 주리라."

역생이 가서 설득하였으나 위표는 거절하며 이렇게 말하였다.

"사람이 태어나 한 세상 사는 것은 마치 백마가 달리는 것을 문틈으로 보는 것같이 잠깐 동안에 지나지 않소. 한나라 왕은 오만하여 사람을 업신여기고 제후와 신하를 꾸짖기를 노예와 같이 하며 조금도 상하의 예절을 분별하지 않으니 나는 한나라 왕과는 만나지 않겠소."

한나라 왕은 결국 한신韓信을 보내어 위표를 치게 하였다. 한신은 위표를 하동에서 사로잡아 역마로 형양에 보냄과 동시에 위나라를 한나라 군郡으로 만들어 버렸다.

위표는 한나라 왕의 명령으로 형양을 지키도록 하였다. 그러나 초나라에 포위되어 위급함을 당하자, 마침내 한나라 어사대부 주가周苛가 위표를 죽여버리고 말았다.

漢元年, 項羽封諸侯, 欲有梁地, 乃徙魏王豹於河東, 都平陽, 魏西魏王. 漢王還定三秦, 渡臨晉, 魏王豹以國屬焉, 遂從擊楚於彭城. 漢敗, 還至滎陽, 豹請歸視親病, 至國, 卽絶河津畔漢. 漢王聞魏豹反, 方東憂楚, 未及擊, 謂酈生曰:「緩頰往說魏豹, 能下之, 吾以萬戶封若.」酈生說豹. 豹謝曰:「人生一世閒, 如白駒過隙耳. 今漢王慢而侮人, 罵詈諸侯羣臣如罵奴耳, 非有上下禮節也, 吾不忍復見也.」於是漢王遣韓信擊虜豹於河東, 傳詣滎陽, 以豹國爲郡. 漢王令豹守滎陽. 楚圍之急, 周苛遂殺魏豹.

● 두 마리 용이 싸우고 있으니

팽월彭越은 창읍昌邑 사람으로
자는 중仲이다. 일찍이 거야
鉅野의 못에서 어업에 종사하며
때로는 부하를 모아 도적질을
일삼기도 하였다. 그러다가 진
승·항량項梁이 봉기하자, 지방
의 젊은이들이 팽월을 이렇게
부추겼다.

〈漢初三將〉韓信, 彭越, 英布.
元刻本《新刊全相平話前漢書續集》

"모든 호걸들이 다 일어나 진秦나라를 배반합니다. 그대 팽월도 일어서시오."
그러자 팽월은 이렇게 말하였다.
"진秦나라와 진陳나라라는 두 마리의 용이 한창 싸우고 있으니 조금
기다려 보자."
1년 남짓 지나, 연못 주위에 사는 청년 100여 명이 몰려와 팽월을 방문하고
자기들의 수령이 되어 줄 것을 청하였지만 팽월은 거절하였다.
"나는 그대들과 함께 할 수는 없다."
그러나 결국 청년들의 거듭되는 간청에 못 이겨 하는 수 없이 승낙하였다.

彭越者, 昌邑人也, 字仲. 常漁鉅野澤中, 爲羣盜. 陳勝·項梁之起, 少年或
謂越曰:「諸豪桀相立畔秦, 仲可以來, 亦效之.」彭越曰:「兩龍方鬭, 且待之.」
居歲餘, 澤閒少年相聚百餘人, 往從彭越, 曰:「請仲爲長.」越謝曰:「臣不
願與諸君.」少年彊請, 乃許.

● 늦게 나타나는 자의 목을 베리라

그리하여 이튿날 아침 해뜰 무렵을 기하여 회합키로 하고, 그 시간에
늦는 자는 목을 베는 죄를 내리기로 약속하였다. 이튿날 그 시각이 되었을

때에 10여 명이 늦게 나타났으며 그 중에는 거의 한낮이 되어 나타난 자도 있었다. 팽월은 일동에게 고하였다.

"나는 늙은이라 사양하였는데 여러분들이 거듭 간청하여 수령이 된 것이다. 그런데 약속을 해 놓고서 늦은 자가 많다. 늦은 자를 다 죽일 수도 없으니 그 중에서 제일 늦게 온 자를 죽이리라."

그리고는 그 무리의 우두머리에게 베라고 명령하자 모두가 웃으며 말하였다.

"어찌 그렇게까지 하겠습니까? 이제는 결코 늦지 않겠습니다."

그러나 팽월은 용서 없이 한 사람을 끌어내어 베었다. 그리고 제단을 만들어 제사를 지낸 후에 무리들에게 명령을 내렸다. 무리들은 모두 크게 놀라 팽월을 두려워하고 얼굴을 감히 올려다보려고 하는 자가 없었다. 그리하여 가는 곳마다 땅을 공략하고 여러 군데 흩어져 있는 병사들을 거두어 천여 명을 얻었다.

패공沛公 유방이 탕碭에서 북진하여 창읍昌邑을 칠 때 팽월은 패공을 도왔다. 그러나 창읍이 항복하기에 앞서 패공이 군사를 이끌고 서쪽으로 진출하였다. 팽월도 또 부하를 인솔하고 거야鉅野에 머무르며 위나라의 흩어진 군사들을 거두었다.

항적項籍이 함곡관으로 들어가 제후들을 왕으로 봉하여 모든 제후들은 자신의 영토로 돌아갔다. 그러나 팽월만은 군사 1만여 명을 거느리고 있으면서도 돌아갈 곳이 없었다.

與期旦日日出會, 後期者斬. 旦日日出, 十餘人後, 後者至日中. 於是越謝曰: 「臣老, 諸君彊以爲長. 今期而多後, 不可盡誅, 誅最後者一人.」 令校長斬之. 皆笑曰: 「何至是? 請後不敢.」 於是越乃引一人斬之, 設壇祭, 乃令徒屬. 徒屬皆大驚, 畏越, 莫敢仰視. 乃行略地, 收諸侯散卒, 得千餘人.

沛公之從碭北擊昌邑, 彭越助之. 昌邑未下, 沛公引兵西. 彭越亦將其衆 居鉅野中, 收魏散卒. 項籍入關, 王諸侯, 還歸, 彭越衆萬餘人毋所屬.

◉ 그대를 왕으로 봉하리라

한漢나라 원년 가을, 제나라 왕 전영田榮이 초나라 항왕項王을 배반하였다. 이에 한나라는 사자를 보내 팽월에게 장군의 인수를 주고, 제음濟陰을 남하하여 초나라를 치도록 명령하였다. 초나라는 소공蕭公 각角에게 군대를 이끌고 맞아 치게 하였으나, 팽월은 이 초나라 군대를 크게 깨뜨렸다.

한나라 2년 봄, 한나라 왕은 위나라 왕 위표 및 제후들과 함께 동쪽 초나라를 쳤다. 팽월이 수하 군사 3만여 명을 이끌고 외황外黃에서 한나라에 귀속해 오자 한왕은 이렇게 말하였다.

"팽장군은 위나라 땅을 손에 넣어 10여 성을 얻고 서둘러 위나라 왕통을 이으려 하고 있소. 그런데 서위西魏의 왕 위표도 위나라 왕 위구의 동생이므로 틀림없는 위나라 후손이오."

그리하여 팽월을 위나라 상국으로 삼고 휘하 군사를 이끌어 양梁나라를 공략토록 임무를 맡겼다. 그러나 한나라 왕이 팽성에서 패전하고 군대를 해산하여 서쪽으로 물러나 버리는 바람에, 팽월도 공략한 성을 다 잃고 휘하 군대만 이끌고 북상하여 황하 위쪽에 머물렀다.

漢元年秋, 齊王田榮畔項王, (漢)乃使人賜彭越將軍印, 使下濟陰以擊楚. 楚命蕭公角將兵擊越, 越大破楚軍. 漢王二年春, 與魏王豹及諸侯東擊楚, 彭越將其兵三萬餘人歸漢於外黃. 漢王曰:「彭將軍收魏地得十餘城, 欲急立魏後. 今西魏王豹亦魏王咎從弟也, 眞魏後.」乃拜彭越爲魏相國, 擅將其兵, 略定梁地.

漢王之敗彭城解而西也, 彭越皆復亡其所下城, 獨將其兵北居河上.

◉ 팽월의 활약상

한나라 3년, 팽월은 끊임없이 각처에 출몰하면서 한나라 유격병으로서 초나라 군을 치고, 양나라에서 초나라 군의 후방 식량 보급로를 끊었다.

한나라 4년 겨울, 항왕項王과 한나라 왕이 형양에서 싸우고, 팽월은 형양·외황 등 17성을 함락시켰다. 항왕이 이 소문을 듣자 조구曹咎에게 명하여 성고成皐를 지키게 하고, 스스로는 동쪽으로 나서서 팽월에게 빼앗겼던 성읍을 되찾아 다시 초나라 영토로 삼았다.

팽월은 군사들과 함께 남쪽 곡성穀城으로 달아났다.

같은 해 가을에 항왕이 남쪽 양하陽夏로 달려나가자, 팽월은 또 창읍 일대의 20여 성을 항복시켜 곡식 10여만 곡斛을 얻어 이것을 군량으로 한나라 왕에게 공급하였다.

한왕은 싸움에서 패하자 사자를 보내어 팽월을 불러 힘을 합쳐 초나라를 치고자 하였으나, 그 때 팽월은 이에 응하지 않고 이렇게 말하였다.

"위나라는 겨우 평정되었을 뿐으로 이곳 백성들은 지금도 초나라를 두려워하고 있습니다. 아직 이곳을 떠날 수 없습니다."

한왕은 초나라 군을 추격하였으나 도리어 고릉固陵에서 항우에게 패하였다. 그리하여 한왕은 유후留侯 장량張良에게 이렇게 말하였다.

"제후들의 군대가 나의 명령을 따르려하지 않고 있소. 어찌하면 좋겠소?"

그러자 유후가 말하였다.

"제나라 왕 한신이 왕이 된 것은 본래 대왕의 뜻이 아니었습니다. 그러므로 한신의 마음도 견고하지는 못할 것입니다. 또 팽월은 양나라 땅을 평정하여 공로가 많았는데 당시의 대왕께서는 위표의 일로 팽월을 위나라의 상국으로 삼았습니다. 이제 위표가 죽고 후계자가 없으니 팽월도 왕이 되고자 원하고 있는데 왕께서는 전혀 그를 왕으로 세우려고 하지 않습니다. 이제 제·위나라를 각각 주겠다고 저들과 맹약한다면 즉시 초나라를 이길 수가 있을 것입니다. 수양睢陽에서 북으로 곡성에 이르기까지 모두 상국 팽월에게 주어 왕으로 삼고, 진陳나라에서 동쪽으로 바다에 이르기까지를 제나라 왕 한신에게 주는 것이 좋을 것입니다. 한신의 옛집은 초나라에 있으므로 그에게는 또 고향을 얻으려는 생각이 있을 것입니다. 대왕께서 만약 땅을 주신다면 지금이라도 곧 두 사람을 부를 수가 있으나 주고자 하지 않으시면 일이 되어가는 형편을 예측하기는 어려울 것입니다."

漢王三年, 彭越常往來爲漢游兵, 擊楚, 絶其後糧於梁地. 漢四年冬, 項王 與漢王相距滎陽, 彭越攻下睢陽·外黃十七城. 項王聞之, 乃使曹咎守成皐,

自東收彭越所下城邑, 皆復爲楚. 越將其兵北走穀城. 漢五年秋, 項王之南
走陽夏, 彭越復下昌邑旁二十餘城, 得穀十餘萬斛, 以給漢王食.

　漢王敗, 使使召彭越并力擊楚. 越曰:「魏地初定, 尚畏楚, 未可去.」漢王追楚,
爲項籍所敗固陵. 乃謂留侯曰:「諸侯兵不從, 爲之柰何?」留侯曰:「齊王信
之立, 非君王之意, 信亦不自堅. 彭越本定梁地, 功多, 始君王以魏豹故, 拜彭
越爲魏相國. 今豹死毋後, 且越亦欲王, 而君王不蚤定. 與此兩國約: 卽勝楚,
睢陽以北至穀城, 皆以王彭相國; 從陳以東傅海, 與齊王信. 齊王信家在楚,
此其意欲復得故邑. 君王能出捐此地許二人, 二人今可致; 卽不能, 事未可
知也.」

◉ 해하에서의 승리

한나라 왕은 유후의 방책을 들어 사자를 팽월에게로 보냈다. 사자가
도착하자 팽월은 휘하 군사를 모조리 이끌고 해하垓下에서 접전하여 마침내
초나라를 격파하였다.

한나라 5년, 항적은 패하여 이미 죽고 그 봄에 팽월을 양왕梁王으로
세워 정도定陶에 도읍하도록 하였다.

한나라 6년, 양왕 팽월은 진陳에서 한나라 왕에게 신하로서 인사를
올리고 9년 및 10년에는 장안長安에 와서 만났다.

　於是漢王乃發使使彭越, 如留侯策. 使者至, 彭越乃悉引兵會垓下, 遂破楚.
項籍已死. 春, 立彭越爲梁王, 都定陶.

　六年, 朝陳. 九年, 十年, 皆來朝長安.

◉ 지금 갔다가는 사로잡힙니다

한나라 10년 가을, 진희陳豨가 대代에서 반란을 일으켰다. 고조는 친히
정벌하고자 한단으로 가서 양왕에게서 군사를 징발하도록 하였으나 양왕은
병을 구실로 대신 부하 장수에게 군사를 주어 한단으로 나아가게 하였다.

고조는 노하여 사람을 보내 양왕을 문책하였다. 양왕이 두려워 자신이
직접 나서서 사과하려고 하자 그의 장수 호첩扈輒이 말하였다.

"왕께서 처음부터 가지 않고 문책을 받은 다음에야 가려고 하나 지금 가면 사로잡힐 것입니다. 차라리 군사를 움직여 반역하는 수밖에 없습니다."

양왕은 이 말에 귀를 기울이지 않고 여전히 병을 구실로 삼았다. 때마침 양왕이 태복太僕의 죄를 노여워하여 베려고 하자 태복은 한나라로 도망하여 밀고하였다.

"양왕과 호첩은 모반을 꾀하고 있습니다."

이에 한나라 왕은 사자를 보내어 양왕을 불시에 쳐서 양왕을 사로잡아 낙양雒陽에 가두어 놓았다. 관리가 조사하였더니 과연 모반의 죄가 인정된다고 하며 법에 따라 처벌할 것을 청하였다. 그러나 고제는 양왕을 용서하여 서민으로 만들고 역마로 촉蜀의 청의현青衣縣으로 보내어 그곳에서 살도록 하였다.

十年秋, 陳豨反代地, 高帝自往擊, 至邯鄲, 徵兵梁王. 梁王稱病, 使將將兵詣邯鄲. 高帝怒, 使人讓梁王. 梁王恐, 欲自往謝. 其將扈輒曰:「王始不往, 見讓而往, 往則爲禽矣. 不如遂發兵反.」梁王不聽, 稱病. 梁王怒其太僕, 欲斬之. 太僕亡走漢, 告梁王與扈輒謀反. 於是上使使掩梁王, 梁王不覺, 捕梁王, 囚之雒陽. 有司治反形已具, 請論如法. 上赦以爲庶人, 傳處蜀青衣.

❀ 여후의 계략

그가 가는 길에 양왕이 서쪽 정鄭 땅에 이르렀을 때 장안에서 낙양으로 가는 길이었던 여후呂后를 만나 노상에서 인견하게 되었다. 팽월은 울면서 죄가 없음을 호소하고 고향 창읍에서 살고 싶다고 청하였다. 여후는 이를 허락하고 함께 동쪽 낙양으로 왔다. 여후가 고제에게 이렇게 말하였다.

"팽월은 장사인데 이제 촉으로 보내는 것은 두고두고 화를 남기는 일입니다. 죽여 버리는 것이 낫겠습니다. 그런 생각으로 소첩이 그를 데리고 왔습니다."

한편 여후는 팽월의 사인舍人에게 명하여 팽월이 다시 모반을 꾀하고 있다고 말하도록 하였다.

정위廷尉 왕염개王恬開가 팽월의 일족을 죽일 것을 주청하자, 고제는 이를 허락하였다. 팽월의 일족은 마침내 멸문되고 그의 나라는 없어지고 말았다.

西至鄭, 逢呂后從長安來, 欲之雒陽, 道見彭王. 彭王爲呂后泣涕, 自言無罪, 願處故昌邑. 呂后許諾, 與俱東至雒陽. 呂后白上曰:「彭王壯士, 今徙之蜀, 此自遺患, 不如遂誅之. 妾謹與俱來.」於是呂后乃令其舍人告彭越復謀反. 廷尉王恬開奏請族之. 上乃可, 遂夷越宗族, 國除.

● 사마천의 평어

나 태사공은 이렇게 생각한다.

위표와 팽월은 본래 비천한 몸일지라도 천 리의 땅을 석권하였으며, 그리하여 남면하여 고孤라 칭하고 유혈流血을 밟으며 승세를 타고 날로 명성이 올라갔다. 그러나 그들은 반역의 의도를 품었다가 실패하자, 자결도 하지 못하고 붙들려서 죽음의 형벌을 당하였다. 어째서 그렇게 되었는가? 중간 정도의 능력을 가진 자도 이러한 행위를 부끄럽게 여기거늘 하물며 왕 된 사람의 행동으로서 안타까운 일이로다! 그것은 다른 이유 때문인 것이 아니다. 지략이 다른 사람들보다 뛰어났으나, 오직 자신의 몸을 보존하는 것만 근심하였기 때문이다. 그들은 물이 증발하여 구름으로 화하고, 뱀이 용이 되어 하늘로 오르는 것처럼 때를 만나 그들의 뜻을 펴고자 하였다. 이러한 까닭에 깊숙이 간히는 것도 마다하지 않은 것이다.

太史公曰: 魏豹·彭越雖故賤, 然已席卷千里, 南面稱孤, 喋血乘勝日有聞矣. 懷畔逆之意, 及敗, 不死而虜囚, 身被刑戮, 何哉? 中材已上且羞其行, 況王者乎! 彼無異故, 智略絶人, 獨患無身耳. 得攝尺寸之柄, 其雲蒸龍變, 欲有所會其度, 以故幽囚而不辭云.

031(91) 경포 열전黥布列傳

경포黥布, 英布

◉ 형벌을 받은 뒤 왕이 되리라

경포黥布는 육六 땅 사람으로
성은 영씨英氏이며 진秦나라 시대
에는 서민이었다. 젊었을 때 어떤
길손이 그의 상을 보고 말하였다.
"그대는 형벌을 받은 후에 왕이
될 상이다."

장년이 되었을 때, 남의 죄에
연좌되어 경형黥刑을 받게 되었
는데 영포는 흔연히 웃으면서
말하였다.

"어떤 분이 내 상을 보고 형벌을
받은 후에 왕이 되리라 하였는데
바로 이것이로구나."

사람들도 이 말을 듣고 함께
웃었다.

판결을 받아 여산驪山으로 호송
되었을 때, 그곳에는 수십 만의
죄수가 있었다. 영포는 죄수 중의

유방이 개국공신에게 분봉하는 장면. 明 劉俊 그림

우두머리나 호걸들과 사귀었으며, 뒤에 그 무리들을 이끌고 도망하여
장강 근방으로 가서 도적질을 일삼았다.

진승陳勝이 군사를 일으키자, 경포는 파군番君을 만나 그 무리들과 함께
진秦나라를 배반하고 군사 수천 명을 모았다. 파군은 자신의 딸을 영포의
아내로 허락하였다.

진秦나라 장수 장한章邯이 진승을 멸망시키고 여신呂臣의 군사를 깨뜨리자, 영포는 군사를 이끌고 북쪽으로 올라가 진나라의 좌우교위左右校尉를 청파清波에서 깨뜨리고 다시 군사를 이끌고 동쪽으로 나아갔다. 초나라의 항량項梁이 강동江東의 회계會稽를 평정하고 장강을 건너 서쪽으로 진출하고 있다는 소문을 듣고, 진영陳嬰은 항씨가 대대로 초나라 장수였다는 것을 알고 군사를 이끌고 항량에게 귀순하여 회수로 건너갔다. 이에 영포와 포蒲장군 등도 군사를 이끌고 항량에게 귀순하였다.

항량이 회수淮水를 건너 서쪽으로 나아가 진나라 장수 경구景駒·진가秦嘉 등을 칠 때, 경포의 무공은 항상 뛰어났다. 항량은 설薛에 이르러 진왕陳王 진섭이 죽었다는 말을 듣자, 초나라는 회왕懷王을 세웠다. 회왕은 항량을 봉하여 무신군武信君이라 하고, 영포를 당양군當陽君이라 하였다.

그런데 항량이 정도定陶에서 패하여 죽고 나서 초나라 회왕이 도읍을 팽성彭城으로 옮기자, 여러 장수들과 영포도 모두 팽성으로 몰려왔다. 이때 진나라가 갑자기 조나라를 포위하자, 조나라는 여러 차례 사자를 보내 구원을 청하였다. 그리하여 회왕은 송의宋義를 상장上將으로, 범증范曾을 말장末將으로, 그리고 항적項籍을 차장次將으로, 영포·포장군도 각기 부장으로 하여 송의의 통솔 아래 북쪽 조나라를 구원하도록 명하였다. 뒤에 항적이 황하 위쪽에서 송의를 죽이자, 회왕은 항적을 상장군으로 삼아 모든 장수를 항적의 지휘 아래 들게 하였다.

黥布者, 六人也, 姓英氏. 秦時爲布衣. 少年, 有客相之曰:「當刑而王.」 及壯, 坐法黥. 布欣然笑曰:「人相我當刑而王, 幾是乎?」 人有聞者, 共俳笑之. 布已論輸麗山, 麗山之徒數十萬人, 布皆與其徒長豪桀交通, 迺率其曹偶, 亡之江中爲羣盜.

陳勝之起也, 布迺見番君, 與其衆叛秦, 聚兵數千人. 番君以其女妻之. 章邯之滅陳勝, 破呂臣軍, 布乃引兵北擊秦左右校, 破之清波, 引兵而東. 聞項梁定江東會稽, 涉江而西. 陳嬰以項氏世爲楚將, 迺以兵屬項梁, 渡淮南, 英布·蒲將軍亦以兵屬項梁.

項梁涉淮而西, 擊景駒·秦嘉等, 布常冠軍. 項梁至薛, 聞陳王定死, 迺立

楚懷王. 項梁號爲武信君, 英布爲當陽君. 項梁敗死定陶, 懷王徙都彭城, 諸將
英布亦皆保聚彭城. 當是時, 秦急圍趙, 趙數使人請救. 懷王使宋義爲上將,
范曾爲末將, 項籍爲次將, 英布·蒲將軍皆爲將軍, 悉屬宋義, 北救趙. 及項
籍殺宋義於河上, 懷王因立籍爲上將軍, 諸將皆屬項籍.

● 구강왕에 봉해지다

항적은 먼저 영포에게 명하여 황하를 건너 진나라를 치게 하였다. 영포가
여러 번 승리를 거두자, 항적도 군사를 이끌고 황하를 건너 영포의 뒤를
이어 마침내 진나라 군대를 깨뜨리고 장한章邯 등의 항복을 받았다.

초나라 군대는 싸우면 번번이 이겨 진나라를 깨뜨리는데 그 공이 제후들
중에서 으뜸이었다. 그리하여 제후들의 군사는 모두 초나라에 귀순하였는데,
그것은 영포가 적은 군사로 자주 대군을 깨뜨린 때문이었다.

항적은 군사를 이끌고 신안新安에 도착하자, 영포에게 명하여 진나라
군대를 밤에 습격하도록 하여 장한의 군사 20여만 명을 구덩이에 묻어
죽였다. 항적이 함곡관에서 고전을 면치 못하자, 다시 영포에게 먼저
사잇길로 가서 함곡관 부근에 있는 적군을 치게 하여 마침내 함곡관으로
들어가 함양에 도달할 수 있었는데, 영포는 언제나 선봉의 역할을 맡았다.
초나라 항왕項王은 여러 장수들을 봉하면서 영포를 구강왕九江王으로 삼고
육六에 도읍을 정하도록 하였다.

項籍使布先渡河擊秦, 布數有利, 籍迺悉引兵涉河從之, 遂破秦軍, 降章
邯等. 楚兵常勝, 功冠諸侯. 諸侯兵皆以服屬楚者, 以布數以少敗衆也.
項籍之引兵西至新安, 又使布等夜擊阮章邯秦卒二十餘萬人. 至關, 不得入,
又使布等先從閒道破關下軍, 遂得入, 至咸陽. 布常爲軍鋒. 項王封諸將,
立布爲九江王, 都六.

◎ 항우에게 협조를 다하지 않은 영포

한나라 원년 4월, 제후들은 다 항왕의 지휘를 벗어나 자기 봉국에 취임하였다. 항씨는 회왕을 세워 의제義帝로 받들고 장사長沙로 도읍을 옮기게 하고 한편으로 몰래 구강왕 영포에게 명해 의제를 없애도록 하였다. 그 해 8월 영포는 부장部將을 시켜 의제를 치고 침현郴縣에서 죽였다.

한나라 2년, 제나라 왕 전영田榮이 초나라를 배반하자, 항왕은 제나라로 출병하면서 구강에서 군사를 징발하였다. 이 때 구강왕 영포는 병을 핑계로 나가지 않았으며, 다만 부장에게 수천 명을 인솔해 보냈다. 한나라가 초나라를 팽성彭城에서 깨뜨렸을 때에도 영포는 역시 병을 구실로 초나라를 돕지 않았다. 항왕은 이 때문에 영포를 원망하고 자주 사자를 보내어 문책하기도 하고 부르기도 하였으나 영포는 더욱 두려워하여 가지 않았다.

당시에 항왕은 북쪽 제·조나라를 걱정하게 되고, 서쪽 한나라를 염려하게 되어 믿을 만한 것은 구강왕뿐이었다. 이 때문에 영포의 능력을 높이 여기고 기용할 생각으로 영포를 치지 않았던 것이다.

漢元年四月, 諸侯皆罷戲下, 各就國. 項氏立懷王爲義帝, 徙都長沙, 迺陰令九江王布等行擊之. 其八月, 布使將擊義帝, 追殺之郴縣.

漢二年, 齊王田榮畔楚. 項王往擊齊, 徵兵九江, 九江王布稱病不往, 遣將將數千人行. 漢之敗楚彭城, 布又稱病不佐楚. 項王由此怨布, 數使使者誚讓召布, 布愈恐, 不敢往. 項王方北憂齊·趙, 西患漢, 所與者獨九江王, 又多布材, 欲親用之, 以故未擊.

◎ 누가 영포를 끌어들일 수 없겠소

한나라 3년, 한나라 왕은 초나라를 치기 위하여 팽성에서 크게 싸움을 벌였는데, 형세가 불리하여 양梁나라 땅을 빠져 나와 우虞로 후퇴하면서 좌우에 있는 자들을 꾸짖었다.

"너희들과 같은 자들과 함께 천하 일을 도모할 수 없다."

이에 알자謁者 수하隨何가 앞으로 나서며 말하였다.

"대왕의 말씀하신 뜻을 잘 모르겠습니다."

한왕은 이렇게 말하였다.

"누가 나를 위해 회남淮南 구강九江에 사신으로 가서 영포로 하여금 군사를 일으켜 초나라를 반역토록 할 사람은 없는가? 항왕을 몇 달 간 제나라에 붙들어 둘 수 있다면 내가 천하를 얻는 데 백에 한 번의 실수도 없으리라."

이 말에 수하가 청하였다.

"신을 사신으로 보내 주십시오."

이에 수하는 사인 20명을 데리고 회남으로 떠났다.

구강에 도착하자 태재太宰의 집에 머물렀다. 그러나 사흘이 지나도 구강왕을 만날 수가 없게 되자, 수하가 태재에게 이렇게 말하였다.

"왕께서 나를 만나지 않는 것은 초나라가 강하고 한나라가 약하다고 생각하기 때문일 것입니다. 제가 사신으로 온 것은 바로 그 문제를 해결하기 위한 것이니 어떻게든지 왕을 뵐 수 있도록 주선해 주십시오. 신의 말이 옳다면, 그것은 왕께서 듣고자 원하던 바가 될 것이며, 그렇지 못하다면 신과 20명을 회남의 광장에서 부질斧質의 형벌에 처하여 왕께서 한나라를 등지고 초나라 편에 서 있음을 분명히 하심이 좋겠습니다."

漢三年, 漢王擊楚, 大戰彭城, 不利, 出梁地, 至虞, 謂左右曰:「如彼等者, 無足與計天下事.」謁者隨何進曰:「不審陛下所謂.」漢王曰:「孰能爲我使 淮南, 令之發兵倍楚, 留項王於齊數月, 我之取天下可以百全.」隨何曰: 「臣請使之.」迺與二十人俱, 使淮南. 至, 因太宰主之, 三日不得見. 隨何因說 太宰曰:「王之不見何, 必以楚爲彊, 以漢爲弱, 此臣之所以爲使. 使何得見, 言之而是邪, 是大王所欲聞也; 言之而非邪, 使何等二十人伏斧質淮南市, 以明王倍漢而與楚也.」

◉ 초나라를 제대로 섬기지 못한 후환을 생각해 보시기를

태재가 이 말을 왕에게 올리자, 왕은 그제야 수하를 인견하였다. 수하가 말하였다.

"한나라 왕은 신에게 명하여 삼가 서한을 대왕의 측근에 올리게 하였는데, 신이 궁금한 것은 대왕께서 초나라와 어떠한 친분이 있는가 하는 점입니다."

영포가 말하였다.

"과인은 북향北向하여 초나라 왕을 섬기는 신하요."

수하가 말하였다.

"대왕과 항왕은 같은 제후의 지위에 있습니다. 그런데도 신하의 예로써 항왕을 대하심은 초나라가 강하여 나라의 안전을 믿을 수 있는 때문이겠지요? 항왕이 제나라의 전영을 쳤을 때 항왕은 스스로 판축板築을 등에 메고 군사들의 선봉에 섰습니다. 따라서 대왕도 회남의 군사를 동원하여 초나라 군대의 선봉에 서야 할 것인데도 대왕께서는 다만 4천 명의 군사를 내어 초나라를 도운 데 불과합니다. 신하의 예로써 섬기는 도리가 실로 이것으로 족할 수 있겠습니까? 또 한왕이 팽성에서 초군과 싸웠을 때 항왕이 아직 제나라에 나오지 않은 동안에 대왕은 땅을 쓸다시피 군사를 총동원하여 회수淮水를 건너 밤낮으로 팽성의 성 밑에서 싸웠어야 할 터인데, 대왕은 수만 명의 대군을 가지고 있으면서도 누구 한 사람 회수를 건너게 하지 않고 팔짱을 낀 채 형세만 관망하고 있었습니다. 나라의 안전을 남에게 기대려고 하면서 이래도 좋은 것입니까? 대왕께서는 신하라는 헛된 명분만 가지고 북쪽을 향하여 초나라를 섬긴다면서 자신을 맡겨 버리려고 합니다. 신이 생각할 때 이것은 대왕의 취할 바 도리가 아니라고 말씀드리고 싶습니다. 대왕께서 반역하지 못하는 것은 한나라가 약하다고 생각하시기 때문입니다.

초나라의 군대가 강하다고 하나, 천하는 이를 의롭지 못하다고 여기고 있습니다. 그것은 초나라 왕이 맹약을 저버리고 의제를 죽였기 때문입니다. 그런데도 초나라 왕은 싸움에서 승승장구한 것을 자랑하고 스스로 강하다고 자처하고 있습니다. 그 반대로 한나라 왕은 제후와 연합하고 돌아와서 도리어 성고成皋·형양滎陽을 지키고 파촉巴蜀·한중漢中의 양곡을 실어 내어 도랑을 깊이 하고 성채를 튼튼히 하여 군사들을 배치하여 변경을 지키고 요새를 수비하고 있습니다. 초나라는 군대가 제나라에서 초나라로 들어 가려면, 가운데 있는 양梁나라 땅을 넘어 적지에 깊이 들어가기를 8, 9백 리, 싸우려고 해도 싸우기 어렵고, 성을 공격하려 하여도 힘이 모자라며,

노약자들은 양곡을 천 리 먼 곳에서 운반해 오지 않으면 안 됩니다. 초나라 군사가 형양·성고를 공격하여도 한나라가 단단히 지키고 움직이지 않으면, 초나라는 더 이상 공격할 수도 없고 물러나 포위를 뚫을 수도 없게 됩니다. 그러므로 초나라 군사는 믿을 것이 없다고 말씀드릴 수 있습니다.

만일 초나라가 한나라보다 우세하게 되면, 제후들은 위험을 느끼고 한나라를 돕게 될 것입니다. 초나라가 강해지면 도리어 천하의 군사를 결속시켜 초나라를 공격케 하는 결과가 될 뿐입니다. 그러므로 초나라가 한나라에 미치지 못한다는 것은 이러한 정세로 보아 쉽게 알 수 있습니다. 이제 대왕께서 만전을 갖춘 한나라와 손잡지 않고 스스로 위험한 지경에 있는 초나라에 의지하심은 대왕을 위하여 생각건대 안타까울 따름입니다. 신은 회남의 병력만으로 초나라를 멸망시킬 수 있다고 생각하는 것은 아닙니다. 대왕께서 군사를 동원하여 초나라를 배반하면 항왕은 틀림없이 제나라에 머물게 될 것입니다. 항왕이 몇 달만 머물면 한나라가 천하를 취하는 것은 틀림없는 사실입니다. 신은 대왕께서 칼을 차고 한나라에 귀순하는 데 동반하고자 합니다. 한나라 왕은 반드시 땅을 쪼개어 대왕을 봉할 것이며, 더욱 회남은 기필코 그대로 대왕께서 가지게 될 것입니다. 그런 뜻에서 한나라 왕은 삼가 신을 보내 대왕께 계책을 말씀드리게 한 것입니다. 원컨대 대왕께서는 유념해 주시기를 바랍니다."

회남왕淮南王이 말하였다.

"명을 받들겠습니다."

太宰迺言之王, 王見之. 隨何曰:「漢王使臣敬進書大王御者, 竊怪大王與楚何親也」淮南王曰:「寡人北鄉而臣事之.」隨何曰:「大王與項王俱列爲諸侯, 北鄉而臣事之, 必以楚爲彊, 可以託國也. 項王伐齊, 身負板築, 以爲士卒先, 大王宜悉淮南之衆, 身自將之, 爲楚軍前鋒, 今迺發四千人以助楚. 夫北面而臣事人者, 固若是乎? 夫漢王戰於彭城, 項王未出齊也, 大王宜騷淮南之兵渡淮, 日夜會戰彭城下, 大王撫萬人之衆, 無一人渡淮者, 垂拱而觀其孰勝. 夫託國於人者, 固若是乎? 大王提空名以鄉楚, 而欲厚自託, 臣竊爲大王不取也. 然而大王不背楚者, 以漢爲弱也. 夫楚兵雖彊, 天下負之以不義之名,以其背盟約而殺義帝也. 然而楚王恃戰勝自彊, 漢王收諸侯, 還守成皐·滎陽, 下蜀·漢之粟, 深溝壁壘, 分卒守徼乘塞, 楚人還兵, 閒以梁地, 深入敵國八九百里, 欲戰則不得, 攻城則力不能, 老弱轉糧千里之外; 楚兵至滎陽·成皐, 漢堅守而不動, 進則不得攻, 退則不得解. 故曰楚兵不足恃也. 使楚勝漢, 則諸侯自危懼而相救. 夫楚之彊, 適足以致天下之兵耳. 故楚不如漢, 其勢易見也. 今大王不與萬全之漢而自託於危亡之楚, 臣竊爲大王惑之. 臣非以淮南之兵足以亡楚也. 夫大王發兵而倍楚, 項王必留; 留數月, 漢之取天下可以萬全. 臣請與大王提劍而歸漢, 漢王必裂地而封大王, 又況淮南, 淮南必大王有也. 故漢王敬使使臣進愚計, 願大王之留意也.」淮南王曰:「請奉命.」

◉ 구강왕은 이미 한나라 편이 되었소

영포는 몰래 초나라를 배반하여 한나라 편이 되기를 허락하였으나 밖으로는 아직 감히 드러내지 못하고 있었다.

이때 초나라의 사자가 회남왕에게 와 있으면서 영포에게 출병을 재촉하자, 수하가 뛰어들어 초나라 사자의 상석에 앉아서 말하였다.

"구강왕은 벌써 한나라 편이 되었는데 초나라가 어떻게 군사를 징발할 수 있겠소?"

영포는 깜짝 놀랐다. 초나라 사자는 자리를 박차고 나갔다. 수하는 영포를 설득하였다.

"일은 이미 결판났습니다. 초나라의 사자를 죽여 돌아가지 못하게 하고 급히 한나라로 달려가 힘을 합치느니만 못합니다."

영포는 말하였다.

"그대가 하라는 대로 군사를 일으켜 초나라를 치겠소."

이렇게 하여 영포는 초나라 사자를 죽이고 군사를 동원하여 초나라를 공격하였다. 초나라는 항성項聲·용저龍且를 보내어 회남을 공격하고, 항왕은 그대로 머물면서 하읍下邑을 공격하였다. 몇 달이 지나 용저가 회남을 쳐 영포의 군대를 깨뜨렸다. 영포는 군사를 이끌고 한나라로 가려고 하였으나, 초나라 왕의 공격이 두려워 수하와 함께 사잇길로 한나라로 돌아왔다.

陰許畔楚與漢, 未敢泄也.

楚使者在, 方急責英布發兵, 舍傳舍. 隨何直入, 坐楚使者上坐, 曰:「九江
王已歸漢, 楚何以得發兵?」布愕然. 楚使者起. 何因說布曰:「事已構, 可遂
殺楚使者, 無使歸, 而疾走漢并力.」布曰:「如使者教, 因起兵而擊之耳.」
於是殺使者, 因起兵而攻楚. 楚使項聲·龍且攻淮南, 項王留而攻下邑. 數月,
龍且擊淮南, 破布軍. 布欲引兵走漢, 恐楚王殺之, 故閒行與何俱歸漢.

◉ 발을 씻으면서 나를 대하다니

회남왕이 도착하였을 때, 한나라 왕은 교의에 몸을 기대 발을 씻기면서
영포를 불러들여 인견하였다. 영포는 그 무례함을 매우 노엽게 생각하여
한나라에 온 것을 뉘우치고 자결코자 하였으나, 물러나와 숙사에 가 보았더니
의복과 마차가 화려한 것이라든지 음식, 시종 등 꼭 한나라 왕의 거실과
다를 바가 없었다. 영포는 이 특별한 대우를 매우 기뻐하였다.

영포가 사자를 구강에 숨어 들어가게 하였더니, 초나라는 이때 벌써
항백項伯에게 명하여 구강의 군사를 장악하고 영포의 처자를 모두 살해한
뒤였다. 사자는 영포의 옛 친구들과 사랑하던 신하들을 규합하여 수천
명을 이끌고 한나라로 돌아왔다. 한나라는 영포에게 군사를 더 얹어주고
함께 북쪽에서 군사를 징발하면서 성고成皐에 도착하였다.

한나라 4년 7월, 영포를 세워 회남왕으로 삼고 함께 항적을 쳤다. 영포는
사자를 구강으로 몰래 들어가게 하여 부근의 몇몇 현을 수중에 거두었다.

영포는 유고劉賈와 함께 구강으로 들어가 초나라 대사마 주은周殷을
설득하였고, 주은도 마침내 초나라를 배반하고 구강에서 군사를 일으켜
한나라와 함께 초나라를 쳐서 이를 해하垓下에서 격파하였다.

淮南王至, 上方踞牀洗, 召布入見, 布(甚)大怒, 悔來, 欲自殺. 出就舍,
帳御飮食從官如漢王居, 布又大喜過望. 於是迺使人入九江. 楚已使項伯收
九江兵, 盡殺布妻子. 布使者頗得故人幸臣, 將衆數千人歸漢. 漢益分布兵
而與俱北, 收兵至成皐. 四年七月, 立布爲淮南王, 與擊項籍.

漢五年, 布使人入九江, 得數縣. 六年, 布與劉賈入九江, 誘大司馬周殷,
周殷反楚, 遂擧九江兵與漢擊楚, 破之垓下.

❀ 수하는 썩은 선비요

항적은 패하여 죽고 천하는 평정되었다.

축하의 연회가 베풀어지자, 한왕은 수하의 공을 깎아서 말하였다.

"수하는 쓸모 없는 썩은 선비에 불과하다. 천하를 다스리는 데 어찌
썩은 선비를 등용할 것인가?"

수하는 무릎을 꿇고 말하였다.

"그러면 폐하께서는 군사를 이끌고 팽성을 쳐서 초나라 왕이 아직 제나라를
떠나지 않았을 때, 보병 5만 명, 기병 5천 명으로 회남을 칠 수 있었겠습니까?"

한왕이 말하였다.

"하지 못하였을 것이오."

수하가 말하였다.

"폐하께서는 20명과 함께 신을 회남으로 보내시니, 신은 회남에 가서
폐하의 뜻하신 대로 성취하였습니다. 이는 신의 공로가 보병 5만 명,
기병 5천 명보다 나은 것입니다. 그럼에도 폐하께서는 '수하는 썩은 선비에
불과하다. 천하를 다스리는 데 어찌 썩은 선비를 등용할 것인가?'라고
하시니 무슨 말씀입니까?"

한왕도 인정하였다.

"나는 그대의 공로를 고려하리다."

이에 한왕은 수하를 호군중위護軍中尉로 임명하였다.

영포는 부절를 쪼개 받아 회남왕이 되어 육六에 도읍하였다. 구강·여강
廬江·형산衡山·예장豫章의 모든 군은 다 영포의 영지가 되었다.

項籍死, 天下定, 上置酒. 上折隨何之功, 謂何爲腐儒, 爲天下安用腐儒.
隨何跪曰:「夫陛下引兵攻彭城, 楚王未去齊也, 陛下發步卒五萬人, 騎五千,
能以取淮南乎?」上曰:「不能.」隨何曰:「陛下使何與二十人使淮南, 至,

如陛下之意, 是何之功賢於步卒五萬人騎五千也. 然而陛下謂何腐儒, 爲天下安用腐儒, 何也?」上曰:「吾方圖子之功.」迺以隨何爲護軍中尉, 布遂剖符爲淮南王, 都六, 九江·廬江·衡山·豫章郡皆屬布.

⊛ 사람을 소금에 절여

한나라 7년, 회남왕은 진陳에서 한나라 왕을 신하의 예로써 알현하고, 8년에는 낙양에서, 9년에는 장안에서 조정에 들어가는 예를 행하였다.

11년에 고후高后가 회음후淮陰侯 한신韓信을 죽였다. 이 일로 영포는 두려운 생각을 들었다. 그 해 여름에 한나라는 양나라 왕 팽월彭越을 죽여 그 시체를 소금에 절여 그릇에 담아 두루 제후에게 보내고, 회남에도 보내 왔다. 마침 회남왕은 사냥을 하고 있었는데 사람을 절인 것을 보고 크게 두려움을 느껴 가만히 군사들의 대오를 편성하여 이웃 군의 동정을 살펴 위급한 사태에 경계하도록 하였다.

七年, 朝陳. 八年, 朝雒陽. 九年, 朝長安.
十一年, 高后誅淮陰侯, 布因心恐. 夏, 漢誅梁王彭越, 醢之, 盛其醢徧賜諸侯. 至淮南, 淮南王方獵, 見醢, 因大恐, 陰令人剖聚兵, 候伺旁郡警急.

⊛ 총희를 의심하여

그 무렵 영포에게는 총애하는 미희가 있었는데, 그녀가 병이 나서 의원에게 진찰을 청하였다. 의원의 집은 중대부中大夫 비혁賁赫의 집 맞은편에 있었는데, 총애를 받는 여자는 자주 의원 집에 드나들었다. 비혁은 본래 영포의 시중侍中이었다. 그는 그 여인에게 선물을 정중히 건네고 의원의 집에서 함께 술을 마시기도 하였다. 그 여자가 회남왕 영포에게 허물없이 얘기를 하는 도중에 비혁이 덕망 있고 관대한 인물이라고 칭찬하자 왕이 노하여 물었다.

"그대는 어디서 그를 알게 되었는가?"

그 여자가 자세히 설명하자 왕은 그와 밀통하고 있지 않은가 의심하였다. 그런데 비혁이 겁을 내어 병을 구실로 나오지 않았다. 왕은 더욱 노하여 비혁을 체포하려고 하였다. 비혁은 영포가 반란을 꾀한다고 밀고하기 위해 역마를 타고 장안으로 달렸다. 영포는 사람을 시켜 쫓게 하였으나 잡지 못하였고 비혁은 장안에 이르러 이렇게 글을 올렸다.

"영포가 모반을 꾀하고자 하는 단서를 가지고 있습니다. 일이 벌어지기 전에 죽여야 합니다."

布所幸姬疾, 請就醫, 醫家與中大夫賁赫對門, 姬數如醫家, 賁赫自以爲侍中, 迺厚餽遺, 從姬飮醫家. 姬侍王, 從容語次, 譽赫長者也. 王怒曰:「汝安從知之?」具說狀. 王疑其與亂. 赫恐, 稱病. 王愈怒, 欲捕赫. 赫言變事, 乘傳詣長安. 布使人追, 不及. 赫至, 上變, 言:「布謀反有端, 可先未發誅也.」

◉ 영포는 반란을 일으킬 인물이 아니오

임금이 이 글을 읽고 상국相國 소하蕭何에게 의논하자, 상국은 이렇게 말하였다.

"영포는 반란을 일으킬 인물이 아닙니다. 아마도 원한 관계로 인한 무고가 아닌가 합니다. 비혁을 구금해 두시고 사자를 보내 은밀히 회남왕을 조사해 보는 것이 옳다고 생각하옵니다."

회남왕은 비혁이 죄를 짓고 도망하여 고조에게 반란을 일으키려 한다는 글을 올린 것을 알고, 필시 그가 자기 나라의 비밀도 밝혔을 것으로 의심하였다. 그러던 차에 한나라 왕의 사자가 와서 상세히 조사를 하게 되자, 마침내 비혁의 일족을 멸하고 군사를 일으켜 모반하였다. 그 자세한 보고서가 이르자, 한왕은 비혁을 장군으로 삼고 모든 장수를 불러서 물었다.

"영포가 모반하였다. 어찌하면 좋은가?"

여러 사람은 입을 모아 아뢰었다.

"출병하여 그를 잡아서 구덩이에 매장하는 것뿐, 그밖에 무슨 일을 하오리까!"

上讀其書, 語蕭相國. 相國曰:「布不宜有此, 恐仇怨妄誣之. 請繫赫, 使人微驗淮南王.」淮南王布見赫以罪亡, 上變, 固已疑其言國陰事; 漢使又來,頗有所驗, 遂族赫家, 發兵反. 反書聞, 上迺赦賁赫, 以爲將軍.

上召諸將問曰:「布反, 爲之柰何?」皆曰:「發兵擊之, 阬豎子耳, 何能爲乎!」

◉ 화가 자신에게 미칠 것이 뻔하니 어찌 배반하지 않겠습니까

여음후汝陰侯 등공滕公이 전에 초나라 영윤令尹이었던 자를 불러서 물었더니 그는 이렇게 대답하는 것이었다.

"모반이란 있을 수 있는 일입니다."

다시 등공이 물었다.

"임금께서 땅을 주어 왕이 되도록 해 주었고 벼슬을 갈라주어 존귀한 신분으로만들어 주었는데, 남면하여 만승의 군주가 되고서도 모반하는 것은 무엇 때문이오?"

이에 영윤이 대답하였다.

"임금께서는 지난해에 팽월을 죽이고 또 그 전 해에는 한신을 죽였습니다. 팽월·한신·영표 이 세 사람은 같은 공을 세워 한 몸과 같은 사람들입니다. 그러므로 화가 장차 자신에게 미치리란 걱정을 하여 모반한 것입니다."

汝陰侯滕公召故楚令尹問之. 令尹曰:「是故當反.」滕公曰:「上裂地而王之, 疏爵而貴之, 南面而立萬乘之主, 其反何也?」令尹曰:「往年殺彭越, 前年殺韓信, 此三人者, 同功一體之人也. 自疑禍及身, 故反耳.」

◉ 영포는 가장 낮은 책략을 쓸 것이오

등공은 이 말을 황상께 아뢰었다.

"신의 빈객 중 본래 초나라의 영윤이던 설공薛公이란 자가 있는데 대단한 계략과 지혜가 있습니다. 자문해 보시면 어떻겠습니까?"

한왕이 설공을 인견하고 묻자 설공이 말하였다.

"영포가 모반한 것은 이상할 것이 없습니다. 만일 영포가 상책을 쓰면 산동山東 땅은 한나라의 영지가 되지 못할 것입니다. 만약 중책으로 나온다면 승패는 미지수일 것이며 하책으로 나온다면 폐하께서는 베개를 높이고 편안히 주무실 것입니다."

한왕이 물었다.

"어떤 것을 상책이라고 하는가?"

설공이 대답하였다.

"영포가 동쪽으로 오吳나라를 치고, 서쪽으로 초나라를 빼앗고 제나라를 아우르고 노魯나라를 빼앗아 연·조나라에 격문을 전하고, 굳게 그 곳을 지킨다면 산동은 한나라의 영지일 수 없다는 것입니다."

한왕이 다시 물었다.

"어떤 것을 중책이라고 하는가?"

설공이 설명하였다.

"동쪽으로 오나라를 취하고, 서쪽으로 초나라를 취하고, 한韓나라를 아우르고, 위魏나라를 취하여 오창敖倉의 양곡을 확보하고 성고의 입구를 막는다면 승패는 미지수입니다."

왕이 다시 물었다.

"어떤 것을 하책이라고 하는가?"

설공이 설명하였다.

"동쪽으로 오나라를 취하고, 서쪽으로 하채下蔡를 점령하고, 방어의 중점을 월越나라로 돌려 스스로 장사長沙에 돌아간다면, 폐하는 베개를 높이하고 편안히 주무시게 되며 한나라는 무사 태평할 것입니다."

왕이 물었다.

"그는 어떤 방책으로 나오겠는가?"

설공이 대답하였다.

"하책으로 나올 것입니다."

왕이 물었다.

"어떻게 상·중책을 버리고 하책으로 나올 것이라 판단하는가?"

설공이 대답하였다.

"영포는 본디 여산의 도적이었습니다. 자기 힘으로 만승의 군주에 올랐으나, 모든 것은 자기 일신을 위해 한 일이며 뒷날의 백성 만세를 위해서 한 일이 아닙니다. 그러므로 하책을 쓸 것이라고 말씀드린 것입니다."

왕이 대답하였다.

"알았노라."

이리하여 한왕은 1천 호의 영지를 주어 설공을 봉하였다. 또 황자皇子 유장劉長을 세워 회남왕으로 하였다. 한왕은 마침내 출병하여 몸소 군사를 이끌고 동쪽으로 가서 영포를 공격하였다.

滕公言之上曰:「臣客故楚令尹薛公者, 其人有籌筴之計, 可問.」上迺召見問薛公. 薛公對曰:「布反不足怪也. 使布出於上計, 山東非漢之有也; 出於中計, 勝敗之數未可知也; 出於下計, 陛下安枕而臥矣.」上曰:「何謂上計?」令尹對曰:「東取吳, 西取楚, 并齊取魯, 傳檄燕·趙, 固守其所, 山東非漢之有也.」「何謂中計?」「東取吳, 西取楚, 并韓取魏, 據敖庚之粟, 塞成皋之口, 勝敗之數未可知也.」「何謂下計?」「東取吳, 西取下蔡, 歸重於越, 身歸長沙, 陛下安枕而臥, 漢無事矣.」上曰:「是計將安出?」令尹對曰:「出下計.」上曰:「何謂廢上中計而出下計?」令尹曰:「布故麗山之徒也, 自致萬乘之主, 此皆爲身, 不顧後爲百姓萬世慮者也, 故曰出下計.」上曰:「善.」封薛公千戶. 迺立皇子長爲淮南王. 上遂發兵自將東擊布.

◉황제가 되고자 반란을 일으켰노라

영포는 모반을 일으키며 부하 장수들에게 다음과 같이 말하였다.

"임금은 늙어서 싸움을 싫어할 것이며, 틀림없이 친히 원정에 나서지 않고 장수들을 파견해서 싸울 것이다. 나로서는 장수들 중 회음후淮陰侯 한신과 팽월彭越 두 사람만을 두려워하였는데, 그 두 사람은 이미 다 죽고 없다. 그 나머지는 두려울 것이 없다."

영포는 그런 생각에서 모반을 한 것이었다.

과연 영포는 설공이 예측한 대로 동쪽 형荊을 쳤다. 형왕荊王 유고劉賈는 싸움에 패하여 부릉富陵으로 달아나 죽었다.

영포는 형나라 군사를 빼앗아 병력을 증강하여 회수淮水를 건너 초나라를 쳤다. 초나라는 출병하여 서徐·동僮 두 현의 사이에서 싸웠다. 초나라는 군대를 셋으로 나누어 서로 보호하면서 기이한 꾀로 대처하려고 하자 어떤 사람이 초나라 군 장수에게 이렇게 말하였다.

"영포는 용병에 능하며 백성들은 전부터 그를 두려워하고 있소. 또 병법에는 '제후는 자기의 영토 안에서 싸우는 것을 산지散地라 하여 꺼린다'라 하였소. 군대를 갈라 셋으로 하려고 하지만, 만약 그가 한쪽 군대를 깨뜨리면 나머지는 다 패해 달아날 것이오. 어떻게 서로 도울 수가 있겠소?"

초나라 장수는 이 말을 듣지 않았다. 과연 영포가 한 군대를 깨뜨리자 나머지 두 군대는 갈팡질팡 도망하였다.

마침내 한왕의 군대와 기蘄의 서쪽 회추會甀에서 전전하게 되었다. 영포의 군사는 매우 정예한 군대였다. 한왕이 용성庸城에 방벽을 쌓고 그 위에서 영포의 군대를 바라보니 그 포진법이 항적항우의 군진을 방불케 하였다. 한왕은 이를 미워하여 멀리서 영포를 바라보며 소리질러 말하였다.

"무엇이 괴로워 모반하였는가?"

영포가 대답하였다.

"황제가 되려는 것이다."

한왕은 노여워 꾸짖고 마침내 격전이 벌어졌다. 영포의 군사는 패하여 회수를 건너 달아나면서 여러 번 멈추어 싸웠으나 불리해지자 군사 100여 명과 함께 강남으로 달아났다.

영포는 본래 파군番君의 딸을 아내로 삼았는데, 장사왕 파군의 아들이 사자를 보내와 함께 월나라로 도망갈 것을 제의하자, 이 말을 믿고 사자를 따라 파양番陽에 이르렀는데, 파양 사람이 자향玆鄕의 농가에서 영포를 죽였다.

영포가 죽자, 한나라는 비혁을 봉하여 기사후期思侯라고 하고 많은 장수들은 군공에 의하여 봉을 받아 영지를 갈라 얻게 되었다.

布之初反, 謂其將曰:「上老矣, 厭兵, 必不能來. 使諸將, 諸將獨患淮陰·彭越, 今皆已死, 餘不足畏也.」 故遂反. 果如薛公籌之, 東擊荊, 荊王劉賈走死富陵. 盡劫其兵, 渡淮擊楚. 楚發兵與戰徐·僮間, 爲三軍, 欲以相救爲奇. 或說楚將曰:「布善用兵, 民素畏之. 具兵法, 諸侯戰其地爲散地. 今別爲三, 彼敗吾一軍, 餘皆走, 安能相救!」不聽. 布果破其一軍, 其二軍散走.

遂西, 與上兵遇蘄西, 會甀. 布兵精甚, 上迺壁庸城, 望布軍置陳如項籍軍, 上惡之. 與布相望見, 遙謂布曰:「何苦而反?」布曰:「欲爲帝耳.」上怒罵之, 遂大戰. 布軍敗走, 渡淮, 數止戰, 不利, 與百餘人走江南. 布故與番君婚, 以故長沙哀王使人紿布, 僞與亡, 誘走越, 故信而隨之番陽. 番陽人殺布玆鄕民田舍, 遂滅黥布.

● 사마천의 평어

나 태사공은 이렇게 생각한다.

영포는 《춘추春秋》에 '초나라 영륙英六을 멸하다'라 하였는데 영포의 선조는 바로 그 영육으로서 고요皐陶의 자손이 아닌가 한다. 몸은 형벌을 당하였지만 그 출세함이란 얼마나 빨랐는가? 항씨가 구덩이에 묻어 죽인 사람은 그 수가 천만 명이나 되는데, 영포는 항상 그같이 잔악한 일을 하는 우두머리가 되어 그 공이 제후 중에서 으뜸이었다. 그런 일로 해서 왕이 될 수 있었으나 자신도 역시 죽음을 면치 못하였다. 재앙은 사랑하는 여자로부터 생겨 질투에서 환란이 일어나고 마침내 나라까지 망치기에 이르렀던 것이다.

太史公曰: 英布者, 其先豈《春秋》所見楚滅英·六, 皐陶之後哉? 身被刑法, 何其拔興之暴也! 項氏之所阬殺人以千萬數, 而布常爲首虐. 功冠諸侯, 用此得王, 亦不免於身爲世大僇. 禍之興自愛姬殖, 妒媢生患, 竟以滅國!

史記列傳

032(92) 회음후 열전淮陰侯列傳

① 한신淮陰侯, 韓信 ② 괴통蒯通

〈1〉 한신淮陰侯, 韓信

◉ 젊은 나이에 밥이나 얻어먹고

회음후淮陰侯 한신韓信은 회음
출신이다. 처음 이름 없는 백성
이었을 때는 가난한 데다 달리
뛰어난 점도 없었기 때문에
추천을 받거나 선발되어 관리가
될 수도 없었다. 그리고 장사를
해서 생계를 꾸려 나갈 재간도
없었으므로 항상 남의 집에 얹혀
얻어먹고 지냈다. 따라서 그를
아는 사람은 누구나 그를 싫어
하였다.

일찍이 하향下鄕의 남창南昌에
있는 한 정장亭長에게서 여러 번
얻어먹은 일이 있었다. 그렇게
몇 달을 지나게 되자, 정장의

회음후 한신. 淸 上官周 《晩笑堂畵傳》

아내는 한신을 귀찮게 여긴 나머지 아침 일찍이 밥을 지어 침상 위에서
식사를 마치고, 식사 시간에 맞춰 한신이 찾아가면 모른 척하였다. 그들의
속을 짐작한 한신은 마침내 화를 내면서 발길을 끊어 버렸다.

淮陰侯韓信者, 淮陰人也. 始爲布衣時, 貧無行, 不得推擇爲吏, 又不能治
生商賈, 常從人寄食飮, 人多厭之者. 常數從其下鄕南昌亭長寄食, 數月,
亭長妻患之, 乃晨炊蓐食. 食時信往, 不爲具食. 信亦知其意, 怒, 竟絕去.

⚬ 빨래하는 여인에게서 얻어먹는 밥

그 후 한신은 회수淮水에서 낚시질을 하였다. 그곳에서 빨래를 하던 여인들 중 한 사람이 한신의 굶주린 꼴을 보다 못해 밥을 주었는데, 빨래가 끝나기까지 수십 일 동안 그 여인은 하루도 빼지 않고 그에게 밥을 가져다 주었다. 한신은 감격한 나머지 그 여인에게 반드시 언젠가는 보답하겠다고 인사를 차렸다. 그러자 여인이 화를 내며 말하였다.

"대장부로 태어나서 자기 힘으로 살아가지도 못하기에 젊은이가 가엾어서 밥을 드린 것뿐이다. 어찌 보답을 바라겠는가!"

信釣於城下, 諸母漂, 有一母見信飢, 飯信, 竟漂數十日. 信喜, 謂漂母曰: 「吾必有以重報母.」 母怒曰:「大丈夫不能自食, 吾哀王孫而進食, 豈望報乎!」

⚬ 가랑이 밑으로 기어라

한 번은 회음의 푸줏간 패 가운데 한 젊은이가 한신을 깔보고 이렇게 놀려댔다.

"네놈이 덩치는 큼직하게 생겨 가지고 밤낮 칼을 차고 다닌다만 실제는 겁쟁이일 것이다."

구경꾼들이 모여들자 그는 더욱 신이 났다.

"네가 만약 죽음을 두려워하지 않는 용기가 있으면 그 칼로 나를 찔러 보아라. 만일 죽기가 두려우면 내 가랑이 밑으로 기어 나가거라."

그러자 한신은 그 젊은이를 뚫어지게 바라보더니 이윽고 머리를 숙여 그의 가랑이 밑을 기어서 빠져나갔다. 이 일로 하여 온 장바닥 사람들은 모두 한신을 겁쟁이라면서 비웃었다.

淮陰屠中少年有侮信者, 曰:「若雖長大, 好帶刀劍, 中情怯耳.」衆辱之曰: 「信能死, 刺我; 不能死, 出我袴下.」於是信孰視之, 俛出袴下, 蒲伏. 一市人 皆笑信, 以爲怯.

❀ 사형장에서 등공의 눈에 띄어 살아나다

항우項羽의 삼촌 항량項梁이
회수를 건너게 되었을 때, 한신은
칼을 차고 그의 휘하에 있었으나
두각을 나타내지는 못하였다.
항량이 전사하자, 항우 밑으로
들어가 낭중郎中이 되어 여러
차례 항우에게 계책을 올려
보았지만, 항우는 그의 계책을
받아들이지 않았다.

한신 《三才圖會》

이때 마침 한왕 유방이 촉蜀으로 들어가자, 한신은 초나라에서 도망쳐
한나라에 귀순하였다. 하지만 여기서도 인정을 받지 못한 채 연오連敖라는
보잘것없는 벼슬자리 하나를 얻었다가 그나마 법에 저촉되어 사형을
받을 지경에 이르고 말았다. 같이 처형을 당하게 된 13명의 처형이 이미
끝나고 드디어 한신의 차례가 되었다. 한신은 하늘을 우러러보다 우연히
등공滕公 하후영夏侯嬰과 눈이 마주치게 되었다. 한신은 그를 보고 외쳤다.
"왕께서는 천하를 차지할 생각이 없으십니까? 어떻게 장사를 죽인단
말입니까!"

이에 등공이 보니 그의 말투나 얼굴이 비범하여 그를 풀어 주도록
하였다. 그리고 한신과 말을 주고받은 끝에 크게 기뻐하며 그를 한왕에게
추천하여 겨우 한신을 치속도위治粟都尉에 임명되기는 하였으나, 그래도
한왕은 그를 비범한 인물로는 생각지 않았다.

及項梁渡淮, 信杖劍從之, 居戲下, 無所知名. 項梁敗, 又屬項羽, 羽以爲郎中.
數以策干項羽, 羽不用. 漢王之入蜀, 信亡楚歸漢, 未得知名, 爲連敖. 坐法當斬,
其輩十三人皆已斬, 次至信, 信乃仰視, 適見滕公, 曰:「上不欲就天下乎?
何爲斬壯士!」滕公奇其言, 壯其貌, 釋而不斬. 與語, 大說之. 言於上, 上拜以
爲治粟都尉, 上未之奇也.

◉ 한신의 뒤쫓은 소하

한신은 가끔 소하蕭何와 이야기를 나누었다. 소하는 한신이 비범한 인물임을 알아차렸다.

한왕은 한중漢中 땅을 영토로 받아 수도 남정南鄭으로 옮겨가게 되었는데, 그리로 가는 도중에 도망쳐 버린 장수가 수십 명이나 되었다. 한신 역시 소하 같은 사람이 여러 번 추천을 하였음에도 자신을 등용하지 않는 데에 실망하여 달아났다. 소하는 한신이 도망쳤다는 말을 듣자, 한나라 왕에게조차 말하지 못할 만큼 마음이 조급해져 황급히 그의 뒤를 쫓았다. 누군가가 한나라 왕에게 일렀다.

"승상 소하가 도망쳤습니다."

한나라 왕은 크게 노하며 마치 두 팔을 잃은 것처럼 낙담하였다. 며칠이 지나 소하가 나타나 문안을 드리자 한나라 왕은 한편 화도 나고 한편 반갑기도 하여 이렇게 소하를 꾸짖었다.

"그대가 도망을 쳤다니 어찌 된 일이오?"

소하가 대답하였다.

"신이 어찌 감히 도망을 쳤겠습니까? 다만 도망간 자를 뒤쫓았을 뿐입니다."

한왕이 물었다.

"그대가 뒤쫓은 자가 누구요?"

소하가 대답하였다.

"한신입니다."

그러자 한왕은 다시 이렇게 꾸짖었다.

"장수들 가운데 도망친 자가 열이나 되는데 그대는 누구 하나 뒤쫓아간 일이 없지 않소? 한신을 뒤쫓았단 말은 거짓말이오."

소하가 말하였다.

"그런 장수들은 얼마든지 얻을 수 있습니다. 그러나 한신 같은 인물에 견줄 만한 자가 이 나라에는 없습니다. 왕께서 앞으로 한중의 왕으로 만족할 생각이라면 한신을 쓸 필요가 없습니다. 그러나 기어코 천하를 놓고 다툴 생각이라면 한신이 아니고서는 함께 일을 꾀할 만한 사람이 없습니다. 이것은 왕의 계획이 어떻게 결정되느냐에 달려 있는 문제입니다."

한왕이 말하였다.

"나는 동쪽으로 나가서 천하를 다투고 싶은 생각이오. 어찌 이러한 곳에 오래도록 머물러 있겠소?"

그러자 소하가 말하였다.

"왕께서 반드시 동쪽으로 나갈 생각이면 한신을 등용하십시오. 그러면 한신은 머물러 있을 것입니다. 그렇지 않으면 그는 끝내 달아나고 말 것입니다."

한왕이 물었다.

"경의 생각이 그렇다면 경을 위해서라도 그를 장수로 삼겠소."

그러자 소하가 이렇게 말하였다.

"장수로 삼는 것만으로는 한신이 반드시 머무르리라고 볼 수 없습니다."

한왕이 다시 제의하였다.

"그렇다면 대장으로 삼겠소."

소하가 만족해하였다.

"참으로 다행한 일이옵니다."

信數與蕭何語, 何奇之. 至南鄭, 諸將行道亡者數十人, 信度何等已數言上, 上不我用, 卽亡. 何聞信亡, 不及以聞, 自追之. 人有言上曰:「丞相何亡.」上大怒, 如失左右手. 居一二日, 何來謁上, 上且怒且喜, 罵何曰:「若亡, 何也?」何曰:「臣不敢亡也, 臣追亡者.」上曰:「若所追者誰何?」曰:「韓信也.」上復罵曰:「諸將亡者以十數, 公無所追; 追信, 詐也.」何曰:「諸將易得耳. 至如信者, 國士無雙. 王必欲長王漢中, 無所事信; 必欲爭天下, 非信無所與計事者. 顧王策安所決耳.」王曰:「吾亦欲東耳, 安能鬱鬱久居此乎?」何曰:「王計必欲東, 能用信, 信卽留; 不能用, 信終亡耳.」王曰:「吾爲公以爲將.」何曰:「雖爲將, 信必不留.」王曰:「以爲大將.」何曰:「幸甚.」

◉ 예를 갖추어 임명하시오

이리하여 한나라 왕은 한신을 불러 대장에 임명하려 하였다. 그러자 소하가 말하였다.

"왕께서는 평소에 오만하여 예를 차리지 않습니다. 지금 대장을 임명하는데도 마치 어린아이를 부르는 정도로밖에 생각지 않습니다. 이것이 바로 한신이 도망치는 까닭입니다. 왕께서 한신을 대장으로 임명하시려면 좋은 날을 가려 재계하고, 단장壇場을 설치하여 예식을 갖추어야 되옵니다."

왕은 이를 승낙하였다. 장군들은 모두 기뻐하며 제각기 속으로는 자기가 대장이 될 것으로 알고 있었다. 그러나 막상 대장군을 임명하는데 보니 뜻밖에도 한신이 바로 그 대상임을 알고는 온 군대가 모두 놀랐다.

於是王欲召信拜之. 何曰:「王素慢無禮, 今拜大將如呼小兒耳, 此乃信所 以去也. 王必欲拜之, 擇良日, 齋戒, 設壇場, 具禮, 乃可耳.」王許之. 諸將皆喜, 人人各自以爲得大將. 至拜大將, 乃韓信也, 一軍皆驚.

◉ 항우는 아녀자의 어짊을 가진 자

한신이 임명식을 마치고 자리에 오르자 왕은 말하였다.

"승상이 자주 대장에 대해 이야기를 하였는데, 대장은 어떤 계책을 과인에게 가르쳐 주겠소?"

한신은 감격의 인사를 먼저 올리고 나서 말하였다.

"이제 동쪽으로 향해 천하의 대권을 다툴 상대는 항왕項王이 아니겠습니까?"

"그렇소."

"대왕께서 스스로 생각하실 때 용맹과 어질고 굳센 점에서, 항왕과 비교해 누가 더 낫다고 생각하십니까?"

한왕은 말없이 한참 있다가 입을 열었다.

"내가 항우만 못하오."

한신은 두 번 절하고 왕이 자신을 정확히 알고 있음을 칭송하면서 말하였다.

"신도 그렇게 생각합니다. 그러나 신은 일찍이 항왕을 섬긴 일이 있으므로 항왕의 사람됨을 말씀드리고자 합니다. 항왕이 노기를 띠고 한번 호령을 하면 천 명이나 되는 사람이 엎드리지만, 어진 장수를 믿고 병권을 맡기지 못하니 이는 한 필부의 용기에 지나지 않습니다. 항왕이 사람을 대하는 태도는 공손하고 인정이 많으며 말하는 것도 부드럽습니다. 사람이 병에 걸렸을 때면 흐느껴 울면서 자기가 먹을 음식을 나누어 주기까지 합니다. 그런데 부리는 사람이 공이 있어 마땅히 벼슬을 봉해 주어야 할 경우가 되면, 봉해 줄 벼슬의 인장의 모서리가 닳아 없어질 때까지 손에 쥐고 차마 주지 못합니다. 이것은 이른바 '아녀자의 인仁'일 뿐입니다.

항왕은 천하의 패자가 되어 제후들을 신하로 하고는 있으나, 관중關中에 머무르지 않고 팽성彭城에 도읍을 정하였습니다. 또 의제義帝와의 맹약을 어기고 자기와 가까운 제후들을 왕으로 봉하였는데, 그것은 공평치 못한 일입니다. 제후들은 항왕이 의제를 옮겨 강남으로 쫓아 버리는 것을 보자, 모두 자기 나라로 돌아가 그들의 임금을 내쫓고 좋은 땅을 골라 스스로 왕이 되었습니다. 또 항왕의 군대가 지나간 곳이면 학살과 약탈을 당하지 않은 곳이 없습니다. 천하의 많은 사람들이 항왕을 원망하고 있고, 백성들은 그를 마음 속으로 따르지 않는 채 다만 그의 위력에 눌려 있을 뿐입니다. 그러므로 항왕은 이름만은 패자라 부르고 있으나, 실상은 천하의 인심을 잃고 있습니다. 그러므로 그의 위세는 약해지기 쉬운 것이라 할 수 있습니다.

이제 대왕께서 참으로 항왕이 하는 것과는 달리 천하의 용맹한 사람을 믿고 쓴다면 천하에 멸하지 못할 적이 어디 있겠습니까? 천하의 성읍을 공신의 봉지로 주게 되면 마음으로 복종하지 않을 사람이 어디 있겠습니까? 정의를 내걸고 동쪽으로 들어가고 싶어하는 장사를 거느리게 되면 패해 달아나지 않을 적이 어디 있겠습니까?

또 삼진三秦의 왕인 장한·사마흔司馬欣·동예董翳는 본래 진秦나라 장군으로서 진나라의 자제를 거느렸던 몇 해 동안, 싸워서 죽고 도망친 사람의 수는 이루 헤아릴 수 없었습니다. 그뿐 아니라 휘하의 많은 군사들을 속여 제후에게 항복하게 하고, 신안新安에 이르자 항왕이 진나라의 항복한 군사 20여만 명을 속여 구덩이에 묻어 죽였고 다만 장한·사마흔·동예만이 죽지 않고 살 수 있었습니다. 진나라 부형들은 이들 세 사람을 원망하고 있으며 그 원한이 뼈에 사무쳐 있습니다. 지금 초나라의 항왕은 그의 위세로 이들 세 사람을 왕으로 삼았으나, 진나라 백성들로 세 사람에게 호감을 가진 사람은 없었습니다. 그런데 대왕께서는 무관武關을 통해 관중으로 들어가 조그마한 위협이나 해도 끼치지 않고 진나라의 가혹한 법률을 다 없애 버리고, 진나라 백성들과 다만 삼장三章의 법만을 두겠다고 약속하셨습니다. 진나라 백성들은 대왕께서 진나라 왕이 되어 주었으면 하고 바라지 않는 사람이 없습니다. 관중에 먼저 들어가는 자가 왕이 되기로 한 제후들과의 약속에 따라, 대왕께서 당연히 관중의 왕이 되셔야 합니다. 관중 백성들은 모두 이것을 알고 있습니다. 그러기에 대왕께서 항왕으로 인해 정당한 처우를 받지 못하고 한중으로 들어오게 되자, 진나라 백성들은 누구나 원통해하고 있습니다. 이러한 실정이므로 이제 대왕께서 전력을 다해 동으로 나아가게 되면, 삼진 땅은 격문을 돌리는 것만으로도 평정할 수 있을 것입니다."

그제야 한왕은 크게 기뻐하며 한신을 늦게 만난 것을 아쉽게 생각하기까지 하였다. 이리하여 마침내 한신의 계획에 따라 장수들에게 공격할 곳을 결정하게 하였다.

信拜禮畢, 上坐. 王曰:「丞相數言將軍, 將軍何以敎寡人計策?」信謝, 因問王曰:「今東鄕爭權天下, 豈非項王邪?」漢王曰:「然.」曰:「大王自料勇悍仁彊孰與項王?」漢王默然良久, 曰:「不如也.」信再拜賀曰:「惟信亦爲大王不如也. 然臣嘗事之, 請言項王之爲人也. 項王喑噁叱咤, 千人皆廢, 然不能任屬賢將, 此特匹夫之勇耳. 項王見人恭敬慈愛, 言語嘔嘔, 人有疾病, 涕泣分食飮, 至使人有功當封爵者, 印刓敝, 忍不能予, 此所謂婦人之仁也. 項王雖霸天下而臣諸侯, 不居關中而都彭城. 有背義帝之約, 而以親愛王, 諸侯不平. 諸侯之見項王遷逐義帝置江南, 亦皆歸逐其主而自王善地. 項王所過無不殘滅者, 天下多怨, 百姓不親附, 特劫於威彊耳. 名雖爲霸, 實失天下心. 故曰其彊易弱. 今大王誠能反其道: 任天下武勇, 何所不誅! 以天下城邑封功臣, 何所不服! 以義兵從思東歸之士, 何所不散! 且三秦王爲秦將,

將秦子弟數歲矣, 所殺亡不可勝計, 又欺其衆降諸侯, 至新安, 項王詐阬秦
降卒二十餘萬, 唯獨邯·欣·翳得脫, 秦父兄怨此三人, 痛入骨髓. 今楚彊以
威王此三人, 秦民莫愛也. 大王之入武關, 秋豪無所害, 除秦苛法, 與秦民約,
法三章耳, 秦民無不欲得大王王秦者. 於諸侯之約, 大王當王關中, 關中民
咸知之. 大王失職入漢中, 秦民無不恨者. 今大王舉而東, 三秦可傳檄而定也.」
於是漢王大喜, 自以爲得信晚. 遂聽信計, 部署諸將所擊.

◎ 정벌의 시작

한漢나라 원년 8월, 한왕은 군사를 일으켜 동쪽으로 진창陳倉을 향해
출격하여 삼진을 평정하였다.

한나라 2년, 함곡관函谷關을
나가, 위魏나라 황하 남쪽 땅을
차지하였다. 한韓나라와 은殷
나라 등은 모두 항복하였다.
제·조나라 군사를 합쳐 함께
초나라를 쳤는데, 4월에 팽성에
이르렀으나 한나라 군대가 패해
뿔뿔이 흩어져 돌아오고 말았다.

한신은 다시 군사를 정돈하여
한나라 왕과 형양祭陽에서 만나,
또다시 출격하며 초나라 군사를
경京·삭索 사이에서 깨뜨렸다.
이로 인해 초나라 군대는 서쪽
으로 나아갈 수 없게 되었다.

한나라가 팽성에서 패해 물러
나게 되자, 새왕塞王 사마흔과

〈漢初三傑〉 明刻本 《帝鑒圖說》

적왕翟王 동예는 한나라에서 도망쳐 나와 초나라에 항복을 하였고, 제나라와
조나라도 또 한나라를 배반하고 초나라와 화친을 하였다.

6월에는 위魏나라 왕 표豹가 어머니의 병을 돌본다는 핑계로 휴가를 얻어 고향으로 돌아가서는 곧장 하관河關 길목을 끊어 한나라를 배반하고 초나라와 화친을 하였다. 한나라 왕은 역생酈生을 보내어 위왕 표를 설득시켰으나 항복하지 않았다.

그 해 8월, 한신을 좌승상에 임명하여 위나라를 치게 하였다. 위나라 왕은 포판蒲坂의 수비를 튼튼히 하고 강 맞은편 임진臨晉으로 통하는 물길을 막고 있었다. 이에 한신은 대군이 있는 것처럼 보이고, 배를 줄지어 임진에서 황하를 건너가는 시늉을 하며, 실은 하양夏陽에서 통나무로 만든 목앵부木罌缶로 연결시킨 뗏목에 군사를 숨겨 강을 건너게 하여 안읍安邑을 기습하였다. 위나라 왕 표는 놀라 군사를 이끌고 한신을 맞아 싸웠으나 한신은 마침내 표를 사로잡아 위나라를 평정한 다음 한나라의 하동군河東郡으로 만들었다.

한나라 왕은 장이張耳를 보내 한신과 함께 군사를 이끌고 동북으로 나아가 조나라와 대代를 치게 하였다.

윤 9월에 그들은 대나라 군대를 깨뜨리고 대나라 재상 하열夏說을 어여閼與에서 사로잡았다.

한신이 위나라를 평정하고 대나라를 깨뜨리자 한왕은 사자를 보내어 그로 하여금 정병을 이끌고 형양으로 가서 초나라 군대를 막도록 하였다.

八月, 漢王擧兵東出陳倉, 定三秦. 漢二年, 出關, 收魏·河南, 韓·殷王皆降. 合齊·趙共擊楚. 四月, 至彭城, 漢兵敗散而還. 信復收兵與漢王會滎陽, 復擊破楚京·索之間, 以故楚兵卒不能西.

漢之敗卻彭城, 塞王欣·翟王翳亡漢降楚, 齊·趙亦反漢與楚和. 六月, 魏王豹謁歸視親疾, 至國, 卽絶河關反漢, 與楚約和. 漢王使酈生說豹, 不下. 其八月, 以信爲左丞相, 擊魏. 魏王盛兵蒲坂, 塞臨晉, 信乃益爲疑兵, 陳船欲度臨晉, 而伏兵從夏陽以木罌缶渡軍, 襲安邑. 魏王豹, 引兵迎信, 信遂虜豹, 定魏爲河東郡. 漢王遣張耳與信俱, 引兵東, 北擊趙·代. 後九月. 破代兵, 禽夏說閼與. 信之下魏破代, 漢輒使人收其精兵, 詣滎陽以距楚.

⬤ 정형의 요새

한편 한신과 장이는 군사 수만 명을 거느리고 동쪽으로 정형井陘을 평정한 다음 조나라를 치려 하였다. 조나라 왕과 성안군成安君 진여陳餘는 한나라 군대가 곧 쳐들어온다는 말을 듣자, 군사를 정형 어귀에 집결시켜 놓고, 병력이 20만이라고 하였다. 그러나 광무군廣武君 이좌거李左車가 성안군을 달랬다.

"들리는 바에 의하면, 한나라 장군 한신은 서하西河를 건너 위나라 왕을 사로잡았고, 하열을 포로로 하여 연여를 피바다로 만들었다 합니다. 그리고 지금 장이와 서로 의논하여 조나라를 평정하려 하고 있는 것입니다. 그야말로 승세를 몰고 나라를 떠나 먼 곳에서 싸우는 것이라, 그 예봉을 당해내지 못할 것입니다. 듣건대 '천 리 먼 곳에서 군사의 양식을 실어 보내게 되면, 수송이 곤란한 탓으로 싸우는 군사의 얼굴에 굶주린 빛이 나타나게 되고, 게다가 땔나무를 하고 풀을 베어야 밥을 짓게 되므로 군사들은 배불리 식사를 할 수 없다'고 합니다. 지금 정형으로 통하는 길은 폭이 좁아 수레 두 대가 나란히 지나갈 수가 없고 기병도 열을 지어 지나갈 수 없습니다. 그러한 길이 수백 리나 계속되어 자연 군량미는 훨씬 뒤에 처지게 될 것이 틀림없습니다. 바라건대 저에게 기습 부대 3만 명을 빌려 주시면, 지름길로 가서 그들의 물자 보급을 끊어 버릴 터이니 군께서는 도랑을 깊이 파고 성벽을 높이 쌓아 굳게 지키며 적과 대전하지 말아 주십시오. 그러면 적은 나아가도 싸울 수가 없고, 물러가려 해도 돌아가지 못하게 됩니다. 우리 기습 부대가 그들의 배후를 차단하고, 적에게 약탈할 장소를 주지 않게 되면 열흘이 채 못되어 한신과 장이 두 장군의 머리를 초나라 왕의 휘하에 보내드리겠습니다. 부디 제가 말한 계책에 유의해 주십시오. 그렇지 못하면 틀림없이 두 장군에게 포로가 되고 말 것입니다."

성안군은 원래가 선비였다. 이에 항상 정의로운 군대를 표방하여 남을 속이는 꾀라든가 기발한 계책 같은 것을 쓰지 않았으므로 이렇게 말하였다.

"병법에 '병력이 열 배가 되면 적을 포위하고, 두 배가 되면 나가 싸운다' 하였소. 지금 한신의 군사는 말로는 수만 명이 된다고 하지만 실은 수천 명에 지나지 않소. 그것도 천 리나 되는 먼 곳에서 우리나라를 쳐들어오고 있어 지칠 대로 지쳐 있을 것이오. 지금 이만한 적을 피하고 맞아 싸우지 않는다면, 앞으로 더 큰 적을 만나게 되었을 때는 어떻게 상대를 하겠소? 제후들은 우리를 겁쟁이라 깔보고 쉽사리 우리를 치려 할 것이오."

그러면서 광무군의 계책을 받아들이지 않았다.

信與張耳以兵數萬, 欲東下井陘擊趙. 趙王·成安君陳餘聞漢且襲之也, 聚兵井陘口, 號稱二十萬. 廣武君李左車說成安君曰:「聞漢將韓信涉西河, 虜魏王, 禽夏說, 新喋血閼與, 今乃輔以張耳, 議欲下趙, 此乘勝而去國遠鬪, 其鋒不可當. 臣聞千里餽糧, 士有飢色, 樵蘇後爨, 師不宿飽. 今井陘之道, 車不得方軌, 騎不得成列, 行數百里, 其勢糧食必在其後. 願足下假臣奇兵 三萬人, 從閒道絶其輜重; 足下深溝高壘, 堅營勿與戰. 彼前不得鬪, 退不得還, 吾奇兵絶其後, 使野無所掠, 不至十日, 而兩將之頭可致於戲下. 願君留意 臣之計. 否, 必爲二子所禽矣.」成安君, 儒者也, 常稱義兵不用詐謀奇計, 曰:「吾聞兵法十則圍之, 倍則戰. 今韓信兵號數萬, 其實不過數千. 能千里 而襲我, 亦已罷極. 今如此避而不擊, 後有大者, 何以加之! 則諸侯謂吾怯, 而輕來伐我.」不聽廣武君策, 廣武君策不用.

◉ 배수진

한신은 첩자를 놓아 조나라의 동향을 탐지하고 있었는데, 그 첩자가 광무군의 꾀가 채택되지 않은 것을 알고 돌아와 보고하자, 한신은 크게 기뻐하며 과감히 군대를 이끌고 정형의 좁은 길로 내려갔다. 그리고 정형 어귀에서 30리 떨어진 지점에 막사를 쳤다.

그 날 밤 자정에 군령을 내려 가볍게 무장한 기병 2천 명을 뽑아 그 한 사람 한 사람에게 각각 붉은 기를 주고는 사잇길로 나아가 산 속에 숨어 조나라 군사를 지켜보다가 다음 지시를 따르라고 하였다.

"조나라 군사는 우리 군사가 패주하는 것을 보면, 반드시 진지를 비워 두고 뒤쫓을 것이다. 그러면 너희들은 재빨리 조나라 진지로 뛰어들어 조나라 기를 뽑아 버리고 한나라의 붉은 기를 세워라."

또 그의 비장裨將들에게 간단한 식사를 전군에게 나누어주도록 지시하고
이렇게 덧붙였다.

"오늘 조나라를 쳐서 이긴 다음, 다같이 모여 실컷 먹도록 하겠다."

비장들은 한 사람도 그 말을 믿지는 않았으나 믿는 것처럼 대답하였다.

"네, 알았습니다."

한신은 다시 군리軍吏에게 일렀다.

"조나라 군대는 우리 대장기와 북을 보기 전에는 우리 선봉 부대를
치려 하지 않을 것이다. 우리 주력 부대가 도중에서 혹시 험한 곳에 부딪혀
되돌아가지나 않을까 두려워하기 때문이다."

이리하여 한신은 군사 1만 명을 먼저 출발시켜 정형 어귀를 나와 강물을
등진 배수진을 치게 하였다. 조나라 군사들은 이것을 바라보고 크게 비웃었다.

날이 밝을 무렵, 한신은 대장기를 세우고 북을 울리면서 정형 어귀로
나섰다. 조나라 군대는 진문을 열고 나와 한나라 군대를 공격하였다.
잠시 격전을 벌인 다음, 한신과 장이는 거짓으로 북과 기를 버리고 강기슭의
진지로 달아났다. 강기슭에 있는 군사는 진지의 문을 열고 한신과 장이를
맞아들인 다음 다시 격전을 벌였다. 조나라는 과연 진지를 모두 비워
둔 채 한나라의 대장기와 북을 차지하려고 앞다퉈 한신과 장이를 뒤쫓아왔다.
그러나 한신과 장이를 강기슭의 진지로 맞아들인 한나라 군사들은 죽을
결심으로 싸웠기 때문에 도저히 이겨낼 수가 없었다.

韓信使人間視, 知其不用, 還報, 則大喜, 乃敢引兵遂下. 未至井陘口三十里,
止舍. 夜半傳發, 選輕騎二千人, 人持一赤幟, 從間道萆山而望趙軍, 誠曰:
「趙見我走, 必空壁逐我, 若疾入趙壁, 拔趙幟, 立漢赤幟.」令其裨將傳飧,
曰:「今日破趙會食!」諸將皆莫信, 詳應曰:「諾.」謂軍吏曰:「趙已先據便地
爲壁, 且彼未見吾大將旗鼓, 未肯擊前行, 恐吾至阻險而還.」信乃使萬人先行,
出, 背水陳. 趙軍望見而大笑. 平旦, 信建大將之旗鼓, 鼓行出井陘口, 趙開壁
擊之, 大戰良久. 於是信·張耳詳弃鼓旗, 走水上軍. 水上軍開入之, 復疾戰.
趙果空壁爭漢鼓旗, 逐韓信·張耳. 韓信·張耳已入水上軍, 軍皆殊死戰,
不可敗.

⊛ 깃발을 바꾸어 꽂다

한편, 한신이 미리 보내둔 기습 부대 2천 명의 기병들은, 조나라 군대가 진지를 비워 두고 공을 세우려 뒤쫓아가는 것을 다같이 지켜보고 있다가, 일제히 조나라 진지로 달려들어가 조나라 기를 뽑아 버리고, 한나라의 붉은 기 3천 개를 꽂았다. 조나라 군사는 싸움도 이기지 못하고, 한신 등을 사로잡지도 못한 채 되돌아와 진지로 돌아가려 하였다. 그러나 진지의 성벽 위에는 전부 한나라 붉은 기뿐이었으므로, 한나라가 벌써 조나라 장군들을 모조리 사로잡은 줄로 생각하고 군사들은 정신을 잃고 달아나기가 바빴다. 조나라 장수들이 이를 막으려고 도망치는 군사들의 목을 베었으나 막을 수는 없었다.

이리하여 한나라 군대는 양쪽에서 공격을 가해 조나라 군대를 대파하고 군사들을 사로잡았으며 한편 성안군을 지수泜水 근처에서 목베고 조나라 왕 헐歇을 사로잡았다. 이때 한신이 군중에 영을 내렸다.

"광무군을 죽여서는 안 된다. 그를 산 채로 잡아오는 자에게 천금의 상을 주겠다."

그러자 광무군을 묶어 휘하에 바치는 사람이 있었다. 한신은 묶인 줄을 풀어주고 동쪽을 보고 앉게 한 다음 자신은 서쪽을 향해 마주 보며 그를 스승으로 모셨다.

信所出奇兵二千騎, 共候趙空壁逐利, 則馳入趙壁, 皆拔趙旗, 立漢赤幟
二千. 趙軍已不勝, 不能得信等, 欲還歸壁, 壁皆漢赤幟, 而大驚, 以爲漢皆已
得趙王將矣, 兵遂亂, 遁走, 趙將雖斬之, 不能禁也. 於是漢兵夾擊, 大破虜趙軍,
斬成安君泜水上, 禽趙王歇.

信乃令軍中毋殺廣武君, 有能生得者購千金. 於是有縛廣武君而致戲下者,
信乃解其縛, 東鄉坐, 西鄉對, 師事之.

✸ 병사는 사지에 처해야 살아난다

모든 장수들은 적의 수급과 포로를 바치고 다같이 승리를 축하하며 한신에게 물었다.

"병법에는 '산과 언덕을 오른쪽으로 하여 등지고, 물과 못을 앞으로 하여 왼쪽에 두라'고 하였습니다. 그런데 이번에 장군께서는 반대로 우리들에게 물을 등지고 진을 치게 하고 '조나라를 깨뜨리고 난 다음 모여서 실컷 먹자'고 하였습니다. 우리들은 이해가 가지 않았으나, 결국은 이기게 되었습니다. 이것은 무슨 전법입니까?"

한신이 대답하였다.

"이것도 병법에 있다. 제군들이 미처 생각지 못한 것뿐이다. 병법에 '죽을 곳에 빠진 다음에라야 살게 되고, 망하게 된 처지에 선 다음에라야 살아 있게 된다'고 하지 않았던가? 그리고 나는 평소부터 사대부들의 마음을 사듯이 그들과 친해진 것은 아니다. 말하자면 시장에 있는 사람들을 내몰아 싸움을 시키는 것과 같은 것이다. 그러므로 그들을 죽을 자리에 놓아 두어 각자가 자발적으로 싸우게끔 하지 않고, 그들에게 살 수 있는 곳에 두게 되면 자연 모두 도망쳐 버리고 말 터인데 어떻게 그들을 쓸 수 있겠는가?"

모든 장수들은 다같이 감복하여 말하였다.

"알겠습니다. 저희들이 도저히 미칠 수 없는 일입니다."

諸將效首虜, 畢賀, 因問信曰:「兵法右倍山陵, 前左水澤, 今者將軍令臣等反背水陳, 曰破趙會食, 臣等不服. 然竟以勝, 此何術也?」信曰:「此在兵法, 顧諸君不察耳. 兵法不曰『陷之死地而後生, 置之亡地而後存』? 且信非得素拊循士大夫也, 此所謂『驅市人而戰之』, 其勢非置之死地, 使人人自爲戰; 今予之生地, 皆走, 寧尚可得而用之乎!」諸將皆服曰:「善. 非臣所及也.」

◉ 패장은 말이 없는 법

이어 한신은 광무군에게 물었다.

"나는 북쪽으로 연나라를 치고 동쪽으로 제나라를 치려 하는데 어떻게 하면 성공할 수 있겠습니까?"

광무군은 사양하며 말하였다.

"내가 듣기로는 '패전한 장수는 용병에 대해 말할 수 없고, 망국의 대신은 나라를 존립시키는 일에 대해 말할 수 없다'고 합니다. 지금 나는 싸움에 패하고 나라를 망친 포로인데 어떻게 그러한 큰 일을 꾀할 수 있겠습니까?"

그러자 한신은 이렇게 말하였다.

"들은 바에 의하면, 현인 백리해百里奚가 우虞나라에 있었어도 우나라가 망하였으나, 그가 진秦나라에 있자 진나라가 제후들의 패자가 되었다고 합니다. 백리해가 우나라에 있을 때에는 어리석은 사람이었다가 진나라에 들어가서 지혜로운 사람이 된 것은 아닙니다. 그를 신임해 쓰고 쓰지 않은 것과 그의 말을 받아들이고 받아들이지 않은 것의 차이였습니다. 만일 성안군이 당신의 계책을 들었더라면 나 같은 사람은 그의 포로가 되고 말았을 것입니다. 성안군이 당신을 쓰지 않았기 때문에 내가 당신을 모시게 된 것입니다."

그리고는 다시 계책을 알려 달라고 재촉하였다.

"모든 것을 믿고 가르침에 따르겠으니 사양치 말아 주십시오."

그러자 광무군은 말하였다.

"내가 듣기로는 '지혜로운 사람도 천 번 생각에 반드시 한 번쯤 실수는 있는 법이요, 어리석은 사람도 천 번 생각하면 반드시 한 번쯤은 맞는 법'이라고 합니다. 그러므로 '성인은 미친 사람의 말이라도 가려서 듣는다'고 하였습니다. 내가 생각하는 것이 반드시 쓸 만한 것이 될지는 알 수 없으나 있는 성의를 다할까 합니다. 저 성안군에게도 백 번 싸워 백 번 이기는 계책이 있기는 하였으나, 실수를 함으로써 하루아침에 군사는 호성鄗城 아래에서 패하고, 자신은 저수 가에서 죽고 말았습니다.

지금 장군은 황하를 건너 위나라 왕 표를 사로잡고, 하열을 연여에서 사로잡았으며, 단숨에 정형을 평정하고 하루 아침이 다 지나기도 전에 조나라 20만의 대군을 깨뜨리고 성안군을 죽였습니다. 이로 인해 장군의 이름은 나라 안에 알려지고 위엄은 천하를 뒤흔들어 모든 제후국의 농부들은 '이왕 나라가 망할 바에야' 하는 생각에서 밭갈이를 집어치우고 연장을 내던진 채 잘 입고 잘 먹으며 한때의 안일을 즐기며 다만 귀를 기울여 장군의 명령이 떨어지기만을 기다리고 있습니다. 이러한 것들은 장군에게 있어 유리한 점입니다. 그러나 장군의 사졸들은 지칠 대로 지쳐 있어서 실은 쓰기 어려운 상태에 있습니다.

  그런데 지금 장군은 지치고 시달린 군사를 이끌고 나아가 다시 연나라의 견고한 성 아래로 쳐들어가고자 하고 있습니다. 짐작컨대 싸운다 해도 오래 끌게 되어 힘으로 적의 성을 함락시킬 수 없을 것입니다. 오히려 지쳐 있는 실정이 밖으로 드러나 형세는 날로 불리해지고 헛되이 나날을 보내는 사이에 군량미마저 바닥날 것입니다. 그리하여 약한 연나라마저 굴복시키지 못한다면, 제나라는 틀림없이 국경에 방비를 갖추고 버티어 나갈 방법을 강구하게 될 것입니다. 연나라와 제나라가 서로 버티며 항복하지 않게 되면, 유방과 항우의 싸움은 어느 쪽이 이기게 될지 알 수 없게 됩니다. 이것은 장군에게 불리한 점입니다. 이러한 유리한 점과 불리한 점을 생각해 볼 때, 장군이 지금 연나라와 제나라를 치는 것은 잘못된 계책이라고 생각됩니다. 군사를 잘 쓰는 사람은 자신의 단점을 가지고 적의 장점을 치지 않으며, 자신의 장점을 가지고 적의 단점을 치는 것입니다."

  한신이 물었다.

  "그렇다면 어떤 방법을 쓰는 게 좋겠습니까?"

  광무군은 다시 이렇게 설명하였다.

  "지금 이 마당에 있어서 장군을 위해 생각한다면, 싸움을 중지하고 군사들을 쉬게 하며, 조나라를 어루만져 전사자 유족들을 위로하고, 100리 안에서는 매일같이 고기와 술을 보내 잔치를 베풀어 사대부들을 잘 대접하고, 군사들을 잘 먹인 다음, 북쪽 연나라로 향하는 것이 가장 좋은 방법입니다. 그 뒤에 변사를 시켜 짤막한 편지로 이쪽의 유리한 점을 연나라에 분명히 알리면, 연나라는 반드시 복종하게 될 것입니다. 연나라가 복종하게 되면 다시 변사를 동쪽으로 제나라에 보내어 연나라가 복종하였다는 사실을 알리면, 제나라도 틀림없이 대세에 이끌려 복종하게 될 것입니다. 지혜로운 자가 있어도 제나라를 위한 다른 계책을 생각하지 못하게 될 것입니다. 이렇게 되면 천하의 큰 일은 모두가 뜻대로 될 것입니다. '용병에 원래 허세를 먼저 보이고 진정한 싸움은 나중에 한다'고 한 말은 바로 이런 것을 말한 것입니다."

한신이 대답하였다.

"좋은 생각이오."

한신은 그의 계책을 좇아 사자를 연나라로 보내자, 과연 연나라는 위협에 눌려 복종하였다.

한신은 사자를 보내 한나라 왕에게 보고를 올리고, 장이를 조나라 왕으로 세워 그 나라를 어루만져 잘 달래고 싶다고 청하였다. 한나라 왕은 이를 받아들여 장이를 조나라 왕으로 세웠다.

於是信問廣武君曰:「僕欲北攻燕, 東伐齊, 何若而有功?」廣武君辭謝曰:「臣聞敗軍之將, 不可以言勇; 亡國之大夫, 不可以圖存. 今臣敗亡之虜, 何足以權大事乎!」信曰:「僕聞之, 百里奚居虞而虞亡, 在秦而秦霸, 非愚於虞而智於秦也, 用與不用, 聽與不聽也. 誠令成安君聽足下計, 若信者亦已爲禽矣. 以不用足下, 故信得侍耳.」因固問曰:「僕委心歸計, 願足下勿辭.」廣武君曰:「臣聞智者千慮, 必有一失; 愚者千慮, 必有一得. 故曰『狂夫之言, 聖人擇焉』. 顧恐臣計未必足用, 願效愚忠. 夫成安君有百戰百勝之計, 一旦而失之, 軍敗鄗下, 身死泜上. 今將軍涉西河, 虜魏王, 禽夏說閼與, 一舉而下井陘, 不終朝破趙二十萬衆, 誅成安君. 名聞海內, 威震天下, 農夫莫不輟耕釋耒, 褕衣甘食, 傾耳以待命者. 若此, 將軍之所長也. 然而衆勞卒罷, 其實難用. 今將軍欲舉倦弊之兵, 頓之燕堅城之下, 欲戰恐久力不能拔, 情見勢屈, 曠日糧竭, 而弱燕不服, 齊必距境以自彊也. 燕齊相持而不下, 則劉項之權未有所分也. 若此者, 將軍所短也. 臣愚, 竊以爲亦過矣. 故善用兵者不以短擊長, 而以長擊短.」韓信曰:「然則何由?」廣武君對曰:「方今爲將軍計,莫如案甲休兵, 鎭趙撫其孤, 百里之內, 牛酒日至, 以饗士大夫醳兵, 北首燕路, 而後遣辯士奉咫尺之書, 暴其所長於燕, 燕必不敢不聽從. 燕已從, 使諠言者東告齊, 齊必從風而服, 雖有智者, 亦不知爲齊計矣. 如是, 則天下事皆可圖也. 兵固有先聲而後實者, 此之謂也.」韓信曰:「善.」從其策, 發使使燕, 燕從風而靡. 乃遣使報漢, 因請立張耳爲趙王, 以鎭撫其國. 漢王許之, 乃立張耳爲趙王.

◉ 끝없는 정복

초나라는 자주 기습부대를 보내어 황하를 건너 조나라를 치게 하였다. 조나라 왕 장이와 한신은 여기저기로 쫓아다니며 조나라를 구원하며, 그 기회에 가는 곳마다 조나라 성과 고을들을 평정하고 군대를 징발하여 한나라로 보냈다.

그 무렵 초나라가 한나라 왕을 급습하여 형양을 포위하였다. 한왕은 남쪽으로 나와 완宛과 섭葉 사이로 가서 경포黥布를 자기편으로 끌어들인 다음 다시 달아나 성고成皐로 들어갔다.

초나라는 또 다시 성고를 급습해 포위하였다.

6월에 한왕은 성고를 나와 동쪽으로 황하를 건너 혼자 등공滕公만을 데리고 수무脩武로 들어가 장이의 군대에 몸을 의지하려 하였다. 수무에 도착한 한왕은 객사에 들어 자고 이튿날 이른 아침 자신을 한나라 사자라며 말을 달려 조나라 성 안으로 들어갔다.

장이와 한신은 아직 일어나지 않았다. 왕은 곧바로 그들의 침실로 들어가 직인과 병부를 앗고, 모든 장수들을 불러모은 다음 다시 부서를 배치하였다. 한신과 장이는 일어나 한왕이 들어온 것을 알고 크게 놀랐다.

한왕은 두 사람의 군사를 빼앗은 다음, 그 자리에서 장이에게 조나라를 지키도록 명하고, 한신은 상국相國에 임명하여 아직 징발되지 않은 조나라 군사들을 거두어 제나라를 치게 하였다.

楚數使奇兵渡河擊趙, 趙王耳·韓信往來救趙, 因行定趙城邑, 發兵詣漢.
楚方急圍漢王於滎陽, 漢王南出, 之宛·葉閒, 得黥布, 走入成皋, 楚又復急
圍之. 六月, 漢王出成皋, 東渡河, 獨與滕公俱, 從張耳軍脩武. 至, 宿傳舍.
晨自稱漢使, 馳入趙壁. 張耳·韓信未起, 卽其臥內上奪其印符, 以麾召諸將,
易置之. 信·耳起, 乃知漢王來, 大驚. 漢王奪兩人軍, 卽令張耳備守趙地,
拜韓信爲相國, 收趙兵未發者擊齊.

◉ 언변에 뛰어난 괴통

한신은 군사를 이끌고 동진하여 미처 평원진平原津에서 강을 건너기전에 한나라 왕이 역이기酈食其로 하여금 언변으로써 제나라를 항복시켰다는소식을 듣고, 제나라를 치는 일을 그만 중지할 생각이었다. 그러자 범양范陽의변사 괴통蒯通이 한신에게 이렇게 권하였다.

"장군은 한왕으로부터 제나라를 치라는 명령을 받았습니다. 이제 한왕이혼자 밀사를 보내 제나라의 항복을 받기는 하였지만, 장군에게 제나라를치지 말라는 조서가 내린 것은 아닙니다. 그런데 왜 진격을 중지하고있습니까? 그리고 역이기는 겨우 혼자서 수레 횡목에 기대어 세 치 혀를놀림으로써 제나라 70여 성을 항복시킨 것입니다. 그런데 장군은 수만의군대를 거느리고 1년 이상 걸려 조나라의 50여 성을 함락시켰을 뿐입니다.장군이 된 지 몇 해가 되었지만 한 시골 선비의 공로만 못할 수 있겠습니까?"

한신은 그렇다고 여겨 그의 꾀에 따라 황하를 건넜다.

제나라에서는 역이기의 계책을 받아들여 그를 머물러 있게 하여 큰잔치를 벌이고 한나라에 대한 방비를 풀고 있었다. 한신은 그 틈을 타서제나라 역하歷下에 주둔해 있는 군사를 습격하고, 드디어는 제나라 수도인임치臨菑에 이르렀다. 제나라 왕 전광田廣은 역이기가 자기를 속인 것으로생각하고 그를 삶아 죽인 다음 고밀高密로 달아났다. 그리고 거기서 초나라에사신을 보내어 구원군을 청하였다.

한신은 임치를 평정한 다음, 다시 동쪽으로 진격해서 전광을 뒤쫓아고밀 서쪽에 도달하였다. 초나라는 용저龍且를 대장으로 20만이나 되는대군을 보내 제나라를 구하게 하였다.

信引兵東, 未渡平原, 聞漢王使酈食其已說下齊, 韓信欲止. 范陽辯士蒯通說信曰:「將軍受詔擊齊, 而漢獨發間使下齊, 寧有詔止將軍乎? 何以得毋行也! 且酈生一士, 伏軾掉三寸之舌, 下齊七十餘城, 將軍將數萬衆, 歲餘乃下趙五十餘城, 爲將數歲, 反不如一豎儒之功乎?」於是信然之, 從其計,遂渡河. 齊已聽酈生, 卽留縱酒, 罷備漢守禦. 信因襲齊歷下軍, 遂至臨菑. 齊王田廣以酈生賣己, 乃亨之, 而走高密, 使使之楚請救. 韓信已定臨菑, 遂東追廣至高密西. 楚亦使龍且將, 號稱二十萬, 救齊.

⬥ 제나라 반은 내 것이 될 터인데

제나라 왕 전광과 용저의 연합군은 한신과 맞서 싸우게 되었다. 아직 싸움이 붙기 전에 누군가가 용저에게 계책을 내놓았다.

"한나라 군사는 멀리서 싸우러 왔기 때문에 죽기를 결심하고 싸우게 될 것이므로 정면으로 상대해서는 안 됩니다. 제나라와 초나라 연합군은 자기 고장에서 싸우기 때문에 집을 생각하며 뿔뿔이 흩어져 패하기가 쉽습니다. 가장 좋은 계책은 성벽을 굳게 쌓고 안을 지키며, 한편으로 제나라 왕에게는 그가 신임하는 신하들을 사자로 보내 잃어버린 성들을 내 편으로 돌아오게 하는 것입니다. 이미 함락된 성들은 그들의 왕이 살아 있고, 또 초나라 구원병이 와 있다는 것을 알면 틀림없이 한나라에 대항할 것입니다. 한나라 군사는 멀리 천 리나 되는 남의 나라에 와 있기 때문에 제나라 성들이 모두 반항하게 되면 식량을 손에 넣지 못하게 될 것이 뻔합니다. 그렇게 되면 싸우지 않고서도 항복을 받을 수 있습니다."

용저가 말하였다.

"나는 전부터 한신이 어떤 사람인가를 잘 알고 있는데 그는 나와 같은 초나라 사람이니 간단히 상대할 수 있소. 그리고 명색이 제나라를 구원하러 와 가지고 싸움도 않고 항복시켰다고 한다면 내게 무슨 공이 있겠소? 지금 싸워서 승리를 얻게 되면, 제나라의 반은 내 것이 될 터인데 어떻게 전진하지 않고 있을 수 있겠소?"

齊王廣·龍且幷軍與信戰, 未合. 人或說龍且曰:「漢兵遠鬪窮戰, 其鋒不可當. 齊·楚自居其地戰, 兵易敗散. 不如深壁, 令齊王使其信臣招所亡城, 亡城聞其王在, 楚來救, 必反漢. 漢兵二千里客居, 齊城皆反之, 其勢無所得食, 可無戰而降也.」龍且曰:「吾平生知韓信爲人, 易與耳. 且夫救齊不戰而降之, 吾何功? 今戰而勝之, 齊之半可得, 何爲止!」

◉ 모래 둑을 터뜨려 수중전으로 승리를 거두다

이리하여 드디어 전투를 벌여 유수濰水를 끼고 한신과 대치하게 되었다. 한신은 밤에 사람을 시켜 1만여 개의 자루를 만들고 모래를 가득 채워 강 위쪽을 막게 하였다. 그리고 군대를 이끌고 반쯤 건너가서 용저를 공격하다가 당하지 못하는 척하며 도망쳐 왔다. 용저는 예상한 대로 기뻐하며 말하였다.

"한신이 겁쟁이인 줄 진작부터 알고 있었다."

드디어 용저는 한신을 뒤쫓아 강을 건넜다. 이를 보자 한신은 사람을 시켜 막아 두었던 모래주머니 둑을 터놓았다. 물이 한꺼번에 크게 밀어닥치자 용저 군사의 태반은 건너올 수가 없었다. 이 때를 놓치지 않고 한신은 급습하여 용저를 죽였다. 강 동쪽에 남아 있던 용저의 군사도 뿔뿔이 흩어져 달아나고 제나라 왕 전광도 도망쳤다.

한신은 달아나는 적을 추격하여 성양城陽에 이르러 초나라 군사를 모조리 사로잡았다.

遂戰, 與信夾濰水陳. 韓信乃夜令人爲萬餘囊, 滿盛沙, 壅水上流, 引軍半渡, 擊龍且, 詳不勝, 還走. 龍且果喜曰:「固知信怯也」遂追信渡水. 信使人決壅囊, 水大至. 龍且軍大半不得渡, 卽急擊, 殺龍且. 龍且水東軍散走, 齊王廣亡去. 信遂追北至城陽, 皆虜楚卒.

◉ 대장부가 가짜 왕이라니

한나라 4년에, 전광이 항복함으로써 제나라는 마침내 평정되었다. 한신은 한왕에게 이렇게 글을 전하도록 하였다.

"제나라는 거짓과 속임수가 많고 변절을 잘하며 자주 번복하는 나라입니다. 게다가 남쪽은 초나라와 국경을 맞대고 있습니다. 가왕假王을 두어 다스리지 않으면 형세가 안정될 수 없습니다. 신을 가왕으로 임명해 주시면 모든 일이 편리하겠습니다."

당시 한왕은 형양에서 초나라의 포위를 받고 형세가 한창 급한 참이었다. 한신의 사자가 올리는 이러한 내용의 편지를 열어 보는 순간 한왕은 크게 화를 내며 호통을 쳤다.

"나는 여기서 고통을 치르며 하루 빨리 나를 도와줄 것을 밤낮으로 기다리고 있는 중인데, 그대는 스스로 왕이 되려는 것인가?"

이때 장량張良과 진평陳平이 한왕의 발을 밟아 눈치를 주며 한왕의 귀에다 대고 속삭였다.

"한나라는 지금 불리한 형편에 놓여 있습니다. 한신이 왕이 되는 것을 어떻게 못하게 할 수 있겠습니까? 이 기회에 그를 왕으로서 후대하여 제나라를 굳게 지키도록 하는 도리밖에 없습니다. 그렇지 못하면 변이 생길 것입니다."

한왕은 얼른 생각이 돌았다. 이에 또 호통을 치는 것이었다.

"대장부가 제후를 평정하였으면 즉시로 정말 왕이 될 일이지 어찌 가짜 왕이 되겠다는 것인가?"

한왕은 장량을 제나라로 보내 한신을 제나라 왕으로 봉하는 한편, 그의 군사를 징발시켜 초나라를 공격하게 하였다.

漢四年, 遂皆降平齊. 使人言漢王曰:「齊僞詐多變, 反覆之國也, 南邊楚, 不爲假王以鎭之, 其勢不定. 願爲假王便.」當是時, 楚方急圍漢王於滎陽, 韓信使者至, 發書, 漢王大怒, 罵曰:「吾困於此, 旦暮望若來佐我, 乃欲自立爲王!」張良·陳平躡漢王足, 因附耳語曰:「漢方不利, 寧能禁信之王乎? 不如因而立, 善遇之, 使自爲守. 不然, 變生.」漢王亦悟, 因復罵曰:「大丈夫定諸侯, 卽爲眞王耳, 何以假爲!」乃遣張良往立信爲齊王, 徵其兵擊楚.

⚙ 항우의 유혹

초나라가 용저를 잃게 되자, 두려운 생각이 든 항우는 우이肝胎 출신의 무섭武涉으로 하여금 제나라 왕 한신을 설득하게 하였다.

"천하 사람들은 모두가 진秦나라에 오랫동안 시달리고 있었기 때문에 함께 힘을 모아 진나라를 쳤습니다. 그리고 진나라가 패한 다음 각기 그 공에 따라 땅을 분배받고, 그 분배받은 땅의 왕이 되어 군사를 쉬도록 하였습니다. 그런데 한왕은 다시 군대를 일으켜 동쪽으로 나와 남의 영토를 침범하고, 삼진을 깨뜨린 다음 군대를 이끌고 함곡관을 나와 제후들의 군사를 거두어들여 초나라를 공격하고 있습니다. 그의 뜻인즉 천하를 다 삼키지 않고는 그치지 않겠다는 것입니다. 만족할 줄을 모르는 그의 탐욕은 이토록 심합니다. 그리고 한왕은 믿을 수가 없는 사람입니다. 그는 몇 번이나 항왕의 손아귀에 들었지만 항왕은 그때마다 그를 딱하게 생각하고 살려 주었습니다. 그런데 한왕은 무사히 도망을 하고 나면 언제나 약속을 위반하고 항왕을 공격하였습니다. 그는 이렇게 인정도 신의도 없습니다. 지금 족하께서는 한왕과 깊은 교제가 있다고 해서 그를 위해 힘을 다하여 작전을 하고 있지만, 마지막에 가서는 결국 그자의 포로가 되고 말 것입니다. 족하가 아직까지 무사한 것은 항왕이 아직도 살아 있기 때문입니다. 지금 항왕과 한왕 두 사람의 승패는 족하의 저울질에 달려 있습니다. 족하께서 오른쪽에 가담하면 한왕이 이기고, 왼쪽에 가담하면 항왕이 이깁니다. 만일 오늘 항왕이 망하게 되면 내일은 족하가 당하게 됩니다. 족하는 항왕과 연고가 있습니다. 한나라와 맞서서 항왕과 손을 잡고, 천하를 셋으로 나누어 왕국을 만드는 것이 어떻겠습니까? 지금 이런 기회를 놓치고 자진해서 한나라를 믿고 초나라를 공격하는 것이 어찌 지혜로운 사람의 취할 바라 할 수 있겠습니까?"

그러나 한신은 이를 거절하였다.

"내가 항왕을 섬기고 있을 때 벼슬은 낭중에 불과하였고, 지위는 집극執戟에 지나지 않았으며 의견을 말해야 들어 주지 않았고, 계획을 세워야 써 준 일이 없었습니다. 이에 초나라를 배반하고 한나라로 간 것입니다.

한왕은 내게 대장군의 인수를 주었고 수만 명의 군사를 맡겼습니다. 자기 옷을 벗어 내게 입혀 주었고, 자기가 먹을 것을 내게 먹여 주었으며, 의견을 말하면 들어 주었고, 계획을 올리면 써 주었습니다. 그러기에 나는 여기까지 이르게 된 것입니다. 대체로 남이 내게 깊은 신뢰를 가지고 있는데 내가 그를 배반한다는 것은 상서롭지 못한 일입니다. 비록 죽는 한이 있더라도 그를 배반할 수는 없습니다. 바라건대 나를 위해 항왕에게 말을 잘 전해 주시오."

楚已亡龍且, 項王恐, 使盱眙人武涉往說齊王信曰:「天下共苦秦久矣, 相與勠力擊秦. 秦已破, 計功割地, 分土而王之, 以休士卒. 今漢王復興兵而東, 侵人之分, 奪人之地, 已破三秦, 引兵出關, 收諸侯之兵以東擊楚, 其意非盡吞天下者不休, 其不知厭足如是甚也. 且漢王不可必, 身居項王掌握中數矣, 項王憐而活之, 然得脫, 輒倍約, 復擊項王, 其不可親信如此. 今足下雖自以與漢王爲厚交, 爲之盡力用兵, 終爲之所禽矣. 足下所以得須臾至今者, 以項王尚存也. 當今二王之事, 權在足下. 足下右投則漢王, 左投則項王勝. 項王今日亡, 則次取足下. 足下與項王有故, 何不反漢與楚連和, 參分天下王之? 今釋此時, 而自必於漢以擊楚, 且爲智者固若此乎!」韓信謝曰:「臣事項王, 官不過郎中, 位不過執戟. 言不聽, 畫不用, 故倍楚而歸漢. 漢王授我上將軍印, 予我數萬衆, 解衣衣我, 推食食我, 言聽計用, 故吾得以至於此. 夫人深親信我, 我倍之不祥, 雖死不易. 幸爲信謝項王!」

◉ 관상을 보아하니

무섭이 떠나간 다음에 제나라 출신 괴통이 천하를 저울질할 수 있는 힘이 한신에게 있는 것을 보고 미묘한 계책으로써 한신의 마음을 움직이려 하였다. 그는 관상술로써 한신을 설득하기 시작하였다.

"나는 일찍이 관상 보는 법을 배운 일이 있습니다."

한신이 물었다.

"선생께서 배우신 관상법이란 어떤 것이오?"

괴통이 말하였다.

"출세를 하고 못하는 것은 골격이 어떻게 생겼느냐 하는 골상骨相에 있고, 기쁜 일이 있고 없는 것은 얼굴 모양과 그 빛깔에 있으며, 성공과 실패는 결단하는 힘에 달려 있습니다. 이것을 참고로 판단하면 절대로 틀림이 없습니다."

한신이 물었다.

"그렇겠군요. 그럼 선생께선 과인의 상을 어떻다고 보시오?"

괴통이 말하였다.

"잠시 사람들을 모두 물리쳐 주십시오."

한신이 주위 사람들을 물리자 이윽고 괴통은 이렇게 말하였다.

"장군의 얼굴을 앞에서 바라보면 제후로 봉해지는 데 불과하고, 게다가 또 위태롭고 불안한 점이 있습니다. 그러나 장군의 등을 보면 고귀하기가 이를 데 없습니다."

武涉已去, 齊人蒯通知天下權在韓信, 欲爲奇策而感動之, 以相人說韓信曰: 「僕嘗受相人之術.」 韓信曰: 「先生相人何如?」 對曰: 「貴賤在於骨法, 憂喜在於容色, 成敗在於決斷, 以此參之, 萬不失一.」 韓信曰: 「善. 先生相寡人何如?」 對曰: 「願少閒.」 信曰: 「左右去矣.」 通曰: 「相君之面, 不過封侯, 又危不安. 相君之背, 貴乃不可言.」

⊛ 제나라를 차지하십시오

한신이 물었다.

"그건 무얼 두고 하는 말씀이오?"

괴통이 말하였다.

"천하에 처음 일어설 때가 어렵지 지금은 영웅 호걸들이 왕이라 하며 크게 외치자, 천하의 뜻 있는 사람들이 구름처럼 합치고 안개처럼 모여들어 물고기 비늘처럼 겹치고 불길이나 바람처럼 일어났습니다. 그때는 어떻게 하면 진나라를 망하게 할 수 있느냐 하는 것이 그들의 공통된 관심이었습니다.

그러나 지금 초나라와 한나라로 나뉘어져 서로 다투게 되자, 천하의 죄 없는 사람들로 하여금 간과 쓸개로 땅바닥을 바르게 하고, 아내와 자식들의 해골을 벌판에 나뒹굴게 한 것이 얼마나 되는지 헤아릴 수 없을 정도입니다. 초나라 사람 항왕은 팽성에서 일어나 계속 싸워 북쪽으로 진격하여 형양에 이르기까지 승세를 타고 자리를 말듯 하니 그 위엄이 온통 천하를 떨게 만들었습니다. 그러나 초나라 군대는 경·삭 사이에서 난관에 부닥쳐 서산西山에 막히어 나아가지 못한 지가 벌써 3년에 이르고 있습니다. 한왕은 수십 만 명의 군사를 거느리고 공鞏·낙洛에 이르러, 험준한 산과 강의 지세를 이용하여 하루에도 몇 번을 싸웠으나, 한 자 한 치의 공도 세우지 못하고, 꺾이고 패한 끝에 다시 회복하지 못한 채 형양에서 패하고 성고에서 가슴에 상처를 입은 다음 드디어는 완·섭 사이로 달아나고 말았습니다. 이것은 이른바 지혜 있는 한나라 왕도 용맹스런 항왕도 함께 괴로움을 당하는 것입니다. 무릇 날카로운 기세가 가로막은 장애물에 의해 꺾이게 되고 양식 창고는 바닥이 났습니다. 백성들은 지칠 대로 지쳐 그 마음은 원망으로 가득 차 있을 뿐 아무데도 의지할 곳을 찾지 못하고 있습니다.

내가 생각하건대 천하의 위대한 인물이 아니고서는 도저히 이 천하의 환난을 그치게 할 도리가 없습니다. 현재 한나라 왕과 항왕 두 임금의 목숨은 족하에게 달려 있습니다. 족하께서 한나라를 위하면 한나라가 이기고, 초나라에 가담하면 초나라가 이기게 되어 있습니다. 나는 내 속마음을 털어놓고 충성을 다해 어리석은 계책을 다해 보고 싶으나 족하께서 받아들이지 않을까 두렵습니다. 참으로 내 계책을 들어 주신다면 초나라와 한나라 양쪽을 다 이롭게 해 주고, 두 임금을 존속시켜 천하를 셋으로 나누어 솥의 발처럼 서 있게 되면 그 형세가 어느 누구도 감히 먼저 움직일 수 없게 됩니다.

무릇 족하처럼 현명하신 분이 많은 군사를 거느리고 있으면서, 강한 제나라를 차지하여 연나라와 조나라를 복종시키고 빈 땅으로 나가 그 후방을 내리 누른 다음, 백성들의 소망을 따라 서쪽으로 진출하여 백성들을 위해 초나라와 한나라에 대해 싸움을 그치도록 요구하게 되면 온 천하가 바람에 휩쓸리듯, 소리가 메아리치듯 호응하게 될 터이니 누가 감히 족하의 명령을 듣지 않을 수 있겠습니까? 그리하여 큰 나라는 나누어 가지고 강한 것을 약하게 하여 제후들을 세우십시오. 제후들이 서게 되면 천하가 복종하며 제나라를 고맙게 생각할 것입니다. 제나라의 옛 땅임을 생각하여 교膠와 사泗의 땅을 차지하고, 제후들을 감싸주는 마음을 간직하여 정중한 태도로 임하게 되면 천하의 모든 군주들이 서로 이끌어 제나라로 조회를 오게 될 것입니다. 대체로 '하늘이 주는 데도 받지 아니하면 도리어 벌을 받게 되며, 때가 이르렀는데도 행하지 아니하면 도리어 그 재앙을 받는다'라 하였습니다. 바라건대 족하께선 깊이 잘 생각해 보시기 바랍니다."

한신은 말하였다.

"한나라 왕이 나를 대접하기를 심히 후하게 하여 자기 수레로써 나를 태워 주고, 자기 옷으로써 나를 입혀 주고, 자기가 먹을 것으로 나를 먹여 주었습니다. 나는 듣건대 남의 수레를 탄 사람은 그 사람의 환난을 함께 제 몸에 싣게 되고, 남의 옷을 입는 사람은 남의 근심을 안게 되며, 남의 것을 먹는 사람은 그의 일을 위하여 죽는다 하였습니다. 그런데 내가 어떻게 이익만을 찾아 의리를 배반할 수 있겠습니까!"

韓信曰:「何謂也?」蒯通曰:「天下初發難也, 俊雄豪桀建號壹呼? 天下之士雲合霧集, 魚鱗襍遝, 熛至風起. 當此之時, 憂在亡秦而已. 今楚漢分爭, 使天下無罪之人肝膽塗地, 父子暴骸骨於中野, 不可勝數. 楚人起彭城, 轉鬪逐北, 至於滎陽, 乘利席卷, 威震天下. 然兵困於京·索之閒, 迫西山而不能進者, 三年於此矣. 漢王將數十萬之衆, 距鞏·雒, 阻山河之險, 一日數戰, 無尺寸之功, 折北不救, 敗滎陽, 傷成皋, 遂走宛·葉之閒, 此所謂智勇俱困者也. 夫銳氣挫於險塞, 而糧食竭於內府, 百姓罷極怨望, 容容無所倚. 以臣料之, 其勢非天下之賢聖固不能息天下之禍. 當今兩主之命縣於足下. 足下爲漢則漢勝, 與楚則楚勝. 臣願披腹心, 輸肝膽, 效愚計, 恐足下不能用也. 誠能聽臣之計, 莫若兩利而俱存之, 參分天下, 鼎足而居, 其勢莫敢先動. 夫以足下之賢聖, 有甲兵之衆, 據彊齊, 從燕·趙, 出空虛之地而制其後, 因民之欲, 西鄕爲百姓請命, 則天下風走而響應矣, 孰敢不聽! 割大弱彊, 以立諸侯, 諸侯已立, 天下服聽而歸德於齊. 案齊之故, 有膠·泗之地, 懷諸

侯以德, 深拱揖讓, 則天下之君王相率而朝於齊矣. 蓋聞天與弗取, 反受其咎;
時至不行, 反受其殃. 願足下孰慮之.」

韓信曰:「漢王遇我甚厚, 載我以其車, 衣我以其衣, 食我以其食. 吾聞之,
乘人之車者載人之患, 衣人之衣者懷人之憂, 食人之食者死人之事, 吾豈可
以鄉利倍義乎!」

☯ 사냥감이 없어지면 사냥개가 삶기는 법

괴통은 다시 이렇게 말하였다.

"지금 족하께서는 속으로 한왕을 착한 사람으로 알고, 만세에 끼칠
사업을 이룩해 보실 생각이지만, 내가 생각하기에는 잘못 생각하시는
것 같습니다. 처음 상산왕常山王, 張耳과 성안군成安君, 陳餘은 평민으로
있을 때 서로 함께 생사를 같이하는 교분을 가지게 되었지만, 뒤에 장염張黶·
진택陳澤의 사건으로 다투게 되자, 두 사람은 서로 원한을 품게 되었습니다.
그리하여 상산왕 장이는 항왕을 배반하였고, 항영項嬰의 머리를 베어
들고 한나라 왕에게로 도망쳤습니다. 장이가 한나라 왕의 군사를 빌려
동으로 내려와 성안군 진여를 저수 남쪽에서 죽이자 그의 머리와 다리가
따로 떨어져 나가 천하의 웃음거리가 되고 말았습니다. 상산왕과 성안군
두 사람은 천하에 둘도 없을 만큼 다정하게 사귀었으나 결국 서로가
원한을 가지게 된 것은 무엇 때문이겠습니까? 환란은 욕심이 많은 데서
생겨나고 사람의 마음이란 알기 어려운 것이기 때문입니다.

지금 족하께 충성과 신의로써 한왕을 대하려 하지만 도저히 상산왕과
성안군만큼 믿는 사이는 될 수 없습니다. 한왕과 족하 사이에 부딪칠
일은 모두 장염·진택의 일보다 중대한 것들입니다. 그러므로 나는 족하께서
한왕이 나를 해하려 하지 않을 것으로 믿는 것 역시 잘못이라고 생각합니다.
대부大夫 종種과 범려范蠡는 망한 월나라를 다시 세워 구천을 패자로
만듦으로써 공도 세우고 이름을 떨쳤지만 자신은 죽었습니다. 들짐승이
다 없어지면 사냥개는 솥에 삶기고 마는 법입니다. 무릇 교분으로 말하면
장이가 성안군에 대한 것만 못하며 충성과 믿음으로 말하면 대부 종과

범려가 구천에 한 것을 따르지 못할 것이니 이 두 사람을 두고도 충분히 알 수 있는 일입니다. 바라건대 족하께선 깊이 생각하십시오.

또 신이 듣건대 '용맹과 지략이 군주를 떨게 하는 자는 몸이 위태롭고, 공로가 천하를 덮는 자는 상을 받지 못한다'라 하였습니다. 청컨대 신은 대왕의 공과 지략을 말씀드리겠습니다. 족하께선 서하를 건너 위왕을 포로로 하고 하열을 사로잡았으며, 군사를 이끌고 정형으로 내려와 성안군을 죽이고 조나라를 항복시켰습니다. 연나라를 위협한 다음 제나라를 평정하였으며, 남쪽으로 초나라 20만 군사를 꺾고 동쪽으로 용저를 죽이고 서쪽으로 한나라 왕에게 보고를 하였으니 이것이 이른바 공로는 천하에 둘이 없고, 지략은 세상에 다시없다는 것입니다. 지금 족하께서는 군주를 떨게 하는 위세와 상 받을 수 없을 만큼 공로를 지니고 있으니 초나라로 돌아간다 해도 초나라 항왕이 믿지 않을 것이며, 한나라로 돌아가게 되면 한나라 왕 유방이 놀라 떨게 될 터인데 족하께서는 이러한 위력과 공로를 가지고 어디로 돌아가시려는 것입니까? 무릇 행세가 신하된 위치에 있으면서 임금을 떨게 하는 위세를 지니고 그 이름이 천하에 높이 알려져 있다는 그 자체가 족하께서 위태로운 일입니다."

그러나 한신은 승낙하지 않았다.

"선생께선 잠시 머물러 계십시오. 내 생각해 보리다."

蒯生曰:「足下自以爲善漢王, 欲建萬世之業, 臣竊以爲誤矣. 始常山王·成安君爲布衣時, 相與爲刎頸之交, 後爭張黶·陳澤之事, 二人相怨. 常山王背項王, 奉項嬰頭而竄, 逃歸於漢王. 漢王借兵而東下, 殺成安君泜水之南, 頭足異處, 卒爲天下笑. 此二人相與, 天下至驩也. 然而卒相禽者, 何也? 患生於多欲而人心難測也. 今足下欲行忠信以交於漢王, 必不能固於二君之相與也, 而事多大於張黶·陳澤. 故臣以爲足下必漢王之不危己, 亦誤矣. 大夫種·范蠡存亡越, 霸句踐, 立功成名而身死亡. 野獸已盡而獵狗亨. 夫以交友言之, 則不如張耳之與成安君者也; 以忠信言之, 則不過大夫種·范蠡之於句踐也. 此二人者, 足以觀矣. 願足下深慮之. 且臣聞勇略震主者身危, 而功蓋天下者不賞. 臣請言大王功略: 足下涉西河, 虜魏王, 禽夏說, 引兵下

井陘, 誅成安君, 徇趙, 脅燕, 定齊, 南摧楚人之兵二十萬, 東殺龍且, 西鄉以報,
此所謂功無二於天下, 而略不世出者也. 今足下戴震主之威, 挾不賞之功,
歸楚, 楚人不信; 歸漢, 漢人震恐: 足下欲持是安歸乎? 夫勢在人臣之位而有
震主之威, 名高天下, 竊爲足下危之.」韓信謝曰:「先生且休矣, 吾將念之.」

● 때는 두 번 다시 오지 않는다

그 뒤 며칠이 지나자 괴통은 다시 또 한신을 달랬다.

"무릇 남의 말을 받아들이는 것은 일의 성공과 실패의 징후가 되고,
계획을 세우는 것은 일의 성공과 실패의 계기가 됩니다. 진언을 잘못
받아들이고 책에 실패하게 되면 오래 편안하게 지낼 수가 없습니다. 진언을
듣는 데 한두 가지의 실수도 없는 사람이라면 말로써 그의 마음을 어지럽게
할 수 없고, 계책이 처음과 끝을 잃지 않게 되면 교묘한 말로써 분란을
일으킬 수 없습니다.

무릇 남의 심부름만 하는 사람은 만승萬乘의 권세를 잃게 되고, 조그만
녹을 지키고 있는 사람은 경상卿相의 지위를 얻을 수 없습니다. 그러므로
지식은 결정을 내리는 힘이며 의심이란 일의 방해가 되는 것입니다. 털끝
같은 작은 계산만을 따지고 천하의 큰 수를 빠뜨리는 것과, 지혜로 알면서도
결정하여 감히 행하지 않는 것은 모든 일의 화근이 되는 것입니다. 그러기에
'맹호라도 망설이면 벌이 쏘는 것만도 못하고 준마라도 주춤거리면 짐끄는
말의 느린 걸음만도 못하며, 맹분孟賁이라도 의심만 하고 있으면 보통
사람들이 결행하는 것만 못하고, 비록 순임금과 우임금의 지혜가 있어도
우물거리고 말을 하지 않으면 벙어리나 귀머거리가 손짓발짓하는 것만
못하다'고 하였습니다. 이것은 실행하는 것이 귀중한 것임을 말한 것입니다.
대개 공이란 이루기는 어렵고 실패하기는 쉬운 것이며, 때란 얻기는 어려워도
잃기는 쉬운 것입니다. 아, 때란 두 번 다시 오는 것이 아니니 바라건대
족하께서는 자세히 살펴보십시오."

그러나 한신은 주저하며 차마 한나라를 배반하지 못하였고, 또 스스로
세운 공이 많으므로 한나라가 끝내 우리 제나라를 빼앗지는 못하리라

생각하여 마침내 괴통을 거절하고 말았다. 괴통은 한신이 자기가 한 말을 들어주지 않자, 거짓 미치광이 행세를 하며 무당이 되었다.

한나라 왕은 고릉固陵에서 곤란을 겪고 있을 때 장량의 꾀를 써서 제나라 왕 한신에게 구원을 청하였다. 이리하여 한신은 군사를 거느리고 해하垓下로 가서 한나라 왕을 만났다. 항우를 무찌르자 고조高祖 유방은 제나라 왕의 군사를 기습하여 빼앗았다.

한나라 5년 정월, 제나라 왕 한신을 제나라에서 옮겨 초나라 왕으로 삼고 하비下邳를 도읍으로 정하였다.

後數日, 蒯通復說曰:「夫聽者事之候也, 計者事之機也, 聽過計失而能久安者, 鮮矣. 聽不失一二者, 不可亂以言; 計不失本末者, 不可紛以辭. 夫隨廝養之役者, 失萬乘之權; 守儋石之祿者, 闕卿相之位. 故知者決之斷也, 疑者事之害也, 審豪氂之小計, 遺天下之大數, 智誠知之, 決弗敢行者, 百事之禍也. 故曰『猛虎之猶豫, 不若蜂蠆之致螫; 騏驥之跼躅, 不如駑馬之安步; 孟賁之狐疑, 不如庸夫之必至也; 雖有舜禹之智, 吟而不言, 不如瘖聾之指麾也』. 此言貴能行之. 夫功者難成而易敗, 時者難得而易失也. 時乎時, 不再來. 願足下詳察之.」韓信猶豫不忍倍漢, 又自以爲功多, 漢終不奪我齊, 遂謝蒯通. 蒯通說不聽, 已詳狂爲巫.

漢王之困固陵, 用張良計, 召齊王信, 遂將兵會垓下. 項羽已破, 高祖襲奪齊王軍. 漢五年正月, 徙齊王信爲楚王, 都下邳.

◉ 젊은 시절 사람들을 찾아

한신은 초나라에 이르자, 옛날 밥을 먹여 주던 빨래를 하던 여인을 불러내어 천금을 하사하였다. 그리고 하향의 남창南昌 정장에게는 백전을 주며 말하였다.

"그대는 소인이다. 남에게 은혜를 베풀어주다가 중도에서 그만두었다."

그리고 가랑이 밑으로 기어나가게 하여 한신에게 모욕을 주었던 사나이를 불러내어 초나라 중위中尉로 임명한 다음 모든 장수와 대신들에게 말하였다.

"이 사람은 장사다. 그때 나를 모욕하였을 때 나는 이 사람을 죽일 수가 없어 못 죽인 것이 아니다. 죽여 보아야 무슨 명분 있는 일이 아니었다. 그 때 꾹 참았기 때문에 오늘에 이르게 된 것이다.”

항왕의 밑에 있다가 도망친 장군 종리매鍾離昧의 집은 이려伊廬에 있었다. 그는 전부터 한신과 가까운 사이였으므로 항우가 죽은 뒤 한신에게 와 있었다. 그런데 종리매에 대해 원한을 품고 있던 한왕은 그가 초나라에 있다는 말을 듣자 초나라에 칙명을 내려 그를 잡아 보내도록 요구하였다.

또한 한신이 초나라에 처음 들어왔을 당시 각 고을을 순행하면서 그는 많은 군사를 거느리고 드나들었다.

信至國, 召所從食漂母, 賜千金. 及下鄕南昌亭長, 賜百錢, 曰:「公, 小人也, 爲德不卒.」召辱己之少年令出胯下者以爲楚中尉. 告諸將相曰:「此壯士也. 方辱我時, 我寧不能殺之邪? 殺之無名, 故忍而就於此.」

項王亡將鍾離昧家在伊廬, 素與信善. 項王死後, 亡歸, 信. 漢王怨昧, 聞其在楚, 詔楚捕昧. 信初之國, 行縣邑, 陳兵出入.

◉ 한신이 반란을 꾀합니다

한나라 6년에 그 일로 어떤 사람이 글을 올려 이렇게 말하였다.

“초나라 왕 한신이 반란을 꾀하고 있습니다.”

고제高帝는 진평의 계책에 따라 천자가 각 지방을 순행한다고 하면서 제후들을 불러모으기로 하였다. 남쪽에 운몽雲夢이란 큰 호수가 있어 고조는 사자를 보내 거짓으로 제후들에게 일러두었다.

“내 장차 운몽으로 갈 것이니 모두들 진陳으로 모여라.”

이는 사실 한신을 기습할 작정이었으나, 한신은 그것을 짐작하지 못하고 있었다. 고조가 초나라로 들어올 무렵 한신은 군사를 동원시켜 반란을 일으키려 하였다. 그러나 스스로 생각해 볼 때 아무런 죄도 없으므로 고조를 만나 뵙고 싶기도 하였으나 사로잡히지나 않을까 하는 염려가 앞섰다.

그때 누군가가 한신을 이렇게 설득하였다.

“종리매의 목을 베어 황제를 뵙는다면 황제께서는 틀림없이 기뻐하실 것입니다. 걱정할 필요는 없습니다.”

漢六年, 人有上書告楚王信反. 高帝以陳平計, 天子巡狩會諸侯, 南方有雲夢, 發使告諸侯會陳:「吾將游雲夢.」實欲襲信, 信弗知. 高祖且至楚, 信欲發兵反, 自度無罪, 欲謁上, 恐見禽. 人或說信曰:「斬眛謁上, 上必喜, 無患.」

☸ 토끼가 사라지니 사냥개가 삶기는구나

이에 한신이 종리매을 만나 상의하자 그는 이렇게 대답하였다.

"한나라가 초나라를 쳐서 빼앗지 않는 것은 이 종리매가 당신에게 있기 때문이오. 만일 나를 잡아 자진해서 한나라에 잘 보이려고 한다면 내가 오늘이라도 죽겠소. 그러나 내가 죽게 되는 날 당신도 곧 뒤따라 망하게 될 것이오."

그리고 이어 한신에게 호통을 쳤다.

"당신은 훌륭한 인물이 못 되오."

그리고는 마침내 스스로 목을 쳐 죽었다.

한신은 그의 머리를 가지고 진陳으로 가서 고조를 뵈었다. 그러자 고조는 무사들을 시켜 한신을 묶은 다음 뒷수레에 태웠다. 한신은 말하였다.

"역시 세상 사람들이 말하는 그대로였구나. '날랜 토끼가 없어지면 사냥개는 삶기게 되고, 높이 나는 새가 없어지면 좋은 활은 필요 없게 되며 적국이 망하게 되면 모신謀臣이 죽게 된다'고 하였으니 천하가 평정된 만큼 내가 삶기게 되는 것도 당연한 일이다."

고조는 이렇게 말하였다.

"그대가 모반하였다고 밀고한 사람이 있다."

그리고는 마침내 한신의 손발에 차꼬를 채웠다.

한신이 낙양에 도착하자, 그의 죄는 용서되고 초왕에서 회음후로 격이 떨어지게 되었다.

信見眛計事. 眛曰:「漢所以不擊取楚, 以眛在公所. 若欲捕我以自媚於漢,
吾今日死, 公亦隨手亡矣.」乃罵信曰:「公非長者!」卒自剄. 信持其首, 謁高
祖於陳. 上令武士縛信, 載後車. 信曰:「果若人言,『狡兔死, 良狗亨; 高鳥盡,
良弓藏; 敵國破, 謀臣亡.』天下已定, 我固當亨!」上曰:「人告公反.」遂械繫信.
至雒陽, 赦信罪, 以爲淮陰侯.

● 내가 번쾌 따위와 자리를 같이 하다니

한신은 고조가 자기의 재주를 두려워하고 싫어하는 줄을 알았으므로
항상 병을 핑계로 조회에 나가지도 않고 수행하지도 않았다. 그는 매일같이
원망에 찬 마음으로 주발周勃·관영灌嬰 등과 같은 반열에 서게 된 것을
부끄럽게 생각하고 있었다.

한신은 언젠가 번쾌樊噲 장군을 찾은 일이 있었다. 번쾌는 무릎을 꿇고
절을 하며 공손히 그를 맞고 스스로 신이라고 부르면서 말하였다.

"대왕께옵서 신을 이렇게 찾아 주시다니."

그래도 한신은 문 밖을 나서며 쓴웃음을 짓고 말하였다.

"내가 살아서 번쾌 따위와 반열을 같이할 줄이야."

信知漢王畏惡其能, 常稱病不朝從. 信由此日夜怨望, 居常鞅鞅, 羞與絳·
灌等列. 信嘗過樊將軍噲. 噲跪拜送迎, 言稱臣, 曰:「大王乃肯臨臣!」信出門,
笑曰:「生乃與噲等爲伍!」

● 다다익선

언젠가 고조가 한신과 더불어 여러 장수들의 능력에 대해 조용히 이야기한
일이 있었다. 고조가 물었다.

"나 같은 사람은 능히 얼마나 되는 군사를 거느릴 수 있겠소?"

한신이 대답하였다.

"폐하께선 10만 명의 군사를 거느릴 수 있을 뿐입니다."

"경은 어떠하오?"

"신은 많을수록 좋습니다."

고조는 웃으며 말하였다.

"많을수록 좋다면서 어떻게 내게 사로잡혔소?"

"폐하께서는 군사를 거느리는 데는 능하지 못하지만, 장수를 거느리는 데는 능하십니다. 이것이 바로 신이 폐하께 사로잡힌 까닭입니다. 그리고 폐하는 하늘이 주신 것으로 사람의 힘으로는 어쩔 수 없는 것입니다."

上常從容與信言諸將能不, 各有差. 上問曰:「如我能將幾何?」信曰:「陛下不過能將十萬.」上曰:「於君何如?」曰:「臣多多而益善耳.」上笑曰:「多多益善, 何爲爲我禽?」信曰:「陛下不能將兵, 而善將將, 此乃信之所以爲陛下禽也. 且陛下所謂天授, 非人力也.」

● 진희에게 반란을 부추겨

진희陳豨가 거록군鉅鹿郡 태수로 임명되어 회음후 한신에게 작별 인사를 하러 왔다. 회음후는 그의 손을 잡고 측근들을 물리친 다음 단둘이서 뜰을 거닐면서 하늘을 우러러 탄식해 말하였다.

"그대와는 무슨 말을 해도 상관이 없을는지? 그대와 상의하고 싶은 일이 있는데."

진희가 말하였다.

"장군의 명령이라면 무엇든지 따르겠습니다."

이에 한신은 이렇게 털어놓았다.

"그대가 지금 가는 곳은 천하의 정예부대가 있는 곳이요. 그리고 그대는 폐하의 신임과 사랑이 두터운 신하요. 그대가 모반하였다고 하는 사람이 있어 보아야 폐하는 절대 믿지 않을 것이오. 보고가 두 번쯤 오게 되면 폐하는 그제야 의심을 품게 될 것이며 세 번째 오게 되면 화를 내며 몸소 치러 나가게 될 것이 틀림없소. 그 틈을 타서 내가 그대를 편들어 내부에서 들고일어나게 되면 천하를 차지하게 될 것이오."

한신의 능력을 전부터 잘 알고 있는 진희는 그를 믿고 말하였다.

"삼가 명령에 따르겠습니다."

한나라 10년, 진희는 약속한 대로 반란을 일으켰다. 고조는 몸소 진희를 치러 나갔다. 한신은 병으로 고조를 따라가지 않았다. 한신은 가만히 사람을 진희에게 보내 이렇게 전하였다.

"반란군을 일으키는 즉시 나는 여기서 그대를 돕겠소."

한신은 가신들과 짜고 밤에 칙령이라 속여 각 관아에 있는 죄수들과 관노들을 해방시킨 다음, 그들을 이끌고 나가 여후呂后와 태자를 습격할 계획이었다. 각 부서를 결정짓고 나서 진희로부터 소식 오기만을 기다리고 있었다.

陳豨拜爲鉅鹿守, 辭於淮陰侯. 淮陰侯挈其手, 辟左右與之步於庭, 仰天歎曰:「子與言乎? 欲與子有言也.」豨曰:「唯將軍令之.」淮陰侯曰:「公之所居, 天下精兵處也; 而公, 陛下之信幸臣也. 人言公之畔, 陛下必不信; 再至, 陛下乃疑矣; 三至, 必怒而自將. 吾爲公從中起, 天下可圖也.」陳豨素知其能也, 信之, 曰:「謹奉教!」漢十年, 陳豨果反. 上自將而往, 信病不從. 陰使人至豨所, 曰:「弟擧兵, 吾從此助公.」信乃謀與家臣夜詐詔赦諸官徒奴, 欲發以襲呂后・太子. 部署已定, 待豨報.

◉ 괴통의 말을 듣지 않았다가 이렇게 죽는구나

그런데 한신의 사인으로 한신에게 죄를 짓고 체포되어 곧 죽게 된 사람이 있었는데 그의 아우 되는 사람이 이를 고하며 한신이 반란을 일으키려 한다고 여후에게 일렀다.

여후는 한신을 불러들이고 싶었다. 그러나 그들 일당이 응할는지 알 수 없는지라 상국 소하와 의논한 끝에 거짓 사자를 시켜 고조가 있는 곳에서 왔다면서 '진희는 이미 사형에 처하였노라'고 퍼뜨리게 하였다. 그리고 열후와 군신들에게 모두 축하 인사를 드리기 위해 조회에 들라 하였다. 상국 소하는 한신을 속여서 이렇게 말하였다.

"병중이기는 하지만 축하를 위해 조회에 들도록 하시오."

한신은 조회에 들어서자 여후는 무사를 시켜 한신을 체포한 다음, 장락궁

長樂宮의 종鐘이 있는 방에서 목을 베게 하였다. 한신은 처형을 당할 때 말하였다.

"괴통의 꾀를 듣지 않은 것이 안타깝기만 하다. 결국 아녀자의 속임수에 넘어가게 되었으니 어찌 천명이 아니겠는가?"

이리하여 한신의 삼족은 몰살을 당하게 되었다.

其舍人得罪於信, 信囚, 欲殺之. 舍人弟上變, 告信欲反狀於呂后. 呂后欲召, 恐其黨不就, 乃與蕭相國謀, 詐令人從上所來, 言豨已得死, 列侯群臣皆賀. 相國紿信曰:「雖疾, 彊入賀.」信入, 呂后使武士縛信, 斬之長樂鍾室. 信方斬, 曰:「吾悔不用蒯通之計, 乃爲兒女子所詐, 豈非天哉!」遂夷信三族.

● 저 놈을 삶아 죽여라

고조는 진희를 토벌하고 돌아왔다. 돌아와서 한신이 죽은 것을 알자 한편 기뻐하며 한편 또 가엾게 여기며 물었다.

"한신이 죽을 때 뭐라고 하였소?"

여후가 대답하였다.

"한신은 괴통의 꾀를 쓰지 않은 것이 안타깝다고 말하였습니다."

"괴통은 제나라 변사다."

이에 제나라에 칙령을 내려 괴통을 체포해 들이라 하였다. 괴통이 이르자 고조는 말하였다.

"네가 회음후에게 반란을 일으키라고 부추겼는가?"

"그렇습니다. 실상 신이 그렇게 시켰습니다. 그러나 그 바보가 내 꾀를 받아들이지 않았기 때문에 이런 자멸을 가져오게 된 것입니다. 만일 그가 신의 꾀를 썼으면 폐하는 그를 죽일 수 없었을 것입니다."

고조는 노하여 말하였다.

"저놈을 삶아 죽여라."

"아아, 억울합니다."

"네놈은 한신에게 역적질을 부추긴 놈이다. 뭐가 억울하단 말이냐?"

괴통이 말하였다.

"진秦나라의 통치가 흔들리게 되자, 산동 땅이 크게 시끄러워지며 각 성姓이 함께 일어나고 영웅호걸들이 까마귀 떼처럼 모여들었습니다. 진나라가 사슴 제위를 잃게 되자, 온 천하는 다같이 그것을 좇았습니다. 이리하여 발이 빠르고 남보다 능력이 있는 자 고조가 먼저 이것을 얻게 된 것입니다. 도척盜跖의 집 개가 요임금을 보고 짖었다고 해서 요임금이 어질지 않은 것은 아닙니다. 개가 제 집 주인이 아닌 사람을 보고 짖는 것은 당연한 일입니다. 그 당시 신이 알고 있는 것은 다만 한신 한 사람뿐으로 폐하를 알 까닭이 없습니다. 그리고 또 천하에는 무기를 날카롭게 해 가지고 폐하가 하신 일과 같은 일을 하려고 하는 사람이 수없이 많았습니다. 다만 그들은 능력이 부족하였을 뿐입니다. 그런데 폐하께서는 그들을 다 삶아 죽이겠습니까?"

이에 고조는 말하였다.

"풀어 주어라."

그리고 괴통의 죄를 용서해 주었다.

高祖已從豨軍來, 至, 見信死, 且喜且憐之, 問:「信死亦何言?」呂后曰: 「信言恨不用蒯通計.」高祖曰:「是齊辯士也.」乃詔齊捕蒯通. 蒯通至, 上曰: 「若敎淮陰侯反乎?」對曰:「然, 臣固敎之. 豎子不用臣之策, 故令自夷於此. 如彼豎子用臣之計, 陛下安得而夷之乎!」上怒曰:「亨之.」通曰:「嗟乎, 冤哉亨也!」上曰:「若敎韓信反, 何冤?」對曰:「秦之綱絶而維弛, 山東大擾, 異姓並起, 英俊烏集. 秦失其鹿, 天下公逐之, 於是高材疾足者先得焉. 蹠之 狗吠堯, 堯非不仁, 狗因吠非其主. 當是時, 臣唯獨知韓信, 非知陛下也. 且天 下銳精持鋒欲爲陛下所爲者甚衆, 顧力不能耳. 又可盡亨之邪?」高帝曰: 「置之.」乃釋通之罪.

⊛ 사마천의 평어

나 태사공은 이렇게 생각한다.

내가 회음에 갔을 때 그곳 사람들은 내게 이렇게 말하였다.

"한신은 한낱 평민에 불과하였을 때도 기개가 보통 사람들과는 달랐다. 그의 어머니가 죽었을 때는 가난해서 장사도 치를 수 없는 형편이었지만 그래도 그는 높고 넓은 곳에다 무덤을 만들어 그 주위로 몇 만 호의 집이 들어설 수 있도록 하였다."

이에 나는 그의 어머니의 무덤을 보러 갔는데 과연 그들 말과 같았다. 만일 한신이 도道를 배워 겸양을 지키며 자기의 공적을 자랑하거나 재능을 내세우는 일이 없었던들 한나라 왕조에 대한 그의 공훈은 저 주공周公과 소공召公·태공망太公望에 비교될 수 있는 것이고 국가의 원훈으로서 후대에서도 길이 사당에서 제사를 받을 수 있었을 것이다. 그렇게 되기를 힘쓰지는 않고 천하가 이미 안정되고 난 뒤에 반역을 꾀하였으니 온 집안이 멸망당하게 된 것도 당연한 일이 아니겠는가!

太史公曰: 吾如淮陰, 淮陰人爲余言, 韓信雖爲布衣時, 其志與衆異. 其母死, 貧無以葬, 然乃行營高敞地, 令其旁可置萬家. 余視其母冢, 良然. 假令韓信學道謙讓, 不伐己功, 不矜其能, 則庶幾哉, 於漢家勳可以比周·召·太公之徒, 後世血食矣. 不務出此, 而天下已集, 乃謀畔逆, 夷滅宗族, 不亦宜乎!

史記列傳

033(93) 한신노관 열전韓信盧綰列傳

① 한신韓信, 韓王 信 ② 노관盧綰 ③ 진희陳豨

〈1〉한신韓王 信

◉ 그대는 좌천된 것이오

한韓나라 왕 신信, 信都은 옛 한나라 양왕襄王 첩의 손자이다. 신은 키가 8척 5촌이나 되었다. 항량項梁이 초楚나라의 후손 회왕懷王을 받들어 왕으로 세우게 되었을 무렵, 연燕·조趙·위魏나라는 모두 옛날의 왕이 다시 왕이 되었으나, 오직 한韓나라만이 후손이 없었다. 이에 한나라 공자의 한 사람인 횡양군橫陽君 성成을 세워 한나라 왕으로 하고 한나라 옛 땅을 평정하려 하였다. 항량이 정도定陶 싸움에서 패해 죽자, 성은 회왕에게로 달아났다.

패공沛公, 劉邦이 군사를 이끌고 양성陽城을 공격하였을 때, 장량張良을 한韓나라 사도司徒로 삼아 한韓나라 옛 땅을 되찾게 하였는데, 이때 한신을 얻어 한韓나라 장군으로 삼았다. 한신은 자기 군사를 거느리고 패공을 따라 무관武關에 들어갔다. 패공이 한漢나라 왕이 되자, 한신은 한나라 왕을 따라 한중漢中으로 들어가게 되었는데, 그는 한나라 왕에게 이렇게 말하였다.

"항우는 모든 장수들을 가까운 곳의 왕으로 봉하였는데, 왕께서만 홀로 멀리 이곳에 와 있게 되었으니, 이것은 분명 좌천입니다. 왕의 사졸들은 모두 산동山東 사람들이라 너나없이 발돋움하며 돌아갈 것을 바라고 있습니다. 그러므로 그들의 칼날을 동쪽으로 향하게 한다면 천하를 놓고 다툴 수 있습니다."

그러자 한韓나라 왕은 군사를 돌려 삼진三秦을 평정하고, 한신에게 한韓나라 왕이 되도록 허락하였다. 이보다 앞서 한신을 한韓나라 태위太尉로 임명하여 군사를 거느리고 한韓나라 땅을 쳐서 차지하도록 하였다.

항적項籍, 항우이 여러 왕들을 봉하여 각자 자기 나라로 갔지만, 한韓나라 왕 성成은 항적을 따라가지 않아 공이 없었으므로, 항적은 성을 한韓으로 보내 왕이 되게 해 주지 않고 다시 열후로 만들었다. 그 뒤 한漢나라가 한신을 보내 한韓나라 땅을 공략한다는 말을 듣게 되자, 부랴부랴 옛날 항적이 오나라에 있을 때 그곳 현령이던 정창鄭昌을 한韓나라 왕으로 삼아 한漢나라에 대항하게 하였다.

韓王信者, 故韓襄王孼孫也, 長八尺五寸. 及項梁之立楚後懷王也, 燕‧齊‧趙‧魏皆已前王, 唯韓無有後, 故立韓諸公子橫陽君成爲韓王, 欲以撫定韓故地. 項梁敗死定陶, 成犇懷王. 沛公引兵擊陽城, 使張良以韓司徒降下韓故地, 得信, 以爲韓將, 將其兵從沛公入武關.

沛公立爲漢王, 韓信從入漢中, 迺說漢王曰:「項王王諸將近地, 而王獨遠居此, 此左遷也. 士卒皆山東人, 跂而望歸, 及其鋒東鄉, 可以爭天下.」漢王還定三秦, 迺許信爲韓王, 先拜信爲韓太尉, 將兵略韓地.

項籍之封諸皆就國, 韓王成以不從無功, 不遣就國, 更以爲列侯. 及聞漢遣韓信略韓地, 迺令故項籍游吳時吳令鄭昌爲韓王以距漢.

● 흉노를 막아라

한漢나라 2년, 한신은 한韓나라 10여 성을 평정하였다. 한漢나라 왕이 하남河南에까지 이르게 되자, 한신은 급히 한韓나라 왕 정창을 양성陽城에서 공격하여 항복을 받았다. 그러자 한漢나라 왕은 한신을 한韓나라 왕으로 하였다. 한신은 항상 한韓나라 군사를 거느리고 한漢나라 왕을 좇았다.

한漢나라 3년, 한漢나라 왕이 형양滎陽을 나가게 되자, 한신과 주가周苛 등이 형양을 지키고 있었다. 그 뒤 초나라가 형양에 쳐들어왔을 때 싸움에 패하여 한신은 초나라에 항복하였다가 그 뒤 도망쳐 나와 한漢나라로 돌아갔다. 한漢나라에서는 다시 그를 한韓나라 왕으로 세웠다. 그는 끝까지 한漢나라 왕을 따라 항적을 쳐 무찌르고 천하를 평정하였다.

고조高祖는 한漢나라 5년 봄에 드디어 한신에게 부절을 쪼개 주어 한韓나라 왕으로 봉하고 영천潁川에 도읍을 정하게 하였다.

이듬해 봄, 고조는 능력과 무예가 있는 한신이 왕 노릇하고 있는 곳이 북으로는 공鞏‧낙洛에 가깝고, 남으로는 완宛‧섭葉과 이웃하고 있으며, 동에는 회양淮陽이 있어 모두 천하의 정병이 있는 곳이므로, 곧 영을 내려 한신을 옮겨 태원太原의 왕으로 삼고 북쪽을 지켜 오랑캐를 막게 하고 진양晉陽에 도읍을 정하게 하였다. 한韓나라 왕 한신은 글을 올려 이렇게 말하였다.

"나라가 변방에 치우쳐 있어 자주 흉노가 쳐들어오는데 진양은 북쪽 경계선에서 너무 떨어져 있어 불편하므로 바라옵건대 마읍馬邑으로 도읍을 옮기게 해 주십시오."

고조는 이를 허락하였다. 이에 한신은 곧 마읍으로 옮겼다.

漢二年, 韓信略定韓十餘城. 漢王至河南, 韓信急擊韓王昌陽城. 昌降, 漢王迺立韓信爲韓王, 常將韓兵從. 三年, 漢王出滎陽, 韓王信·周苛等守 滎陽. 及楚敗滎陽, 信降楚, 已而得亡, 復歸漢, 漢復立以爲韓王, 竟從擊破 項籍, 天下定. 五年春, 遂與剖符爲韓王, 王潁川.

明年春, 上以韓信材武, 所王北近鞏·洛, 南迫宛·葉, 東有淮陽, 皆天下 勁兵處, 迺詔徙韓王信王太原以北, 備禦胡, 都晉陽. 信上書曰:「國被邊, 匈奴數入, 晉陽去塞遠, 請治馬邑.」上許之, 信乃徙治馬邑.

● 흉노와 손을 잡고 모반을 꾀하다

그 해 가을 흉노왕匈奴王 묵돌冒頓이 대규모로 한신을 포위하였다. 한신은 여러 번 사신을 시켜 흉노에게 화해를 구하였다. 한漢나라는 군대를 동원하여 이를 구원하였으나, 신이 여러 차례 흉노에게 사신을 보낸 것은 딴 생각을 품었기 때문이 아닌가 의심하여 사람을 보내 한신을 꾸짖게 하였다. 한신은 죽음을 당할까 두려운 나머지 흉노와 함께 한漢나라를 치기로 약속하고 모반해 흉노에게 마읍을 바치고 태원을 공격하였다.

한나라 7년 겨울, 고조는 직접 나가 한신의 군사를 동제銅鞮에서 깨뜨리고, 그의 장수 왕희王喜를 베었다. 한신은 흉노로 도망쳤다. 그의 부하 장수 백토白土 사람 만구신曼丘臣·왕황王黃 등이 조나라 후손인 조리趙利를 조나라 왕으로 삼고, 한신의 패잔병을 모아 한신 및 묵돌과 더불어 한漢나라를 치기로 하였다. 흉노는 좌우현왕左右賢王으로 하여금 1만여 기병을 거느리고, 왕황 등과 더불어 광무廣武 남쪽에 주둔하여 진양晉陽에 이르러 한나라 군대와 싸우게 하였다. 한나라는 크게 이들을 깨뜨리고 뒤쫓아 이석離石에 이르러 다시 그들을 깨뜨렸다.

秋, 匈奴冒頓大圍信, 信數使使胡求和解. 漢發兵救之, 疑信數閒使, 有二心, 使人責讓信. 信恐誅, 因與匈奴約共攻漢, 反, 以馬邑降胡, 擊太原.

七年冬, 上自往擊, 破信軍銅鞮, 斬其將王喜. 信亡走匈奴. 其將白土人曼丘臣·王黃等立趙苗裔趙利爲王, 復收信敗散兵, 而與信及冒頓謀攻漢. 匈奴使左右賢王將萬餘騎與王黃等屯廣武以南, 至晉陽, 與漢兵戰, 漢大破之, 追至于離石, 復破之.

❀ 고조가 백등에 갇히다

흉노는 다시 군사를 누번樓煩 서북에 집결시켰다. 한나라는 전차와 기병으로 하여금 흉노를 격파하도록 하였는데, 흉노는 연전연패해 달아나기만 하였다. 한나라는 승세를 타고 북으로 계속 추격하였다. 이때 묵돌이 대代의 상곡上谷에 머물러 있다는 말이 들려오자, 진양에 있던 고조는 첩자를 보내어 묵돌의 진영을 살펴보고 오게 하였다. 그들은 돌아와 '묵돌은 칠 수 있습니다'라고 보고하였다. 그리하여 고조는 드디어 평성平城에 이르러 백등산白登山으로 나갔을 때, 흉노의 기병들이 고조를 포위해 버렸다. 고조가 사람을 시켜 묵돌의 왕후 연지閼氏에게 후한 뇌물을 보내어 구원을 청하자, 연지는 곧 묵돌을 달래어 말하였다.

"지금 한나라 땅을 얻어 보아야 아직은 그곳에 머물러 살 수는 없는 일이 아닙니까? 그리고 또 두 임금이 서로를 욕보여야 할 까닭이 없지 않습니까?"

이리하여 포위된 지 7일 만에 흉노의 기병들은 차츰 포위를 풀기 시작하였다. 그때 날씨가 온통 안개로 지척을 분간할 수 없을 지경이었다. 한나라는 사람을 시켜 오가게 해 보았으나, 흉노는 이를 알지 못하였다. 그러자 호군중위護軍中尉 진평陳平이 고조에게 말하였다.

"흉노는 병사들을 다치지 않게 하려 합니다. 그러니 강노彊弩의 화살을 밖으로 향하게 하고 서서히 포위를 벗어나도록 하십시오."

이리하여 무사히 평성에 돌아오자 한漢나라 구원병이 잇달아 당도하였다. 이에 흉노의 기병들도 포위를 풀고 가버리고, 한나라 역시 군사들을 정리하여 돌아오고 말았다. 한신은 흉노를 위해 군사를 거느리고 변방을 드나들며 공격하였다.

匈奴復聚兵樓煩西北, 漢令車騎擊破匈奴. 匈奴常敗走, 漢乘勝追北,
聞冒頓居代(上)谷, 高皇帝居晉陽, 使人視冒頓, 還報曰「可擊」. 上遂至平城.
上出白登, 匈奴騎圍上, 上乃使人厚遺閼氏. 閼氏乃說冒頓曰:「今得漢地,
猶不能居; 且兩主不相戹.」居七日, 胡騎稍引去. 時天大霧, 漢使人往來,
胡不覺. 護軍中尉陳平言上曰:「胡者全兵, 請令彊弩傅兩矢外嚮, 徐行出圍.」
入平城, 漢救兵亦到, 胡騎遂解去. 漢亦罷兵歸. 韓信爲匈奴將兵往來擊邊.

◉ 돌아오면 용서하겠소

한漢나라 10년, 한신은 왕황 등을 시켜 진희陳豨를 달래어 그를 스스로
망하게 만들었다. 11년 봄, 전 한韓나라 왕 한신은 다시 흉노의 기병들과
함께 삼합參合으로 들어와 있으면서 한漢나라와 맞섰다. 한漢나라는 시무柴武
장군으로 하여금 이들을 치게 하였다. 시장군은 한신에게 다음과 같은
글을 보내 달랬다.

"폐하께서는 너그럽고 인자하시어 제후들이 배반하고 도망갔더라도
다시 돌아오기만 하면 목을 베지 않고 전의 지위와 칭호를 주는 것은
대왕도 아시는 바일 것입니다. 지금 왕은 패전한 나머지 오랑캐에게로
달아난 것 뿐 큰 죄가 있는 것도 아니니, 급히 스스로 돌아오도록 하시오."

한신은 다음과 같은 회답을 보내 왔다.

"폐하께서는 나를 평민 중에서 발탁하여 왕이 되도록 해 주셨으니,
이는 나로서 행운이었소. 형양에서 초나라에 패하였을 때 나는 죽지를
못하고 항적의 포로가 되었으니, 이것이 첫 번째 지은 죄였소. 흉노가
마음에 쳐들어왔을 때 나는 이를 굳게 지키지 못하고 성을 들어 항복을
하였으니, 이것이 두 번째 지은 죄였소. 지금은 도리어 오랑캐가 되어
군사를 거느리고 장군과 더불어 일시의 목숨을 유지하려 싸우고 있으니,
이것이 세 번째 지은 죄요. 대체로 월越나라 대부大夫 종種과 범려范蠡는
한 가지 죄도 없었으나, 한 사람은 죽고 한 사람은 도망을 치지 않았소?
지금 나는 폐하에게 세 가지 죄를 짓고 있소. 그런데도 세상에 살아 남기를
구한다면, 이것은 오자서伍子胥가 오吳나라에서 죽고 만 결과가 될 것이오.
지금 나는 산골짜기로 도망쳐 숨어 살면서 아침저녁으로 오랑캐의 신세를

지고 있는 형편이오. 내가 돌아가기를 바라는 것은, 마치 앉은뱅이가 일어서기를 잊지 못하고, 소경이 보는 것을 잊지 못하는 것과 같소. 형세를 보면 돌아갈 수가 없을 듯하오."

결국 싸우게 되었는데 시장군은 삼합을 정벌하고 한신을 목베었다.

漢十年, 信令王黃等說誤陳豨. 十一年春, 故韓王信復與胡騎入居參合, 距漢. 漢使柴將軍擊之, 遺信書曰:「陛下寬仁, 諸侯雖有畔亡, 而復歸, 輒復故位號, 不誅也. 大王所知. 今王以敗亡走胡, 非有大罪, 急自歸!」韓王信報曰:「陛下擢僕起閭巷, 南面稱孤, 此僕之幸也. 滎陽之事, 僕不能死, 囚於項籍, 此一罪也. 及寇攻馬邑, 僕不能堅守, 以城降之, 此二罪也. 今反爲寇將兵, 與將軍爭一旦之命, 此三罪也. 夫種·蠡無一罪, 身死亡; 今僕有三罪於陛下, 而欲求活於世, 此伍子胥所以僨於吳也. 今僕亡匿山谷閒, 旦暮乞貸蠻夷, 僕之思歸, 如痿人不忘起, 盲者不忘視也, 勢不可耳.」遂戰. 柴將軍屠參合, 斬韓王信.

◉ 한왕 신의 후손들

일찍이 한신이 흉노로 들어갈 때 그 태자와 함께 갔다. 그들이 퇴당성頹當城에 이르렀을 때, 아들을 낳아 이름을 퇴당이라 하였다. 태자 또한 아들을 낳았는데 이름을 영嬰이라 하였다.

문제孝文帝 14년, 퇴당과 영이 그 무리들을 거느리고 한漢나라로 투항해 오자, 한나라에서는 퇴당을 궁고후弓高侯에 봉하고, 영을 양성후襄城侯에 봉하였다. 오吳·초楚나라 등 7국七國의 난이 있었을 때, 궁고후의 공이 여러 장수들 중에서 가장 으뜸이었다. 궁고후의 지위는 아들에게 전해져 손자에게까지 이르렀으나, 그 손자는 아들이 없어 대가 끊어지게 되었다. 영의 손자는 불경죄로 후侯의 지위를 잃었다.

퇴당의 서손 한언韓嫣은 황제의 은총을 받아 이름과 부귀가 당세에 알려졌고, 그의 아우 열說이 다시 봉해져 장군으로 불리다가 마침내는 안도후案道侯가 되었다. 그 아들長君이 뒤를 이었으나 1년 남짓해서 법에 저촉되어 죽고, 다시 1년 지나 열의 손자 증曾이 용액후龍頟侯가 되어 열의 뒤를 이었다.

信之入匈奴, 與太子俱; 及至穨當城生子, 因名曰穨當. 韓太子亦生子, 命曰嬰. 至孝文十四年, 穨當及嬰率其衆降漢. 漢封穨當爲弓高侯, 嬰爲襄城侯. 吳楚軍時, 弓高侯功冠諸將. 傳子至孫, 孫無子, 失侯. 嬰孫以不敬失侯. 穨當孼孫韓嫣, 貴幸, 名富顯於當世. 其弟說, 再封, 數稱將軍, 卒爲案道侯. 子代, 歲餘坐法死. 後歲餘, 說孫曾拜爲龍頷侯, 續說後.

〈2〉노관盧綰

❀ 고조의 아버지와 같은 날이 생일

노관盧綰은 풍豐 땅 사람으로 고조와 동향이었다. 노관의 아버지와 고조의 아버지인 태상황太上皇과는 친하게 지냈는데, 고조와 노관을 같은 날에 낳게 되었다. 마을 사람들은 양고기와 술을 가지고 와 두 집안의 경사를 축하하였다. 고조와 노관이 자라나 함께 글을 배우게 되었는데 역시 서로가 다정하였다. 마을 사람들은 두 집이 서로 정답게 지내고 아들도 같은 날 낳았으며, 커서도 또 서로가 사랑하는 것을 가상하게 여겨 다시 양고기와 술로 두 집안을 축하해 주었다.

고조가 평민이었을 때 죄를 저지르고 피해 숨어 있었는데, 노관이 언제나 따라다니며 행동을 같이하였다. 고조가 처음 패沛 땅에서 진秦나라에 반기를 들고 일어나자, 노관은 손의 자격으로 고조를 따랐고, 한중으로 들어와서는 장군이 되어 항상 궁중에서 고조를 모셨다. 뒤이어 고조를 따라 동쪽으로 항적을 칠 때는 태위로서 늘 따라다니며 침실에 드나들 정도였다. 고조가 옷과 음식 등을 상으로 내릴 때에도 다른 신하들은 감히 노관과 같은 총애를 바라지 못하였다. 소하蕭何·조삼曹參 같은 공신들도 남다른 대우를 받았다고는 하지만, 가깝고 다정하게 대하기로는 노관에 미칠 수 없었다. 노관은 장안후長安侯로 봉해졌는데, 장안은 전의 함양咸陽이다.

盧綰者, 豐人也, 與高祖同里. 盧綰親與高祖太上皇相愛, 及生男, 高祖·盧綰同日生, 里中持羊酒賀兩家. 及高祖·盧綰壯, 俱學書, 又相愛也. 里中嘉兩家親相愛, 生子同日, 壯又相愛, 復賀兩家羊酒. 高祖爲布衣時, 有吏事辟匿, 盧綰常隨出入上下. 及高祖初起沛, 盧綰以客從, 入漢中爲將軍, 常侍中. 從東擊項籍, 以太尉常從, 出入臥內, 衣被飲食賞賜, 羣臣莫敢望, 雖蕭曹等, 特以事見禮, 至其親幸, 莫及盧綰. 綰封爲長安侯. 長安, 故咸陽也.

⊛ 유씨만이 왕이 되었으나

한나라 5년 겨울, 고조가 항적을 무찌르게 되자, 노관은 별장別將으로서 유고劉賈와 함께 임강왕臨江王 공위共尉를 쳐서 이를 깨뜨리고, 7월에 다시 고조를 좇아 연燕나라 왕 장도臧荼를 쳐서 항복받았다. 고조가 천하를 평정하였을 때, 제후 중에 유劉씨가 아니면서 왕이 된 사람은 일곱 사람이었는데, 고조는 이때 노관을 왕으로 하여 뭇 신하들의 선망을 받게 하고 싶었으나 신하들이 불만을 가질까 걱정하였다. 노관이 연나라 왕 장도를 사로잡게 되자, 고조는 곧 모든 재상 열후들에게 영을 내려 신하들 가운데 공이 있는 사람을 골라 연나라 왕으로 삼겠다고 하였다. 신하들은 고조가 노관을 왕으로 하려는 것을 알고 모두들 말하였다.

"태위 장안후 노관이 항상 폐하를 따르며 천하를 평정하여 공이 가장 많으니 그를 연나라 왕으로 함이 옳을 줄로 아옵니다."

고조는 이를 허락하고, 한나라 5년 8월에 노관을 세워 연나라 왕으로 하였다. 여러 제후나 왕들 가운데 연나라 왕만큼 총애받는 사람이 없었다.

漢五年冬, 以破項籍, 迺使盧綰別將, 與劉賈擊臨江王共尉, 破之. 七月還, 從擊燕王臧荼, 臧荼降. 高祖已定天下, 諸侯非劉氏而王者七人. 欲王盧綰, 爲羣臣觖望. 及虜臧荼, 迺下詔諸將相列侯, 擇羣臣有功者以爲燕王. 羣臣知上欲王盧綰, 皆言曰:「太尉長安侯盧綰常從平定天下, 功最多, 可王燕.」詔許之. 漢五年八月, 迺立盧綰爲燕王. 諸侯王得幸莫如燕王.

⊛ 오랑캐의 사정에 밝기 때문

한나라 11년 가을, 진희가 대에서 반란을 일으켰다. 고조는 한단邯鄲으로 가서 진희의 군사를 쳤는데, 연나라 왕 노관도 또한 그 동북쪽을 쳤다.

이때 진희는 왕황으로 하여금 흉노에 구원을 청하고 있었고, 연나라 왕 노관은 또한 그의 신하 장승張勝을 흉노로 보내어 진희의 군사가 이미 패하였음을 알려 주었다. 장승이 흉노에 이르자, 전 연나라 왕 장도의 아들 장연張衍이 도망쳐 그곳에 있다가, 장승을 보고 이렇게 말하였다.

"공이 연나라에서 중한 대우를 받는 것은 오랑캐의 일을 잘 알고 있기 때문입니다. 또 연나라가 오래 유지해 가게 되는 것은, 제후들이 자주 반란을 일으켜 서로 군대를 합쳐 승패를 결정짓지 못하기 때문입니다. 지금 공이 연나라를 위해 급히 진희 등을 쳐서 없애려 하는데, 그들이 다 망하고 난 다음에는 연나라에 화가 미치게 될 것이고, 공께서도 포로가 될 것입니다. 공께서는 어째서 연나라 왕에게 진희에 대한 공격을 잠시 멈추고 오랑캐와 화친하도록 말씀드리지 않습니까? 일이 느슨해지면, 연나라 왕은 오랫동안 왕 노릇을 할 수 있을 것입니다. 만일 한나라에 급한 일이 생기면, 그 때문에 연나라를 편안케 할 수 있는 것입니다."

장승은 과연 그럴 것만 같아 몰래 흉노로 하여금 진희를 도와 연나라를 치게 하였다. 연나라 왕 노관은 장승이 오랑캐와 공모하여 반란을 일으킨 줄 알고, 글을 올려 장승의 일족을 멸할 것을 요청하였다. 그러나 장승이 돌아와 구체적으로 내막을 말하자, 연나라 왕이 이를 깨닫고 다른 사람의 일인 양 꾸며 장승의 가족들을 무사히 벗어나게 하여 그들로 하여금 흉노의 첩자가 되게 하였다. 그리고는 몰래 범제范齊를 진희에게로 보내 오래 버티고 싸워 승패를 결정짓지 못하게 하였다.

漢十一年秋, 陳豨反代地, 高祖如邯鄲擊豨兵, 燕王綰亦擊其東北. 當是時, 陳豨使王黃求救匈奴. 燕王綰亦使其臣張勝於匈奴, 言豨等軍破. 張勝至胡, 故燕王臧茶子衍出亡在胡, 見張勝曰:「公所以重於燕者, 以習胡事也. 燕所 以久存者, 以諸侯數反, 兵燕不決也. 今公爲燕欲急滅豨等, 豨等已盡, 次亦 至燕, 公等亦且爲虜矣. 公何不令燕且緩陳豨而與胡和? 事寬, 得長王燕; 卽有漢急, 可以安國.」張勝以爲然, 迺私令匈奴助豨等擊燕. 燕王綰疑張勝 與胡反, 上書請族張勝. 勝還, 具道所以爲者. 燕王寤, 迺詐論它人, 脫勝家屬, 使得爲匈奴間, 而陰使范齊之陳豨所, 欲令久亡, 連兵勿決.

● 여후가 두렵다

한나라 12년, 고조는 동쪽으로 경포黥布를 치게 되었을 때, 진희는 군사를 거느리고 계속 대에 머물러 있었다. 한나라는 번쾌樊噲를 시켜 진희를 죽였다. 이때 진희의 비장裨將이 항복하여 연나라 왕 노관이 범제를 시켜 진희와 통모하고 있었다는 사실을 말하였다. 고조는 사신을 보내 노관을 불렀다. 노관은 병을 핑계로 하여 응하지 않았다. 고조는 다시 벽양후辟陽侯 심이기審食其와 어사대부 조요趙堯에게 연나라 왕을 맞아 오게 하고, 그 기회에 연나라 왕의 좌우 사람들에게 사실 여부를 확인하게 하였다.

노관은 더욱더 두려워하며 문을 닫고 숨어 있으면서 총신에게 말하였다. "유劉씨가 아니고서 왕이 된 사람은 나와 장사왕長沙王뿐이다. 지난 해 봄에 한나라는 회음후淮陰侯를 멸족하였고, 여름에는 팽월彭越을 죽였는데, 모두가 여후呂侯의 계책이다. 지금 황제께서는 병으로 누워 있어 모든 것을 여후에게 맡겨 두고 있다. 여후는 여자인지라 오로지 유씨 아닌 다른 성의 왕과 그 공신들을 죽이는 것을 일삼고 있다."

이리하여 드디어 병을 핑계로 가지 않았다. 그 좌우 신하들도 모두 도망쳐 숨어 버렸다.

漢十二年, 東擊黥布, 豨常將兵居代, 漢使樊噲擊斬豨. 其裨將降, 言燕王綰使范齊通計謀於豨所. 高祖使使召盧綰, 綰稱病. 上又使辟陽侯審食其・御史大夫趙堯往迎燕王, 因驗問左右. 綰愈恐, 閉匿, 謂其幸臣曰:「非劉氏而王, 獨我與長沙耳. 往年春, 漢族淮陰, 夏, 誅彭越, 皆呂后計. 今上病, 屬任呂后. 呂后婦人, 專欲以事誅異姓王者及大功臣.」迺遂稱病不行. 其左右皆亡匿.

● 한나라로 돌아가고 싶소

노관의 이 말이 자연 새어나가게 되었다. 벽양후는 이를 듣고 돌아와 고조에게 자세히 보고를 드렸다. 고조는 더욱 노하였다. 또 흉노에서 투항해 온 자가 있었는데 그는 이렇게 말하였다.

"장승이 도망쳐 흉노에 와 있는데 그는 연나라 사신이 되었습니다."

이 말을 들은 고조는 말하였다.

"노관이 과연 모반하였구나."

고조는 번쾌로 하여금 연나라를 치게 하였다. 연나라 왕 노관은 그의 궁인과 가솔, 기병 수천 명을 거느리고 장성長城 밑으로 와 머물러 있으면서 다음 소식을 기다리고 있었다. 다행히 고조의 병이 나으면 스스로 들어가 사과를 할 생각이었다. 그런데 4월에 고조는 병으로 죽고 말았다. 이에 노관은 드디어 그의 무리들을 거느리고 흉노로 도망쳤다. 흉노는 그를 동호東胡의 노왕盧王으로 불렀다. 노관은 다른 오랑캐들의 침략과 약탈을 당해 가며 항상 한나라로 돌아가고자 생각하였으나 1년 남짓 있다가 오랑캐 땅에서 죽고 말았다.

고후高后 때, 노관의 처자들이 흉노에서 도망쳐 한나라에 투항하였다. 마침 고후가 병으로 누워 있어 만나보지를 못하고, 연나라 왕의 저택에 머물게 하면서 술자리를 마련하고 만나려 하였으나 고후가 죽음으로써 만날 수가 없게 되었다. 노관의 아내도 역시 병으로 죽었다.

경제孝景帝 6년, 노관의 손자 동호왕東胡王 타지他之가 투항해 오자 그를 아곡후亞谷侯에 봉하였다.

語頗泄, 辟陽侯聞之, 歸具報上, 上益怒. 又得匈奴降者, 降者言張勝亡在匈奴, 爲燕使. 於是上曰:「盧綰果反矣!」使樊噲擊燕. 燕王綰悉將其宮人家屬騎數千居長城下, 候伺, 幸上病愈, 自入謝. 四月, 高祖崩, 盧綰遂將其衆亡入匈奴, 匈奴以爲東胡盧王. 綰爲蠻夷所侵奪, 常思復歸. 居歲餘, 死胡中.

高后時, 盧綰妻子亡降漢, 會高后病, 不能見, 舍燕邸, 爲欲置酒見之. 高后竟崩, 不得見. 盧綰妻亦病死.

孝景中六年, 盧綰孫他之, 以東胡王降, 封爲亞谷侯.

〈3〉진희陳豨

🌑 진희를 조사하라

진희陳豨는 완구宛朐 사람으로 처음 어떻게 해서 고조를 만나 따르게 되었는지는 알지 못한다.

고조 7년 겨울에 한韓나라 왕 한신이 반란을 일으키고 흉노로 들어갔다. 고조는 평성까지 갔다가 되돌아오자, 진희를 봉해 열후列侯로 하였다. 진희는 조나라의 상국相國이자 장수로서 조나라와 대나라의 변경의 군사들을 지휘하였으므로, 변경의 군사는 모두 그에게 소속되어 있었다.

진희는 언젠가 조정에 들어왔다가 임지로 돌아갈 때 조나라를 거치게 되었다. 이때 조나라 재상 주창周昌은 진희를 따르는 빈객의 수레가 천여 승乘에 달하여, 한단의 관사가 꽉 차는 것을 보았다. 진희가 빈객 접대하는 것이 마치 포의布衣로서의 사귐이나 다름이 없어, 자신을 낮추고 빈객들을 존경하였다. 진희가 대로 돌아가자 주창은 곧 조정으로 들어가 황제를 뵙고 진희에 대한 자세한 이야기를 올렸다.

"진희는 따라다니는 빈객들이 대단히 많습니다. 밖에서 여러 해 동안 군사를 마음대로 부리게 해 두면, 혹 무슨 변이 생길지 두렵습니다."

이에 고조는 사람을 시켜 진희의 빈객들로서 대에 사는 사람 가운데 그들이 가진 재물이나 그 밖의 모든 비행 사실을 조사해 보고하게 하였다. 그 결과 많은 사람들의 잘못이 진희와 관련이 있는 것으로 드러났다. 진희는 두려운 나머지 몰래 빈객을 시켜 왕황·만구신이 묵는 곳과 서로 내통해 두었다.

陳豨者, 宛朐人也, 不知始所以得從. 及高祖七年冬, 韓王信反, 入匈奴, 上至平城還, 迺封豨爲列侯, 以趙相國將監趙·代邊兵, 邊兵皆屬焉.

豨常告歸過趙, 趙相周昌見豨賓客隨之者千餘乘, 邯鄲官舍皆滿. 豨所以待賓客布衣交, 皆出客下. 豨還之代, 周昌迺求入見. 見上, 具言豨賓客盛甚, 擅兵於外數歲, 恐有變. 上乃令人覆案豨客居代者財物諸不法事, 多連引豨. 豨恐, 陰令客通使王黃·曼丘臣所.

❂ 너희가 어찌 장수가 될 수 있겠는가

고조 10년 7월에 태상황太上皇이 죽자, 고조가 사람을 보내 진희를 불렀으나, 진희는 병이 대단하다는 핑계로 이에 응하지 않았다.

9월에는 드디어 왕황 등과 더불어 모반하여 스스로 대왕이라 하여 조나라와 대나라 땅을 위협하여 빼앗았다.

고조는 이 소식을 듣자, 곧 조나라와 대나라의 관민들 가운데 진희의 위협과 공략에 못이겨 넘어간 자들의 죄를 다 용서하고 몸소 진희를 치러 나섰다. 고조는 한단에 이르자 기뻐하며 말하였다.

"진희가 남쪽으로 장수漳水를 의지하지도 않고 북쪽으로 한단을 지키지도 않으니 그의 무능함을 알 수 있다."

이때 조나라 재상이 상산常山의 군수와 군위를 목베어 마땅하다는 보고서를 올렸다.

"상산은 25개 성인데 진희가 모반하자, 그 중에서 20개의 성을 잃었습니다."

고조가 물었다.

"군수와 군위가 모반하였는가?"

"모반하지는 않았습니다."

고조는 말하였다.

"그러면 그것은 힘이 부족한 때문이다."

그리고는 상산의 군수와 군위를 용서한 뒤 다시 상산의 군수와 군위로 삼았다.

고조는 주창에게 물었다.

"조나라 장사 중에 장수를 시킬 만한 자가 있는가?"

"네 사람이 있습니다."

주창은 대답하였다.

그 네 사람이 들어와 고조를 뵙자, 고조는 그들을 무시하여 꾸짖었다.

"너희들이 어찌 장수가 될 수 있겠느냐?"

及高祖十年七月, 太上皇崩, 使人召豨, 豨稱病甚. 九月, 遂與王黃等反, 自立爲代王, 劫略趙·代.

上問, 迺赦趙‧代吏人爲豨所註誤劫略者, 皆赦之. 上自往, 至邯鄲, 喜曰:
「豨不南據漳水, 北守邯鄲, 知其無能爲也.」趙相奏斬常山守‧尉, 曰:「常山
二十五城, 豨反, 亡其二十城.」上問曰:「守‧尉反乎?」對曰:「不反.」上曰:
「是力不足也.」赦之, 復以爲常山守‧尉. 上問周昌曰:「趙亦有壯士可令將
者乎?」對曰:「有四人.」四人謁, 上謾罵曰:「豎子能爲將乎?」

◉ 내 어찌 4천 호를 아까워하겠소

네 사람은 부끄러워 어쩔 줄을 모르고 엎드렸다. 고조는 그들을 각각
1천 호戶로 봉하고 장수로 임명하려 하자, 좌우 신하들이 말하였다.

"황상을 따라 촉나라와 한나라로 들어가서 초나라를 쳤던 자들도 공이
골고루 돌아가지 못하였는데, 지금 이들은 무슨 공로가 있어서 1천 호에
봉하는 것입니까?"

이에 대해 고조는 이렇게 말하였다.

"그대들이 알 바가 아니오. 진희가 배반하자 한단 이북 땅이 모두 진희의
소유가 되었소. 짐이 징병령을 내려 천하의 군사를 징발하였지만 오는
자가 없고, 지금은 다만 한단 안에 있는 군사들뿐이오. 그러니 내가 어찌
4천 호를 아까워하겠는가? 네 사람을 봉해 조나라 자제들을 위로할 수
있다면, 얼마나 다행한 일이겠소?"

"과연 그렇습니다."

그제야 모두 탄복하였다.

고조는 또 물었다.

"진희는 누구를 장수로 삼고 있는가?"

"왕황과 만구신인데 모두가 본래는 장사꾼이었습니다."

고조가 말하였다.

"나도 그들을 알고 있다."

각각 천금의 현상금을 걸고 왕황과 만구신을 잡아오게 하였다.

四人慙伏. 上封之各千戶, 以爲將. 左右諫曰:「從入蜀‧漢, 伐楚, 功未徧行,
今此何功而封?」上曰:「非若所知! 陳豨反, 邯鄲以北皆豨有, 吾以羽檄徵

天下兵, 未有至者, 今唯獨邯鄲中兵耳. 吾胡愛四千戶封四人, 不以慰趙子弟!」
皆曰:「善.」於是上曰:「陳豨將誰?」曰:「王黃・曼丘臣, 皆故賈人.」上曰:
「吾知之矣.」迺各以千金購黃・臣等.

⚫ 진희의 최후

11년 겨울, 한나라 군사는 진희의 장수 후창侯敞과 왕황을 곡역성曲逆城에서
무찌르고, 진희의 장수 장춘張春을 요성聊城에서 깨뜨려 목을 벤 것만
1만여 명에 이르렀다. 태위 주발周勃이 거들어 태원太原과 대代나라 땅을
평정하였다.

12월에 고조가 직접 동원東垣을 공격하였는데, 동원의 군사들이 고조를
보자 욕을 하였다. 동원이 항복을 하게 되자 고조에게 욕한 병사들의
목을 베고 욕하지 않은 자들은 이마에 먹을 넣었다. 그리고 동원의 이름을
진정眞定이라 바꾸었다. 왕황과 만구신은 그의 부하들이 상금을 얻기
위해 사로잡아 바쳤다. 이리하여 진희의 군대는 드디어 패하였다.

고조는 낙양으로 돌아와 이렇게 말하였다.

"대나라는 상산 북쪽에 있는데 조나라가 상산 남쪽에 있어 이를 다스리기
에는 너무 멀다."

이리하여 아들 항恒을 대왕代王으로 하고, 중도中都에다 도읍을 정하게
한 다음 대와 안문雁門을 모두 대나라에 소속되게끔 하였다.

고조 12년 겨울, 번쾌의 군대가 진희를 추격해서 영구靈丘에서 그를 베었다.

十一年冬, 漢兵擊斬陳豨將侯敞・王黃於曲逆下, 破豨將張春於聊城,
斬首萬餘. 太尉勃入定太原・代地. 十二月, 上自擊東垣, 東垣不下, 卒罵上;
東垣降, 卒罵者斬之, 不罵者黥之. 更命東垣爲眞定. 王黃・曼丘臣其麾下受
購賞之, 皆牲得, 以故陳豨軍遂敗.

上還至洛陽. 上曰:「代居常山北, 趙迺從山南有之, 遠.」迺立子恆爲代王,
都中都, 代・鴈門皆屬代.

高祖十二年冬, 樊噲軍卒追斬豨於靈丘.

🌑 사마천의 평어

나 태사공은 이렇게 생각한다.

한신과 노관은 원래가 덕과 선을 쌓은 것이 아니고, 한때의 권모술수로 벼슬을 얻고 간사함으로 공을 이룬 사람들이다. 그들은 한漢나라가 천하를 평정하는 시기를 만난 까닭에 땅을 갈라 받고 남쪽을 바라보고 임금 소리를 듣게 된 것이다. 안으로는 강대해진 것으로 의심을 받고, 밖으로는 흉노에 의지하여 구원을 얻으려 하였다. 이 때문에 날로 조정과 거리가 벌어지고 스스로 위태롭게 되었으며, 일이 궁지에 몰리고 지혜가 다하게 되자, 마침내는 흉노로 달려가고 말았으니 어찌 슬픈 일이 아니겠는가!

진희는 양나라 사람으로 젊었을 때는 위공자魏公子, 無忌를 흠모하기도 하였다. 그리하여 장수가 되어 변경을 지키며, 빈객들을 불러모아 스스로 선비에게 몸을 낮춤으로써, 그의 명성이 실상보다 지나치게 되었다. 주창이 이를 의심함으로써 그의 흠이 드러나게 되었는데, 화가 몸에 미칠 것을 두려워한 나머지 간악한 사람의 꾀임을 받아 무도한 길로 빠지고 말았다.

참으로 슬픈 일이다. 무릇 계책의 설익고 무르익음에 따라 사람의 성패가 달라짐이 이렇게도 심하구나!

太史公曰: 韓信·盧綰非素積德累善之世, 徼一時權變, 以詐力成功, 遭漢初定, 故得列地, 南面稱孤. 內見疑彊大, 外倚蠻貊以爲援, 是以日疏自危, 事窮智困, 卒赴匈奴, 豈不哀哉! 陳豨, 梁人, 其少時數稱慕魏公子; 及將軍守邊, 招致賓客而下士, 名聲過實. 周昌疑之, 疵瑕頗起, 懼禍及身, 邪人進說, 遂陷無道. 於戲悲夫! 夫計之生孰成敗於人也深矣!

034(94) 전담 열전田儋列傳

① 전담田儋 ② 전횡田橫

❀ 내가 마땅히 왕이 되어야 한다

전담田儋은 적현狄縣 사람으로 옛 제齊나라 왕 전씨田氏 집안이다. 전담의 사촌동생 전영田榮과 전영의 아우 전횡田橫은 모두가 호걸들이었다. 집안이 강성하였기 때문에 사람들의 인심을 얻었다.

진섭陳涉이 처음 일어나 초楚나라 왕이 되었을 때, 주불周市을 위魏나라 땅을 공략하도록 보내어 북으로 적현에 이르렀으나, 성문은 굳게 닫혀져 있었다.

이 때 성 안에 있던 전담은 거짓으로 그의 종을 묶은 다음, 젊은이들을 거느리고 관아로 가서 현령縣令의 승낙을 얻어 그의 종을 죽이겠다고 하였다. 현령은 관례에 따라 공청에서 그를 대하게 되었는데, 전담은 현령을 보는 즉시 그를 쳐서 죽이고 호족과 관리들의 자제들을 불러 타일렀다.

"제후들은 모두 진秦나라를 배반하고 스스로 일어나고 있다. 제나라는 옛날에 세워진 나라로서 나는 제나라 왕족인 전씨이니 내가 마땅히 왕이 되어야 할 것이다."

그리고는 스스로 제나라 왕이 되었다. 왕이 된 그는 군사를 동원하여 주불을 쳤다. 주불의 군대가 돌아가자, 전담은 군사를 거느리고 동쪽으로 제나라 땅을 공략하여 이를 평정하였다.

이 무렵 위魏나라 왕 구咎는 임제臨濟에서 진나라 장수 장한章邯에게 포위되어 사태가 급하게 되자, 제나라에 구원을 청하였다. 제나라 왕 전담은 군사를 거느리고 위나라를 도우러 갔으나, 밤에 군사의 입에 나뭇가지를 물리고 기습한 장한에게 위나라와 제나라 군사들이 대패함으로써 전담 역시 임제성 아래서 죽고 말았다. 전담의 아우 전영은 전담의 남은 군사들을 거두어 동아東阿로 달아났다.

田儋者, 狄人也, 故齊王田氏族也. 儋從弟田榮, 榮弟田橫, 皆豪, 宗彊,
能得人.

陳涉之初起王楚也, 使周市略定魏地, 北至狄, 狄城守. 田儋詳爲縛其奴,
從少年之廷, 欲謁殺奴. 見狄令, 因擊殺令, 而召豪吏子弟曰:「諸侯皆反秦
自立, 齊, 古之建國, 儋, 田氏, 當王.」遂自立爲齊王, 發兵以擊周市. 周市軍
還去, 田儋因率兵東略定齊地.

秦將章邯圍魏王咎於臨濟, 急. 魏王請救於齊, 齊王田儋將兵救魏. 章邯
夜銜枚擊, 大破齊‧魏軍, 殺田儋於臨濟下. 儋弟田榮收儋餘兵東走東阿.

◉ 독사에 물린 팔

제나라 사람들은 전담이 죽었다는 말을 듣고, 옛날 제나라 왕 건建의
아우 전가田假를 왕으로 앉히고, 전각田角을 재상으로, 전간田間을 대장으로
삼아 제후들에 대항하였다.

전영이 동아로 달아나자, 장한은 뒤쫓아 이를 포위하였다. 항량은 전영의
급한 소식을 듣고 군사를 이끌고 가서 장한의 군사를 동아성 아래에서
쳐서 깨뜨렸고, 장한이 달아나 서쪽으로 향하자, 다시 그의 뒤를 쫓았다.

전영은 제나라가 전가를 왕으로 세운 것을 분하게 여기고, 군사를 이끌고
제나라로 돌아가 제나라 왕 전가를 쳐서 쫓았다. 전가는 초나라로 달아나고,
전각은 조나라로 달아났으며, 전각의 아우 전간은 앞서 조나라에 구원병을
청하러 갔다가 그대로 머무른 채 있으며 감히 돌아오지 못하였다. 전영은
곧 전담의 아들 전불田市을 세워 제나라 왕으로 한 다음, 자신은 재상이
되고 전횡은 대장이 되어 제나라 땅을 평정하였다.

항량이 이미 장한을 추격하였지만, 장한은 더욱 많은 군사를 거느리고
쳐내려왔다. 이에 항량은 사신을 조나라와 제나라에 보내 이런 사실을
알리고 군사를 동원하여 함께 장한을 칠 것을 청하였다. 이에 대해 전영은
이렇게 대답하였다.

"초나라가 전가를 죽이고, 조나라가 전각과 전간을 죽인다면 군사를
동원시키겠소."

그러나 초나라 회왕은 말하였다.

"전가는 동맹국의 왕으로 갈 곳이 없어 내게로 와 있으니 그를 죽이는 것은 의로운 일이 아니오."

조나라 역시 전각과 전간을 죽이면서까지 제나라와 교류하려 하지 않았다. 이에 제나라 사신이 말하였다.

"독사가 손을 물면 손을 자르고, 발을 물면 발을 자르는 것은 무엇 때문이오? 그렇게 하지 않으면 몸까지 해치기 때문입니다. 지금 전가·전각·전간이 초나라와 조나라에 있다는 것은 손이나 발같이 친분 있는 것도 아닌데, 어찌하여 죽이지 못하겠다고 하고 있소? 그리고 진나라가 다시 천하를 마음대로 하게 된다면, 앞장선 사람들의 무덤까지 파헤치게 될 것입니다."

그래도 초나라와 조나라는 제나라 사신의 말을 들어주지 않았다. 제나라 역시 노여워하여 끝내 군사를 보내주지 않았다.

장한은 결국 항량을 쳐서 그를 죽이고 초나라 군사를 깨뜨렸다. 초나라 군사들이 동쪽으로 달아나자, 장한은 황하를 건너 거록성鉅鹿城에서 조나라를 포위하였다. 항우가 급히 가서 조나라를 구하였는데, 이 일로 인해 항우는 전영을 원망하게 되었다.

齊人聞王田儋死, 迺立故齊王建之弟田假爲齊王, 田角爲相, 田閒爲將, 以距諸侯.

田榮之走東阿, 章邯追圍之. 項梁聞田榮之急, 迺引兵擊破章邯軍東阿下. 章邯走而西, 項梁因追之. 而田榮怒齊之立假, 迺引兵歸, 擊逐齊王假. 假亡走楚. 齊相角亡走趙; 角弟田閒前求救趙, 因留不敢歸. 田榮乃立田儋子市爲齊王, 榮相之, 田橫爲將, 平齊地.

項梁旣追章邯, 章邯兵益盛, 項梁使使告趙·齊, 發兵共擊章邯. 田榮曰:「使楚殺田假, 趙殺田角·田閒, 迺肯出兵.」楚懷王曰:「田假與國之王, 窮而歸我, 殺之不義.」趙亦不殺田角·田閒以市於齊. 齊曰:「蝮螫手則斬手, 螫足則斬足. 何者? 爲害於身也. 今田假·田角·田閒於楚·趙, 非直手足戚也, 何故不殺? 且秦復得志於天下, 則齮齕用事者墳墓矣.」楚·趙不聽,

齊亦怒, 終不肯出兵. 章邯果敗殺項梁, 破楚兵, 楚兵東走, 而章邯渡河圍趙
於鉅鹿. 項羽往救趙, 由此怨田榮.

◉ 제나라 땅을 병합하다

항우는 조나라를 존속시키고자, 장한 등의 항복을 받아 서쪽으로 진격해서
함양을 무찌르고 진나라를 멸망시킨 다음, 제후들을 왕으로 세우게 되었다.
그리하여 제나라 왕 전불을 교동왕膠東王으로 하고 즉묵卽墨에 도읍하게 하였다.

제나라 장수 전도田都는 항우를 따라 함께 조나라를 구원하고 그 길로
함곡관까지 들어갔으므로, 그를 제나라 왕으로 세워 임치臨淄에 도읍하게
하였다. 옛 제나라 왕 전건의 손자 전안田安은 항우가 황하를 건너 조나라를
구원할 때, 제수 북쪽의 성 여러 개를 항복 받은 다음, 군사를 이끌고 항우에게
투항해 왔기 때문에 제북왕濟北王으로 세우고 박양博陽에 도읍하게 하였다.

전영은 항량을 거역하고 초나라와 조나라를 도와 진나라를 공격하려
하지 않았으므로 왕이 되지 못하였다. 조나라 장수 진여陳餘 역시 벼슬을
잃고 왕이 되지 못하였다. 이리하여 두 사람은 함께 항왕을 원망하였다.

항왕이 초나라로 돌아가고, 제후들도 다 각각 자기 나라로 돌아갔다.
전영은 사람을 시켜 군사를 거느리고 진여를 도와 그로 하여금 조나라 땅에서
반란을 일으키게 하고, 전영 자신도 군사를 동원하여 전도가 들어오지 못하도록
공격을 하였다. 전도는 초나라로 달아났다. 전영은 제나라 왕 전불을 붙들어
교동으로 가지 못하게 하였다. 그러자 전불의 신하들이 이렇게 말하였다.

"항왕은 강포한 사람입니다. 왕께선 마땅히 교동으로 가셔야만 합니다.
만일 교동에 가 있지 않으면 반드시 위태롭게 될 것입니다."

전불은 두려워하여 몰래 도망쳐 교동으로 갔다. 전영은 노하여 제나라 왕
전불을 뒤쫓아 즉묵에서 죽이고 되돌아와 제북왕 전안도 죽였다. 그런 뒤에
전영은 곧 자기 스스로 제나라 왕이 되어, 삼제三齊의 땅을 전부 병합해 버렸다.

항왕은 이 소식을 듣자 크게 노하여 곧 제나라를 쳤다. 제나라 왕 전영은
싸움에 패해 평원平原으로 달아났으나, 평원 사람들의 손에 죽고 말았다.
항왕은 제나라 성곽을 불태워 버리고 지나는 곳마다 닥치는 대로 사람들을

죽였다. 이에 격분한 제나라 사람들은 서로 힘을 합쳐 항우에 대항하였다.

전영의 아우 전횡은 제나라의 흩어진 군사를 다시 불러모아 수만 명을 얻은 다음 항우를 성양城陽에서 반격하게 되었다. 이때 한漢나라 왕이 제후들을 거느리고 초나라를 깨뜨리며 팽성에까지 들어왔으므로 이 소식을 들은 항우는 곧 제나라와 싸움을 그만두고 돌아가 팽성에서 한나라를 공격하였다. 그리고 계속 한나라와 싸우며 형양滎陽에서 대치하게 되었다. 이 틈에 전횡은 다시 제나라 성읍들을 차지할 수 있었다. 그는 전영의 아들 전광田廣을 세워 제나라 왕으로 하고 자신이 재상이 되어 나라의 정치를 도맡았다. 나라일은 크고 작고 할 것 없이 모두 재상에 의해 결정되었다.

전횡이 제나라를 평정한 3년, 한나라 왕은 역생酈生을 제나라로 보내어 제나라 왕 전광 및 재상 전횡을 달래어 항복하게 하였다. 전횡은 역생의 말이 그럴 것 같이 생각되어, 역하歷下에 있는 제나라 군사를 풀게 하였다. 제나라는 화무상華毋傷과 전해田解로 하여금 역하 땅에 진을 치고 한나라와 대치하도록 하였는데, 한나라 사신이 도착하자 수비를 풀고 술자리를 베풀었다. 제나라는 사신을 보내 한나라와 화친하고자 하였다. 그런데 한나라 장수 한신韓信이 이미 조나라와 연나라를 평정하고, 괴통蒯通의 꾀를 써서 평원을 건너 제나라 역하의 군사를 기습해서 이를 깨뜨리고 그 길로 임치로 들어갔다.

제나라 왕 전광과 재상 전횡은 노하여 역생이 자기들을 속였다면서 그를 삶아 죽였다. 그리고 제나라 왕 전광은 고밀高密로 달아나고 재상 전횡은 박양博陽으로 달아났으며, 임시 재상 전광田光은 성양城陽으로 달아나고, 장군 전기田旣는 교동膠東에 진을 치고 있었다.

項羽旣存趙, 降章邯等, 西屠咸陽, 滅秦而立侯王也, 迺徙齊王田市更王膠東, 治卽墨. 齊將田都從共救趙, 因入關, 故立都爲齊王, 治臨淄. 故齊王建孫田安, 項羽方渡河救趙, 田安下濟北數城, 引兵降項羽, 項羽立田安爲濟北王, 治博陽. 田榮以負項梁不肯出兵助楚·趙攻秦, 故不得王; 趙將陳餘亦失職, 不得王: 二人俱怨項王.

項王旣歸, 諸侯各就國, 田榮使人將兵助陳餘, 令反趙地, 而榮亦發兵以距擊田都, 田都亡走楚. 田榮留齊王市, 無令之膠東. 市之左右曰:「項王彊暴, 而王當之膠東, 不就國, 必危.」市懼, 迺亡就國. 田榮怒, 追擊殺齊王市於卽墨, 還攻殺濟北王安, 於是田榮迺自立爲齊王, 盡幷三齊之地.

項王聞之, 大怒, 迺北伐齊. 齊王田榮兵敗, 走平原, 平原人殺榮. 項王遂燒 夷齊城郭, 所過者盡屠之. 齊人相聚畔之. 榮弟橫, 收齊散兵, 得數萬人, 反擊 項羽於城陽. 而漢王率諸侯敗楚, 入彭城. 項羽聞之, 迺釋齊而歸, 擊漢於彭城, 因連與漢戰, 相距滎陽. 以故田橫復得收齊城邑, 立田榮子廣爲齊王, 而橫 相之, 專國政, 政無巨細皆斷於相.

橫定齊三年, 漢王使酈生往說下齊王廣及其相國橫. 橫以爲然, 解其歷下軍. 漢將韓信引兵且東擊齊. 齊初使華無傷·田解軍於歷下以距漢, 漢使至, 迺罷守戰備, 縱酒, 且遣使與漢平. 漢將韓信已平趙·燕, 用蒯通計, 度平原, 襲破齊歷下軍, 因入臨淄. 齊王廣·相橫怒, 以酈生賣己, 而亨酈生. 齊王廣 東走高密, 相橫走博(陽), 守相田光走城陽, 將軍田旣軍於膠東.

⊛ 제나라를 평정한 한신

초나라 용저龍且가 제나라를 구원하러 오자, 초나라 군사와 제나라 군사가 고밀에서 함께 진을 쳤다. 한나라의 한신은 조삼曹參과 함께 용저를 죽이고 제나라 왕 전광을 사로잡았다. 또 한나라 장수 관영灌嬰은 제나라 임시 재상 전광을 뒤쫓아 사로잡고 박양으로 진격하였다.

전횡은 제나라 왕이 죽었다는 말을 듣고, 스스로 제나라 왕이 되어 관영을 반격하였다. 관영이 전횡의 군사를 영성嬴城 아래에서 깨뜨리자, 전횡은 도망쳐 양梁나라로 달아나 팽월彭越에게 귀순하였다.

팽월은 이때 양梁 땅에 있으면서 중립을 지켜 혹은 한나라를 돕다 혹은 초나라를 돕곤 하였다. 한신은 이미 용저를 죽이고 나자, 그 길로 조삼으로 하여금 군사들을 진출시켜 교동에서 전개를 죽이게 하고, 관영에게는 제나라 장수 전흡田吸을 천승千乘에서 죽이도록 하였다.

한신은 제나라를 평정한 다음, 자신을 제나라 임시 왕으로 삼아 줄 것을 요청하였다. 이에 한나라는 그의 요청을 들어 그를 왕으로 세워주었다.

楚使龍且救齊, 齊王與合軍高密. 漢將韓信與曹參破殺龍且, 虜齊王廣.
漢將灌嬰追得齊守相田光. 至博(陽), 而橫聞齊王死, 自立爲齊王, 還擊嬰,
嬰敗橫之軍於嬴下. 田橫亡走梁, 歸彭越. 彭越是時居梁地, 中立, 且爲漢,
且爲楚. 韓信已殺龍且, 因令曹參進兵破殺田旣於膠東, 使灌嬰破殺齊將田
吸於千乘. 韓信遂平齊, 乞自立爲齊假王, 漢因而立之.

❀ 섬으로 들어간 전횡

그 뒤 1년 남짓해서 한나라는
항적을 무찌르고, 한나라 왕은
황제에 취임하게 되었다. 그리고
팽월을 양나라 왕에 봉하였다.
전횡은 죽음을 당할까 겁내어
그의 무리 500여 명과 함께
바다로 들어가 섬 속에서 살았다.

〈田橫五百士圖〉 民國 徐悲鴻 그림

고제高帝는 이 소식을 듣자, 이런 생각을 하였다.

"전횡의 형제가 원래 제나라를 평정하였었고, 제나라의 어진 사람들이
많이 그를 따르고 있으니, 지금 바다 가운데 그대로 내버려둔다면 뒤에
반란을 일으킬지도 알 수 없는 일이다."

이리하여 사신을 보내 전횡의 죄를 용서하고 그를 불러오게 하였다.
전횡은 이를 거절하여 말하였다.

"신은 폐하의 사신인 역생을 삶아 죽였습니다. 지금 듣건대 그의 아우
역상酈商이 한나라 장군이 되어 있고, 또 어질다 하니 신은 그가 두려워
감히 명을 받들 수 없습니다. 바라옵건대 평민이 되어 바다 섬 속에 살게
해 주십시오."

사신이 돌아와 그대로 보고하자 고황제는 곧 위위衛尉 역상에게 영을
내려 이렇게 일렀다.

"제나라 왕 전횡이 돌아왔을 때, 그를 수행하는 사람은 물론 말이든
그의 종자든 감히 괴롭히는 자가 있으면 멸족의 죄를 내리겠다."

그리고는 다시 사신에게 부절을 가지고 가서 역상에게 조칙을 내린

내용을 자세히 이른 다음 이렇게 말을 전하게 하였다.

"전횡이 오게 되면 큰 경우는 왕이 되고, 작을 경우에도 후가 될 것이다. 만일 오지 않을 경우에는 곧 군사를 보내 죽이고 말 것이다."

이리하여 전횡은 그의 빈객 두 사람과 함께 역마를 갈아타고 낙양으로 향하였다.

後歲餘, 漢滅項籍, 漢王立爲皇帝, 以彭越爲梁王. 田橫懼誅, 而與其徒屬五百餘人入海, 居島中. 高帝聞之, 以爲田橫兄弟本定齊, 齊人賢者多附焉, 今在海中不收, 後恐爲亂, 迺使使赦田橫罪而召之. 田橫因謝曰:「臣亨陛下之使酈生, 今聞其弟酈商爲漢將而賢, 臣恐懼, 不敢奉詔, 請爲庶人, 守海島中.」使還報, 高皇帝迺詔衛尉酈商曰:「齊王田橫卽至, 人馬從者敢動搖者致族夷!」迺復使使持節具告以詔商狀, 曰:「田橫來, 大者王, 小者迺侯耳; 不來, 且擧兵加誅焉.」田橫迺與其客二人乘傳詣雒陽.

◎ 전횡의 자결

그러나 낙양에서 30리 떨어진 시향역尸鄕驛에 이르자, 전횡은 사신에게 말하였다.

"신하로서 천자를 뵙게 되니, 마땅히 몸을 씻고 머리를 감아야 할 것입니다."

그리고는 그곳에 머무르게 되었다. 그런 다음 그의 빈객들에게는 이렇게 말하였다.

"나는 처음에 한나라 왕과 함께 남쪽을 바라보고 왕노릇을 하고 있었소. 그런데 지금 한나라 왕은 천자가 되어 있고, 나는 도망친 포로의 몸으로 북쪽을 향해 그를 섬겨야만 하게 되었으니 그 부끄러움은 참을 수 없소. 그리고 내가 남의 형 되는 사람을 삶아 죽였는데, 이제 그 아우와 함께 임금을 섬기게 되었으니, 비록 그가 천자의 조칙이 두려워 감히 나를 어쩔 수 없다 하더라도 내 어찌 마음 속으로 부끄러운 생각이 없겠소? 또 폐하께서 나를 보고자 하는 것은, 다만 내 얼굴을 한 번 대해 보고 싶은 것뿐이오. 지금 폐하께서 낙양에 있으니 지금 내 머리를 베어 30리를 달려가게 되면 얼굴이 아직 썩지 않아 본래의 모습을 볼 수 있을 것이오."

그리고는 드디어 스스로 그 목을 쳐 빈객들로 하여금 그의 머리를 받들어 사신을 따라 달려가 고제에게 보고하도록 하였다. 고제는 탄식하였다.

"슬프다. 역시 까닭이 있었구나. 한낱 평민의 몸으로 일어나 형제 세 사람이 번갈아 왕이 될 수 있었던 것은 역시 어질기 때문이 아닌가?"

고제는 그를 위해 눈물까지 흘렸다. 그리고 그들 빈객 두 사람을 도위(都尉)에 임명하고, 군사 2천 명을 동원시켜 왕의 예로써 전횡을 장사지내 주었다. 그런데 장사를 마치고 나자, 두 빈객은 전횡의 무덤 옆에 구멍을 뚫고 두 사람 모두 스스로 목을 쳐서 구멍으로 빠져들어 전횡의 뒤를 따랐다.

고제는 이 소식을 듣자 크게 놀랐다. 전횡의 빈객들은 모두가 어진 사람이라고 생각되었다. 또 들리는 바로는 그의 부하로서 아직 남아 있는 사람이 500명이나 바다 속 섬에 있다고 하므로 곧 사신을 보내 그들을 모두 불러들이게 하였다. 사신이 그 섬에 이르러 전횡이 이미 죽었다고 하자, 그들 역시 모두 자결하고 말았다. 이것으로 전횡의 형제들이 선비들의 마음을 얻고 있었음을 알게 되었다.

未至三十里, 至尸鄉廐置, 橫謝使者曰:「人臣見天子當洙沐.」止留. 謂其客曰:「橫始與漢王俱南面稱孤, 今漢王爲天子, 而橫迺爲亡虜而北面事之, 其恥固已甚矣. 且吾亨人之兄, 與其弟並肩而事其主, 縱彼畏天子之詔, 不敢動我, 我獨不愧於心乎? 且陛下所以欲見我者, 不過欲一見吾面貌耳. 今陛下在洛陽, 今斬吾頭, 馳三十里間, 形容尚未能敗, 猶可觀也.」遂自剄, 令客奉其頭, 從使者馳奏之高帝. 高帝曰:「嗟乎, 有以也夫! 起自布衣, 兄弟三人更王, 豈不賢乎哉!」爲之流涕, 而拜其二客爲都尉, 發卒二千人, 以王者禮葬田橫.

旣葬, 二客穿其冢旁孔, 皆自剄, 下從之. 高帝聞之, 迺大驚, 以田橫之客皆賢. 吾聞其餘尚五百人在海中, 使使召之. 至則聞田橫死, 亦皆自殺. 於是迺知田橫兄弟能得士也.

◉ 사마천의 평어

나 태사공은 이렇게 생각한다.

참으로 지나치다. 괴통의 계책이란 것이 제나라를 어지럽히고 회음후 한신을 교만하게 만들어, 결국은 한신과 전횡 두 사람을 망치고 말았다. 괴통은 자유자재한 변설의 재주를 가지고 있어, 전국戰國의 권모와 변사를 논하여 81편의 글을 지었다. 그는 제나라 사람 안기생安期生과 친하였다. 안기생은 일찍이 항우에게 벼슬을 하였는데, 항우는 그의 계책을 써 주지 않았다. 뒤에 항우는 이 두 사람을 봉하려 하였으나, 두 사람은 끝내 받으려 하지 않고 달아나 버렸다. 전횡은 참으로 지조가 높은 사람으로 빈객들은 그의 의기를 사모한 나머지 그를 따라 죽은 것이다. 어찌 이보다 더 현명함이 있겠는가? 이에 나는 이런 이유로 이 열전 속에 그를 넣게 된 것이다. 제나라에는 어진 사람도 많고 계책에 능한 사람이 없는 것도 아니었는데, 나라를 존속시킬 수 없었으니 이는 어찌된 일인가?

太史公曰: 甚矣蒯通之謀, 亂齊驕淮陰, 其卒亡此兩人! 蒯通者, 善爲長短說, 論戰國之權變, 爲八十一首. 通善齊人安期生, 安期生嘗干項羽, 項羽不能用其筞. 已而項羽欲封此兩人, 兩人終不肯受, 亡去. 田橫之高節, 賓客慕義而從橫死, 豈非至賢! 余因而列焉. 不無善畫者, 莫能圖, 何哉?

035(95) 번역등관 열전樊酈滕灌列傳

① 번쾌樊噲 ② 역상酈商
③ 하후영夏侯嬰 ④ 관영灌嬰

〈1〉 번쾌樊噲

🏵 개백정 번쾌

무양후舞陽侯 번쾌樊噲는 패현沛縣 사람으로, 한때 개 백정으로써 유방劉邦과 함께 숨어살기도 하였다.

처음 그는 유방을 따라 풍읍豐邑에서 군사를 일으켰고, 유방이 패현을 쳐서 패공沛公이 되자 그의 사인舍人이 되었다. 그 뒤 패공을 따라 호릉胡陵과 방여方與를 치고 되돌아와 풍읍을 지키며 사수泗水 군감郡監을 맞아 싸워 깨뜨렸다. 그리고 다시 동쪽으로 패현을 평정하고 설현薛縣 서쪽에서 사수 군수와 싸워 이겼다. 또한 탕현碭縣 동쪽에서 진秦나라 장수 사마이司馬尼와 싸워 물리치고 적군 15명을 베었으며, 그 공로로 국대부國大夫의 작위를 받았다.

그는 항상 패공을 따라다녔으며, 복양현濮陽縣에서 진나라 장수 장한章邯의 군사를 공격할 때는 누구보다도 먼저 성으로 뛰어올라 적군 23명을 베어 열대부列大夫의 작위를 받았다. 성양현城陽縣을 칠 때에도 남보다 먼저 성에 올랐고, 호유향戶牖鄕을 함락시킬 때에는 이유李由의 군사를 깨뜨리고, 적군 16명을 베어 그 공으로 상간上間 작위를 하사받았다. 다시 패공을 따라 동군東郡의 군수와 군위를 성무현成武縣에서 포위하여 물리치고, 적 14명을 베고 포로 11명의 전과를 올려 오대부五大夫의 작위를 받았다.

또 패공을 따라 진秦나라 군사를 치러 박亳 남쪽으로 나아가 강리현杠里縣에 진치고 있던 하간군河間郡 군수를 격파하고, 개봉현開封縣 북쪽에서는 조분趙賁의 군사를 격파하였으며, 그를 뒤쫓아 선봉으로 성에 올라 척후 1명과 적군 68명을 베었고, 포로 27명의 전과를 올려 경卿에 올랐다.

또 패공을 따라 양웅楊熊의 군사를 곡우曲遇에서 격파하였으며, 원릉宛陵을 공격할 때는 먼저 성에 올라가 적군 8명을 베고 포로 44명의 전과를 올려 현성군賢成君에 봉해졌다. 장사읍長社邑과 환원산轘轅山을 쳤으며,

하진河津을 건너 동진할 때는 시향尸鄕에 진을 치고 있던 진나라 군대를 치고, 남쪽으로 주읍雙邑에 진을 치고 있던 진나라 군대를 쳤다. 남양南陽 군수 여의呂齮를 양성陽城 동쪽에서 깨뜨렸다. 원현宛縣을 공격 때에는 먼저 성에 올랐으며, 서진하여 역현酈縣에 이르러 적을 물리칠 때에는 적 24명을 베고, 포로 40명의 전과를 올려 봉록이 올랐다. 무관武關을 치고, 패상霸上에 이르러 도위 1명을 베고 적 10명을 베었으며, 포로 46명, 투항 2천 900명의 전과를 올렸다.

舞陽侯樊噲者, 沛人也. 以屠狗爲事, 與高祖俱隱.

初從高祖起豐, 攻下沛. 高祖爲沛公, 以噲爲舍人. 從攻胡陵·方與, 還守豐, 擊泗水監豐下, 破之. 復東定沛, 破泗水守薛西. 與司馬夷戰碭東, 卻敵, 斬首十五級, 賜爵國大夫. 常從, 沛公擊章邯軍濮陽, 攻城先登, 斬首二十三級, 賜爵列大夫. 復常從, 從攻城陽, 先登. 下戶牖, 破李由軍, 斬首十六級, 賜上閒爵. 從攻圍東郡守尉於成武, 卻敵, 斬首十四級, 捕虜十一人, 賜爵五大夫. 從擊秦軍, 出亳南. 河閒守軍於杠里, 破之. 擊破趙賁軍開封北, 以卻敵先登, 斬候一人, 首六十八級, 捕虜二十七人, 賜爵卿. 從攻破楊熊軍於曲遇. 攻宛陵, 先登, 斬首八級, 捕虜四十四人, 賜爵封號賢成君. 從攻長社·轘轅, 絕河津, 東攻秦軍於尸, 南攻秦軍於犨. 破南陽守齮於陽城. 東攻宛城, 先登. 西至酈, 以卻敵, 斬首二十四級, 捕虜四十人, 賜重封. 攻武關, 至霸上, 斬都尉一人, 首十級, 捕虜百四十六人, 降卒二千九百人.

❀홍문연의 잔치

항우項羽가 희하戱下에 진을 치고 패공 유방을 공격하려 할 때의 일이었다. 패공은 100여 명의 기병을 거느린 채 항백項伯의 주선으로 항우를 만나 음모를 꾸며 함곡을 막은 일이 없다고 변명하였다.

항우는 이윽고 연회를 열어 주었다. 술자리가 한창 무르익자, 아보亞父, 범증는 패공을 죽이고자 음모를 꾸며, 항장項莊으로 하여금 칼을 뽑아 연회석에서 칼춤을 추게 한 다음 그 기회에 패공을 찌르게 하였으나, 항백이 항상 어깨로 패공을 보호해 주었다.

이때 패공과 장량張良만이 군영으로 들어가 연회에 참석해 있었고, 번쾌는 군영 밖에 있었는데 사태가 위급하단 말을 듣자, 쇠 방패를 들고 군영으로 뛰어들어갔다. 초병이 제지하였으나, 번쾌는 옆으로 밀어붙이고 들어가 막사 아래로 가 섰다. 항우가 보고 누구냐고 묻자 장량이 대답하였다.

"패공의 참승參乘, 騎乘 번쾌입니다."

항우가 말하였다.

"장사로군."

그리고는 그에게 큰 잔에 술을 따라 주게 하고 돼지고기 어깨 살 한 쪽을 안주로 주었다. 번쾌는 술을 마신 다음 칼을 뽑아 고기를 잘라 모두 먹어 치웠다. 그러자 항우가 물었다.

"더 먹겠는가?"

번쾌가 대답하였다.

"신은 죽음도 사양하지 않거늘 어찌 술 한 잔쯤을 사양하겠습니까? 그런데 패공은 앞서 관중關中으로 들어와 함양咸陽을 평정하고, 군사를 패상에 세워둔 채 대왕을 기다리고 있었던 것입니다. 대왕께서는 오늘에야 도착하여 소인배들의 말을 곧이 듣고 패공과 틈이 생기게 하였습니다. 이렇게 되면, 천하의 인심이 대왕을 떠나게 될 것이며, 대왕에 대해 의심을 품지 않을까 두렵습니다."

항우는 잠자코 있었다.

項羽在戲下, 欲攻沛公. 沛公從百餘騎因項伯面見項羽, 謝無有閉關事. 項羽旣饗軍士, 中酒, 亞父謀欲殺沛公, 令項莊拔劍舞坐中, 欲擊沛公, 項伯常(肩)[屛]蔽之. 時獨沛公與張良得入坐, 樊噲在營外, 聞事急, 乃持鐵盾入到營. 營衛止噲, 噲直撞入, 立帳下. 項羽目之, 問爲誰. 張良曰:「沛公參乘 樊噲.」羽曰:「壯士.」賜之卮酒彘肩. 噲旣飲酒, 拔劍切肉食, 盡之. 項羽曰: 「能復飲乎?」噲曰:「臣死且不辭, 豈特卮酒乎! 且沛公先入定咸陽, 暴師霸上, 以待大王. 大王今日至, 聽小人之言, 與沛公有隙, 臣恐天下解, 心疑大王也.」 項羽黙然.

◉ 위기에서 벗어난 패공

이윽고 패공은 변소에 가는 척하며 번쾌를 손짓해 불러내어 군영에서 나오자 패공은 따라온 수레와 기병들을 그대로 남겨둔 채 혼자만 말을 타고 그곳을 떠나버렸고, 네 사람 즉 번쾌·하우영·근강·기신은 걸어서 뒤따랐다. 그리하여 사잇길로 산기슭을 돌아 패상의 진영으로 돌아온 다음, 장량으로 하여금 항우에게 사과하도록 하였다. 그러자 항우도 더는 패공을 죽일 생각을 하지 않게 되었다.

이날 만일 번쾌가 군영으로 달려들어가 항우를 꾸짖지 않았더라면 패공의 목숨은 위태로울 뻔하였다.

이튿날 항우는 함양咸陽에 입성하여 성 안의 사람들을 도륙하고, 패공을 한漢나라 왕에 봉하였다.

한나라 왕이 된 패공은 번쾌에게 작위를 내려 열후로 올리고 임무후臨武侯에 봉하였다. 그 뒤 번쾌는 낭중郞中이 되어 한나라 왕을 따라 한중漢中으로 들어갔다.

沛公如廁, 麾樊噲去. 旣出, 沛公留車騎, 獨騎一馬, 與樊噲等四人步從, 從閒道山下歸走霸上軍, 而使張良謝項羽. 項羽亦因遂已, 無誅沛公之心矣. 是日微樊噲犇入營譙讓項羽, 沛公事幾殆.

明日, 項羽入屠咸陽, 立沛公爲漢王. 漢王賜噲爵爲列侯, 號臨武侯. 遷爲郎中, 從入漢中.

◉ 한왕을 따라 많은 무공을 세우다

한왕 유방은 되돌아 나와 삼진三秦을 평정하였다. 번쾌는 홀로 백수白水 북쪽에서 서현西縣의 현승縣丞을 공격하였고, 옹현雍縣 남쪽에서 옹왕雍王의 날랜 기병을 격파하였다. 또 한나라 왕을 따라 옹현의 태성斄城을 공격할 때 선봉을 섰고, 장평章平의 군사를 호치현好畤縣에서 공격할 때도 역시 선봉에 서서 성에 뛰어올라 적진을 깨뜨렸으며, 현령과 현승 각 1명과 적군 11명을 베고 20명을 포로로 잡는 전과를 올렸다. 이 공로로 번쾌는 낭중기장郎中騎將으로 승진하였다.

또 한나라 왕을 따라 진나라 기병부대를 양향壤鄕의 동쪽에서 격퇴시켜 장군이 되었으며, 조분趙賁을 공격하여 미郿·괴리槐里·유중柳中·함양咸陽을 평정하고, 폐구廢丘를 수몰시키는 등 모두가 번쾌의 공이었다. 이에 역양현 櫟陽縣에 이르러 두현杜縣의 번향樊鄕을 식읍으로 받았다.

다시 한왕을 따라 항적을 공격하여 자조煮棗에서 무찌르고, 왕무王武 정처程處의 군사를 외황현外黃縣에서 깨뜨렸으며, 추鄒·노魯·하구瑕丘·설 薛을 공략하였다.

그런데 항우가 한왕의 군대를 팽성彭城에서 깨뜨리고 다시 노魯·양梁의 땅을 모두 다시 빼앗았다. 번쾌는 되돌아와 형양滎陽에 이르러 평음平陰의 2천 호를 식읍으로 더 받았고, 장군이 되어 광무廣武를 지켰다.

1년이 지나 항우가 군사를 이끌고 동쪽으로 가자, 번쾌는 한왕을 따라 항적을 공격하여 양하陽夏를 평정하고, 초나라 주周장군의 병사 4천 명을 포로로 하였으며, 계속하여 항적을 진현陳縣에서 포위하여 대파하고 호릉 胡陵을 몰살시켰다.

還定三秦, 別擊西丞白水北, 雍輕車騎於雍南, 破之. 從攻雍·㯟城, 先登. 擊章平軍好時, 攻城, 先登陷陣, 斬縣令丞各一人, 首十一級, 虜二十人, 遷郎 中騎將. 從擊秦車騎壤東, 卻敵, 遷爲將軍. 攻趙賁, 下郿·槐里·柳中·咸陽; 灌廢丘, 最. 至櫟陽, 賜食邑杜之樊鄕. 從攻項籍, 屠煮棗. 擊破王武·程處軍 於外黃. 攻鄒·魯·瑕丘·薛. 項羽敗漢王於彭城, 盡復取魯·梁地. 噲還至 滎陽, 益食平陰二千戶, 以將軍守廣武. 一歲, 項羽引而東. 從高祖擊項籍, 下陽夏, 虜楚周將軍卒四千人. 圍項籍於陳, 大破之. 屠胡陵.

◉ 끝없는 무공

항적이 죽은 뒤 한왕이 황제한 고조에 오르자, 번쾌는 지키면 굳게 지키고 싸우면 공이 있었다 하여, 800호를 식읍으로 더 받았다.

번쾌는 연나라 왕 장도臧荼가 반역하자, 고제高帝를 따라 그를 사로잡아 연나라 땅을 평정하였으며, 초나라 왕 한신韓信이 반역을 꾀하자, 역시 고제를 따라 진陳에서 한신을 체포하고 초나라를 평정하였다. 이에 고조는 다시 열후의 작을 하사하고, 제후의 부절을 주어 대대로 세습케 하였으며, 무양舞陽을 식읍으로 받아 무양후舞陽侯라 칭하면서 이미 받았던 식읍은 반환하였다.

다시 번쾌는 장군으로서 고조를 따라 대代에서 반역을 꾀한 한왕 신信을 공격하였으며, 강후絳侯 등과 함께 곽인霍人에서 운중읍雲中邑에 이르기까지의 지역을 평정하고 식읍으로 500호를 더 받았다.

뒤이어 진희陳豨를 치고, 만구신曼丘臣의 군대와 양국현襄國縣에서 싸워 백인현柏人縣을 깨뜨리고 제일 먼저 성에 올랐으며, 청하淸河·상산常山 등 27개 현縣을 모두 항복받아 평정시키고 동원현東垣縣을 무찔렀다.

번쾌는 벼슬이 좌승상으로 승진하여 기무앙綦毋卬·윤반尹潘의 군대를 무종無終·광창현廣昌縣에서 깨뜨리고 진희의 별장別將 흉노족 왕황王黃의 군대를 대代 남쪽에서 깨뜨렸다. 이어 한신의 군대를 삼합參合에서 칠 때에는 부하 병사가 한韓나라 왕 한신을 베었다.

다시 진희가 이끄는 흉노의 기병부대를 횡곡橫谷에서 깨뜨리고 장군 조기趙旣를 벤 다음, 대代의 승상 풍량馮梁, 태수 손분孫奮, 대장 왕황, 태복太僕 해복解福 등 10명을 포로로 하여 여러 장수들과 함께 대의 73개 향읍을 평정하였다.

뒤에 연나라 왕 노관盧綰이 모반하자, 번쾌는 상국相國으로서 노관을 쳐서 그의 승상 저抵를 계현薊縣 남쪽에서 깨뜨리고, 연나라 땅 18현과 51개 향읍을 평정하였다. 이 공으로 식읍 1천 300호를 더 받아 무양의 식읍은 모두 5천 400호가 되었다.

번쾌는 고조를 따라 적을 공격하여 176명을 참수하고, 288명을 사로잡았다. 따로 적군을 7회나 격파하였으며 5개 성을 항복받고, 6개 군과 52현을 평정하였다. 또한 승상 1명, 장군 12명, 2천석 이하 300석까지의 고관 11명을 사로잡았다.

項籍旣死, 漢王爲帝, 以噲堅守戰有功, 益食八百戶. 從高帝攻反燕王臧荼, 虜荼, 定燕地. 楚王韓信反, 噲從至陳, 取信, 定楚. 更賜爵列侯, 與諸侯剖符,世世勿絶, 食舞陽, 號爲舞陽侯, 除前所食. 以將軍從高祖攻反韓王信於代. 自霍人以往至雲中, 與絳侯等共定之, 益食千五百戶. 因擊陳豨與曼丘臣軍, 戰襄國, 破柏人, 先登, 降定淸河·常山凡二十七縣, 殘東垣, 遷爲左丞相. 破得慕毋印·尹潘軍於無終·廣昌. 破豨別將胡人王黃軍於代南, 因擊韓信軍於參合. 軍所將卒斬韓信, 破豨胡騎橫谷, 斬將軍趙旣, 虜代丞相馮梁·守孫奮·大將王黃·將軍·(太卜)太僕解福等十人. 與諸將共定代鄕邑七十三, 其後燕王盧綰反, 噲以相國擊盧綰, 破其丞相抵薊南, 定燕地, 凡縣十八, 鄕邑五十一. 益食邑千三百戶, 定食舞陽五千四百戶. 從, 斬首百七十六級, 虜二百八十八人. 別, 破軍七, 下城五, 定郡六, 縣五十二, 得丞相一人, 將軍十二人, 二千石已下至三百石十一人.

❀ 고조가 죽으면서

번쾌의 아내는 여후呂后의 여동생 여수呂須로서 그 사이에 아들 항伉을 두어 다른 여러 장수에 비해 고조와 친밀하였다.

경포黥布가 반란을 일으켰을 때였다. 고조는 병이 깊어 사람 만나기를 싫어하여, 위병에게 영을 내려 신하들이 궁중으로 들어오지 못하도록 금하였다. 이 때문에 강후絳侯 주발周勃과 관영灌嬰 등 신하들은 열흘이 넘도록 궁중에 들어가지 못하였다. 이때 번쾌가 궁중의 영을 어기고 곧장 밀고 들어가자, 그제야 대신들은 그의 뒤를 따라 궁중에 들어갈 수 있었다. 때마침 고조는 환관의 무릎을 베고 누워 있었는데, 번쾌 등은 그 앞으로 나아가 눈물을 흘리며 이렇게 간언하였다.

"옛날 폐하께서 신들과 더불어 풍과 패에서 군사를 일으켜 천하를 평정하실 때만 해도 정정하시기 이를 데 없었습니다. 그런데 천하를 평정하고 난 이제 폐하의 모습은 너무도 피로해 보입니다. 더구나 폐하의 병환이 이렇듯 깊으시니 대신들의 두려움은 말할 수 없습니다. 그러니 폐하께선 신들을 불러 일을 계획해 보려고도 하시지 않을 뿐 아니라, 일개 환관 따위만 상대하며 세상일을 멀리하려 하십니다. 폐하께선 저 조고趙高의 일을 잊으셨습니까?"

그러자 고제는 웃으며 자리에서 일어나 앉았다.

그 뒤 노관이 모반하자, 고제는 번쾌를 재상 신분으로 연나라를 치게 하였다. 이때 고제의 병환은 더욱 깊어져 있었다. 이 틈을 타 어떤 자가 번쾌를 참소하였다.

"번쾌는 여씨呂氏 일족입니다. 만일 황제께서 세상을 뜨시는 날이면, 번쾌는 즉시 군사를 이끌고 척씨戚氏 부인과 조나라 왕 여의如意의 일족을 모조리 죽여 없앨 것입니다."

고제는 이를 듣고 크게 성을 내면서 진평陳平으로 하여금 강후와 함께 수레를 타고 가서 번쾌를 폐하고, 대신 강후를 장군으로 앉힌 다음 군중에서 즉시 번쾌의 목을 베라고 명령하였다. 그러나 진평은 여후를 겁내어 번쾌를 죽이지 않고 묶어서 장안長安으로 돌아왔는데 그 사이 고조는 이미 숨을 거두고 말았다. 여후는 번쾌를 풀어 주고 그의 벼슬과 봉읍을 본래대로 돌려주었다.

噲以呂后女弟呂須爲婦, 生子伉, 故其比諸將最親.

先黥布反時, 高祖嘗病甚, 惡見人, 臥禁中, 詔戶者無得入羣臣. 羣臣絳‧灌等莫敢入. 十餘日, 噲乃排闥直入, 大臣隨之. 上獨枕一宦者臥. 噲等見上流涕曰:「始陛下與臣等起豐沛, 定天下, 何其壯也! 今天下已定, 又何憊也! 且陛下病甚, 大臣震恐, 不見臣等計事, 顧獨與一宦者絶乎? 且陛下獨不見趙高之事乎?」高帝笑而起.

其後盧綰反, 高帝使噲以相國擊燕. 是時高帝病甚, 人有惡噲黨於呂氏, 卽上一日宮車晏駕, 則噲欲以兵盡誅滅戚氏‧趙王如意之屬. 高帝聞之大怒, 乃使陳平載絳侯代將, 而卽軍中斬噲. 陳平畏呂后, 執噲詣長安. 至則高祖已崩, 呂后釋噲, 使復爵邑.

◉ 번쾌의 후손들

혜제孝惠帝 6년, 번쾌가 죽자 무후武侯라는 시호가 내려졌다. 그의 아들 번항樊伉이 대신 후侯가 되고 번항의 어머니 여수 또한 임광후臨光侯가 되었다. 번항은 고후高后 시대에 정치에 관여하며 멋대로 세도를 부렸기 때문에 대신들이 모두 그를 두려워하였다.

번항이 번쾌를 대신하여 후가 된 지 9년 되던 해에 고후가 죽었다. 이 때를 타서 대신들이 여씨 일족과 여수의 권속들을 모조리 죽일 때 번항 또한 붙들려 죽었다. 이리하여 무양후는 뒤가 끊어지게 되었는데, 몇 달 뒤 문제가 들어선 다음, 번쾌의 다른 서자 번불인樊市人을 다시 무양후로 봉하고, 본래의 작위와 식읍을 돌려주었다. 번불인은 무양후가 된 지 29년 만에 죽었으며, 시호는 황후荒侯였다. 그의 아들 번타광樊他廣이 대신하여 후가 되었다.

그로부터 6년이 지나 타광의 사인이 타광에게 죄를 지어 벌을 받자 그는 원한을 품고 이렇게 글을 올렸다.

"황후荒侯 번불인은 불구인지라 아이를 낳을 수 없습니다. 이에 그의 부인을 동생과 간통하게 하여 타광을 낳았던 것입니다. 타광은 실상 황후의 아들이 아니온데 황후를 대신하여 뒤를 이은 것은 부당합니다."

이에 황제는 조서를 내려 이 사건을 형리에게 조사하게 하였다. 그 결과 경제孝景帝 중원中元 6년, 타광은 후의 지위를 박탈당하여 평민이 되고 봉지도 없어지고 말았다.

孝惠六年, 樊噲卒, 諡爲武侯. 子伉代侯. 而伉母呂須亦爲臨光侯, 高后時用事專權, 大臣盡畏之. 伉代侯九歲, 高后崩. 大臣誅諸呂·呂須婘屬, 因誅伉. 舞陽侯中絶數月. 孝文帝旣立, 乃復封噲他庶子市人爲舞陽侯, 復故爵邑. 市人立二十九歲卒, 諡爲荒侯. 子他廣代侯. 六歲, 侯家舍人得罪他廣, 怨之, 乃上書曰:「荒侯市人病不能爲人, 令其夫人與其弟亂而生他廣, 他廣實非荒侯子, 不當代後.」詔下吏. 孝景中六年, 他廣奪侯爲庶人, 國除.

◉ 한왕에게 귀순하여 공을 세우다

곡주후曲周侯 역상酈商은 고양高陽 사람이다. 진승陳勝이 군사를 일으켰을 때, 역상은 장정들을 모아 사방으로 돌아다니며 수천 명을 부하로 만들었다. 그로부터 6개월이 지나 패공이 각지를 경략하며 진류현陳留縣에 이르렀을 때, 기현岐縣에 있던 역상은 병사 4천 명을 거느리고 패공에게 귀속하였다. 그리고 패공을 따라 장사를 공격할 때 맨 먼저 성에 오른 공으로 신성군信成君에 봉해졌다. 또 패공을 따라 구지현緱氏縣을 공격할 때는 황하의 나루를 끊었고, 진나라 군사를 낙양 동쪽에서 격파하였으며, 또 완宛·양穰을 공격하여 항복받고 17개 현을 평정하였다. 역상은 따로 군대를 이끌고 순관旬關을 치고 한중漢中 땅을 평정하였다.

항우가 진나라를 멸한 뒤 패공을 한왕漢王으로 삼자, 한왕은 역상에게 신성후信成侯의 작을 내렸다. 역상은 장군으로서 농서도위隴西都尉를 겸하게 되었으며 장군으로서 북지北地와 상군上郡을 평정하고 옹왕雍王의 별장別將 군사를 언지현焉氏縣에서, 주류周類의 군사를 순읍枸邑에서, 소장蘇駔의 군사를 이양泥陽에서 각각 격파한 공로로 무성현武城縣의 6천 호를 식읍으로 받았다. 또 농서도위로서 한나라 왕을 따라 항우의 군사를 쳤으며, 5월에는 거야현鉅野縣으로 출격하여 종리매鍾離眜와 격렬한 싸움을 벌인 공으로, 한왕으로부터 양梁나라 재상의 인수를 받고 4천 호를 더 봉으로 받았다. 역상은 양나라 재상이 된 후에도 그는 장군으로서 한나라 왕을 따라 2년 동안이나 항우를 공격하였고, 3월에는 호릉胡陵을 쳤다.

曲周侯酈商者, 高陽人. 陳勝起時, 商聚少年東西略人, 得數千. 沛公略地至陳留, 六月餘, 商以將卒四千人屬沛公於岐. 從攻長社, 先登, 賜爵封信成君. 從沛公攻緱氏, 絶河津, 破秦軍洛陽東. 從攻下宛·穰, 定十七縣. 別將攻旬關, 定漢中.

項羽滅秦, 立沛公爲漢王. 漢王賜商爵信成君, 以將軍爲隴西都尉. 別將定北地·上郡. 破雍將軍焉氏, 周類軍枸邑, 蘇駔軍於泥陽. 賜食邑武成六千戶.

以隴西都尉從擊項籍軍五月, 出鉅野, 與鍾離眛戰, 疾鬪, 受梁相國印, 益食邑四千戶. 以梁相國將從擊項羽二歲三月, 攻胡陵.

◉ 여씨 일족의 멸망

항우가 죽고 한왕이 황제가 되던 그 해 가을, 연왕 장도臧荼가 반란을 일으키자, 역상은 장군으로서 고제高帝를 따라 장도를 쳤다. 용탈현龍脫縣에서 싸울 때에 선봉으로서 적진을 함락시켰고, 역현易縣 아래에서 장도의 군사를 격파하였다. 이 공로로 우승상右丞相으로 승진하면서 열후의 작위를 받고, 다른 제후들과 함께 부절을 받아 대대로 이어졌으며, 탁현涿縣의 5천 호를 식읍으로 받아 탁후涿侯로 칭하게 되었다.

역시 우승상으로서 따로 상곡上谷을 평정하고, 이어 대代를 공격하여 조나라 재상의 인수를 받았다. 우승상 겸 조나라 재상으로서, 따로 강후 등과 함께 대代의 안문鴈門을 평정하고, 대의 승상 정종程縱과 임시 재상 곽동郭同 및 장군 이하 600석石에 이르기까지 19명을 사로잡았다. 돌아온 뒤 장군으로서 태상황太上皇의 궁중 호위를 1년 동안 맡았고, 7월에는 우승상으로서 진희陳豨를 공격하여 동원현東垣縣을 무찔렀다. 또 우승상으로서 고제를 따라 경포黥布를 칠 때에는 전위부대를 공격하여 2개 진지를 함락시켰으며, 그로 인해 고제는 경포의 군대를 깨뜨릴 수가 있었다. 이리하여 곡주曲周의 5천 100호를 식읍으로 받고 앞서 받은 식읍은 반환하였다.

따로 적군을 깨뜨린 것이 모두 3회, 항복받고 평정한 곳은 6개 군과 73개 현이었다. 적의 승상·임시 재상·대장 각각 1명, 소장 2명, 2천 석 이하 600석까지의 19명을 사로잡았다.

역상은 혜제孝惠帝도 섬겼으나, 고후高后 때에는 병으로 그의 소임을 다할 수 없었다.

그의 아들 역기酈寄는 자字를 황況이라 하였고, 여록呂祿과 친하였다. 여후가 죽자, 대신들은 여씨呂氏 일족을 쳐서 없애려 하였지만, 여록이 장군으로서 북군北軍을 장악하고 있었기 때문에 태위 주발周勃마저 북군에는 들어갈 수가 없었다. 이에 주발은 사람을 보내 역상을 협박하고 그의 아들 역황에게 여록을 속이도록 하였다. 여록은 역황을 믿고 북군에서 함께 밖으로 나왔다. 이리하여 태위 주발은 북군으로 들어가 이를 장악하고 마침내 여씨 일족을 죽여 없앴다. 그 해 역상은 죽고 시호를 경후景侯라 하였다. 그의 아들 역기가 대신 후侯가 되었는데, 세상 사람들은 역기가 친구를 팔았다고 비난하였다.

項羽旣已死, 漢王爲帝. 其秋, 燕王臧荼反, 商以將軍從擊荼, 戰龍脫, 先登陷陣, 破荼軍易下, 卻敵, 遷爲右丞相, 賜爵列侯, 與諸侯剖符, 世世勿絶, 食邑涿五千戶, 號曰涿侯. 以右丞相別定上谷, 因攻代, 受趙相國印. 以右丞相趙相國別與絳侯等定代·鴈門, 得代丞相程縱·守相郭同·將軍已下至六百石十九人. 還, 以將軍爲太上皇衛一歲七月. 以右丞相擊陳豨, 殘東垣. 又以右丞相從高帝擊黥布, 攻其前拒, 陷兩陳, 得以破布軍, 更食曲周五千一百戶, 除前所食. 凡別破軍三, 降定郡六, 縣七十三, 得丞相·守相·大將各一人, 小將二人, 二千石已下至六百石十九人.

商事孝惠·高后時, 商病, 不治. 其子寄, 字況, 與呂祿善. 及高后崩, 大臣欲誅諸呂, 呂祿爲將軍, 軍於北軍, 太尉勃不得入北軍, 於是乃使人劫酈商, 令其子況紿呂祿, 呂祿信之, 故與出游, 而太尉勃乃得入據北軍, 遂誅諸呂. 是歲商卒, 謚爲景侯. 子寄代侯. 天下稱酈況賣交也.

● 역상의 후손들

경제孝景帝 전원前元 3년, 오吳·초楚·제齊·조趙 등 네 나라가 반란을 일으켰다. 황제는 역기를 장군에 임명하여 조나라 성을 포위하게 하였으나, 역기는 열 달이 되도록 함락시키지 못하였다. 그러다가 유후兪侯 난포欒布가 제나라를 평정하고 와서 도와 줌으로써 겨우 조나라 성을 함락시키게 되었다. 조나라 왕은 스스로 목숨을 끊었고 조나라는 없어지고 말았다.

경제 중원中元 2년, 역기는 평원군平原君을 부인으로 맞이하려다가 경제의 노여움을 사서 형리에게 넘겨지고 말았다. 심문 결과 역기의 죄상이 뚜렷하였으므로 그에게서 후의 지위를 박탈한 다음, 역상의 다른 아들인 역견酈堅을 목후繆侯로 봉하여 역씨의 후侯 작위를 잇도록 하였다.

목정후繆靖侯 역견이 죽은 다음, 그의 아들 강후康侯 수성遂成이 대를 이었고, 수성이 죽자 그의 아들 회후懷侯 세종世宗이 그 뒤를 이었다. 세종이 죽고 그의 아들 종근終根이 후가 되어 태상太常 벼슬에 있었으나, 죄를 지어 봉지가 없어지고 말았다.

孝景前三年, 吳·楚·齊·趙反, 上以寄爲將軍, 圍趙城, 十月不能下. 得兪侯欒布自平齊來, 乃下趙城, 滅趙, 王自殺, 除國. 孝景中二年, 寄欲取平原君爲夫人, 景帝怒, 下寄吏, 有罪, 奪侯. 景帝乃以商他子堅封爲繆侯, 續酈氏後. 繆靖侯卒, 子康侯遂成立. 遂成卒, 子懷侯世宗立. 世宗卒, 子侯終根立, 爲太常, 坐法, 國除.

〈3〉하후영夏侯嬰

◉ 유방을 끝까지 보호한 친구

여음후汝陰侯 하후영夏侯嬰은 패현沛縣 사람이다. 패현의 구사어廐司御라는 낮은 벼슬이었는데, 사신과 빈객들을 태워 보내고 돌아오는 길이면 언제나 패현의 사상역정泗上驛亭에 들러 온종일 유방과 이야기를 나누곤 하였다.

얼마 후 하후영은 시험에 합격하여 현의 관리로 채용이 되었으나, 여전히 유방과는 사이가 좋았다.

한 번은 유방이 장난을 치다가 하후영에게 상처를 입혔는데, 이 일을 누군가가 유방을 관에 고발하였다. 당시 유방은 범인을 체포하는 소임을 맡은 정장亭長으로 있었기 때문에 남에게 상처를 입히는 경우가 있으면 일반 사람보다 중벌을 받아야 할 형편이었다. 유방은 하후영에게 절대로 상처를 입힌 일이 없다고 주장하였고, 하후영이 증언함으로써 사건은 겨우 끝이 나기는 했지만, 뒤에 다시 판결이 번복되어 하후영은 위증 혐의로 유방과 연좌되어 1년 남짓 감옥에 갇히게 되었다. 그리고 몇 번에 걸쳐 수백 대의 매를 맞았으나 끝내 자기 주장을 굽히지 않고 고조 유방을 죄에서 벗어나게 해 주었다.

汝陰侯夏侯嬰, 沛人也. 爲沛廏司御. 每送使客還, 過沛泗上亭, 與高祖語, 未嘗不移日也. 嬰已而試補縣吏, 與高祖相愛. 高祖戲而傷嬰, 人有告高祖. 高祖時爲亭長, 重坐傷人, 告故不傷嬰, 嬰證之. 後獄覆, 嬰坐高祖繫歲餘, 掠笞數百, 終以是脫高祖.

● 등공滕公이 되다

고조 유방이 처음 그의 부하들을 거느리고 패현을 치려 하였을 때, 하후영은 패현의 영리令吏로써 유방을 위해 심부름꾼이 되었다. 유방이 하루만에 패현으로부터 항복을 받고 패공沛公이 되자, 하후영에게 칠대부 七大夫의 작위를 내리고 태복太僕에 임명하였다. 그로부터 하후영은 패공을 따라 호릉胡陵을 쳐서 소하蕭何와 함께 사수泗水 군감郡監 평平의 항복을 받았는데, 이때 평은 호릉을 들어 항복하여 패공은 하후영에게 오대부의 작위를 내렸다.

또 패공을 따라 진秦나라 군사를 탕현碭縣 동쪽에서 쳤고, 제양濟陽을 공격하여 호유향戶牖鄕을 함락시켰으며, 이유李由의 군대를 옹구雍丘 아래에서 깨뜨렸다. 병거를 이용하여 맹공을 퍼부은 공로로 집백執帛의 작위를 받고 항상 태복으로서 패공의 수레를 몰았다.

패공을 따라 장한章邯의 군대를 동아東阿와 복양濮陽 성 밑에서 공격할때 병거로써 맹공을 가해 이를 깨뜨린 공로로 집규執珪의 작위를 받았다. 또 패공을 따라 조분趙賁의 군대를 개봉開封에서, 양웅楊熊의 군대를 곡우曲遇에서 공격하여 68명을 포로로 잡고, 병졸 850명의 투항을 받아 인印 한 상자를 얻었다. 패공의 수레를 몰아 진나라 군대를 낙양 동쪽에서 칠때 병거로써 맹공을 가하여 공을 세웠으므로, 작과 봉읍을 받고 등공滕公이 되었다. 그 후에도 패공의 수레를 몰면서 따라가 남양南陽을 공격하고 남전藍田·지양芷陽에서 싸울 때 병거로써 급공하여 패상霸上에 이르게 되었다.

高祖之初與徒屬欲攻沛也, 嬰時以縣令史爲高祖使. 上降沛一日, 高祖爲沛公, 賜嬰爵七大夫, 以爲太僕. 從攻胡陵, 嬰與蕭何降泗水監平, 平以胡陵降, 賜嬰

爵五大夫. 從擊秦軍碭東, 攻濟陽, 下戶牖, 破李由軍雍丘下, 以兵車趣攻戰疾,
賜爵執帛. 常以太僕奉車從擊章邯軍東阿·濮陽下, 以兵車趣攻戰疾, 破之,
賜爵執珪. 復常奉車從擊趙賁軍開封, 楊熊軍曲遇. 嬰從捕虜六十八人, 降卒
八百五十人, 得印一匱. 因復常奉車從擊秦軍雒陽東, 以兵車趣攻戰疾, 賜爵
封轉爲滕公. 因復奉車從攻南陽, 戰於藍田·芷陽, 以兵車趣攻戰疾, 至霸上.

⊛ 자식까지 버리려 한 유방

항우가 들어와 진나라를 멸하고 나서 패공을 한왕으로 봉하자, 한왕은
하후영에게 열후의 작위를 내리고 소평후昭平侯라 불렀다. 하후영은 다시
태복이 되어 한나라 왕을 따라 촉한蜀漢으로 들어갔다.

되돌아 나와 삼진三秦을 평정하고 나서 한왕을 따라 항적을 쳤으나,
팽성彭城에 이르러 한漢나라 군사가 항우에게 대패하였다. 형세가 급하게
되자 한왕은 도망쳐 달아났다. 그런 길에서 효혜孝惠, 惠帝와 노원魯元
두 자녀를 만나 그들을 수레에 태우고 갔으나, 말은 지쳐 있고 적은 뒤쫓아
왔기 때문에 한왕은 급한 나머지 두 어린 아들을 발로 차서 수레 밖으로
떨어뜨리려 하였다. 하후영은 그 때마다 그들을 수레에 끌어올린 다음,
말을 서서히 몰면서 두 아이들이 자기 목을 끌어안게 하였다. 이때 한왕은
몹시 화를 내며 10여 차례나 하후영을 베려 하였다. 일행은 마침내 적에게서
벗어나 효혜惠帝와 노원을 풍豐으로 데려다 주었다.

한왕은 형양滎陽에 이르자 흩어진 군사를 모아 다시 세력을 되찾게
되었고, 하후영에게는 식읍으로 기양祈陽을 주었다.

하후영은 계속하여 한왕을 수레에 모시고 항적을 쳐서 뒤쫓아 진현陳縣에
이르렀고, 마침내는 초楚 땅을 평정하였다. 하후영은 노魯 땅으로 돌아갔고
식읍으로 자지현玆氏縣을 더 받았다.

項羽至, 滅秦, 立沛公爲漢王. 漢王賜嬰爵列侯, 號昭平侯, 復爲太僕,
從入蜀·漢.

還定三秦, 從擊項籍. 至彭城, 項羽大破漢軍. 漢王敗, 不利, 馳去. 見孝惠·

魯元, 載之. 漢王急, 馬罷, 虜在後, 常蹶兩兒欲弃之, 嬰常收, 竟載之, 徐行面
雍樹乃馳. 漢王怒, 行欲斬嬰者十餘, 卒得脫, 而致孝惠・魯元於豊.

漢王旣至滎陽, 收散兵, 復振, 賜嬰食祈陽. 復常奉車從擊項籍, 追至陳,
卒定楚, 至魯, 益食玆氏.

◉ 평정과 공략의 공을 세우다

한나라 왕이 황제가 된 그 해 가을, 연나라 왕 장도臧荼가 반역을 하였다.
하후영은 태복으로서 고제를 따라 장도를 쳤다. 그리고 이듬해 고제를
따라 진陳 땅으로 가서 초楚나라 왕 신信을 사로잡았다. 이에 식읍으로
여음현汝陰縣을 하사받고 부절을 나눠 받아 대대로 세습시키게 되었다.
하후영은 태복으로서 고제를 따라 대代 땅을 공격하여 무천武泉・운중雲中에
이른 공로로 1천 호를 식읍으로 더 받았다.

다시 고제를 따라 한신韓信 군대의 흉노 기병대를 진양晉陽 부근에서
쳐서 대파한 다음, 계속하여 달아나는 적을 쫓아 평성平城 북쪽에 이르렀는데,
이곳에서 흉노에게 포위 당해 7일 동안이나 서로 연락을 할 수가 없었다.
이에 고제가 흉노 선우單于의 연지閼氏에게 후한 선물을 보내자, 선우
묵돌冒頓이 풀어 준 한 귀퉁이로 빠져나와 포위망을 벗어날 수 있었다.
이때 고제는 급히 달리게 하였으나, 하후영이 도리어 천천히 가며 모든
쇠뇌를 적에게 겨누게 하였다. 마침내 탈출에 성공한 고제는 하후영에게
세양細陽의 1천 호를 식읍으로 더 주었다.

하후영은 또 다시 태복으로서 고제를 따라 구주산句注山 북쪽에서 흉노의
기병대를 공격해 대파하였고 다시 평성 남쪽에서도 세 번이나 적진을
함락시킨 공으로 빼앗은 고을 500호를 더 주었다. 역시 태복으로서 진희와
경포의 군대를 쳐 적진을 부수고 패주시킨 공로로 1천 호를 더 받았다.
그리고 새로 여음의 6천 900호를 식읍으로 받고 앞서 받은 식읍은 반환하였다.

漢王立爲帝. 其秋, 燕王臧荼反, 嬰以太僕從擊荼. 明年, 從至陳, 取楚王信.
更食汝陰, 剖符世世勿絶. 以太僕從擊代, 至武泉・雲中, 益食千戶. 因從擊

韓信軍胡騎晉陽旁, 大破之. 追北至平城, 爲胡所圍, 七日不得通. 高帝使使
厚遺閼氏, 冒頓開圍一角. 高帝出欲馳, 嬰固徐行, 弩皆持滿外向, 卒得脫.
益食嬰細陽千戶. 復以太僕從擊胡騎句注北, 大破之. 以太僕擊胡騎平城南,
三陷陳, 功爲多, 賜所奪邑五百戶. 以太僕擊陳豨・黥布軍, 陷陳卻敵, 益食
千戶, 定食汝陰六千九百戶, 除前所食.

◉ 문제를 세우다

하후영은 유방이 처음 패에서 군사를 일으켰을 때부터 시작하여 고조가
죽을 때까지 태복이었으며, 혜제孝惠帝 때에도 태복으로서 황제를 모셨다.
혜제와 고후는 하후영이 혜제와 노원공주 두 사람을 하읍현下邑縣 부근에서
구해 준 것을 고맙게 여겨, 그에게 북궁北宮에 가까운 가장 좋은 저택을
하사하고 '나의 가까운 분'이라 하여 남달리 존경하였다. 고후가 죽고
대왕代王이 도읍으로 들어오게 되자, 하후영은 태복으로서 동모후東牟侯와
함께 궁중으로 들어가 말끔히 정리하고, 소제少帝를 폐위시켰다. 천자의
법가法駕를 준비하여 대왕代王을 관저로 맞아들인 다음 대신들과 함께
받들었으니, 그가 바로 효문황제孝文皇帝이다. 이에 하후영은 또다시 태복이
되었다가 8년 만에 죽었다. 시호는 문후文侯로 하였다.

嬰自上初起沛, 常爲太僕, 竟高祖崩. 以太僕事孝惠. 孝惠帝及高后德嬰
之脫孝惠・魯元於下邑之閒也, 乃賜嬰縣北第第一, 曰「近我」, 以尊異之.
孝惠帝崩, 以太僕事高后. 高后崩, 代王之來, 嬰以太僕與東牟侯入淸宮,
廢少帝, 以天子法駕迎代王代邸, 與大臣共立爲孝文皇帝, 復爲太僕. 八歲卒,
諡爲文侯.

◉ 하후영의 후손들

그의 아들 이후夷侯 조竈가 뒤를 이었으나, 7년 뒤에 죽었다. 이후의
아들 공후共侯 사賜가 뒤를 이어 31년 뒤에 죽었으며, 공후의 뒤를 이은
아들 파頗는 평양공주平陽公主와 결혼을 하였으나, 후가 된 지 19년인 원정元鼎

2년에 아버지의 시첩侍妾과 간통한 죄로 인해 스스로 목숨을 끊음으로써 대가 끊기고 봉지도 없어지고 말았다.

子夷侯竈立, 七年卒. 子共侯賜立, 三十一年卒. 子侯頗尙平陽公主. 立十九歲, 元鼎二年, 坐與父御婢姦罪, 自殺, 國除.

〈4〉 관영灌嬰

❀ 비단 장수를 하다가 고조를 따라나서다

영음후穎陰侯 관영灌嬰은 수양睢陽에서 비단 장수를 하고 있었다. 고조가 패공이 되어 각지를 경략해 옹구雍丘 아래 이르렀을 때, 장한이 항량項梁을 격파해 죽인 일이 일어났다. 이에 패공은 되돌아와 탕현碭縣에다 진을 치고 있었다.

관영은 처음 중연中涓이란 낮은 관리로서 패공을 따라가 동군東郡의 군위郡尉를 성무成武에서 격파하고, 진나라 군대와 강리扛里에서 격전을 벌여 깨뜨림으로써 칠대부의 작위를 받았다. 패공을 따라 진나라 군대를 박亳 남쪽, 개봉·곡우 등지에서 맹공하여 힘껏 싸웠으므로 집백의 작위를 받고 선릉군宣陵君에 봉해졌다.

다시 패공을 따라 양무陽武에서 서쪽으로 낙양에 이르는 지역을 공격하여 진나라 군대를 시尸 땅 북쪽에서 깨뜨린 다음, 북쪽으로 황하의 나루를 차단하고 남쪽으로 남양南陽 군수를 양성陽城 동쪽에서 깨뜨려 마침내 남양군南陽郡을 평정하였다. 그리고 서진하여 무관武關으로 들어가 남전에서 용감하게 분투한 끝에 패상霸上에 이르렀고, 이로써 집규執珪의 작위를 받고 창문군昌文君에 봉해졌다.

潁陰侯灌嬰者, 睢陽販繒者也. 高祖之爲沛公, 略地至雍丘下, 章邯敗殺項梁, 而沛公還軍於碭, 嬰初以中涓從擊破東郡尉於成武及秦軍於扛里, 疾鬪, 賜爵七大夫. 從攻秦軍亳南·開封·曲遇, 戰疾力, 賜爵執帛, 號宣陵君. 從攻陽武以西至雒陽, 破秦軍尸北, 北絶河津, 南破南陽守齮陽城東, 遂定南陽郡. 西入武關, 戰於藍田, 疾力, 至霸上, 賜爵執珪, 號昌文君.

⑧ 창문후에 봉해지다

패공이 한왕에 오르자 관영을 낭중郞中에 임명하였다. 관영은 한왕을 따라 한중漢中으로 들어간 뒤 10월에 중알자中謁者에 임명되었다. 한왕을 따라 되돌아 나와 삼진三秦을 평정하고 역양櫟陽을 함락시킨 다음 새왕塞王 사마흔司馬欣의 항복을 받았다. 관영은 돌아와 폐구廢丘에서 장한을 포위하였으나 함락시키지는 못하였다.

다시 한왕을 따라 동진하여 임진관臨晉關으로 나와 은왕殷王을 공격하여 항복받고 그 땅을 평정하였다. 항우의 장군 용저龍且와 위나라 재상인 항타項他의 군사를 정도定陶 남쪽에서 공격하여 격전 끝에 깨뜨려, 이 공으로 한왕은 관영을 열후에 올려 창문후昌文侯에 봉하고 두현杜縣의 평향平鄉을 식읍으로 내렸다.

沛公立爲漢王, 拜嬰爲郎中, 從入漢中, 十月, 拜爲中謁者. 從還定三秦, 下櫟陽, 降塞王. 還圍章邯於廢丘, 未拔. 從東出臨晉關, 擊降殷王, 定其地. 擊項羽將龍且·魏相項他軍定陶南, 疾戰, 破之. 賜嬰爵列侯, 號昌文侯, 食杜平鄉.

⑧ 어사대부가 되다

관영은 다시 중알자로서 한왕을 따라 탕현에서 팽성까지의 땅을 항복받았다. 항우의 공격을 받고 한왕이 크게 패하여 서쪽으로 도망칠 때, 관영도 한왕을 따라 돌아와 옹구에 진을 쳤다.

이 무렵 왕무王武와 위공魏公 신도信徒가 반란을 일으키자, 관영은 한왕을 따라 그들을 격파하고 하황下黃을 쳐서 항복받은 다음 서진하여 형양에서 군사를 거두어 진을 쳤다. 때마침 초나라 기병이 크게 공격해 오자, 한왕이 자신의 군중에 기장騎將이 될 만한 사람을 찾게 되었다. 그러자 모두가 본래 진나라 기사騎士로서, 중천重泉 출신 이필李必과 낙갑駱甲이 기병에 능하며 지금 교위校尉로 있지만 기병 장수로 삼는 것이 좋겠다고 추천하였다.

이에 한왕이 그들을 임명하려 하자, 이필과 낙갑이 말하였다.

"저희들은 원래가 진나라 백성입니다. 아마 우리 군사들은 저희를 신임하지 않을 줄로 아옵니다. 차라리 대왕의 측근 중에서 마술馬術에 뛰어난 분을 추대하고 그의 보좌로 일하고 싶습니다."

이에 한왕은 나이는 젊지만 자주 용감하게 전투에 임한 공로가 있는 관영을 중대부中大夫로 삼고 이필과 낙갑은 그의 좌우 교위左右校尉로 삼았다.

관영은 낭중의 기병을 이끌고 형양에서 초나라 기병대를 대파하였다. 또 명령을 받아 따로 초나라 군대의 배후를 공격해 그들의 보급로를 끊고 양무陽武에서 양읍襄邑까지 나아갔다. 또 항우의 장군 항관項冠을 노성魯城 아래에서 격파하였을 때에는 부하 병사가 우사마右司馬와 기병대장 각각 1명을 베었다. 또 자공柘公 왕무의 군대를 치고 연나라 서쪽에 주둔하였는데, 부하 병사들이 누번樓煩 장수 5명과 연윤連尹 1명을 베었다. 또 왕무의 별장別將인 환영桓嬰을 백마현白馬縣 성 밑에서 격파할 때에도 부하 병사들이 적의 도위都尉 1명을 베었다.

관영은 기병을 이끌고 황하를 건너 남진하여 한왕을 낙양에 모셨고, 북진하여 재상 한신의 군대를 한단으로 맞아들이고 오창敖倉으로 되돌아와 어사대부가 되었다.

復以中謁者從降下碭, 以至彭城. 項羽擊, 大破漢王. 漢王遁而西, 嬰從還, 軍於雍丘, 王武‧魏公申徒反, 從擊破之. 攻下黃, 西收兵, 軍於滎陽. 楚騎來衆, 漢王乃擇軍中可爲(車)騎將者, 皆推故秦騎士重泉人李必‧駱甲習騎兵, 今爲校尉, 可爲騎將. 漢王欲拜之, 必‧甲曰: 「臣故秦民, 恐軍不信臣, 臣願得大王左右善騎者傅之.」 灌嬰雖少, 然數力戰, 乃拜灌嬰爲中大夫, 令李必‧駱甲爲左右校尉, 將郎中騎兵擊楚騎於滎陽東, 大破之. 受詔別擊楚軍後, 絶其餽道, 起陽武至襄邑. 擊項羽之將項冠於魯下, 破之, 所將卒斬右司馬‧騎將各一人. 擊破柘公王武, 軍於燕西, 所將卒斬樓煩將五人, 連尹一人. 擊王武別將桓嬰白馬下, 破之, 所將卒斬都尉一人. 以騎渡河南, 送漢王到雒陽, 使北迎相國韓信軍於邯鄲. 還至敖倉, 嬰遷爲御史大夫.

◉ 각지의 평정

3년 후, 열후로서 두현杜縣의 평향平鄕을 식읍으로 받았다. 어사대부로서 명령을 받아 낭중의 기병을 이끌고 동쪽으로 재상 한신의 휘하로 소속되어 역성歷城 아래에서 제나라 군대를 격파할 때에는 부하 병사들이 적의 거기장군車騎將軍 화무상華毋傷과 장리將吏 46명을 사로잡았다. 임치臨菑를 함락시켜 제나라 임시 재상 전광田光을 사로잡았으며, 제나라 재상 전횡田橫을 추격하여 영嬴·박博에 이르러 그의 기병대를 깨뜨렸을 때에는 부하 병사들이 적의 깃발과 대장 1명을 베고 4명을 생포하였다. 또 제나라 장군 전흡田吸을 천승현千乘縣에서 깨뜨리고, 부하 병사들이 전흡을 베었다. 한신을 따라 동진하여 고밀高密에서 용저와 유공留公 선旋을 공격할 때, 부하 병사들이 용저를 베었고, 우사마와 연윤 각 1명과 누번장 10명을 생포하였는데, 관영 자신은 적의 부대장 주란周蘭을 생포하였다.

三年, 以列侯食邑杜平鄕. 以御史大夫受詔將郎中騎兵東屬相國韓信, 擊破齊軍於歷下, 所將卒虜車騎將軍華毋傷及將吏四十六人. 降下臨菑, 得齊守相田光. 追齊相田橫至嬴·博, 破其騎, 所將卒斬騎將一人, 生得騎將四人. 攻下嬴·博, 破齊將軍田吸於千乘, 所將卒斬吸. 東從韓信攻龍且·留公旋於高密, 卒斬龍且, 生得右司馬·連尹各一人, 樓煩將十人, 身生得亞將周蘭.

◉ 한신과 관영

제나라 땅이 평정된 후, 한신은 스스로 제나라 왕이 되어 관영을 별장別將에 임명하여 초나라 장군 공고公杲를 노魯의 북쪽에서 치게 하였다. 관영은 이를 깨뜨리고 되돌아 나와 남쪽으로 설薛의 군장郡長을 깨뜨리고, 직접 적의 기병 대장 1명을 사로잡았다. 관영은 부양傅陽을 공격하고 다시 나아가 하상下相과 그 동남쪽의 동僮·취려取慮·서徐에 이르러 회수淮水를 건넌 다음 그, 지역 일대를 항복시키고 광릉廣陵에 이르렀다.

이 무렵 항우가 항성項聲·설공薛公·담공郯公으로 하여금 다시 회북淮北 땅을 평정하게 하였으므로, 관영은 회수를 건너 북진하여 항성과 담공을 하비下邳에서, 초나라 기병을 평양平陽에서 격파하였다. 하비 싸움에서는 설공을 베고 마침내 팽성을 함락시켰다. 주국柱國인 항타項佗를 사로잡고, 유留·설薛·패沛·찬酇·소蕭·상相의 각 현을 항복 받았으며, 고苦·초譙를 공격하여 적의 부대장 주란을 다시 생포하였다. 관영은 한나라 왕과 이향頤鄕에서 합류한 뒤, 그를 따라 항우의 군사를 진성陳城 아래에서 격파하였다. 이 싸움에서 부하 병사들이 누번장 2명을 베고, 기장 8명을 사로잡았다. 이 공로로 그는 다시 2천 500호의 식읍을 더 받았다.

齊地已定, 韓信自立爲齊王, 使嬰別將擊楚將公杲於魯北, 破之. 轉南, 破薛郡長, 身虜騎將一人. 攻(博)[傅] 陽, 前至下相以東南僮·取慮·徐. 度淮, 盡降其城邑, 至廣陵. 項羽使項聲·薛公·郯公復定淮北. 嬰度淮北, 擊破項聲·郯公下邳, 斬薛公, 下下邳, 擊破楚騎於平陽, 遂降彭城, 虜柱國項佗, 降留·薛·沛·酇·蕭·相. 攻苦·譙, 復得亞將周蘭. 與漢王會頤鄕. 從擊項籍軍於陳下, 破之, 所將卒斬樓煩將二人, 虜騎將八人. 賜益食邑二千五百戶.

❀ 항우를 베다

항우가 해하垓下에서 패주하자, 관영은 어사대부로서 명을 받아 기마병을 이끌고 따로 항우를 추격하여, 동성東城에 이르러 격파하였는데, 이 싸움에서 부하 5명이 힘을 합쳐 항우를 베어 죽이자, 모두 열후에 올랐다. 또한 적의 좌·이 사마 각각 1명과 병졸 1만 2천 명의 항복을 받고, 적군의 장리들을 모조리 생포하였으며, 동성과 역양을 항복시켰다. 다시 장강을 건너 오군吳郡 군장을 오성吳城 아래에서 깨뜨리고 군수를 생포하였다. 이리하여 마침내 오吳·예장豫章·회계군會稽郡을 평정하고, 되돌아와 회북 땅 52개 현을 평정하였다.

項籍敗垓下去也, 嬰以御史大夫受詔將車騎別追項籍至東城, 破之. 所將卒五人共斬項籍, 皆賜爵列侯, 降左右司馬各一人, 卒萬二千人, 盡得其軍將吏. 下東城·歷陽. 渡江, 破吳郡長吳下, 得吳守, 遂定吳·豫章·會稽郡. 還定淮北, 凡五十二縣.

● 영음후에 봉해지다

한왕이 황제에 오르자, 관영은 식읍으로 3천 호를 더 받았다. 그 해 가을, 관영은 거기장군車騎將軍으로 고제를 따라 연왕 장도臧荼를 격파하였다. 이듬해 고제를 따라 진陳에 이르러 초왕 신信을 사로잡아 돌아오자, 고조는 부절을 쪼개어 주어 대대로 세습시키게 되었고, 영음潁陰의 2천 500호를 식읍으로 받고 영음후潁陰侯에 봉해졌다.

관영은 거기장군으로서 고제를 따라 반역한 한왕韓王 한신을 대代에서 공격하여 마읍에 이르렀을 때에는, 명을 받아 따로 누번樓煩에서 북쪽으로 6개 현을 항복받고, 대代의 좌상左相을 베었으며, 흉노의 기병을 무천武泉 북쪽에서 깨뜨렸다. 또 고제를 따라 한왕 한신과 내통한 흉노의 기병대를 진양晉陽 성 아래에서 공격할 때에는 부하 병사가 흉노 백제白題의 장수 1명을 베었다. 관영은 다시 명을 받아 연·조·제·양·초나라의 병거·기마들을 아울러 거느리고 흉노의 기병대를 사석磔石에서 격파하였으나, 평성에 이르러 흉노에게 포위되었으며, 고제를 따라 되돌아 나와서는 동원에 진을 쳤다.

고제를 따라가 진희를 쳤는데, 명을 받아 따로 진희의 승상 후창侯敞의 군대를 곡역曲逆 아래에서 격파하였을 때에는 부하 병사가 후창과 특장特將 5명을 베었다. 곡역·노노盧奴·상곡양上曲陽·안국安國·안평安平을 항복 시키고 동원東垣을 공격하여 함락시켰다.

漢王立爲皇帝, 賜益嬰邑三千戶. 其秋, 以車騎將軍從擊破燕王臧荼. 明年, 從至陳, 取楚王信. 還, 剖符, 世世勿絶, 食潁陰二千五百戶, 號曰潁陰侯.

以車騎將軍從擊反韓王信於代, 至馬邑, 受詔別降樓煩以北六縣, 斬代左相, 破胡騎於武泉北. 復從擊韓信胡騎晉陽下, 所將卒斬胡白題將一人. 受詔幷將燕·趙·齊·梁·楚車騎, 擊破胡騎於磔石. 至平城, 爲胡所圍, 從還軍東垣.

從擊陳豨, 受詔別攻豨丞相侯敞軍曲逆下, 破之, 卒斬敞及特將五人. 降曲逆·盧奴·上曲陽·安國·安平. 攻下東垣.

◉ 경포의 난을 평정하다

경포가 반란을 일으키자, 관영은 거기장군으로서 먼저 출격하여 경포의 별장을 상相에서 공격하여 이를 깨뜨리고, 부대장과 누번장 9명을 베었다. 또 나아가 경포의 상주국上柱國 군대와 대사마大司馬 군대를 격파하고, 다시 경포의 별장 비주肥誅를 깨뜨렸다. 이 싸움에서 관영은 적의 좌사마 1명을 생포하였고, 부하 병사들은 적의 소장小將 10명을 베었다. 계속하여 도망치는 적을 추격하여 회수 기슭까지 추격하였다.

이 공으로 관영은 2천 500호의 식읍을 더 받았다. 경포를 토벌한 뒤 고제는 관영에게 새로 영음穎陰의 5천 호를 식읍으로 주고 앞서 주었던 식읍은 반환시켰다.

이제껏 관영은 고제를 따라가 2천 석 관원 2명을 사로잡았고, 따로 군대를 깨뜨린 것이 16회, 성읍을 항복받은 것이 46개, 국國 1개, 군 2개 및 52개 현을 평정하였으며, 장군 2명, 주국柱國·재상 각각 1명, 2천 석 관원 10명을 사로잡았다.

黥布反, 以車騎將軍先出, 攻布別將於相, 破之, 斬亞將樓煩將三人. 又進擊破布上柱國軍及大司馬軍. 又進破布, 別將肥誅. 嬰身生得左司馬一人, 所將卒斬其小將十人, 追北至淮上. 益食二千五百戶. 布已破, 高帝歸, 定令嬰食穎陰五千戶, 除前所食邑. 凡從得二千石二人, 別破軍十六, 降城四十六, 定國一, 郡二, 縣五十二, 得將軍二人, 柱國·相國各一人, 二千石十人.

◉ 문제를 세우다

관영이 경포를 쳐서 이기고 돌아온 뒤, 고제가 죽었으므로 관영은 열후로서 혜제와 여태후를 섬겼다. 태후가 죽자 상장군 여록 등은 조나라 왕으로서 스스로 장군이 되어 장안長安에 군대를 주둔시키고 반란을 일으키려 하였다. 제나라 애왕哀王은 이 소식을 듣고 군사를 일으켜 서쪽으로 와서 왕이 될 수 없는 유씨 아닌 여씨 일족을 모두 죽이려 하였다.

상장군 여록은 이 소식을 듣자, 관영을 대장으로 삼아 나아가 이를

치게 하였다. 관영은 형양까지 나갔으나 강후 등과 상의한 끝에 군사를
형양에 머물게 하고, 제나라 왕에게 여씨 일족을 죽일 것이라는 소문을
퍼뜨리자, 제나라 군대는 더 이상 나오지 않았다. 강후 등이 여씨 일족을
죽여 버리자, 제나라 왕은 군대를 거두어 본국으로 돌아갔다. 관영도
진을 거두고 형양에서 돌아와 강후·진평陳平과 함께 대왕代王을 효문황제로
세웠다. 이리하여 효문황제는 관영에게 3천 호의 식읍을 더 주고, 황금
1천 근을 내린 다음 태위太尉로 임명하였다.

嬰自破布歸, 高帝崩, 嬰以列侯事孝惠帝及呂太后. 太后崩, 呂祿等以趙
王自置爲將軍, 軍長安, 爲亂. 齊哀王聞之, 擧兵西, 且入誅不當爲王者. 上將
軍呂祿等聞之, 乃遣嬰爲大將, 將軍往擊之. 嬰行至滎陽, 乃與絳侯等謀,
因屯兵滎陽, 風齊王以誅呂氏事, 齊止不前. 絳侯等旣誅諸呂, 齊王罷兵歸,
嬰亦罷兵自滎陽歸, 與絳侯·陳平共立代王爲孝文皇帝. 孝文皇帝於是益
封嬰三千戶, 賜黃金千斤, 拜爲太尉.

◉ 관영의 후손들

3년 뒤에 강후 주발周勃은 승상을 그만두고 봉국으로 돌아가자, 관영이
승상에 오르고 태위 벼슬은 그만두었다.

이 해 흉노가 크게 북지北地와 상군上郡에 침입해 오자, 효문황제는
승상 관영에게 명하여 8만 5천 명의 기병을 이끌고 나가 흉노를 치게
하였다. 그러나 이때 흉노가 되돌아가고, 제북왕濟北王이 반란을 일으켜
관영의 흉노 정벌은 중지되었다.

그 뒤 1년 남짓해서 관영은 승상으로서 죽어 시호를 의후懿侯라 하였다.
그의 아들 평후平侯 관아灌阿가 후의 작위를 이어 28년 뒤에 죽자 평후의
아들 관강灌强이 뒤를 이어 후가 되었으나, 13년 뒤 죄를 지어 후 작위가
2년간 이어지지 못하였다.

원광元光 3년, 천자는 관영의 손자 관현灌賢을 임여후臨汝侯로 봉하고,
관灌씨의 뒤를 잇게 하였다. 그로부터 8년 뒤에 현은 뇌물을 준 죄에
걸려 봉지가 없어지고 말았다.

三歲, 絳侯勃免相就國, 嬰爲丞相, 罷太尉官. 是歲, 匈奴大入北地·上郡, 令丞相嬰將騎八萬五千往擊匈奴. 匈奴去, 濟北王反, 詔乃罷嬰之兵. 後歲餘, 嬰以丞相卒, 諡曰懿侯. 子平侯阿代侯. 二十八年卒, 子彊代侯. 十三年, 彊有罪, 絶二歲. 元光三年, 天子封灌嬰孫賢爲臨汝侯, 續灌氏後, 八歲, 坐行賕有罪, 國除.

⊛ 사마천의 평어

나 태사공의 생각은 이렇다.

나는 풍豐·패沛로 가서 진秦나라 때부터 살아온 노인들을 찾아가 이미 죽은 소하蕭何·조삼曹參·번쾌樊噲·등공滕公의 무덤을 살펴보았고, 그들의 평소 살아온 일을 들었는데 그것은 세상에 전해지고 있는 것과 전혀 달랐다. 그들이 처음 칼을 휘두르며 개를 잡거나 비단을 팔았을 당시, 어떻게 자기들이 천리마의 꼬리에 붙어 이름을 한漢나라 고조를 만나 한나라 조정에 드리우고 덕이 자손에게까지 내려갈 것을 알 수 있었겠는가? 나는 번쾌의 후손 타광他廣과 서로 알고 지내는 사이이므로 그가 고조의 공신들이 처음 일어날 때의 일들이 위와 같았음을 들을 수 있었다.

太史公曰: 吾適豐沛, 問其遺老, 觀故蕭·曹·樊噲·滕公之家, 及其素, 異哉所聞! 方其鼓刀屠狗賣繒之時, 豈自知附驥之尾, 垂名漢廷, 德流子孫哉? 余與他廣通, 爲言高祖功臣之興時若此云.

036(96) 장승상 열전張丞相列傳

① 장창張蒼 ② 주창周昌 ③ 임오任敖 ④ 신도가申屠嘉
⑤ 위승상韋丞相 ⑥ 위상魏相 ⑦ 병길邴吉 ⑧ 황패黃霸
⑨ 위현성韋玄成 ⑩ 광형匡衡

〈1〉장창張蒼

❀ 잘 생긴 이유로 사형을 면하다

승상 장창張蒼은 양무현陽武縣 사람으로서 서書·음률音律·역법曆法을
좋아하였다. 그는 진秦나라 때 어사御史가 되어 주하방서柱下方書를 맡고
있었는데, 죄를 짓고 도망하여 고향으로 돌아와 있었다.

패공沛公이 각지를 공략하며 진군하다가 양무를 지나게 되었을 때,
장창은 빈객의 자격으로 패공을 따라 남양南陽을 공격하였다.

그 뒤 장창은 죄를 지어 참형을 받게 되어 옷을 벗고 처형대에 엎드려
있는데 몸집이 크고 살이 박속처럼 희고 기름진 모습이었다. 우연히 왕릉王陵이
이를 보고, 그가 아름다운 풍채를 지니고 있다고 여겨 패공에게 말하여
그의 죄를 용서하고 처형을 중지시켰다.

이리하여 장창은 패공을 따라 서쪽 무관武關으로 들어가 함양咸陽에
이르게 되었다.

패공이 한왕漢王이 되어 한중漢中으로 들어갔다가 되돌아 나와 삼진三秦을
평정하였을 무렵, 진여陳餘가 상산을 치자 상산왕常山王 장이張耳가 한나라에
귀순해 왔다. 한왕은 장창을 상산태수로 임명하고, 회음후淮陰侯 한신韓信을
따라 조나라를 치게 하였다. 이 싸움에서 장창은 진여를 사로잡았다.

조나라 땅이 평정되자, 한왕은 장창을 대代의 재상으로 임명하고 흉노의
변경 침입을 막도록 하였다. 그 뒤 조나라 재상으로 옮겨 조나라 왕 장이를
도왔다가 장이가 죽자, 그 뒤를 이은 왕 장오長敖의 재상이 되었으며,
다시 벼슬을 옮겨 대의 재상이 되었다.

연나라 왕 장도臧荼가 모반하자, 고조高祖는 몸소 나아가 이를 쳤다.

장창은 대의 재상으로서 고조를 따라가 장도를 치는 데 공을 세웠다. 한나라 고조 6년에 북평후北平侯로 봉해져 식읍 1천 200호를 받았다.

張丞相蒼者, 陽武人也. 好書律曆. 秦時爲御史, 主柱下方書. 有罪, 亡歸. 及沛公略地過陽武, 蒼以客從攻南陽. 蒼坐法當斬, 解衣伏質, 身長大, 肥白如瓠, 時王陵見而怪其美士, 乃言沛公, 赦勿斬. 遂從西入武關, 至咸陽. 沛公立爲漢王, 入漢中, 還定三秦. 陳餘擊走常山王張耳, 耳歸漢, 漢乃以張蒼爲常山守. 從淮陰侯擊趙. 蒼得陳餘. 趙地已平, 漢王以蒼爲代相, 備邊寇. 已而徙爲趙相, 相趙王耳. 耳卒, 相趙王敖. 復徙相代王. 燕王臧荼反, 高祖往擊之, 蒼以代相從攻臧荼有功, 以六年中封爲北平侯, 食邑千二百戶.

❸ 어사대부가 되다

그리고 계상計相이 되어 한 달쯤 있었고, 그로부터 4년 동안 열후의 신분으로 회계를 주관하는 일을 보았다. 당시 소하蕭何가 상국相國이었는데, 장창이 진나라 때부터 주하사柱下史를 맡아보아 천하의 도서·재정·호적에 밝았고, 또 산법·음률·역법에도 능하였으므로, 장창을 열후의 자격으로 상국부중相國府中에 머물도록 하면서, 군郡과 각 제후국들의 재정 보고를 관장하게 하였다.

경포黥布가 반란을 일으켰다가 망하자, 한나라는 황자皇子 유장劉長을 회남왕淮南王으로 세우고, 장창을 그의 재상으로 삼았다. 그 뒤 14년 후에 장창은 어사대부가 되었다.

遷爲計相, 一月, 更以列侯爲主計四歲. 是時蕭何爲相國, 而張蒼乃自秦時爲柱下史, 明習天下圖書計籍. 蒼又善用算律曆, 故令蒼以列侯居相府, 領主郡國上計者. 黥布反亡, 漢立皇子長爲淮南王, 而張蒼相之. 十四年, 遷爲御史大夫.

〈2〉주창周昌

◉ 주창과 주가

주창周昌은 패현沛縣 사람이다. 그의 사촌형은 주가周苛와 함께 모두가 진나라 때에는 사수泗水의 졸사卒史였다. 유방이 패현에서 군사를 일으켜 사수 태수와 군감을 격파하자, 주창과 주가는 군의 하급 관리로서 패공을 따라나섰다. 패공은 주창을 직지職志, 주가를 빈객으로 두었으며, 두 사람은 패공을 따라 관중으로 들어가 진나라 군을 깨뜨렸다.

패공이 한왕이 되자, 주가를 어사대부로 하고, 주창을 중위中尉에 임명하였다.

周昌者, 沛人也. 其從兄曰周苛, 秦時皆爲泗水卒史. 及高祖起沛, 擊破泗水守監, 於是周昌·周苛自卒史從沛公, 沛公以周昌爲職志, 周苛爲客. 從入關, 破秦. 沛公立爲漢王, 以周苛爲御史大夫, 周昌爲中尉.

◉ 항우에게 욕을 퍼붓다

한왕 4년에 초나라가 한왕을 형양滎陽에서 포위하여 사태가 급하게 되자, 한왕은 탈출하여 달아나며 주가에게 형양을 맡겼다. 항우는 성을 깨뜨리고 나서 주가를 초나라 장수로 삼고자 하자, 주가는 항우를 향해 이렇게 욕설을 퍼부었다.

"네놈은 하루 빨리 한왕에게 항복을 해야 한다. 그렇지 않으면 지금 곧 사로잡히게 될 것이다!"

항우는 노하여 주가를 삶아 죽였다.

이에 한왕은 주창을 어사대부에 임명하였다. 주창은 항상 한왕을 따라 다니며 항우를 격파하였다. 한나라 왕 6년, 주창은 소하·조삼과 함께 후에 봉해져 분음후汾陰侯가 되었다. 주가의 아들 주성周成은 아버지가 나라일로 죽었다 하여 고경후高景侯로 봉해졌다.

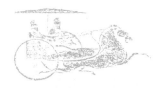

漢王四年, 楚圍漢王滎陽急, 漢王遁出去, 而使周苛守滎陽城. 楚破滎陽城, 欲令周苛將. 苛罵曰:「若趣降漢王! 不然, 今爲虜矣!」項羽怒, 亨周苛. 於是 乃拜周昌爲御史大夫. 常從擊破項籍. 以六年中與蕭·曹等俱封: 封周昌爲 汾陰侯; 周苛子周成以父死事, 封爲高景侯.

⊛ 그대는 걸주와 같은 임금이외다

주창은 힘이 세고 감히 바른 말을 잘 하는 사람으로, 소하와 조삼을 비롯하여 모든 사람들이 그를 무서워하며 존경하였다. 주창은 일찍이 고제가 한가히 쉬고 있을 때, 안으로 들어가 일을 아뢰려 한 적이 있었다. 마침 고제가 척희戚姬를 포옹하고 있어 주창은 되돌아 달려나왔는데, 고제가 뒤쫓아 따라나와 주창의 목에 올라타고 앉아 물었다.

"나는 어떤 임금인가?"

그러자 주창은 머리를 쳐들고 이렇게 대답하였다.

"폐하께서는 걸桀 주紂 같은 임금입니다."

그러자 고제는 웃음을 터뜨리고 말았지만, 속으로는 주창을 두려워하였다. 고제가 태자太子를 폐하고 척희의 아들 여의如意를 태자로 세우려 하였을 때, 대신들이 이를 완강히 반대하긴 하였으나 어느 누구도 황제의 뜻을 돌리지는 못하였다. 결국 고제는 유후留侯 장량張良의 꾀로 인해 뜻을 이루지 못하고 말았지만, 이때 주창이 조정에서 그것이 옳지 않음을 강경하게 간하였다. 고제가 태자를 바꾸는 것이 옳지 않다는 이유를 대라고 다그치자, 주창은 타고난 말더듬이에다가 화까지 치밀어 올라 더욱 말을 더듬었다.

"신은 입으로는 잘 말씀드릴 수 없사오나, 그러나 기필코, 기필코 그것이 옳지 않다는 것을 알고 있습니다. 폐하께서 아무리 태자를 폐하시려 하더라도 신은 기필코, 기필코 폐하의 명령에 따르지 않겠습니다."

이에 고제는 흔연히 웃고 말았다. 조회가 파하자 여후呂后는 정전 동쪽 방에서 귀를 기울여 엿듣고 있다가 주창이 나오는 것을 보고 그 앞에 무릎을 꿇고 고마워하였다.

"그대가 아니었더라면 태자는 폐위되었을 뻔하였소."

昌爲人彊力, 敢直言, 自蕭·曹等皆卑下之. 昌嘗燕時入奏事, 高旁方擁戚姬, 昌還走, 高帝逐得, 騎周昌項, 問曰:「我何如主也?」昌仰曰:「陛下卽桀紂之主也.」於是上笑之, 然尤憚周昌. 及帝欲廢太子, 而立戚姬子如意爲太子, 大臣固爭之, 莫能得; 上以留侯策卽止. 而周昌廷爭之彊, 上問其說, 昌爲人吃, 又盛怒, 曰:「臣口不能言, 然臣期期知其不可. 陛下雖欲廢太子, 臣期期不奉詔.」上欣然而笑. 旣罷, 呂后側耳於東相聽, 見周昌, 爲跪謝曰:「微君, 太子幾廢.」

◉ 조왕 여의의 재상으로 주창을 추천한 조요

이러한 일이 있고 나서 척희의 아들 여의가 조나라 왕이 되었는데 당시 10살이었다. 고조는 자기가 죽은 뒤 여의가 무사하지 못할 것임을 걱정하였다.

그 무렵 조요趙堯란 젊은이가 어사대부의 속관인 부새어사符璽御史로 있었는데, 조나라 사람 방여공方與公이 주창에게 이렇게 말하였다.

"당신의 속관 조요가 나이는 비록 젊지만, 뛰어난 재주를 가진 사람이니 부디 남다른 대우를 해 주십시오. 장차 당신의 뒤를 이을 사람입니다."

주창은 웃으며 말하였다.

"조요는 아직 나이 젊고 도필리刀筆吏로서 문서나 다루는 정도에 불과한데, 그가 어떻게 어사대부에까지 오를 수 있겠소!"

얼마 뒤 그 조요는 고조를 모시게 되었는데, 어느 날 고조는 혼자 울적해 하며 슬픈 노래를 불렀다. 다른 신하들은 고조가 그같이 슬퍼하고 있는 이유를 알 수 없었다. 그런데 조요가 나아가 말하였다.

"폐하께서 걱정하시는 것은 조왕 여의가 나이가 어리고, 척부인戚夫人과 여후 사이가 좋지 못하므로 하여, 폐하께서 돌아가신 뒤의 일을 아무리 대비해 두시더라도 조왕이 무사하기 어려우리라는 염려 때문이 아니옵니까?"

그러자 고조가 말하였다.

"그렇다. 나는 속으로 그것을 걱정하고 있지만 어찌 해야 할지 도무지 모르겠다."

조요가 이렇게 말하였다.

"폐하께옵서는 다만 조왕을 위하여 지위가 높고 강직한 신하로서 세력이 있고, 여후와 태자와 모든 신하들이 평소부터 존경하고 두려워하는 사람을 조나라 재상으로 앉혀 두시면 그것으로 안전하게 될 것입니다."

고조가 말하였다.

"그렇다. 나도 여러 가지로 생각은 해 보았는데 그렇게 하는 것이 좋을 것이다. 그런데 신하들 중에 누가 가장 그에 맞는 자로 보는가?"

조요가 말하였다.

"어사대부 주창은 지조가 굳고, 인내심이 강하며, 진실하고 정직한 사람입니다. 또 여후와 태자와 모든 신하들이 평소부터 그를 존경하고 두려워하고 있습니다. 주창 만한 적임자가 없을 줄로 압니다."

고조가 허락하였다.

"알았노라."

이에 고조는 주창을 불러들여 말하였다.

"나는 그대를 수고롭게 하려고 하오. 공은 나를 위해 내키지 않더라도 조왕의 재상이 되어 주어야겠소."

그러자 주창은 불만을 터뜨리고 울며 이렇게 말하였다.

"신은 처음 군사를 일으켰을 당시부터 폐하를 따랐습니다. 그런데 폐하께서는 도중에 신을 제후의 재상에다 앉히려 하십니까?"

고조가 말하였다.

"나도 그것이 좌천인 것을 잘 알고 있소. 그러나 나는 홀로 조왕의 앞날을 걱정하다 보니 공이 아니면 적임자가 없어 그러는 것이니, 그대는 부득이 하지만 가주어야겠소!"

이에 고조는 어사대부 주창을 조나라 재상으로 그 직위를 옮겨놓았다.

是後戚姬子如意爲趙王, 年十歲, 高祖憂卽萬歲之後不全也. 趙堯年少, 爲符璽御史. 趙人方與公謂御史大夫周昌曰:「君之史趙堯, 年雖少, 然奇才也, 君必異之, 是且代君之位.」周昌笑曰:「堯年少, 刀筆吏耳, 何能至是乎!」居頃之, 趙堯侍高祖. 高祖獨心不樂, 悲歌, 羣臣不知上之所以然. 趙堯進請問曰:「陛下所爲不樂, 非爲趙王年少而戚夫人與呂后有郤邪? 備萬歲之後而趙王不能自全乎?」高祖曰:「然. 吾私憂之, 不知所出.」堯曰:「陛下獨宜爲趙王置貴彊相, 及呂后·太子·羣臣素所敬憚乃可.」高祖曰:「然. 吾念之欲如是, 而羣臣誰可者?」堯曰:「御史大夫周昌, 其人堅忍質直, 且自呂后·太子及大臣皆素敬憚之. 獨昌可.」高祖曰:「善.」於是乃召周昌, 謂曰:「吾欲固煩公, 公彊爲我相趙王.」周昌泣曰:「臣初起從陛下, 陛下獨柰何中道而弃之於諸侯乎?」高祖曰:「吾極知其左遷, 然吾私憂趙王, 念非公無可者. 公不得已彊行!」於是徙御史大夫周昌爲趙相.

◉ 어사대부가 된 조요

주창이 조나라로 부임하고 오래 지나서 고조는 어사대부의 관인을 손에 쥐고 어루만지며 말하였다.

"그런데 누구를 어사대부로 하면 좋을까?"

그리고는 조요를 한동안 뜯어보며 중얼거렸다.

"조요를 대신하여 바꿀만한 자는 없지."

고조는 마침내 조요를 어사대부에 임명하였다. 조요 역시 이에 앞서 군공軍功을 세워 식읍을 받았고, 다시 어사대부로서 고조를 따라 진희陳豨를 치는 데 공을 세웠던 터라 강읍후江邑侯에 봉해졌다.

旣行久之, 高祖持御史大夫印弄之, 曰:「誰可以爲御史大夫者?」孰視趙堯曰:「無以易堯.」遂拜趙堯爲御史大夫. 堯亦前有軍功食邑, 及以御史大夫從擊陳豨有功, 封爲江邑侯.

◉ 조왕 여의를 독살한 여후

고조가 죽자 여태후는 사신을 조왕에게 보내어 그를 불렀지만, 조왕의 재상 주창은 왕이 병중에 있다는 핑계로 보내주지 않았다. 사신이 세 번이나 오갔으나 주창은 끝내 조왕을 보내지 않았다.

고후高后는 생각다 못해 사신을 보내어 주창을 불렀다. 주창이 들어와 고후를 대하자, 고후는 노하여 이렇게 주창을 꾸짖었다.

"그대는 내가 척씨를 미워하고 있는 것을 모르오? 조왕을 보내주지 않는 이유가 무엇이오?"

고후는 주창을 불러들인 뒤 사신을 보내어 조나라 왕을 불렀다. 조왕은 결국 오게 되었는데, 장안에 도착한 지 한 달 남짓하여 독약을 마시고 죽었다. 그 후 주창은 병을 핑계로 조정에 나오지 않고 있다가 3년 뒤에 죽었다.

高祖崩, 呂太后使使召趙王, 其相周昌令王稱疾不行. 使者三反, 周昌固爲不遣趙王. 於是高后患之, 乃使使召周昌. 周昌至, 謁高后, 高后怒而罵周昌曰:「爾不知我之怨戚氏乎? 而不遣趙王, 何?」昌旣徵, 高后使使召趙王, 趙王果來. 至長安月餘, 飮藥而死. 周昌因謝病不朝見, 三歲而死.

◉ 계책을 세운 자도 몰아내다

주창이 죽은 5년 뒤, 고후는 어사대부 강읍후 조요가 조나라 왕 여의의 안전을 도모하기 위해 계책을 썼다는 것을 알고나서, 그에게 죄를 씌워 몰아 내고 광아후廣阿侯 임오任敖를 어사대부에 임명하였다.

後五歲, 高后聞御史大夫江邑侯趙堯高祖時定趙王如意之畫, 乃抵堯罪, 以廣阿侯任敖爲御史大夫.

〈3〉임오任敖

◉ 여후를 감싸준 공로

임오는 원래 패현沛縣의 옥리獄吏였다. 고조가 일찍이 죄를 범하고 포리捕吏를 피해 달아났을 때, 포리는 여후呂后를 옥에 가두고 그녀를 학대하였다. 원래 고조와 사이가 좋았던 임오가 이를 보다 못해 화를 내며 여후를 담당하고 있는 포리를 때려 상처를 입혔다.

고조가 비로소 군사를 일으키자, 임오는 빈객의 신분으로 고조를 따랐고 뒤에는 어사로서 2년 동안 풍豊을 지켰다. 고조가 한왕이 되어 동쪽에서 항우를 칠 때, 임오는 상당上黨 군수로 옮겨가 지켰으며, 진희가 반란을 일으켰을 때에는 상당을 굳게 지킨 공으로 광아후廣阿侯에 봉해져 식읍 1천 800호를 받았다. 고후 때 어사대부가 되었다가 3년 뒤에 그만두게 되었다.

임오의 뒤로는 평양후平陽侯 조줄曹窋이 어사대부가 되었는데 고후가 죽은 뒤 대신들과 함께 여록 등을 치지 않았던 일로 파면되었다.

그리고 회남淮南 재상 장창이 다시 어사대부가 되었다.

장창은 강후絳侯 등과 함께 대왕代王을 모셔다가 효문황제孝文皇帝, 문제로 세웠으며, 문제 4년, 승상 관영灌嬰이 죽은 뒤 장창은 승상이 되었다.

任敖者, 故沛獄吏. 高祖嘗辟吏, 吏繫呂后, 遇之不謹. 任敖素善高祖, 怒, 擊傷主呂后吏. 及高祖初起, 敖以客從爲御史, 守豊二歲. 高祖立爲漢王, 東擊項籍, 敖遷爲上黨守. 陳豨反時, 敖堅守, 封爲廣阿侯, 食千八百戶. 高后時爲御史大夫. 三歲免, 以平陽侯曹窋爲御史大夫. 高后崩, 與大臣共誅呂祿等. 免, 以淮南相張蒼爲御史大夫.

蒼與絳侯等尊立代王爲孝文皇帝. 四年, 丞相灌嬰卒, 張蒼爲丞相.

◉ 한나라 문물제도를 제정하다

한나라가 일어나 문제에 이르기까지는 20여 년밖에 되지 않지만, 천하가 겨우 안정될 무렵이었고 당시의 장수·재상·공경들은 모두 군리軍吏 출신들이었다.

장창은 계상計相으로 있을 때, 음률·역법을 정리하고 다시 고쳤다. 그에 따르면 고조가 처음 패상에 도착한 것이 10월이었으며, 진나라도 원래 10월을 한 해의 첫머리로 하고 있었기 때문에 그대로 따르고 고치지 않았다. 오덕五德의 운행으로 미루어, 한나라는 수덕水德에 해당하는 것으로 보고, 종래의 오행설五行說에 따라 물에 해당하는 빛으로서 흑색黑色을 존중하였다. 12율律의 관악기를 불어 음악을 바로잡고 궁宮·상商·각角·치徵·우羽의 오음五音에 맞도록 제정하였다. 경중 대소의 비율에 따라 율령律令을 만들었으며, 모든 장공匠工들의 편의를 위하여 기물의 척촌尺寸과 근량斤量 등의 기준을 정하였다. 이런 것들은 장창의 승상이 된 뒤에 이룩되었다.

그런 까닭에 한조漢朝에서 음률과 역법에 대해 논하는 사람은 누구나 장창을 바탕으로 삼고 있었다. 장창은 원래 글읽기를 좋아하여 읽지 않은 것이 없었고, 그가 알지 못하는 것이 없었으며, 그 중에서도 음률과 역법에 가장 정통해 있었다.

自漢興至孝文二十餘年, 會天下初定, 將相公卿皆軍吏. 張蒼爲計相時, 緖正律曆. 以高祖十月始至霸上, 因故秦時本以十月爲歲首, 弗革. 推五德之運, 以爲漢當水德之時, 尙黑如故. 吹律調樂, 入之音聲, 及以比定律令. 若百工, 天下作程品. 至於爲丞相, 卒就之, 故漢家言律曆者, 本之張蒼. 蒼本好書, 無所不觀, 無所不通, 而尤善律曆.

◉ 은인을 깍듯이 모신 장창

장창은 왕릉王陵을 은인으로 생각하였다. 왕릉은 안국후安國侯였지만, 장창은 높은 지위에 오른 뒤에도 언제나 아버지를 섬기듯 왕릉을 섬겼다. 왕릉이 죽은 뒤에 장창은 승상이 되었는데, 닷새 한 번씩의 휴가 때마다 먼저 왕릉의 부인을 찾아가 문안을 드리고 먹을 것을 올린 뒤에야 자기 집으로 돌아가곤 하였다.

張蒼德王陵. 王陵者, 安國侯也. 及蒼貴, 常父事王陵. 陵死後, 蒼爲丞相, 洗沐, 常先朝陵夫人上食, 然后敢歸家.

◉ 토덕土德으로 황제가 되었다는 설

장창이 승상이 되고 나서 10여 년이 지나 노魯나라 사람 공손신公孫臣이, 한나라는 오행에 의하면 토덕土德의 시대이므로, 그 증거로 황룡이 나타나 보일 것이라는 글을 올렸다.

황제는 이에 대한 심의를 장창에게 명하였다. 장창은 이를 틀린 것이라 하여 문제삼지 않았다.

그러나 뒤에 황룡이 성기成紀 지역에 나타나자, 문제孝文帝는 공손신을 불러 박사博士에 임명한 다음, 토덕 시대에 맞는 역법과 제도를 만들도록 하고, 개원改元하여 이 해를 원년으로 하였다. 승상 장창은 이 일로 인해 스스로 병과 늙었음을 핑계로 집에 들어앉았다.

또 장창의 추천으로 중후中侯가 된 사람이, 부정한 이익을 탐하였기 때문에 황제의 책망을 받게 되었다. 장창은 드디어 병으로 벼슬에서 물러났다. 승상에 있은 지 15년만이었다.

경제景帝 전원前元 5년에 장창이 죽자, 시호를 문후文侯라 하였다. 그의 아들 강후康侯 장봉張奉이 뒤를 이어 8년 만에 죽고, 강후의 아들 장류張類가 뒤를 이어 후가 되었으며, 그는 후가 된 지 8년 되던 해 제후의 초상에 가서 문상을 하고, 그 길로 조정으로 들어가 조회에 참석하였기 때문에 불경죄에 걸려 봉지를 빼앗기고 말았다.

蒼爲丞相十餘年, 魯人公孫臣上書言漢土德時, 其符有黃龍當見. 詔下其議張蒼, 張蒼以爲非是, 罷之. 其後黃龍見成紀, 於是文帝召公孫臣以爲博士, 草土德之曆制度, 更元年. 張丞相由此自絀, 謝病稱老. 蒼任人爲中侯, 大爲姦利, 上以讓蒼, 蒼遂病免. 蒼爲丞相十五歲而免. 孝景前五年, 蒼卒, 諡爲文侯. 子康侯代, 八年卒. 子類代爲侯, 八年, 坐臨諸侯喪後就位不敬, 國除.

● 젖으로 노년을 견디다

처음 장창의 아버지는 키가 5척도 못되었으나, 그 아들 장창은 키가 8척이 넘었고 후와 승상이 되었다. 장창의 아들도 키가 컸다. 손자인 장류는 키가 6척 남짓하였다. 장류는 법에 걸려 후의 벼슬과 지위를 잃었다. 장창은 승상을 그만둔 뒤 늙어서 이가 하나도 없어 젖을 먹고살았다. 이에 반드시 젊은 여자를 유모로 삼았다. 장창은 아내와 첩이 수백 명이나 되었지만, 한 번 아기를 가진 여인은 두 번 다시 사랑하지 않았다. 장창은 백 살이 넘어서 죽었다.

初, 張蒼父長不滿五尺, 及生蒼, 蒼長尺餘, 爲侯・丞相. 蒼子復長. 及孫類, 長六尺餘, 坐法失侯. 蒼之免相後, 老, 口中無齒, 食乳, 女子爲乳母. 妻妾以百數, 嘗孕者不復幸. 蒼年百有餘歲而卒.

● 사사로운 정에 이끌려

승상 신도가申屠嘉는 양梁나라 사람이다. 재관궐장材官蹶張으로 고제를 따라 항우를 치고, 대솔隊率이 되었다. 고제를 따라 경포의 군사를 치고 도위都尉가 되었으며 혜제 때 회양淮陽 군수가 되었다.

문제 원년, 원래 2천 석 녹을 받는 이사吏士로서 고제를 따라 전쟁터로 쫓아다닌 사람들을 모조리 관내후關內侯로 하고, 그 가운데 24명에게 식읍을 주었는데, 이때 신도가는 500호의 식읍을 받았다.

장창이 승상이 되자, 신도가는 어사대부로 승진되었다. 장창이 승상을 그만두게 되자, 문제는 황후의 친정 동생 두광국竇廣國을 승상에 앉히고 싶어 짐짓 이렇게 말하였다.

"아마 세상 사람들은 나를 사사로운 정에 의해 두광국을 썼다고 생각하겠지."

문제는 두광국이 똑똑하고 덕행이 있었으므로 그를 승상으로 쓰고 싶었던 것이다. 그런 생각을 오랫동안 가지고 있었으나 역시 옳지 않다고 판단하였다. 게다가 고제 당시의 대신들은 대부분이 죽고 없었으며 그밖의 적임자가 없었기 때문에, 어사대부 신도가를 승상으로 하여 종래의 식읍을 그대로 봉하고 고안후故安侯라 불렀다.

申屠丞相嘉者, 梁人, 以材官蹶張從高帝擊項籍, 遷爲隊率. 從擊黥布軍, 爲都尉. 孝惠時, 爲淮陽守. 孝文帝元年, 擧故吏士二千石從高皇帝者, 悉以爲關內侯, 食邑二十四人, 而申屠嘉食邑五百戶. 張蒼已爲丞相, 嘉遷爲御史大夫. 張蒼免相, 孝文帝欲用皇后弟竇廣國爲丞相, 曰:「恐天下以吾私廣國.」廣國賢有行, 故欲相之, 念久之不可, 而高帝時大臣又皆多死, 餘見無可者, 乃以御史大夫嘉爲丞相, 因故邑封爲故安侯.

⑧ 등통을 참형에 처하라

신도가의 사람됨은 청렴하고 강직하여 집에서 사사로운 청탁 따위는 받아주지 않았다. 당시 태중대부太中大夫 등통鄧通은 문제의 총애를 받고 있어서 하사받은 금품이 거만금에 달하였다. 문제는 자주 등통의 집에서 연회를 즐길 정도로 그를 깊이 총애하였다. 언젠가 승상이 조회에 들어갔을 때, 등통은 황제 옆에 있으면서 승상에 대한 예를 지키지 않았다. 승상은 일에 대한 보고를 마치고 나서 이렇게 말하였다.

"폐하께서 신하를 사랑하시어 그를 부귀하게 해 주는 것은 좋은 일이오나, 조정에서의 예절만은 엄격히 지키지 않으면 안 됩니다."

황제는 이렇게 말하였다.

"그대는 더 이상 말하지 마시오. 내가 사사롭게 그를 사랑하기에 그렇소."

신도가는 승상부로 돌아와 격서檄書를 만들어 등통을 승상부로 불렀다. 그래도 오지 않자 등통을 사형에 처하려 하였다. 등통이 겁을 먹고 문제를 찾아가 호소하자 문제는 말하였다.

"너는 가기만 하면 된다. 곧 사람을 보내어 그대를 다시 불러올 것이다."

등통은 승상부로 나가 관을 벗고 맨발로 머리를 조아리며 사과를 하였다. 신도가는 자리에 앉은 채 짐짓 인사도 받지 않은 채 이렇게 꾸짖었다.

"조정은 고황제의 조정이다. 너는 하찮은 신하로서 어전을 희롱하였다. 이는 불경죄로서 참형에 해당한다. 형리는 즉각 참형을 집행하라!"

등통은 연방 머리를 조아려 이마가 온통 피투성이가 되었으나, 그래도 승상 신도가는 그를 놓아주지 않았다. 문제는 승상이 등통을 실컷 욕보였을 때까지 기다렸다가, 사자에게 부절을 들려 등통을 부르고 또 승상에게는 사과하며 이렇게 말하였다.

"그는 내가 총애하는 신하이니 용서해 주도록 하오."

등통은 돌아오자 울며 문제에게 호소하였다.

"승상은 하마터면 신을 죽일 뻔하였습니다."

嘉爲人廉直, 門不受私謁. 是時太中大夫鄧通方隆愛幸, 賞賜累巨萬. 文帝嘗燕飮通家, 其寵如是. 是時丞相入朝, 而通居上傍, 有怠慢之禮. 丞相

奏事畢, 因言曰:「陛下愛幸臣, 則富貴之; 至於朝廷之禮, 不可以不肅!」上曰:
「君勿言, 吾私之.」罷朝坐府中, 嘉爲檄召鄧通詣丞相府, 不來, 且斬通.
通恐, 入言文帝曰:「汝第往, 吾今使人召若.」通至丞相府, 免冠, 徒跣, 頓首謝.
嘉坐自如, 故不爲禮, 責曰:「夫朝廷者, 高皇帝之朝廷也. 通小臣, 戲殿上,
大不敬, 當斬. 吏今行斬之!」通頓首, 首盡出血, 不解. 文帝度丞相已困通,
使使者持節召通, 而謝丞相曰:「此吾弄臣, 君釋之.」鄧通旣至, 爲文帝泣曰:
「丞相幾殺臣.」

◉ 먼저 목을 베어야 할 것을

신도가가 승상이 된 지 5년 되던 해에 문제가 죽고, 경제孝景帝가 즉위하였다.
경제 2년, 조착鼂錯이 내사內史가 되어 황제의 총애를 받으며 정치에 관여
하였다. 모든 법령이 그의 주청에 의해 변경되는 경우가 많았고, 또 심의를
거쳐 제후들의 잘못을 꼬집어내고 그들의 영지를 깎곤 하였다. 승상 신도가는
조착의 세력에 눌려 자신의 의견이 받아들여지지 않은 것을 부끄러이
여겨 조착을 미워하게 되었다. 조착은 내사가 되자, 문이 동쪽으로 나
있어 오가기에 불편하다 하여 남쪽으로 담을 뚫어 문을 새로 냈다. 그런데
그 남쪽 문을 나오면 태상황太上皇 사당이 있는 바깥담에 이르게 된다.
신도가는 이를 듣고 함부로 종묘의 담을 뚫어 문을 만들었다는 죄목을
들어 조착의 목을 벨 것을 주청하려 하였다. 그런데 조착의 식객이 이를
미리 조착에게 일러 주자, 조착은 겁을 먹고 그날 밤 경제를 찾아뵙고
부복한 채 잘못을 시인하고 구원을 청하였다. 이튿날 아침 승상이 내사
조착에게 목을 벨 것을 주청하자, 경제는 이렇게 말하였다.
"조착이 문을 낸 곳은 진짜 종묘의 담이 아니라 바깥담이며, 원래는
다른 관리들이 살고 있던 곳이었소. 그리고 내가 만들도록 지시한 것이니
조착에게는 죄가 없소."
신도가는 조정에서 물러나오자 장사長史에게 이렇게 말하였다.
"나는 조착의 목을 먼저 베지 않은 채 주청하였다가 그놈에게 당하고
만 것이 후회된다."

그리고 집으로 돌아와 그 일로 분이 치밀어 피를 토하고 죽고 말았다. 시호를 절후節侯라 하였다.

그의 아들 공후共侯 멸蔑이 뒤를 이어 3년 뒤에 죽고, 신도멸의 아들 거병去病이 또 뒤를 이어 후가 되어 31년 뒤에 죽었다. 신도거병의 아들 유臾가 뒤를 이었는데 6년이 지나 구강九江 태수가 되었으나, 전임 태수로부터 선물을 받은 것이 법에 저촉되어 봉국도 없어지고 말았다.

嘉爲丞相五歲, 孝文帝崩, 孝景帝卽位. 二年, 鼂錯爲內史, 貴幸用事, 諸法令多所請變更, 議以謫罰侵削諸侯. 而丞相嘉自紬所言不用, 疾錯. 錯爲內史, 門東出, 不便, 更穿一門南出. 南出者, 太上皇廟壖垣. 嘉聞之, 欲因此以法錯擅穿宗廟垣爲門, 奏請誅錯. 錯客有語錯, 錯恐, 夜入宮上謁, 自歸景帝. 至朝, 丞相奏請誅內史錯. 景帝曰:「錯所穿非眞廟垣, 乃外壖垣, 故他官居其中, 且又我使爲之, 錯無罪.」罷朝, 嘉謂長史曰:「吾悔不先斬錯, 乃先請之, 爲錯所賣.」至舍, 因歐血而死. 謚爲節侯. 子共侯蔑代, 三年卒. 子侯去病代, 三十一年卒. 子侯臾代, 六歲, 坐爲九江太守受故官送有罪, 國除.

● 그 뒤의 승상들

신도가가 죽은 뒤 경제 시대에는 개봉후開封侯 도청陶靑과 도후桃侯 유함劉舍이 승상이 되었다. 현재의 황제인 무제武帝 때에 들어서는 백지후柏至侯 허창許昌, 평극후平棘侯 설택薛澤, 무강후武彊侯 장청적莊靑翟, 고릉후高陵侯 조주趙周 등이 승상이 되었다.

그들은 모두 열후로서 아버지의 뒤를 이은 사람들로 조심성 깊고 청렴하고 근실한 것이 장점이기는 하나, 승상으로서의 인원수를 채운 데 불과하였을 뿐이었으며, 정치에서 새로운 발전을 보일 만한 능력도 없었고, 공명功名이 당세에 나타날 만한 것도 없었다.

自申屠嘉死之後, 景帝時開封侯陶靑·桃侯劉舍爲丞相. 及今上時, 柏至侯許昌·平棘侯薛澤·武彊侯莊靑翟·高陵侯趙周等爲丞相. 皆以列侯繼嗣, 娓娓廉謹, 爲丞相備員而已, 無所能發明功名有著於當世者.

◉ 사마천의 평어

나 태사공은 이렇게 생각한다.

장창은 문학과 음률·역법에 능통해 있었고, 또 한나라의 명재상이었다. 그런 그가 가생賈生;賈誼과 공손신公孫臣이 역법과 거마車馬·복색服色에 대해 의견을 제출하였는 데도 이를 물리치고, 오로지 진나라 시대부터 써 오던 《전욱력顓頊曆》을 쓴 것은 무엇 때문이었을까?

주창은 목석처럼 질박하고 강직한 사람이었다. 임오는 옛날 감옥에서 여후呂后에게 덕을 베푼 적이 있어 그 힘으로 등용되었다. 신도가는 강직하고 의연하게 절조節操를 지켰다고 말할 수 있다. 그러나 그에게는 학술이 없어 소하·조삼·진평과는 다른 부류의 사람일 것이다.

太史公曰: 張蒼文學律曆, 爲漢名相, 而絀賈生·公孫臣等言正朔服色事 而不遵, 明用秦之《顓頊曆》. 何哉? 周昌, 木彊人也. 任敖以舊德用. 申屠嘉 可謂剛毅守節矣, 然無術學, 殆與蕭·曹·陳平異矣.

◉ 무제 때의 승상들

무제 때에는 승상이 대단히 많았으나, 기록이 별로 없고 그들의 활동 상황에 대해서도 기록이 없다. 여기에 정화征和 이후의 일을 기록하고자 한다. (이하는 한나라 저소손褚少孫의 보충 기록임).

孝武時丞相多甚, 不記, 莫錄其行起居狀略, 且紀征和以來.

〈5〉 위승상韋丞相

◉ 이 아들은 귀한 관상을 타고 났소

승상 차천추車千秋는 장릉長陵 사람이다. 그가 죽자 위승상韋丞相이 대신 들어섰다. 위승상 현賢은 노魯나라 사람이다. 경서와 역법으로 대홍려大鴻臚에 승진되었다. 승상이 되기 전 관상가가 그를 보더니 틀림없이 승상이 되리라고

말한 적이 있었다. 이에 자신의 아들 넷을 다시 관상가에게 보였더니,
둘째 아들 현성玄成의 차례에 이르자, 관상가는 이렇게 말하였다.
"이 아들은 귀상貴象으로 반드시 열후에 봉해지게 될 것입니다."
그러자 위승상은 이렇게 말하며 믿으려 하지 않았다.
"내가 만일 승상이 된다 하더라도 내게는 큰아들이 있는데, 어떻게
이 아이가 열후가 되겠는가?"
뒤에 현은 마침내 승상이 되었고 병으로 죽었다. 그러나 큰아들은 죄를
범한 바가 있어, 조정의 의론에 의해 아버지의 뒤를 이을 수 없었다.
그 결과 현성으로 뒤를 잇게 하였다. 처음에 현성은 미치광이 흉내를
내며 뒤를 이으려 들지 않았으나, 결국은 뒤를 잇게 되었다. 이 때문에
현성은 영지를 사양하였다는 평을 듣게 되었다. 그 뒤 현성은 정식 마차에
오르지 않고 말을 탄 채 종묘에 간 것이 불경죄가 되어 작위 일등급을
강등 당해 관내후關內侯가 되었다. 열후의 지위는 잃게 되었으나 식읍만은
본래대로 지니도록 허락되었다. 위韋승상이 죽은 뒤에는 위魏승상이 대신
들어섰다.

有車丞相, 長陵人也. 卒而有韋丞相代. 韋丞相賢者, 魯人也. 以讀書術爲吏,
至大鴻臚. 有相工相之, 當至丞相. 有男四人, 使相工相之, 至第二子, 其名玄成
相工曰:「此子貴, 當封.」 韋丞相言曰:「我卽爲丞相, 有長子, 是安從得之?」
後竟爲丞相, 病死, 而長子有罪論, 不得嗣, 而立玄成. 玄成時佯狂, 不肯立,
竟立之, 有讓國之名. 後坐騎至廟, 不敬, 有詔奪爵一級, 爲關內侯, 失列侯,
得食其故國邑. 韋丞相卒, 有魏丞相代.

〈6〉위상魏相

☺ 사람을 죽였다고 거짓 무고한 사건

위魏승상 상相은 제음濟陰 사람으로 문서 관리 벼슬에서 승상에까지
승진하였다. 그는 사람됨이 무武를 좋아하여 모든 관리들에게 칼을 차고
다니게 하여, 앞으로 나아가 보고를 올릴 때마다 칼을 차야 했다. 이에

혹 칼을 차지 않은 사람이 들어가 일을 보고할 때에는 칼을 빌려 차고라도 들어가야 했다.

그 당시의 경조윤京兆尹은 조군趙君이었는데, 어느 때 조군이 죄를 범하였다. 승상은 황제에게 그의 죄를 들어 면직시키도록 보고를 올렸다. 그러자 조군은 사람을 보내 위승상을 붙잡고 죄를 벗어나게 해 줄 것을 강요하였다. 승상이 들어주지 않자, 다시 또 사람을 보내 이번에는 부인이 하녀를 찔러 죽인 사건을 들어 위승상을 협박하였다. 그리고 다른 한편으로는 몰래 승상 부인의 살인 사건을 조사하여 나라에 보고하고, 형리를 승상 관저로 보내어 하인들을 체포하고 매를 쳐서 사실의 증언을 받아내려 하였다. 그러나 사실은 칼로 죽인 것이 아니라 죄를 범한 하녀가 목을 매어 자살한 것으로 밝혀지자, 승상의 사직司直 번군繁君이 황제에게 이렇게 말하였다.

"경조윤 조군은 승상을 협박하고 승상 부인이 하녀를 살해하였다는 거짓 사건을 만들어, 형리를 보내어 승상 관저를 포위하고 여러 사람들을 체포하였는데 이는 무도한 행동입니다."

게다가 조군은 제멋대로 기사騎士를 파면시킨 사실이 밝혀져, 허리를 베는 형을 받았다.

또 위승상이 속관 진평陳平 등을 사주하여 천자의 근시近侍인 중상서中尚書를 탄핵한 사건이 있었다. 이 사건에 대하여 승상이 자기 마음대로 협박을 행한 것이라는 의심을 받고, 크게 불경하다 하여 장사長史 이하 관련자들은 모두 사형에 처하거나 혹은 잠실蠶室에 하옥되어 궁형宮刑을 받았다. 그러나 위魏승상만은 끝내 승상 자리를 지키다가 병으로 죽었다.

그의 아들이 뒤를 이었으나, 뒷날 정식 마차에 오르지 않고, 말에 올라탄 채 종묘에 들어간 사건으로 말미암아 불경죄로 인정되어 작위 일등급을 강등당하여 관내후가 되었다. 비록 열후의 지위를 잃기는 하였지만 식읍은 본래대로 지니도록 허락되었다. 위승상이 죽자 어사대부 병길邴吉이 그의 후임에 올랐다.

魏丞相相者, 濟陰人也. 以文吏至丞相. 其人好武, 皆令諸吏帶劍, 帶劍前奏事. 或有不帶劍者, 當入奏事, 至乃借劍而敢入奏事. 其時京兆尹趙君, 丞相奏以免罪, 使人執魏丞相, 欲求脫罪而不聽. 復使人脅恐魏丞相, 以夫人賊殺侍婢事而私獨奏請驗之, 發吏卒至丞相舍, 捕奴婢笞擊問之, 實不以兵刃殺也. 而丞相司直繁君奏京兆尹趙君迫脅丞相, 誣以夫人賊殺婢, 發吏卒圍捕丞相舍, 不道; 又得擅屏騎士事, 趙京兆坐要斬. 又有使掾陳平等劾中尚書, 疑以獨擅劫事而坐之, 大不敬, 長史以下皆坐死, 或下蠶室. 而魏丞相竟以丞相病死. 子嗣. 後坐騎至廟, 不敬, 有詔奪爵一級, 爲關內侯, 失列侯, 得食其故國邑. 魏丞相卒, 以御史大夫邴吉代.

〈7〉병길邴吉

◉ 선제를 보호한 공로

승상 병길邴吉은 노魯나라 사람으로 글을 두루 읽고 법령을 좋아하여 벼슬이 어사대부까지 올랐다. 그는 선제孝宣帝가 태어나고 얼마 지나지 않아, 선제를 보호한 태자와의 일의 인연으로, 선제 때 열후로 봉해지고 또 계속 승진하여 승상까지 되었다. 사물에 밝고 지혜가 있어 후세 사람들도 그를 칭찬하였다. 승상으로 있으면서 병으로 죽었다.

그의 아들 병현邴顯이 뒤를 이었으나, 뒷날 말을 탄 채 종묘에 간 불경죄 때문에 작위 일등급을 강등당하고 열후의 지위는 잃게 되었으나, 식읍만은 본래대로 지니도록 허락되었다. 병현은 관리가 되어 태복太僕에 승진되었으나, 관리로서 지켜야 할 규율을 어겼고, 자신과 그의 아들이 뇌물을 받은 죄 때문에 벼슬에서 쫓겨나 평민이 되었다.

邴丞相吉者, 魯國人也. 以讀書好法令至御史大夫. 孝宣帝時, 以有舊故, 封爲列侯, 而因爲丞相. 明於事, 有大智, 後世稱之. 以丞相病死. 子顯嗣. 後坐騎至廟, 不敬, 有詔奪爵一級, 失列侯, 得食故國邑. 顯爲吏至太僕, 坐官秏亂, 身及子男有姦贓, 免爲庶人.

◉ 관상가의 예언

병승상이 죽은 뒤에는 황黃승상이 대신 들어섰다. 장안長安 시내에 전문田文이라는 유명한 관상가가 있었다. 위韋·위魏·병邴승상이 모두 아직 미천한 몸으로 있을 무렵, 전문은 이 세 사람과 어느 집에서 만난 일이 있었는데 그때 관상가는 이렇게 말하였다.

"앞으로 여기 세 분은 모두 승상이 되실 겁니다."

그 뒤, 세 사람은 과연 번갈아 가며 승상이 되었으니 얼마나 정확하게 본 관상인가!

邴丞相卒, 黃丞相代. 長安中有善相工田文者, 與韋丞相·魏丞相·邴丞相微賤時會於客家, 田文言曰:「今此三君者, 皆丞相也.」其後三人竟更相代爲丞相, 何見之明也!

〈8〉황패黃霸

◉ 교화를 크게 선양한 승상

황黃승상 패霸는 회양淮陽 사람이다. 글을 많이 읽어 관리가 된 다음, 영천潁川 태수에 이르렀다. 예의로써 백성들을 다스리되 정책과 법령을 가르치고 타일러서 교화하며, 범법자에게는 스스로 깨달아 그 잘못을 고쳐 나가도록 하였다. 이리하여 교화가 크게 성과를 거두게 되었고, 그의 명성은 널리 알려지게 되었다. 이에 선제孝宣帝는 이렇게 조서를 내렸다.

"영천 태수 황패는 조정의 법령을 선양하여 백성들을 다스려, 남이 길에 빠뜨린 물건을 주워 가는 사람이 없고, 남자와 여자는 다니는 길을 달리하며, 감옥 안에는 무거운 죄를 지은 죄수가 없다. 이에 관내후의 작위와 함께 황금 백 근을 하사하노라."

그 후 그를 불러 경조윤을 삼았다가, 다시 승상에 임명하였다. 황패는 승상이 된 뒤에도 예의로써 정치를 하였다. 승상으로 재직 중에 병으로 죽었다.

그의 아들이 뒤를 이어 열후가 되었다. 황승상이 죽자, 어사대부 우정국
于定國을 그의 후임으로 하였다.

우于승상에 대하여는 이미 〈정위전廷尉傳〉이 있고, 또 〈장정위전張廷尉傳〉의
이야기 가운데도 기록되어 있다. 단《사기史記》에는 〈우정위전于廷尉傳〉이
없다. 혹 저소손褚少孫 자신이 쓴 것을 말한 것이 아닌가 한다. 우승상이
죽자, 어사대부 위현성韋玄成이 그 자리를 대신하였다.

黃丞相霸者, 淮陽人也. 以讀書爲吏, 至潁川太守. 治潁川, 以禮義條敎喩
告化之. 犯法者, 風曉令自殺. 化大行, 名聲聞. 孝宣帝下制曰:「潁川太守霸,
以宣布詔令治民, 道不拾遺, 男女異路, 獄中無重囚. 賜爵關內侯, 黃金百斤.」
徵爲京兆尹而至丞相, 復以禮義爲治. 以丞相病死. 子嗣, 後爲列侯. 黃丞相卒,
以御史大夫于定國代. 于丞相已有廷尉傳, 在《張廷尉》語中. 于丞相去,
御史大夫韋玄成代.

〔〈9〉위현성韋玄成〕

◉ 부자가 모두 승상에 오르다

위韋승상 현성은 앞에서 말한 위韋승상 현賢의 둘째 아들이다. 아버지의
뒤를 이었다가 뒤에 열후의 작위를 잃었다. 그의 사람됨은 어릴 때부터
책읽기를 좋아하였고《시》과《논어》에 밝았다. 아전으로 시작하여 위위
衛尉에 승진하여 다시 태자태부太子太傅로 옮겼다. 어사대부 설군薛君이
해임되자 그 후임이 되었고, 우승상이 스스로 사직하자 위현성이 승상이
되었다. 그리고 본래의 식읍에 봉해져 부양후扶陽侯가 되었는데 몇 해
지나 병으로 죽었다.

그때 원제孝元帝는 몸소 문상하면서 후한 부의를 내렸다. 그의 아들이
뒤를 이었으나, 뒤에 그의 정치는 지나치게 너그럽기만 하고 세속에 따라
마구 흔들려, 당시 세상 사람들은 그를 두고 아첨에 능숙하다는 평을
들었다.

일찍이 관상가는 현성에 대해 말하였다.

"열후가 되어 아버지의 뒤를 잇게 되나 뒤에 그것을 잃게 될 것이다."

과연 현성은 열후의 지위를 잃은 뒤 타향으로 나가 벼슬을 하다가 다시 몸을 일으켜 승상에까지 올랐다. 아버지와 아들이 다같이 승상이 되었다고 하여 세상에서는 장한 일로 부러워들 하고 있으나, 이 역시 천명이 아니겠는가! 관상가는 그것을 미리 알고 있었던 것이다. 위韋승상이 죽고 어사대부 광형匡衡이 그 자리를 대신하였다.

韋丞相玄成者, 卽前韋丞相子也. 代父, 後失列侯. 其人少時好讀書, 明於《詩》·《論語》. 爲吏至衛尉, 從爲太子太傅. 御史大夫薛君免, 爲御史大夫. 于丞相乞骸骨免, 而爲丞相, 因封故邑爲扶陽侯. 數年, 病死. 孝元帝親臨喪, 賜賞甚厚. 子嗣後. 其治容容隨世俗浮沈, 而見謂諂巧. 而相工本謂之當爲侯代父, 而後失之; 復自游宦而起, 至丞相. 父子俱爲丞相, 世間美之! 豈不命哉! 相工其先知之. 韋丞相卒, 御史大夫匡衡代.

〈10〉광형匡衡

◉ 학문에 뛰어났던 학자 승상

승상 광형匡衡은 동해군東海郡 사람으로, 글읽기를 좋아하여 박사博士 밑에서 《시》를 배웠다. 집이 가난하여 남의 고용살이를 지냈으며, 자주 관리 시험에 응시하였으나, 재주가 둔하여 그때마다 불합격하다가 아홉 번째 시험에서 겨우 병과丙科에 급제하였다. 그러나 경서經書에서는 뒤떨어졌는데 그 뒤에 열심히 공부하여 정통하게 되었다.

평원군平原郡의 문학졸사文學卒史로 보직을 받았으나, 몇 해 동안 군내에서도 존경받지 못하였다. 어사御史가 그를 수도로 불러들여 봉록 100석의 속관으로 하고 낭중郎中으로 추천하여 박사로 삼아 주었다.

광형은 그 뒤 태자소부太子少傅에 임명되어 뒷날의 원제를 섬겼다. 원제元帝가 《시》를 좋아하였기 때문에, 광형을 광록훈光祿勳으로 삼아 대궐 안에 있으면서 스승으로서 황제의 좌우 사람들을 가르쳤다. 황제는 그 옆에 앉아 강의를 들으며 몹시 만족해하였다. 이리하여 광형은 날로 존경을 받게 되었는데, 그 무렵 어사대부 정홍鄭弘이 사건으로 해임되면서 광형이 그 자리에 오르게 되었다. 그로부터 1년여만에 위승상이 죽자, 광형이 뒤를 이어 승상이 되었으며, 낙안후樂安侯에 봉해졌다.

　10년의 짧은 기간에 그나마 한 번도 장안성 밖을 나가 지방관이 된 적도 없이 승상까지 승진하게 된 것이다. 이야말로 때를 만난 것이요, 또한 천명이라 아니할 수 있겠는가!

　丞相匡衡者, 東海人也. 好讀書, 從博士受《詩》. 家貧, 衡傭作以給食飮. 才下, 數射策不中, 至九, 乃中丙科. 其經以不中科故明習. 補平原文學卒史. 數年, 郡不尊敬. 御史徵之, 以補百石屬薦爲郎, 而補博士, 拜爲太子少傅, 而事孝元帝. 孝元好《詩》, 而遷爲光祿勳, 居殿中爲師, 授敎左右, 而縣官坐其旁聽, 甚善之, 日以尊貴. 御史大夫鄭弘坐事免, 而匡君爲御史大夫. 歲餘, 韋丞相死, 匡君代爲丞相, 封樂安侯. 以十年之間, 不出長安城門而至丞相, 豈非遇時而命也哉!

☯ 사마천의 평어

　나 태사공은 이렇게 생각한다. (여기서는 저소손이 자신을 일컬은 것임).

　생각해 보건대 선비들 가운데 일반 관리로서 열후에 봉해진 사람은 극히 드물다. 대부분 어사대부까지 승진하여 벼슬을 그만둔다. 어사대부는 승상 다음 가는 지위로서 모두 마음 속으로 승상이 죽기를 바라게 된다. 혹은 숨어서 몰래 승상을 헐뜯으며 그를 대신하여 승상이 되기를 바라는 사람도 있다. 그러나 어사대부 벼슬에 있는 기간이 길어도 승상이 되지 못하는 사람이 많고, 혹은 짧은 기간 동안 있다가도 승상이 되어 후에 봉해진 사람도 있다. 참으로 천명이다. 어사대부 정군鄭君은 수년 동안 그 자리를 지키고 있었는데도 승상이 되지 못하였고, 광형匡衡은 1년도 채 되지 않아, 위승상이 죽음으로써 곧 그를 이어서 승상이 되었다. 어찌 지혜나 계략으로 얻어지는 것이겠는가! 성현의 재주를 지녔으나 곤궁하게 살고 승상이 되지 못한 사람이 대단히 많다.

太史公曰：深惟士之游宦所以至封侯者, 微甚. 然多至御史大夫卽去者.
諸爲大夫而丞相次也, 其心冀幸丞相物故也. 或乃陰私相毀害, 欲代之.
然守之日久不得, 或爲之日少而得之, 至於封侯, 眞命也夫! 御史大夫鄭君
守之數年不得, 匡君居之未滿歲, 而韋丞相死, 卽代之矣, 豈可以智巧得哉!
多有賢聖之才, 困尼不得者衆甚也.

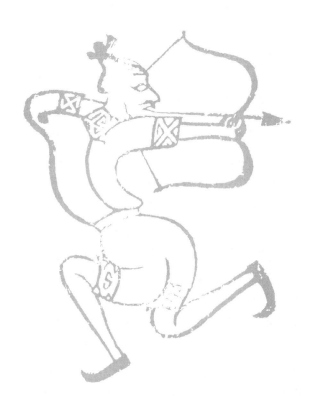

037(97) 역생육가 열전酈生陸賈列傳

① 역이기酈食其 ② 육가陸賈 ③ 주건朱建

〈1〉역이기酈食其

◉ 아무도 알아주지 않는 역이기

역생酈生 이기食其는 진류현陳留縣 고양高陽 사람이다. 글을 많이 읽었으나, 뜻을 이루지 못하여 생계조차 이을 수 없었다. 이에 시골 어느 마을의 성문을 관리하는 관리가 되었다. 그래도 진류현의 현인이나 호걸들은 어느 누구 하나 그를 쓰려고 하지 않았다. 그 가운데는 심지어 역생을 미치광이 학자로 불러대기도 하였다.

진승陳勝과 항량項梁 등이 군사를 일으키면서 각지에서 그에 호응한 장수들이 많았다. 그 중 고양을 지나쳐간 장수만 해도 수십 명에 이르렀다. 그 때마다 역생은 그들 장수들을 찾아보았으나, 모두가 도량이 작아 까다로운 예절이나 지키기를 좋아하고 자기 주장만 내세울 뿐이어서, 큰 계책을 말해 주어도 받아들이지 못하는 사람들뿐이었다. 이에 역생은 아예 체념한 채 자기 재주를 깊이 감추고 말았다.

酈生食其者, 陳留高陽人也. 好讀書, 家貧落魄, 無以爲衣食業, 爲里監門吏. 然縣中賢豪不敢役, 縣中皆謂之狂生.

及陳勝·項梁等起, 諸將徇地過高陽者數十人, 酈生聞其將皆握齪好苛禮自用, 不能聽大度之言, 酈生乃深自藏匿.

◉ 유생의 모자에는 오줌을 눌 정도로 미워한다

그 뒤 패공沛公 유방이 군사를 이끌고 진류陳留 외곽을 공략한다는 소문이 들려왔다. 그때 패공 휘하의 기병 중에 마침 역생과 같은 고향 사람이 있었는데, 패공은 가끔 그에게 고을 안의 현인과 호걸이 누구냐고 묻곤 하였다. 그 기병이 마을에 들어왔을 때 역생은 그를 찾아가 이렇게 말하였다.

"들리는 바에 의하면, 패공은 거만하여 사람을 무시하기가 일쑤라 하지만, 웅대한 꿈을 지니고 있다고 들었소. 그런 인물이야말로 바로 내가 모시고 싶은 사람이었소. 나를 그에게 소개를 해 줄 만한 사람이 없구려. 당신이 패공을 만나거든 '신의 고향에 역생이란 사람이 있는데 나이는 60여 세로 키는 8척이 되며, 사람들은 모두 그를 미치광이 학자라 부르고 있으나 그 사람 자신은 절대로 미치광이가 아니라고 합니다'라고 말해 주시오."

그 기병이 말하였다.

"패공은 선비들을 좋아하지 않습니다. 관을 쓴 선비들이 찾아오면 그때마다 그 관을 빼앗아 거기다가 오줌을 눌 정도입니다. 사람들과 이야기를 할 때에도 언제나 선비들 욕을 하니 선비 신분으로 유세한다는 것은 성공을 거둘 수 없습니다."

그러자 역생이 이렇게 말하였다.

"그저 내가 부탁한 말 그대로만 전해 주시오."

後聞沛公將兵略地陳留郊, 沛公麾下騎士適酈生里中子也, 沛公時問邑主賢士豪俊. 騎士歸, 酈生見謂之曰:「吾聞沛公慢而易人, 多大略, 此眞吾所願從游, 莫爲我先. 若見沛公, 謂曰『臣里中有酈生, 年六十餘, 長八尺, 人皆謂之狂生, 生自謂我非狂生』.」騎士曰:「沛公不好儒, 諸客冠儒冠來者, 沛公輒解其冠, 溲溺其中. 與人言, 常大罵. 未可以儒生說也」酈生曰:「弟言之」

❸ 발을 씻기면서 만나자

기병이 돌아가 기회를 보아 역생이 말한 그대로를 패공에게 아뢰었다.

고양 객사에 들게 된 패공은 사람을 보내어 역생을 불러 만나보고자 하였다. 역생이 패공을 만나러 들어갔을 때, 마침 패공은 평상에 걸터앉아 두 여자에게 발을 씻기고 있었다. 패공은 그대로 앉아서 역생을 대하였다. 역생은 그 앞으로 나아가 절을 하는 대신 그저 손을 들어 길게 읍을 한 다음, 대뜸 이렇게 입을 열었다.

"공께서는 진秦나라를 도와 제후들을 치려 하십니까? 아니면 제후들을 이끌고 진나라를 치려 하십니까?"

패공은 역생을 꾸짖으며 말하였다.

"이 더벅머리 선비야! 천하가 모두 오랫동안 진나라에게 고통을 겪기 때문에 제후들이 서로 손을 맞잡고 진나라를 치려고 하는데, 어째서 진나라를 도와 다른 제후를 친다는 것인가?"

이에 역생이 말하였다.

"공께서 진실로 무리를 모으고 의병들을 합쳐 무도한 진나라를 쳐서 없앨 생각이라면, 그런 거만한 태도로 어른을 대하는 일은 없어야만 하오."

그러자 패공은 즉시 자리에서 일어나 의관을 갖춘 다음, 역생을 상석에 앉히며 사과하였다. 그 자리에서 역생은 6국이 합종연횡合從連衡하였을 당시의 형세에 대해 이야기하였다. 패공은 기뻐하여 역생에게 음식을 대접하면서 다시 물었다.

"어떤 좋은 계책이 있겠소?"

역생이 말하였다.

"공께서는 오합지졸을 모으고 흩어진 군사들을 거둬들였지만, 채 만 명이 차지 못할 것입니다. 그 정도로써 강대한 진나라를 공격한다는 것은 이른바 호랑이 입에 뛰어드는 격이 될 뿐입니다. 그런데 이곳 진류현은 천하의 요충지로서 사통오달할 뿐 아니라, 성 안에 저장해 둔 식량이 많으며, 백성들은 현령의 명령에 순종하고 있습니다. 저 역시 전부터 현령과 가까이 지내고 있으니, 청컨대 저를 사자로 보내 주신다면 공을 위해 현령에게 투항을 하도록 권하겠습니다. 만일 말을 듣지 않는다면 군사를 거느리고 공격하십시오. 저는 안에서 응하겠습니다."

그리하여 먼저 역생이 사신으로 성 안에 들어간 다음, 패공이 군사를 이끌고 뒤를 따랐다. 결국 진류 현령은 투항하였고, 그 공로에 의해 역이기는 광야군廣野君에 봉해졌다.

騎士從容言如酈生所誡者. 沛公至高陽傳舍, 使人召酈生. 酈生至, 入謁, 沛公方倨牀使兩女子洗足, 而見酈生. 酈生入, 則長揖不拜, 曰:「足下欲助秦攻諸侯乎? 且欲率諸侯破秦也?」沛公罵曰:「豎儒! 夫天下同苦秦久矣, 故諸侯相率而攻秦, 何謂助秦攻諸侯乎?」酈生曰:「必聚徒合義兵誅無道秦,不宜倨見長者.」於是沛公輟洗, 起攝衣, 廷酈生上坐, 謝之. 酈生因言六國從橫時. 沛公喜, 賜酈生食, 問曰:「計將安出?」酈生曰:「足下起糾合之衆, 收散亂之兵, 不滿萬人, 欲以徑入彊秦, 此所謂探虎口者也. 夫陳留, 天下之衝, 四通五達之郊也, 今其城又多積粟. 臣善其令, 請得使之, 令下足下. 卽不聽, 足下擧兵攻之, 臣爲內應.」於是遣酈生行, 沛公引兵隨之, 遂下陳留. 號酈食其爲廣野君.

☺ 역이기의 아우 역상

역생은 다시 자기 동생 역상酈商을 패공에게 천거하여, 군사 수천 명을 이끌고 패공을 따라 서남 방면을 치게 하였다. 역생 자신은 언제나 세객說客으로서 제후들을 찾아다니며 고조를 도왔다.

酈生言其弟酈商, 使將數千人從沛公西南略地. 酈生常爲說客, 馳使諸侯.

☺ 오창의 식량을 확보하라

한나라 3년 가을, 항우가 한나라를 쳐서 형양滎陽을 함락시키자, 한나라 군사는 달아나 공鞏과 낙양현을 지킬 뿐이었다. 초나라 항우는 회음후 한신韓信이 조趙나라를 깨뜨리고, 팽월彭越이 자주 양梁 땅에서 반기를 들고 있다는 소식을 듣자, 군사를 나누어 조나라와 양나라를 구원하였다. 이때 한신은 동쪽으로 제齊나라를 치려 하고 있었다.

한나라 왕은 형양과 성고成皐에서 여러 번 고전하던 끝에 성고의 동쪽 땅을 버리고 공과 낙양 사이에 군사를 머물게 한 채, 초楚나라를 막을 계획에 부심하였다. 그러자 역생이 이렇게 진언하였다.

"신은 '하늘이 하늘 된 까닭을 아는 사람은 왕업王業을 성취할 수 있고, 하늘이 하늘 된 까닭을 알지 못하는 사람은 왕업을 성취하지 못한다. 왕 된 자는 백성들을 하늘로 하고, 백성들은 먹는 것으로 하늘을 삼는다'라고 듣고 있습니다. 또 들리는 바에 의하면, 오창敖倉에는 오랫동안 온 천하의 곡식을 날라다 두었으므로, 거기에 저장된 식량이 매우 많다고 합니다.

초나라가 형양을 함락시켰다 하나 그들은 오창을 굳게 지키지 않고 다시 군사를 동진시켰으며, 성고는 다만 죄수 부대가 지킬 뿐이라 합니다. 이야말로 하늘이 한나라를 돕는 것이니 지금이 초나라를 공격하기에 다시없이 좋은 기회입니다. 그런데도 오히려 한나라가 스스로 찾아온 그 좋은 기회를 놓친다는 것은 크게 잘못입니다.

또 두 영웅은 함께 서 있을 수 없는 것입니다. 초나라와 한나라가 오래 맞서서 승패가 결정되지 않으면 백성들은 소란하고 천하는 동요하여 농부는 쟁기를 버리고, 길쌈하는 여인들은 베틀에서 내려와, 천하의 인심은 안정을 얻지 못하게 됩니다. 바라건대 공께서는 급히 군사를 전진시켜 형양을 탈환함으로써 오창의 식량을 손에 넣는 한편, 성고의 요충을 막고 태행산太行山으로 통하는 길을 막으며, 비호령蜚狐嶺의 입구를 가로막고 백마진白馬津을 지켜, 제후들에게 한나라가 실리를 차지하고 초나라를 제압할 수 있는 형세에 있다는 것을 보여 주십시오. 그렇게 되면 천하는 스스로 돌아갈 바를 알게 될 것입니다.

지금 연나라와 조나라는 이미 평정되었고, 제나라만 항복하지 않았을 뿐입니다. 지금 전광田廣은 천 리의 광대한 제나라 땅을 차지해 있고, 전간田間은 20만의 대군을 거느리고 역하歷下에 진치고 있습니다. 전씨 일족은 강한 세력을 유지하여 바다를 등지고, 황하와 제수濟水를 앞에 두고 있으며, 남쪽은 초나라에 가깝고 사람들은 권모술수에 뛰어납니다. 공께서 수십만 명의 군사를 보내더라도 짧은 시간 안에 깨뜨릴 수가 없을 것입니다. 바라건대 신이 명령을 받들고 제나라 왕을 달래어 제나라가 이 한나라의 동쪽 속국이 되도록 하겠습니다.”

한왕 유방이 말하였다.

“좋은 계책이오.”

漢三年秋, 項羽擊漢, 拔滎陽, 漢兵遁保鞏·洛. 楚人聞淮陰侯破趙, 彭越數反梁地, 則分兵救之. 淮陰方東擊齊, 漢王數困滎陽·成皐, 計欲捐 成皐以東, 屯鞏·洛以拒楚. 酈生因曰:「臣聞知天之天者, 王事可成; 不知 天之天者, 王事不可成. 王者以民人爲天, 而民人以食爲天. 夫敖倉, 天下

轉輸久矣, 臣聞其下迺有藏粟甚多. 楚人拔滎陽, 不堅守敖倉, 迺引而東,
令適卒分守成皋, 此乃天所以資漢也. 方今楚易取而漢反卻, 自奪其便,
臣竊以爲過矣. 且兩雄不俱立, 楚漢久相持不決, 百姓騷動, 海內搖蕩,
農夫釋耒, 工女下機, 天下之心未有所定也. 願足下急復進兵, 收取滎陽,
據敖倉之粟, 塞成皋之險, 杜大行之道, 距蜚狐之口, 守白馬之津, 以示諸
侯效實形制之勢, 則天下知歸矣. 方今燕·趙已定, 唯齊未下. 今田廣據
千里之齊, 田閒將二十萬之衆, 軍於歷城, 諸田宗彊, 負海阻河濟, 南近楚,
人多變詐, 足下雖遣數十萬師, 未可以歲月破也. 臣請得奉明詔說齊王,
使爲漢而稱東藩.」上曰:「善.」

◉ 천하는 한나라로 귀속될 것입니다

그리고 그의 계책에 따라 다시 오창을 지키면서 역생을 제나라 왕에게
보내 그를 설득하도록 하였다.

역생은 제왕에게 이렇게 말하였다.

"대왕께서는 천하의 인심이 어디로 돌아갈 것인가를 알고 계십니까?"

제왕이 말하였다.

"모르오."

역생이 말하였다.

"대왕께서 천하가 돌아갈 곳을 알고 계시면 제나라는 안전하게 유지될
수 있을 것입니다. 만일 천하가 돌아갈 곳을 모르신다면 제나라는 안전하지
못할 것입니다."

제왕이 물었다.

"천하는 어디로 돌아갈 것이라 보오?"

역생이 말하였다.

"한나라로 돌아가게 될 것입니다."

제왕이 물었다.

"선생은 어떤 이유에서 그런 말을 하시오?"

역생은 이렇게 설명하였다.

"한왕은 항왕項王과 힘을 합쳐 서쪽으로 진나라를 치면서 그때 먼저 함양咸陽에 입성하는 자가 왕이 된다고 약속하였습니다. 뒤에 한왕이 먼저 함양에 입성하였는데도, 항왕은 약속을 어겨 그 땅을 주지 않고 한왕을 한중왕漢中王으로 만들었습니다. 또 항왕은 의제義帝를 내쫓아 죽였습니다. 한왕은 이 소식을 듣자, 한나라와 촉나라의 군사를 일으켜 삼진三秦을 치고, 함곡관函谷關을 나와 항왕이 의제를 죽인 죄를 따졌습니다. 이리하여 한왕은 천하의 군사를 모으고 제후들의 후예들을 세우며, 성을 차지하면 공이 있는 장군을 후로 봉하고, 재물이 들어오면 병사들에게 나누어 주어, 천하의 사람들과 이익을 함께 하기 때문에 영웅·호걸과 어진 선비들이 모두 한왕을 위해 즐겨 공을 세우고자 하고 있습니다.

또 제후의 군사들은 사방에서 모여들고 있으며, 한나라와 촉나라의 곡식을 실은 배가 줄을 지어 장강을 내려오고 있습니다. 그런데 항왕에게는 약속을 배반하였다는 악명에다가, 의제를 죽였다는 배덕의 죄목이 있습니다. 그리고 사람들의 공로는 기억하는 일이 없어도 죄만은 잊는 일이 없기 때문에, 그의 군사들은 싸워 이겨도 상을 받지 못하고, 성을 함락해도 봉토를 얻는 일이 없으며, 항씨 일족이 아니면 요직에 앉을 수도 없습니다. 또 항왕은 지극히 인색하여 사람을 봉封하기 위해 후의 인印을 새겨 두고도 아깝다고 여겨 자기 손에 쥐고 만지작거리다 그것이 닳아 없어지도록 남을 주는 일이 없고, 성을 얻고 재물을 얻어 아무리 많이 쌓아 두어도 그것을 남에게 상으로 주지를 못합니다. 이에 천하는 모두 배반하고 어진 인재들은 원한을 품고 있어, 누구도 항왕을 위해 일하려 하는 사람은 없습니다.

그러므로 천하의 인재들이 한왕에게로 돌아갈 것은 앉아서도 예측할 수가 있습니다. 또 한왕은 촉나라와 한나라의 군사를 일으켜 삼진을 평정하고, 서하西河 밖을 건너 상당上黨의 군사를 손에 넣은 다음, 정형井陘을 함락시켜 성안군成安君을 죽여 없애고, 북위北魏를 깨뜨려 32개 성을 항복받았습니다. 이것은 치우蚩尤의 군대나 다름없는 활약으로써 사람의 힘으로 된다기보다는 하늘이 준 복이라 말할 수 있습니다. 지금 한나라는 이미 오창의 곡식을 손에 넣었고, 성고의 요충을 막아 백마진을 지키며, 태행산 고갯길을 막고 비호령 어귀를 가로막고 있습니다. 천하의 제후들 가운데서 뒤늦게 한나라에 항복하는 자는 먼저 망하게 될 것입니다. 대왕께서 재빨리 한왕에게 항복하시면 제나라 사직은 안전하게 유지될 것입니다. 한나라에 항복하지 않으면 당장 멸망의 운명이 밀어닥치게 될 것입니다.”

전광은 그렇다고 여겨 즉시 역생의 말을 받아들였다. 그리고는 역하를 지키고 있던 군사를 거둬들인 다음 역생과 매일 술만 마셨다.

迺從其畫, 復守敖倉, 而使酈生說齊王曰:「王知天下之所歸乎?」王曰:「不知也.」曰:「王知天下之所歸, 則齊國可得而有也; 若不知天下之所歸, 卽齊國未可得保也」齊王曰:「天下何所歸?」曰:「歸漢.」曰:「先生何以言之?」曰:「漢王與項王勠力西面擊秦, 約先入咸陽者王之. 漢王先入咸陽, 項王負約不與而王之漢中. 項王遷殺義帝, 漢王聞之, 起蜀漢之兵擊三秦, 出關而責義帝之處, 收天下之兵, 立諸侯之後. 降城卽以侯其將, 得賂卽以分其士, 與天下同其利, 豪英賢才皆樂爲之用. 諸侯之兵四面而至, 蜀漢之粟方船而下. 項王有倍約之名, 殺義帝之負; 於人之功無所記, 於人之罪無所忘; 戰勝而不得其賞, 拔城而不得其封; 非項氏莫得用事; 爲人刻印, 刓而不能授; 攻城得賂, 積而不能賞: 天下畔之, 賢才怨之, 而莫爲之用. 故天下之士歸於漢王, 可坐而策也. 夫漢王發蜀漢, 定三秦; 涉西河之外, 援上黨之兵; 下井陘, 誅成安君; 破北魏, 擧三十二城: 此蚩尤之兵也, 非人之力也, 天之福也. 今已據敖倉之粟, 塞成皋之險, 守白馬之津, 杜大行之阪, 距蜚狐之口, 天下後服者先亡矣. 王疾先下漢王, 齊國社稷可得而保也; 不下漢王, 危亡可立而待也.」田廣以爲然, 迺聽酈生, 罷歷下兵守戰備, 與酈生日縱酒.

⊛ 역이기를 삶아 죽이다

회음후淮陰侯 한신韓信은 역생이 수레에 기대앉은 채 혓바닥 하나로 제나라 70여 성을 항복받았다는 말을 듣자, 즉시 밤을 타서 군사를 평원平原 나루터를 건너게 하여 제나라를 습격하였다. 제나라 왕 전광은 한나라 군대가 쳐들어왔다는 소식을 듣자, 역생이 자기를 속였다고 생각하고 이렇게 말하였다.

"네가 한나라 군대의 침략을 그치게 하면 살려두겠지만 그렇지 못하면 삶아 죽이리라!"

이에 역이기가 말하였다.

"큰 일을 하는 사람은 사소한 일에 얽매이지 않고, 덕이 높은 사람은 다른 사람의 비난을 신경 쓰지 않는다 하였소. 나는 그대를 위해 앞서 한 말을 바꿀 생각은 없소!"

제나라 왕은 드디어 역생을 삶아 죽이고 군사를 이끌고 동쪽으로 도망쳤다.

淮陰侯聞酈生伏軾下齊七十餘城, 迺夜度兵平原襲齊. 齊王田廣聞漢兵至, 以爲酈生賣己, 迺曰:「汝能止漢軍, 我活汝; 不然, 我將亨汝!」酈生曰: 「擧大事不細謹, 盛德不辭讓. 而公不爲若更言!」齊王遂亨酈生, 引兵東走.

● 역이기의 후손

한나라 12년, 곡주후曲周侯 역상酈商은 승상으로서 군사를 이끌고 경포黥布를 쳐 공을 세웠다. 고조는 열후와 공신들을 등용하며 역이기酈食其를 떠올렸다. 역이기의 아들 역개酈疥는 자주 군사를 이끌고 싸움터에 나갔으나, 그의 공은 아직 후로 봉해질 만한 것이 못되었다. 그러나 고조는 그의 아버지의 공로를 생각하여 역개를 고량후高梁侯에 봉하고 뒤에 다시 무수武遂를 식읍으로 주었다.

3대를 이어오던 무수후 평平은 원수元狩 원년에 형산왕衡山王에게 거짓 조서를 만들어 금 100근을 사취한 사건에 걸려, 기시형棄市刑의 판결을 받았으나 병으로 죽었다. 따라서 그 봉국도 없어졌다.

漢十二年, 曲周侯酈商以丞相將兵擊黥布有功. 高祖擧列侯功臣, 思酈食其. 酈食其子疥數將兵, 功未當侯, 上以其父故, 封疥爲高梁侯. 後更食武遂, 嗣三世. 元狩元年中, 武遂侯平坐詐詔衡山王取百斤金, 當弃市, 病死, 國除也.

❂ 남월왕 조타에게 사신으로 가서

육가陸賈, 陸生는 초나라 사람이다. 빈객으로 고조를 따라 천하를 평정하였다. 당시 사람들은 모두 그를 변사辯士라 불렀다. 육가는 고조를 좌우에서 모시며 항상 제후들에게 사자로 나가곤 하였다.

고조 때에 들어와 중원이 비로소 안정되었을 무렵, 위타尉他, 趙他가 남월南越을 평정하여 그 곳의 왕이 되었다. 이에 고조는 육가를 위타에게 보내어 인印을 주고 그가 남월왕임을 인정해 주고자 하였다.

육생이 그곳에 도착하였을 때, 위타는 상투를 틀고 거만하게도 두 다리를 벌리고 앉은 채 육생을 대하였다. 이에 육생이 위타에게 이렇게 말하였다.

"귀공은 본래 중원 사람으로 친척과 형제들의 무덤은 진정眞定에 있소이다. 지금 귀공께서는 천성天性을 어기어 부모 형제를 배반하고 중원의 의관과 속대를 버린 채 보잘것없는 월 땅을 가지고 천자와 맞서 대등한 나라가 되려 하고 있는데, 이렇게 되면 당장에 화가 공의 몸에 미치게 될 뿐이오. 진나라가 민심을 잃자, 제후들과 호걸들이 한꺼번에 들고일어났으나, 한왕이 누구보다 먼저 관중關中으로 쳐들어가 함양咸陽을 점령하였던 것이오. 그때 항우는 약속을 어기고 스스로 서초西楚의 패왕이 되어 제후들을 모두 자기 밑에 두었으니, 지극히 세력이 강하였다고 말할 수 있었소. 그런데 한왕은 파巴·촉蜀에서 일어나 천하를 채찍질하여 제후들을 정복하고, 마침내는 항우를 무찔러 불과 5년 사이에 천하를 평정하였소. 이것은 사람의 힘에 의한 것이 아니라 하늘이 세운 것이오.

천자께선 귀공이 남월왕으로 있으면서도 온 천하가 포학한 진나라를 무찌를 때 전혀 도운 일이 없었음을 알고 있소. 또 한나라 장군과 대신들이 군사를 움직여 귀공을 치려 하는 것을 듣고도 백성들이 또다시 고생할 것을 불쌍히 생각하여 잠시 군사를 쉬도록 하고 있으며, 대신 나로 하여금 귀공에게 왕의 인을 주고 부절로서 사절을 통하려 하는 것이라오. 귀공은 천자의 사절인 나를 교외로 나와 맞아 북쪽으로 향해 신臣이라 칭해야 하였었소. 나라를 세운 지 얼마 되지도 않은 월나라가 이토록 오만하게 버티고 있다는 것을 한나라에서 듣게 되면, 한나라에서는 귀공 조상의 무덤을 파서 시체를 태우고 귀공의 일족을 몰살시키는 한편, 한 편장偏將에게 10만의 군사를 이끌고 이 월나라를 치게 할 것이오. 그렇게 되면 월나라 사람들이 귀공을 죽이고 한나라에 항복하는 것은 손바닥을 뒤집는 것같이 쉬운 일일 것이오.”

陸賈者, 楚人也. 以客從高祖定天下, 名爲有口辯士, 居左右, 常使諸侯. 及高祖時, 中國初定, 尉他平南越, 因王之. 高祖使陸賈賜尉他印爲南越王. 陸生至, 尉他魋結箕倨見陸生. 陸生因進說他曰:「足下中國人, 親戚昆弟墳墓在眞定. 今足下反天性, 弃冠帶, 欲以區區之越與天子抗衡爲敵國, 禍且及身矣. 且夫秦失其政, 諸侯豪桀並起, 唯漢王先入關, 據咸陽. 項羽倍約, 自立爲西楚霸王, 諸侯皆屬, 可謂至彊. 然漢王起巴蜀, 鞭笞天下, 劫略諸侯, 遂誅項羽滅之五年之間, 海內平定, 此非人力, 天之所建也. 天子聞君王王南越, 不助天下誅暴逆, 將相欲移兵而誅王, 天子憐百姓新勞苦, 故且休之, 遣臣授君王印, 剖符通使. 君王宜郊迎, 北面稱臣, 迺欲以新造未集之越, 屈彊於此. 漢誠聞之, 掘燒王先人冢, 夷滅宗族, 使一偏將將十萬衆臨越, 則越殺王降漢, 如反覆手耳.」

● 나와 유방 누가 더 현명하오?

그러자 위타는 깜짝 놀라 자리에서 일어나며 육생에게 사과하였다.
“오랫동안 오랑캐에 묻혀 살았던 탓으로 너무도 실례가 많았습니다.”
그리고 나서 육생에게 물었다.
“나와 소하蕭何·조삼曹參·한신韓信을 비교하면 누가 더 현명합니까?”
육가가 말하였다.
“귀공이 현명하오.”
조타는 다시 육생에게 또 물었다.
“나와 황제를 비교하면 누가 더 현명하겠습니까?”
이에 육생은 이렇게 설명하였다.
“황제는 풍豐·패沛에서 일어나 포학한 진나라를 치고, 강한 초나라를 무찔러 천하를 위해 이로운 것을 일으키고 해로운 것을 제거하여, 오제五帝,

삼왕三王의 대업을 이어 중원을 통치하시는 분이오. 중원의 인구는 억을 헤아리며 땅은 사방이 만 리로서 천하의 기름진 곳에 위치하여, 사람도 많고 수레도 많으며 만물이 풍부합니다. 그리고 정치는 황제의 한 집안에 의해 행해지고 있으니 천지 개벽 이래로 일찍이 없었던 번영을 누리고 있습니다. 그런데 지금 왕의 나라는 인구가 수십만 명에 불과하며 그나마 모두 오랑캐들입니다. 땅은 산과 바다 사이에 있어서 험악한 산길만이 계속되고 있을 뿐입니다. 비유하면 한나라의 한 읍과 같은 것입니다. 어떻게 왕을 한나라 황제와 비교할 수 있겠소?"

위타는 크게 웃으며 말하였다.

"나는 중원에서 일어나지 않았기 때문에 이곳 월나라 왕이 된 것입니다. 만일 내가 중원에 있었다면 한나라 황제만 못하겠습니까?"

위타는 육생이 크게 마음에 들어 여러 달 동안 함께 술을 마시며 항상 이렇게 말하였다.

"월나라에는 같이 말을 나눌 만한 사람이 없습니다. 선생이 이리로 온 뒤에야 매일 듣지 못하였던 것을 듣게 되었습니다."

이리하여 육생에게 자루에 넣은 천 금金 값나가는 보물을 주고, 따로 노자라 하여 천 금을 주었다. 육가는 마침내 위타를 월나라 왕으로 임명하고 그가 스스로 신하라 자칭하며 한나라와의 맹약을 받들도록 하였다. 돌아와 보고를 올리자 고조는 크게 기뻐하며 육생을 태중대부太中大夫에 임명하였다.

於是尉他迺蹶然起坐, 謝陸生曰:「居蠻夷中久, 殊失禮義.」因問陸生曰: 「我孰與蕭何‧曹參‧漢信賢?」陸生曰:「王似賢.」復曰:「我孰與皇帝賢?」 陸生曰:「皇帝起豐沛, 討暴秦, 誅彊楚, 爲天下興利除害, 繼五帝三王之業, 統理中國. 中國之人以億計, 地方萬里, 居天下之膏腴, 人衆車轝, 萬物殷富, 政由一家, 自天地剖泮未始有也. 今王衆不過數十萬, 皆蠻夷, 崎嶇山海閒, 譬若漢一郡, 王何乃比於漢!」尉他大笑曰:「吾不起中國, 故王此. 使我居中國, 何渠不若漢?」迺大說陸生, 留與飮數月. 曰:「越中無足與語, 至生來, 令我 日聞所不聞.」賜陸生橐中裝直千金, 他送亦千金. 陸生卒拜尉他爲南越王, 令稱臣奉漢約. 歸報, 高祖大悅, 拜賈爲太中大夫.

● 천하를 잡을 때는 말 위에서 했지만

육생은 고조 앞에 나아가 강의할 때마다 《시》와 《서》에 관한 것만 이야기하였다. 이에 고조는 짜증을 내며 이렇게 책하였다.

"나는 말 위에서 천하를 얻게 되었소. 《시》니 《서》니 하는 것이 무슨 소용이 있겠소?"

그러자 육생은 이렇게 대답하였다.

"마상에서 천하를 얻었다고 하여 마상에서 천하를 다스릴 수 있겠습니까? 탕왕湯王과 무왕武王은 무력으로 천하를 역취逆取하였지만 천하를 얻은 뒤에는 순리로 지켰던 것입니다. 문무를 아울러 쓰는 것만이 천하를 길이 보존하는 길입니다. 옛날 오나라 왕 부차夫差와 진晉나라의 지백智伯은 무武만을 지나치게 썼기 때문에 망한 것이며, 진秦나라는 가혹한 형법만을 사용하였기 때문에 결국 조씨趙氏는 망한 것입니다. 진나라가 천하를 통일한 다음 인의를 행하여 옛 성인을 본받았던들 폐하께서 어떻게 천하를 차지할 수 있었겠습니까?"

陸生時時前說稱《詩書》. 高帝罵之曰:「迺公居馬上而得之, 安事《詩書》!」陸生曰:「居馬上得之, 寧可以馬上治之乎? 且湯武逆取而以順守之, 文武並用, 長久之術也. 昔者吳王夫差・智伯極武而亡; 秦任刑法不變, 卒滅趙氏. 鄉使秦已并天下, 行仁義, 法先聖, 陛下安得而有之?」

● 《신어》를 저술하다

고제는 못마땅한 생각이 들면서도 부끄러운 표정을 짓고 육생에게 다시 물었다.

"나를 위해 진나라는 어떻게 하여 천하를 잃었으며, 나는 어떻게 하여 천하를 얻을 수 있었는지, 그리고 옛날 성공하고 실패한 나라들에 대하여 글로 써서 저술해 주시기 바라오."

이리하여 육생은 나라의 흥망에 관한 징후에 대하여 대충 설명하여 모두 12편을 지었다. 한 편을 써서 올릴 때마다 고제는 훌륭하다 칭찬을 하지 않은 적이 없었으며, 좌우 사람들도 모두 만세를 불렀다. 그 책 이름을 《신어新語》라 하였다.

高帝不懌而有慙色, 迺謂陸生曰:「試爲我著秦所以失天下, 吾所以得之者何, 及古成敗之國.」 陸生迺粗述存亡之徵, 凡著十二篇. 每奏一篇, 高帝未嘗不稱善, 左右呼萬歲, 號其書曰《新語》.

◉ 아들들과의 소박한 약속

혜제孝惠帝 때 여태후呂太后가 정권을 쥐고 있으면서, 여씨 일족을 왕으로 봉하고 싶었으나 말 잘하는 대신들이 두려웠다. 육생은 자신 힘으로는 싸워야 소용이 없다는 것을 알고, 병을 핑계로 벼슬을 그만둔 다음 집에 들어앉았다. 그리고 호치好畤에 있는 땅이 비옥하였기 때문에 그리로 가서 정착할 생각이었다.

그에게는 아들이 다섯 있었는데, 우선 자신이 월나라에 사신으로 갔을 때 얻어 왔던 보물을 1천 금에 팔아 아들들에게 나눠주어 그것으로 생업을 얻게 하였다. 아들들은 각기 200금씩을 얻게 되었으며, 육생 자신은 언제나 4두 마차를 타고 시종 10여 명을 거느렸으며, 허리에는 100금의 보검을 찼다. 그는 아들들과 헤어질 때 이렇게 말해 두었다.

"너희들과 약속을 하겠다. 내가 너희들 집에 들르게 되거든 우리 일행과 말에게 술과 식사를 제공해라. 실컷 놀며 지내다가 열흘이 되면 다음 아들집으로 가겠다. 내가 너희들 중 누구의 집에서든 죽게 되면 그 아들이 보검과 말과 수레와 시종들을 차지해도 좋다. 이렇게 오가며 또 다른 곳에 들르는 경우도 있을 터이니, 1년 동안 너희들 집에 들르는 것은 고작 두세 차례에 불과할 것이다. 너무 자주 만난다는 것도 그리 반가운 일이 아니니 오래 묵으며 너희들을 번거롭게 하지는 않겠다."

孝惠帝時, 呂太后用事, 欲王諸呂, 畏大臣有口者, 陸生自度不能爭之, 迺病免家居. 以好畤田地善, 可以家焉. 有五男, 迺出所使越得囊中裝賣千金, 分其子, 子二百金, 令爲生産. 陸生常安車駟馬, 從歌舞鼓琴瑟侍者十人,實劍直百金, 謂其子曰:「與汝約: 過汝, 汝給吾人馬酒食, 極欲, 十日而更.
所死家, 得實劍車騎侍從者. 一歲中往來過他客, 率不過再三過, 數見不鮮,
無久恩公爲也.」

● 무얼 그리 생각하고 있소

여태후 때에 여씨 일족들을 왕으로 만든 다음 권력을 한 손에 쥐게
되었으며, 이에 따라 드디어는 어린 황제를 협박하여 바야흐로 유씨劉氏가
위태로웠다. 우승상 진평陳平은 이러한 사태를 걱정하고 있었으나, 여씨와
싸울 만한 힘은 없고, 또 화가 자기 몸에 미치게 되는 것이 두려워 그저
몰래 집에 들어앉아 깊은 생각에 잠겨 있었다.

어느 날 육생이 그의 집에 들려 곧장 그가 있는 방으로 들어가 자리에
앉았는데도, 진승상은 생각에 잠기어 육생이 온 것도 모르고 있었다.
육생이 말하였다.

"무얼 그렇게 깊이 생각하고 계십니까?"

진평이 대답하였다.

"내가 무엇을 생각하고 있을 것 같소?"

육가가 말하였다.

"당신은 벼슬이 우승상에 올라 있고 3만 호의 식읍을 가진 열후가 아닙니까?
부귀가 극에 달하여 그 이상 더 바랄 것이 없을 것이오. 그런데도 걱정이
있다면 여씨 일족의 횡포와 어린 황제에 대한 것이 아니겠습니까?"

진평이 물었다.

"그렇소. 어떻게 하면 좋겠소?"

육생이 말하였다.

"사람들은 천하가 태평할 때는 재상에게로 눈을 돌리고, 천하가 위급할
때면 장군을 주목하게 됩니다. 장군과 재상이 서로 뜻이 맞으면 모든
사대부들이 다 따르게 될 것입니다. 모든 사대부들이 다 따르게 되면
천하에 변이 생기더라도 권력은 흩어지지 않습니다. 국가 대계는 바로
승상과 장군 두 사람의 손아귀에 쥐어져 있습니다. 나는 늘 이를 태위

강후絳侯 주발에게 이야기하려 하고 있었지만, 강후와 나와는 너무 친하여 농담을 하는 사이인만큼 내가 하는 말을 별로 귀담아 듣지 않을 것입니다. 승상께서는 어째서 태위와 깊이 사귀어 손을 잡으려 하지 않습니까?"

이리하여 육가는 진평을 위하여 여씨들을 제압하는 여러 가지 방책을 일러 주었다. 진평은 그 방책에 따라 즉시 500금을 들여서 태위 강후의 장수를 기원하고 성대한 주연을 베풀자, 태위 역시 똑같은 답례를 하였다. 이들 두 사람이 깊이 서로 사귀게 됨으로써 여씨들의 음모는 차차 힘을 잃게 되었다. 이리하여 진평은 노비 100명과 수레와 말 50승, 그리고 돈 500만 전을 육생에게 주며 음식 비용에 쓰도록 하였다. 육생은 그것으로 한나라 조정의 공경들과 교유하여 그의 명성은 날로 높아져갔다.

呂太后時, 王諸呂, 諸呂擅權, 欲劫少主, 危劉氏. 右丞相陳平患之, 力不能爭, 恐禍及己, 常燕居深念. 陸生往請, 直入坐, 而陳丞相方深念, 不時見陸生. 陸生曰:「何念之深也?」陳平曰:「生揣我何念?」陸生曰:「足下位爲上相, 食三萬戶侯, 可謂極富貴無欲矣. 然有憂念, 不過患諸呂・少主耳.」陳平曰: 「然. 爲之柰何?」陸生曰:「天下安, 注意相; 天下危, 注意將. 將相和調, 則士務附; 士務附, 天下雖有變, 卽權不分. 爲社稷計, 在兩君掌握耳. 臣常欲 謂太尉絳侯, 絳侯與我戲, 易吾言. 君何不交驩太尉, 深相結?」爲陳平畫呂 氏數事. 陳平用其計, 迺以五百金爲絳侯壽, 厚具樂飮; 太尉亦報如之. 此兩 人深相結, 則呂氏謀益衰. 陳平迺以奴婢百人, 車馬五十乘, 錢五百萬, 遺陸 生爲飮食費. 陸生以此游漢廷公卿閒, 名聲藉甚.

◉ 남월을 제후로 만들다

여씨 일족을 죽이고 문제孝文帝를 세우게 된 데에는 육생의 역할은 이처럼 대단한 것이었다.

문제가 즉위하자 남월에 사신을 보내고자 하였다. 이에 진승상 등은 육생을 천거하여 태중대부로 임명한 다음 그를 다시 사신으로 위타에게 보냈다. 육생은 과연 위타가 수레덮개를 황색 비단으로 하고 자신의 명령을 황제와 같은 제制라고 칭하는 것 등을 하지 못하도록 하여, 제후들과 같이 하도록 함으로써 모든 일을 한나라 조정의 의도대로 매듭지었다. 그 점에 대하여는 〈남월 열전南越列傳〉에 기록되어 있다. 육생은 마침내 자기 명대로 살다가 죽었다.

及誅諸呂, 立孝文帝, 陸生頗有力焉. 孝文帝卽位, 欲使人之南越. 陳丞相等乃言陸生爲太中大夫, 往使尉他, 令尉他去黃屋稱制, 令比諸侯, 皆如意旨. 語在〈南越〉語中. 陸生竟以壽終.

〈3〉주건朱建

❀ 경포의 모반을 반대하다

평원군平原君 주건朱建은 초나라 사람이다. 일찍이 회남왕淮南王 경포黥布의 재상이 되었으나 잘못이 있어 그만두었다가 뒤에 다시 경포를 섬겼다. 경포가 한나라에 대해 반기를 들려 하였을 때, 평원군에게도 가부를 물었다. 평원군은 이를 말렸으나, 경포는 듣지 않고 양보후梁父侯의 의견을 좇아 드디어 모반하고 말았다.

한나라가 경포를 무찌른 다음, 평원군이 경포를 말리고 반역에 가담하지 않았던 사실이 밝혀져 그는 죄를 면하게 되었다. 그 점에 대해서는 〈경포 열전黥布列傳〉에도 기록되어 있다.

平原君朱建者, 楚人也. 故嘗爲淮南王黥布相, 有罪去, 後復事黥布. 布欲反時, 問平原君, 平原君非之, 布不聽而聽梁父侯, 遂反. 漢已誅布, 聞平原君諫不與謀, 得不誅. 語在〈黥布〉語中.

❀ 어머니의 죽음을 통해

평원군 주건은 언변이 뛰어나고 사람됨이 근엄하며 강직하였다. 장안에 살고 있었는데 구차하게 남의 비위를 맞추거나 의리에 벗어난 짓을 해 가며 출세하려 들지 않았다.

당시 여태후의 총애를 받고 있던 벽양후辟陽侯, 審食其가 애써 그와의 교제를 희망하였지만, 만나려고도 하지 않았다. 벽양후의 품행이 좋지 않았기 때문이다.

평원군의 어머니가 죽었을 때였다. 육생은 전부터 평원군과 친교가 있었으므로 문상을 가게 되었다. 그런데 평원군은 워낙 집안이 가난하여 미처 장례 치를 준비조차 못하고 있었으며, 심지어는 빈소마저 만들지 못한 채 다만 어디서 상복을 빌려올 걱정만 하고 있었다. 보다 못한 육생은 평원군에게 돈을 주어 장례를 치를 수 있도록 해 준 다음, 그 길로 벽양후를 찾아가 이렇게 말하였다.

"축하합니다. 평원군의 어머니께서 돌아가셨소."

벽양후가 말하였다.

"아니, 평원군의 어머니가 죽었는데, 왜 나를 축하한다는 거요?"

육생이 이렇게 말하였다.

"앞서 당신은 평원군과 교제를 가지려다 거절을 당하지 않았소? 그것은 그의 어머니가 살아 계셔서 당신을 위해 몸바칠 만한 친교를 맺을 수가 없었던 때문이오. 지금 그의 어머니가 돌아가셨으니 당신이 성의를 다해 후하게 조의를 표하면, 그는 당신을 위해 목숨이라도 바칠 것이오."

벽양후는 그 길로 문상을 가서 죽은 이의 옷값이라 하여 100금을 내놓았다. 그러자 열후와 귀인들도 벽양후의 체면을 보아 조의금을 보내 왔다. 모두 합하여 500금이나 되었다.

平原君爲人辯有口, 刻廉剛直, 家於長安. 行不苟合, 義不取容. 辟陽侯行不正, 得幸呂太后. 時辟陽侯欲知平原君, 平原君不肯見. 及平原君母死, 陸生素與平原君善, 過之. 平原君家貧, 未有以發喪, 方假貸服具, 陸生令平原君發喪. 陸生往見辟陽侯, 賀曰:「平原君母死.」辟陽侯曰:「平原君母死, 何乃賀我乎?」陸賈曰:「前日君侯欲知平原君, 平原君義不知君, 以其母故. 今其母死, 君誠厚送喪, 則彼爲君死矣.」辟陽侯乃奉百金往稅. 列侯貴人以辟陽侯故, 往稅凡五百金.

🌸 여태후와 사통한 벽양후

그 뒤 벽양후와 여태후가 간통한 사실을 누군가가 혜제^{孝惠帝}에게 일러바친 일이 있었다. 혜제가 크게 노하여 벽양후를 형리에 넘겨 처형하려 하자, 여태후는 부끄러운 나머지 감히 변명조차 못하고 있었다. 대신들도 대부분이 벽양후의 행동을 미워하고 있었던 터라 벽양후는 처형을 모면할 길이 없어 보였다. 벽양후는 어찌 할 바를 몰라 평원군에게 사람을 보내어 만나줄 것을 청하였으나 그는 거절하며 말하였다.

"사안이 급하게 되었으므로 감히 뵈올 수가 없습니다."

평원군은 그 길로 혜제가 귀여워하고 있는 소년 굉적유^{閎籍孺}를 찾아가 이렇게 말하였다.

"당신이 어떻게 하여 황제의 총애를 받고 있는가는 천하가 다 알고 있는 사실이 아닙니까? 지금 벽양후가 태후의 사랑을 받고 있다는 이유로 형리의 손에 사건이 넘어가 있는데, 사람들은 모두 당신이 벽양후를 죽이려 하기 때문에 이 사건이 일어났다고 말하고 있습니다. 오늘 벽양후가 처형을 당하게 되면, 내일은 태후께서 노하여 당신을 죽이게 될 것입니다. 어찌하여 당신은 황제 앞에 웃옷을 벗고 벽양후를 위해 대신 용서를 빌지 않습니까? 황제께서 당신의 말을 받아들여 벽양후를 용서하게 되면 태후는 크게 기뻐하실 겁니다. 그리하여 황제와 태후가 다같이 당신을 총애할 것이며, 당신의 부귀는 두 배 세 배로 커지게 될 것입니다."

이리하여 굉적유는 평원군의 말에 따라 크게 겁을 먹고 황제에게 나아가 용서를 빌었다. 황제는 과연 벽양후를 용서해 주었다. 벽양후가 옥에 갇히게 되었을 때, 평원군을 만나려 하였으나 거절당한 것을 두고 자기를 배신한 것으로 알고 크게 분노하였었다. 그런데 평원군의 계교가 성공을 거두어 죄에서 풀려나게 되자, 벽양후는 크게 놀랐다.

辟陽侯幸呂太后, 人或毀辟陽侯於孝惠帝, 孝惠帝大怒, 下吏, 欲誅之.
呂太后慙, 不可以言. 大臣多害辟陽侯行, 欲遂誅之. 辟陽侯急, 因使人欲見
平原君. 平原君辭曰:「獄急, 不敢見君.」迺求見孝惠幸臣閎籍孺, 說之曰:
「君所以得幸帝, 天下莫不聞. 今辟陽侯幸太后而下吏, 道路皆言君讒, 欲殺之.

今日辟陽侯誅, 旦日太后含怒, 亦誅君. 何不肉袒爲辟陽侯言於帝? 帝聽君
出辟陽侯, 太后大驩. 兩主共幸君, 君貴富益倍矣.」於是閎籍孺大恐, 從其計,
言帝, 果出辟陽侯. 辟陽侯之囚, 欲見平原君, 平原君不見辟陽侯, 辟陽侯以
爲倍己, 大怒. 及其成功出之, 迺大驚.

❀ 죽일 생각은 없었는데

여태후가 죽자 대신들은 여씨 일족을 무찔러 없앴다. 그러나 여씨 일족들과
깊은 관계에 있었던 벽양후만은 처형당하지 않은 채 무사하였다. 그 또한
모두가 육생과 평원군의 숨은 힘이 작용하였기 때문이다.

그러나 벽양후는 여씨 일족과의 관계가 화근이 되어 마침내 문제孝文帝
때 회남淮南의 여왕厲王에게 죽음을 당하였다. 문제는 또한 벽양후의 빈객인
평원군이 일찍이 벽양후를 위해 계획을 꾸몄다는 것을 알고, 형리를 보내어
그를 체포한 다음 죄상을 밝혀내려 하였다. 형리가 문간에 와 있다는
말을 듣자, 평원군은 스스로 목숨을 끊으려 하였다. 아들들은 물론 형리까지도
다같이 말하였다.

"확실한 결과는 아직 알 수 없는 일입니다. 무엇 때문에 조급하게 스스로
생명을 마치려 하십니까?"

평원군 주건은 이렇게 말하였다.

"내가 죽으면 화가 너희들에게까지 미치지는 않을 것이다."

마침내 평원군은 스스로 자기 목을 찔러 죽어버렸다. 문제는 그 말을
듣고 그를 아까워하며 말하였다.

"그를 죽일 생각은 없었는데."

그리고는 즉시 그의 아들을 불러 중대부中大夫에 임명하였다. 그 아들은
흉노에게 사신으로 갔는데, 흉노 선우單于가 무례하게 굴자 선우를 꾸짖다가
마침내 흉노 땅에서 죽었다.

呂太后崩, 大臣誅諸呂, 辟陽侯於諸呂至深, 而卒不誅. 計畫所以全者,
皆陸生 · 平原君之力也.
孝文帝時, 淮南厲王殺辟陽侯, 以諸呂故. 文帝聞其客平原君爲計策,

使吏捕欲治. 聞吏至門, 平原君欲自殺. 諸子及吏皆曰:「事未可知, 何早自殺爲?」平原君曰:「我死禍絶, 不及而身矣.」遂自剄. 孝文帝聞而惜之, 曰:「吾無意殺之.」迺召其子, 拜爲中大夫. 使匈奴, 單于無禮, 迺罵單于, 遂死匈奴中.

◉ 나는 선비가 아니고 건달이다

처음 패공이 군사를 이끌고 진류 땅을 지나갈 때 역생은 그의 군문에 이르러 명함을 건네며 이렇게 뵙기를 청하였다.

"고양의 천민 역이기가 패공께서 뜨거운 햇볕과 찬이슬을 무릅쓰고 군사를 거느려 초나라를 도와 불의의 진나라를 친다는 말을 듣고, 삼가 따르는 여러분들을 위로하고 패공을 직접 뵈옵고 천하에 대한 계책을 말씀드리고자 합니다."

사자가 들어가 말을 전하자 마침 발을 씻고 있던 패공이 물었다.

"어떻게 생긴 사람인가?"

사자가 대답하였다.

"훌륭한 선비처럼 보입니다. 선비 차림에 측주관側注冠을 썼습니다."

패공이 말하였다.

"정중히 거절하라. 나는 지금 천하를 평정하는 일로 바빠 선비를 만날 겨를이 없다고 전하라."

사자가 나와 말하였다.

"패공께서 삼가 선생께 거절의 말씀을 드리라 하십니다. 지금 천하를 평정하는 일로 바빠 선비를 만날 겨를이 없다 하십니다."

역생은 눈을 부릅뜨고 칼자루에 손을 얹으며 사자에게 호통을 쳤다.

"가거라! 가서 패공께 다시 여쭈어라. 나는 고양의 술이나 퍼 먹는 건달이지 선비가 아니라고 말이다."

그 기세에 사자는 겁을 먹고 이름을 명함을 땅에 떨어뜨렸으나, 무릎을 꿇고 다시 집어들고서 다시 보고를 드렸다.

"손님은 천하의 장사이옵니다. 호통치는 소리에 명함을 떨어뜨리기까지

하였습니다. 그는 '패공께 여쭈어라. 나는 선비가 아니고 고양의 술건달이다'
라고 하였습니다."

패공은 급히 발을 닦고 창을 짚으며 말하였다.

"손님을 모셔들여라."

初, 沛公引兵過陳留, 酈生踵軍門上謁曰:「高陽賤民酈食其, 竊聞沛公暴露,
將兵助楚討不義, 敬勞從者, 願得望見, 口畫天下便事.」使者入通, 沛公方洗,
問使者曰:「何如人也?」使者對曰:「狀貌類大儒, 衣儒衣, 冠側注.」沛公曰:
「爲我謝之, 言我方以天下爲事, 未暇見儒人也.」使者出謝曰:「沛公敬謝先生,
方以天下爲事, 未暇見儒人也.」酈生瞋目案劍叱使者曰:「走! 復入言沛公,
吾高陽酒徒也, 非儒人也.」使者懼而失謁, 跪拾謁, 還走, 復入報曰:「客,
天下壯士也, 叱臣, 臣恐, 至失謁. 曰『走! 復入言, 而公高陽酒徒也』.」沛公遽
雪足杖矛曰:「延客入!」

◉ 천하 제패의 계책

역생은 들어오더니 패공에게 읍만 하고 이렇게 말하였다.

"공께서 몹시 고생을 하시며 옷을 햇볕에 쬐고, 관을 비바람에 적셔가며
군사를 이끌고 초나라를 도와 불의의 진나라를 치고 있습니다. 그러면서
어찌하여 스스로를 아끼지 않습니까? 내가 지금 천하 대사를 가지고
뵈려 하는데도 '천하를 평정하는 일은 바빠 선비를 만날 겨를이 없다'고
하셨습니다. 공께서는 천하의 큰 일을 시작하고 천하의 큰 공을 세우려
하면서 사람의 겉모양만을 보고 그 사람을 판단하려 하니 천하의 유능한
선비들을 다 잃고 마는 일입니다. 아무래도 공의 지혜는 나를 따르지
못하고, 공의 용맹도 나에게 미치지 못할 것 같습니다. 만일 천하의 큰
일을 성취시키려 하면서 나를 만나보려 하지 않는다니 이는 공을 위해서도
큰 실수입니다."

패공은 사과하며 말하였다.

"방금 사자를 통해 선생의 모습을 들었을 뿐이고, 이제 비로소 선생의
뜻을 알게 되었소."

패공은 그를 맞아들여 천하를 얻을 수 있는 방법을 물었다. 역생은 이렇게 대답하였다.

"패공께서 큰 공을 이룩하실 생각이시면 진류현에 머물러 있는 것이 가장 좋습니다. 진류는 천하의 요충 지대이며 또 제후들의 군사가 모이기 쉬운 곳입니다. 저장되어 있는 곡식이 수천만 석에 달하고 성의 수비도 아주 견고합니다. 저는 원래 진류 현령과는 친교가 있습니다. 공을 위해 그를 설득시키겠습니다. 말을 듣지 않으면 공을 위해 그를 죽이고 진류를 항복시키겠습니다. 공은 진류의 군사를 거느리고 진류성을 의지하여 그 저장된 곡식을 군량으로 하며 천하로부터 공을 따르려는 군사들을 불러 모으십시오. 따르는 군사가 충분히 모이게 되면 공이 천하를 횡행하더라도 아무도 공을 해칠 사람은 없을 것입니다."

패공은 말하였다.

"삼가 가르침에 따르겠소."

酈生入, 揖沛公曰:「足下甚苦, 暴衣露冠, 將兵助楚討不義, 足下何不自喜也? 臣願以事見, 而曰『吾方以天下爲事, 未暇見儒人也』. 夫足下欲興天下之大事而成天下之大功, 而以目皮相, 恐失天下之能士. 且吾度足下之智不如吾, 勇又不如吾. 若欲就天下而不相見, 竊爲足下失之.」沛公謝曰:「鄕者聞先生之容, 今見先生之意矣.」迺延而坐之, 問所以取天下者. 酈生曰:「夫足下欲成大功, 不如止陳留. 陳留者, 天下之據衝也, 兵之會地也, 積粟數千萬石, 城守甚堅. 臣素善其令, 願爲足下說之. 不聽臣, 臣請爲足下殺之, 而下陳留. 足下將陳留之衆, 據陳留之城, 而食其積粟, 招天下之從兵; 從兵已成, 足下橫行天下, 莫能有害足下者矣.」沛公曰:「敬聞命矣.」

◉ 현령의 목을 베어 장대에 꽂고

이에 역생은 그 날 밤 진류 현령을 만나 이렇게 말하였다.

"어쨌든 진나라가 무도한 정치를 하였기 때문에 천하가 모두 반기를 들게 된 것이니, 지금 당신이 천하 제후들과 손을 잡게 되면 큰 공을 이룩하게 될 것이오. 그런데 지금 당신 혼자서 이미 다 망해 가는 진나라를 위해 성을 굳게 지키고 있으니, 나는 당신이 위태롭다는 생각을 하지 않을 수가 없소."

진류 현령이 말하였다.

"진나라 법은 너무도 무섭소. 함부로 그런 말을 해서는 안 되오. 말을 함부로 하는 사람은 일족이 모조리 죽게 되니 나로서는 따를 수가 없소. 지금 당신이 하는 말은 내 뜻에 맞지 않소. 두 번 다시 그런 말은 마시오."

역생은 그 곳에 머물러 쉬었다가 밤중이 되자, 현령의 목을 베어 성을 넘어 빠져나와 패공에게 알렸다. 패공은 군사를 거느리고 성을 치며 현령의 머리를 긴 장대 끝에 매달아 성 위에 있는 사람들에게 보여주고 말하였다.

"빨리 항복하라. 너희 현령의 머리를 이미 베었다. 여전히 항복하기를 주저하는 사람은 먼저 목을 벨 것이다."

진류현 사람들은 현령이 이미 죽은 것을 알자, 마침내 다같이 패공에게 항복하였다. 패공은 진류 남성문南城門 위에 막사를 치고 무기고의 무기를 접수하는 한편, 저장한 곡식을 군량으로 충당하며 약 석 달간 머물렀다. 그 동안 모여든 군사가 수만 명에 달하니, 마침내 관중關中으로 쳐들어가 진나라를 깨뜨릴 수 있었다.

於是酈生迺夜見陳留令, 說之曰:「夫秦爲無道而天下畔之, 今足下與天下從則可以成大功. 今獨爲亡秦嬰城而堅守, 臣竊爲足下危之.」陳留令曰:「秦法至重也, 不可以妄言, 妄言者無類, 吾不可以應. 先生所以敎臣者, 非臣之意也, 願勿復道.」酈生留宿臥, 夜半時斬陳留令首, 踰城而下報沛公. 沛公引兵攻城, 縣令首於長竿以示城上人, 曰:「趣下, 而令頭已斷矣! 今後下者必先斬之!」於是陳留人見令已死, 遂相率而下沛公. 沛公舍陳留南城門上, 因其庫兵, 食積粟, 留出入三月, 從兵以萬數, 遂入破秦.

⊛ 사마천의 평어

나 태사공은 이렇게 생각한다.

세상에는 역생에 대한 전기가 많은데, 그것들에는 한왕이 이미 삼진을 점령하고 동쪽으로 항적을 쳐서 공과 낙양 사이로 군대를 이끌고 갔을 때, 역생이 선비 차림으로 한나라 왕에게 유세하였다고 되어 있으나, 이는 잘못된 기록이다. 패공이 아직 관중으로 쳐들어가지 않고 항우와 갈라져 고양에 도착하였을 때, 역생 형제를 만나게 된 것이다. 또 나는 육생이 지은 《신어新語》 12편을 읽었는데 참으로 당세 일류의 변사라 할 수 있다. 평원군에 대해서는 그 아들과 나와 친교가 있는 관계로 자세한 이야기를 말할 수 있다.

太史公曰: 世之傳酈生書, 多曰漢王已拔三秦, 東擊項籍而引軍於鞏洛之閒, 酈生被儒衣往說漢王. 迺非也. 自沛公未入關, 與項羽別而至高陽, 得酈生兄弟. 余讀陸生《新語書》十二篇, 固當世之辯士. 至平原君子與余善, 是以得具論之.

史記列傳

038(98) 부근괴성 열전傅靳蒯成列傳

① 부관傅寬 ② 근흡靳歙 ③ 괴성후蒯成侯, 朱䃿

〈1〉부관傅寬

❂ 한왕 유방을 따라 나서다

양릉후陽陵侯 부관傅寬은 위魏나라 오대부五大夫 기장騎將으로 패공을 따라 그의 가신이 되었다. 횡양橫陽에서 군사를 일으킨 이래, 패공을 따라 안양安陽과 강리현杠里縣을 치고, 조분趙賁의 군사를 개봉開封에서 깨뜨렸으며, 다시 양웅楊熊을 곡우曲遇와 양무현陽武縣에서 깨뜨리고 적군 13명을 벤 공으로 경卿의 작위를 받았다. 계속하여 패공을 따라 패상霸上에 이르렀고, 패공이 한왕이 된 뒤 부관은 봉지를 받고 공덕군共德君에 봉해졌다.

한왕을 따라 한중漢中으로 들어가 우기장右騎將으로 전임되었다가, 한왕을 따라 삼진三秦을 평정하고, 조음현雕陰縣을 식읍으로 받았다. 또 한왕을 따라 항우項羽를 치고, 한왕을 회현懷縣에서 기다린 공으로 통덕후通德侯의 작위를 받았으며 다시 한왕을 따라 항관項冠·주란周蘭·용저龍且를 공격할 때, 부하 병사가 오창敖倉에서 적의 기장 한 명을 베어 식읍을 더 받았다.

陽陵侯傅寬, 以魏五大夫騎將從, 爲舍人, 起橫陽. 從攻安陽·杠里, 擊趙賁軍於開封, 及擊楊熊曲遇·陽武, 斬首十二級, 賜爵卿. 從至霸上. 沛公立爲漢王, 漢王賜寬封號共德君. 從入漢中, 遷爲右騎將. 從定三秦, 賜食邑雕陰. 從擊項籍, 待懷, 賜爵通德侯. 從擊項冠·周蘭·龍且, 所將卒斬騎將一人敖下, 益食邑.

❂ 제나라 재상이 되다

회음후淮陰侯 한신韓信에 소속되어서는 제齊나라 역하歷下의 군대를 격파하고 전해田解를 쳤다. 재상 조삼曹參에 소속되어서는 박博을 무찌르고 식읍을 더 받았다. 이어 제나라 땅을 평정하자, 한왕은 부절을 주어 대대로 계승하게 하고 양릉후에 봉해 식읍으로 2천 600호를 내리고 전에 받은 식읍은 반환토록 하였다. 그는 제나라 승상이 되어 제나라 잔당들에 대비하였으며 5년 뒤에는 제나라 재상이 되었다.

4월, 그는 태위 주발에 예속되어 제나라 재상으로서 승상 번쾌를 대신하여 진희陳豨를 쳤다. 다시 한 달 만에 대代의 상국으로 옮겨가서 변방 주둔군을 통솔하였으며, 그로부터 2년 뒤에는 대의 승상丞相이 되어 계속하여 대의 주둔군을 통솔하였다.

屬淮陰, 擊破齊歷下軍, 擊田解. 屬相國參, 殘博, 益食邑. 因定齊地, 剖符世世勿絶, 封爲陽陵侯, 二千六百戶, 除前所食. 爲齊右丞相, 備齊. 五歲爲齊相國.

四月, 擊陳豨, 屬太尉勃, 以相國代丞相噲擊豨. 一月, 徙爲代相國, 將屯. 二歲, 爲代丞相, 將屯.

◉ 부관의 후손들

혜제孝惠帝 5년, 부관이 죽자 시호를 경후景侯라 하였다. 그의 아들 경후頃侯 정精이 뒤를 이어 후가 된 지 24년 뒤에 죽고, 또 그의 아들 공후共侯 측則이 뒤를 이어 12년 뒤에 죽었다. 그의 아들 언偃이 뒤를 이었으나 31년 뒤에 회남왕淮南王과 함께 반역을 꾀한 사건으로 죽고 봉지도 없어졌다.

孝惠五年卒, 謐爲景侯. 子頃侯精立, 二十四年卒. 子共侯則立, 十二年卒. 子侯偃立, 三十一年, 坐與淮南王謀反, 死, 國除.

〈2〉근흡靳歙

◉ 패공을 따라 나서다

신무후信武侯 근흡은 중연中涓이라는 낮은 관리로 패공을 따라 완구宛胸에서 일어나 제양濟陽을 쳐서 이유李由의 군대를 깨뜨리고, 다시 진나라 군대를 박亳의 남쪽과 개봉開封의 동북쪽에서 쳐서 기병 1천 명, 장수 1명을 베고, 수급 57개와 포로 73명의 전과를 올렸다. 그 공에 의해 임평군臨平君에 봉해졌다.

또 남전현藍田縣 북쪽에서 싸워 거사마車司馬 2명, 기장 1명, 수급 28개, 포로 57명의 전과를 올렸다. 패상에 이르러 한왕이 된 패공은 근흡에게 건무후建武侯의 작위를 내렸다가 기도위騎都尉로 벼슬이 옮겨졌다.

信武侯靳歙, 以中涓從, 起宛朐. 攻濟陽. 破李由軍. 擊秦軍亳南·開封東北, 斬騎千人將一人, 首五十七級, 捕虜七十三人, 賜爵封號臨平君. 又戰藍田北, 斬車司馬二人, 騎長一人, 首二十八級, 捕虜五十七人. 至霸上. 沛公立爲漢王, 賜歙爵建武侯, 遷爲騎都尉.

◉ 한왕을 위해 공을 세우다

한왕을 따라 삼진三秦을 평정하고, 따로 서쪽으로 장평章平의 군대를 농서隴西에서 깨뜨리고 농서 6개 현을 평정하였다. 이 싸움에서는 부하 병사가 적의 거사마와 군후軍侯 각각 4명 및 기장 12명을 베었다.

한왕을 따라 동쪽으로 초나라를 치고 팽성彭城에 이르렀으나, 한나라 군대가 패하여 할 수 없이 물러나 옹구현雍丘縣을 지켰다. 얼마 뒤 왕무王武 등이 반역을 꾀하자, 이를 쳐서 양梁 땅을 공략하였다. 따로 정예 부대를 이끌고, 형열邢說의 군대를 치蒥의 남쪽에서 쳐 깨뜨릴 때에는 손수 형열의 도위 2명과 사마와 군후 12명을 사로잡고 관리와 병사 4천 180명의 항복을 받았다. 또 형양현滎陽縣 동쪽에서는 초나라 군사를 깨뜨렸다.

한나라 3년, 그는 식읍 4천 200호를 받았다.

從定三秦. 別西擊章平軍於隴西, 破之, 定隴西六縣, 所將卒斬車司馬· 侯各四人, 騎長十二人. 從東擊楚, 至彭城. 漢軍敗還, 保雍丘, 去擊反者王武等. 略梁地, 別將擊邢說軍蒥南, 破之, 身得說都尉二人, 司馬·侯十二人, 降吏 卒四千一百八十人. 破楚軍滎陽東. 三年, 賜食邑四千二百戶.

❸ 신무후가 되다

그는 따로 하내河內로 가서 조나라 장수 비학賁郝의 군대를 조가朝歌에서 격파하였다. 이 싸움에서 부하 군사들이 적의 기장 2명과 수레와 말 250마리를 얻었다. 또 패공을 따라 안양安陽에서 동쪽으로 극포棘蒲에 이르기까지를 공략해서 7개 현의 항복을 받았으며, 조나라 군대를 격파하고, 조나라 장수와 사마 2명, 척후斥候 4명을 잡고, 관리와 병사 2천 4백 명의 항복을 받았다.

그는 또 패공을 따라 한단邯鄲을 공격해 항복시켰으며, 따로 평양平陽을 공격하여 손수 적의 수상守相을 베었다. 이 싸움에서 부하 병사가 군수 1명을 베었다. 업현鄴縣의 항복을 받았고, 한왕을 따라 조가와 한단을 쳤으며, 또 따로 조나라 군대를 격파하여 한단군 6개 현을 항복시켰다. 되돌아와 오창敖倉에 진을 치고, 항우의 군사를 성고成皐 남쪽에서 깨뜨려, 초나라의 식량 보급로를 끊었다. 형양으로부터 출병하여 양읍襄邑에 이르러 노성魯城 아래에서 항관項冠의 군사를 깨뜨렸다. 그리고 동쪽으로 증繒·담郯·하비下邳를 공략하였고, 남쪽으로 기蘄·죽읍竹邑에 이르렀다. 제양濟陽 부근에서 항한項悍을 치고, 되돌아나와 항적을 진성陳城 아래에서 격파하였으며, 따로 강릉江陵을 평정하여 강릉의 주국柱國·대사마大司馬 이하 8명의 항복을 받았고, 손수 강릉왕을 생포하여 낙양으로 보내는 등 남군南郡을 평정하였다. 다시 패공을 따라 진陳에 이르러 초楚나라 왕 한신韓信을 사로잡은 공에 의해 부절을 나누어 받고 세습하도록 허락받고, 식읍으로 4천 600호를 받았으며 신무후信武侯라 하였다.

別之河內, 擊趙將賁郝軍朝歌, 破之, 所將卒得騎將二人, 車馬二百五十匹. 從攻安陽以東, 至棘蒲, 下七縣. 別攻破趙軍, 得其將司馬二人, 候四人, 降吏卒二千四百人. 從攻下邯鄲. 別下平陽, 身斬守相, 所將卒斬兵守·郡守各一人, 降鄴. 從攻朝歌·邯鄲, 及別擊破趙軍, 降邯鄲郡六縣. 還軍敖倉, 破項籍軍成皐南, 擊絶楚饟道, 起滎陽至襄邑. 破項冠軍魯下. 略地東至繒·郯·下邳, 南至蘄·竹邑. 擊項悍濟陽下. 還擊項籍陳下, 破之. 別定江陵, 降江陵柱國·大司馬以下八人, 身得江陵王, 生致之雒陽, 因定南郡. 從至陳, 取楚王信, 剖符世世勿絶, 定食四千六百戶, 號信武侯.

❀ 각지를 평정하다

그는 기도위騎都尉가 되어 고조를 따라 대代나라를 치고, 한왕韓王 신信을 평성 아래에서 친 다음, 되돌아와 동원東垣에 진을 친 공로로 거기장군車騎將軍에 올라 양·조·제·연·초나라의 거기車騎를 모두 거느리게 되었다. 따로 진희陳豨의 승상 후창候敞을 쳐서 이를 깨뜨리고, 이어 곡역曲逆의 항복을 받았다. 또 고조를 따라 경포黥布를 공략한 공으로 식읍 5천 300호를 더 받았다.

적의 수급이 모두 90, 포로 132명, 따로 군대를 깨뜨린 것이 14회, 항복받은 성이 59개, 국國과 군郡 각각 하나 및 23개 현을 평정하였다. 그리고 왕과 주국 각각 1명, 2천 석 이하 500석까지의 신분을 가진 자 39명을 사로잡았다.

以騎都尉從擊代, 攻韓信平城下, 還軍東垣. 有功, 遷爲車騎將軍, 幷將梁·趙·齊·燕·楚車騎, 別擊陳豨丞相敞, 破之, 因降曲逆. 從擊黥布有功, 益封定食五千三百戶. 凡斬首九十級, 虜百三十二人; 別破軍十四, 降城五十九, 定郡·國各一, 縣二十三; 得王·柱國各一人, 二千石以下至五百石三十九人.

❀ 근흡의 후손들

여태후 5년에 근흡이 죽자, 숙후肅侯라는 시호가 내려졌다. 그의 아들 정亭이 뒤를 이어 후가 되었다. 그리고 21년 뒤인 문제孝文帝 후원後元 3년에 법에 정해져 있는 것보다 지나치게 부역을 시킨 죄로 후를 박탈당하고 봉지도 없어졌다.

高后五年, 歙卒, 謚爲肅侯. 子亭代侯. 二十一年, 坐事國人過律, 孝文後三年, 奪侯, 國除.

〈3〉주설周緤

◈ 고조를 따라 나서다

괴성후削成侯 주설周緤은 패현沛縣사람으로 성은 주씨周氏이다. 고조의 참승參乘을 지냈는데 패공이 패沛에서 군사를 일으킬 때 사인으로 참가하였다. 그는 패공을 따라 패상에 이르러 서쪽으로 촉과 한중으로 들어갔다가 되돌아나와 삼진을 평정하여 지양池陽을 식읍으로 받았다.

동쪽으로 초나라의 식량 보급로를 끊었으며, 한왕을 따라 평음平陰에서 황하를 건너 양국현襄國縣에서 회음후淮陰侯의 군대와 만났는데, 싸움이 유리하게 되거나 불리하게 되거나 간에, 그는 시종 고조를 왕을 모실 뿐 떠날 생각을 하지 않았다.

고조는 주설을 신무후信武侯에 봉하고 3천 300호의 식읍을 주었다. 한나라 12년, 고조는 주설을 다시 괴성후削成侯에 봉하고 전의 식읍은 제외하였다.

削成侯緤者, 沛人也, 姓周氏. 常爲高祖參乘, 以舍人從起沛. 至霸上, 西入蜀·漢·還定三秦, 食邑池陽. 東絶甬道, 從出度平陰, 遇淮陰侯兵襄國, 軍乍利乍不利, 終無離上心. 以緤爲信武侯, 食邑三千三百戶. 高祖十二年, 以緤爲削成侯, 除前所食邑.

◈ 진심으로 나를 사랑하는구나

고조가 진희를 친히 치려고 할 때 괴성후는 울면서 말하였다.

"일찍이 진나라가 천하를 정벌할 때, 시황은 한 번도 직접 나간 일이 없었습니다. 그런데 폐하께서는 항상 친히 나가시니 시킬 만한 사람이 없어서입니까?"

고조는 주설이 자기를 진심으로 걱정하고 있다고 생각하고, 그에게 대궐 안에서 빠른 걸음을 걷지 않아도 되며, 사람을 죽여도 사형에 처하지 않겠다는 특전을 내렸다.

上欲自擊陳豨, 蒯成侯泣曰:「始秦攻破天下, 未嘗自行. 今上常自行, 是爲無人可使者乎?」上以爲「愛我」賜入殿門不趨, 殺人不死.

● 주설의 후손들

문제 5년, 주설이 죽자 시호로 정후貞侯라 하였으며, 그의 아들 창昌이 뒤를 이어 후가 되었으나, 죄를 범해 봉지를 잃고 말았다.

경제孝景帝 중원中元 2년에 설의 아들 거居가 뒤를 이어 후가 되었다. 원정元鼎 3년 거는 태상太常이 되었으나 죄를 범하여 봉지를 잃었다.

至孝文五年, 緤以壽終, 諡爲貞侯. 子昌代侯, 有罪, 國除. 至孝景中二年, 封緤子居代侯. 至元鼎三年, 居爲太常, 有罪, 國除.

● 사마천의 평어

나 태사공은 이렇게 생각한다.

양릉후 부관과 신무후 근흡은 모두 높은 작위에 올랐다. 고제를 따라 산동에서 일어나 항적을 치고, 명장을 무찌르며 군사를 깨뜨리고 성의 항복을 받은 것이 수십 건에 달하였으나, 한 번도 곤욕을 치른 일이 없었다. 이 또한 하늘이 준 행운이리라.

괴성후 주설은 마음을 굳고 바르게 가져 그 자신 남에게 의심받은 일이 없었다. 고조가 직접 싸움에 나설 때마다 눈물을 흘리지 않은 적이 없었다. 이것은 마음에 아픈 것을 가지고 있는 자였기 때문이었으니 성실하고 독실한 마음의 착한 군자라 할 수 있다.

太史公曰: 陽陵侯傅寬·信武侯靳歙皆高爵, 從高祖起山東, 攻項籍, 誅殺名將, 破軍降城以十數, 未嘗困辱, 此亦天授也. 蒯成侯周緤操心堅正, 身不見疑, 上欲有所之, 未嘗不壽涕, 此有傷心者然, 可謂篤厚君子矣.

史記列傳

039(99) 유경숙손통 열전劉敬叔孫通列傳

①유경劉敬, 婁敬 ②숙손통叔孫通

〈1〉유경劉敬, 婁敬

🌑 고조를 만나겠소

유경劉敬은 제齊나라 사람으로, 한漢나라 5년에 위수병衛戍兵이 되어 농서隴西郡로 가던 도중, 고제高帝가 머물고 있던 낙양을 지나게 되었다. 그때 누경婁敬은 양가죽 옷을 입은 채 만로輓輅라는 끄는 수레에서 뛰어내려 제나라 출신인 우虞장군을 찾아가 이렇게 청을 하였다.

"폐하를 뵙고 국가 이익에 관한 말씀을 드리고 싶습니다."

이에 우장군이 좋은 새 옷을 주어 갈아 입히려 하자 누경이 말하였다.

"저는 비단옷을 입었으면 비단옷을 입은 채, 베옷을 입었으면 베옷을 입은 채로 임금을 뵐 것입니다. 옷은 갈아입지 않겠습니다."

우장군이 안으로 들어가 고조께 아뢰자, 고조는 누경을 불러 음식을 내려주었다.

劉敬者, 齊人也. 漢五年, 戍隴西, 過洛陽, 高帝在焉. 婁敬脫輓輅, 衣其羊裘, 見齊人虞將軍曰:「臣願見上言便事.」虞將軍欲與之鮮衣, 婁敬曰:「臣衣帛, 衣帛見; 衣褐, 衣褐見: 終不敢易衣.」於是虞將軍入言上. 上召入見, 賜食.

🌑 낙양을 도읍으로 정해서는 안 됩니다

이윽고 그가 하고자 하는 말이 무엇인가 물었더니 누경은 이렇게 말하였다.

"폐하께서 낙양에 도읍하신 것은, 옛날 주周나라 왕실과 그 융성함에 버금가고자 하는 생각에서 그렇게 여기는 것입니까?"

고조가 말하였다.

"그렇소."

그러자 누경은 이렇게 말하였다.

"폐하께서 천하를 얻게 되신 것은 주나라 왕실과는 다릅니다. 주나라 선조는 후직后稷인데, 요堯 임금이 그를 태邰 땅에 봉하였습니다. 그로부터 덕을 쌓고 선을 쌓기 10여 대를 지나, 공류公劉는 하夏나라 걸왕桀王의 학정을 피해 빈豳 땅에 살게 되었습니다. 그 뒤 태왕太王, 古公亶父은 적인狄人의 침략을 피해 빈을 떠나 다시 말 채찍을 잡고 기岐로 옮겨와 살게 되었습니다. 그러자 빈 땅 사람들이 앞다투어 그를 따랐습니다. 문왕文王이 서백西伯이 되어 우虞나라와 예芮나라의 소송을 판가름해 줌으로써 비로소 천명을 받게 되자, 태공망太公望 여상呂尙과 백이伯夷가 바닷가로부터 찾아와 문왕에게 귀의하였습니다. 무왕武王이 은殷나라 주왕紂王을 칠 때에는 미리 약속해 둔 것도 아니었는데, 맹진孟津에 모여든 제후들이 800명에 이르렀고, 그들이 모두 주紂는 마땅히 쳐야 한다고 입을 모으자, 마침내 은나라를 멸망시켰던 것입니다.

성왕成王이 즉위하자, 주공周公이 보좌하여 재상으로 있으면서 성주成周의 도읍을 낙읍洛邑에다 세웠는데, 그 낙읍은 천하의 중심으로서 제후들이 사방으로부터 조공을 드리고 부역을 바치기에 거리가 비슷하다고 생각하였기 때문입니다. 낙읍은 덕이 있는 사람에게는 왕 노릇하기가 쉽고, 덕이 없는 사람에게는 망하기 쉬운 땅입니다. 이 땅에 도읍을 정한 것은 주나라가 대를 잇는 왕들로 하여금 덕으로써 백성들을 이끌려 한 것이었으며, 험한 지형을 믿고 후손들이 백성들을 학대하는 일이 없도록 하고자 함입니다. 주나라가 흥하였을 때는 천하가 화합하였고, 사방의 오랑캐들도 그 덕과 교화에 힘입어 의와 덕을 사모하며 다같이 천자를 섬겼습니다. 한 명의 군사도 주둔시키지 않고, 한 명의 군사도 싸움을 하지 않았는데도 주위의 여러 민족과 큰 나라의 백성들까지 모두 기꺼이 찾아와 조공과 부역을 바치지 않는 사람이 없었습니다. 그런데 주나라가 약해지자, 동과 서로 나뉘어 두 개의 주나라가 되었고, 천하에는 입조하는 제후도 없었고, 주실은 그들을 눌러 다스릴 수도 없었습니다. 이것은 덕이 박해진 때문이 아니라, 그들의 형세가 약해진 때문이었습니다.

지금 폐하께서는 풍豊・패沛에서 일어나 군사 3천 명을 이끌고 진격하여 촉蜀・한漢을 석권하고, 삼진三秦을 평정하여 항우와 형양榮陽에서 싸우고,

성고成皐의 요충을 다투어 큰 싸움이 70회, 작은 싸움이 40회에 이르렀습니다. 이로 인해 살상된 천하의 백성들의 간과 골이 땅을 덮고, 아비와 자식이 함께 뼈를 들판에 버려 둔 일이 이루 헤아릴 수 없이 많습니다. 통곡과 흐느낌 소리가 아직도 끊이지 않고, 부상당한 사람은 지금도 일어나지 못하고 있는 형편입니다. 그런데 폐하께서는 주나라의 전성기인 성왕·강왕康王 시대와 융성함을 겨루려 하여 낙양에 도읍을 하려 하신다니, 신에게는 그 일이 적이 온당치 않은 일인 줄로 생각되옵니다.

한편 진나라 땅은 산으로 둘러싸이고 황하를 두르고 있으며, 사방의 요새가 더없이 견고하게 지키고 있어 갑자기 위급한 사태에 직면하더라도 100만 대군을 배치시키기에 충분합니다. 진나라의 옛 땅을 차지하여 다시 없이 기름진 땅을 바탕으로 삼게 되면 이야말로 이른바 천부天府라는 것입니다. 폐하께서 관중으로 들어가 그곳에 도읍을 정하시면 산동山東 땅이 어지러워지더라도 진나라 옛 땅만은 고스란히 그대로 보존할 수 있습니다. 사람이 서로 싸울 때 상대편의 목을 조르고 그의 등을 치기 전에는 완전한 승리를 거둘 수는 없습니다. 지금 폐하께서 함곡관函谷關에 들어가 그곳에 도읍을 정하시고 진나라 옛 땅을 차지하게 되시면, 천하의 목을 조르고 그 등을 치게 되는 것과 같다고 말할 수 있을 것입니다."

已而問婁敬, 婁敬說曰:「陛下都洛陽, 豈欲與周室比隆哉?」上曰:「然.」婁敬曰:「陛下取天下與周室異. 周之先自后稷, 堯封之邰, 積德累善十有餘世. 公劉避桀居豳. 太王以狄伐故, 去豳, 杖馬箠居岐, 國人爭隨之. 及文王爲西伯, 斷虞芮之訟, 始受命, 呂望·伯夷自海濱來歸之. 武王伐紂, 不期而會孟津之上八百諸侯, 皆曰紂可伐矣, 遂滅殷. 成王卽位, 周公之屬傳相焉, 迺營成周洛邑, 以此爲天下之中也, 諸侯四方納貢職, 道里均矣, 有德則易以王. 無德則易以亡. 凡居此者, 欲令周務以德致人, 不欲依阻險, 令後世驕奢以虐民也. 及周之盛時, 天下和洽, 四夷鄕風, 慕義懷德, 附離而並事天子, 不屯一卒, 不戰一士, 八夷大國之民莫不賓服, 效其貢職. 及周之衰也, 分而爲兩, 天下莫朝, 周不能制也. 非其德薄也, 而形勢弱也. 今陛下起豐沛, 收卒三千人, 以之徑往而卷蜀漢, 定三秦, 與項羽戰滎陽, 爭成皐之口, 大戰七十, 小戰四十,使天下之民肝腦塗地, 父子暴骨中野, 不可勝數, 哭泣之聲未絶, 傷痍者未起, 而欲比隆於成康之時, 臣竊以爲不侔也. 且夫秦地被山帶河, 四塞以爲固, 卒然有急, 百萬之衆可具也. 因秦之故, 資甚美膏腴之地, 此所謂天府者也. 陛下入關而都之, 山東雖亂, 秦之故地可全而有也. 夫與人鬪, 不搤其亢, 拊其背, 未能全其勝也. 今陛下入關而都, 案秦之故地, 此亦搤天下之亢而拊其背也.」

☯ 관중에 도읍을 정하고 누경에게 유씨劉氏 성을 하사하다

고조가 누경의 말에 대해 여러 신하들의 의견을 묻자, 신하들은 모두 산동 출신이었으므로 누구나 누경의 의견에 반대하여 이렇게 말하였다.

"주나라는 수백 년이나 왕 노릇을 계속하였으나 진나라는 겨우 2세로서 망하였습니다. 낙양에 도읍을 정하느니만 못합니다."

고조는 주저하여 결정을 내리기 어려웠다. 그러나 유후留侯 장량張良이 함곡관으로 들어가는 것이 유리하다는 것을 분명히 말하였다.

이에 고조는 그 날로 수레를 서쪽으로 향해 몰아 관중에 도읍을 정하였다. 그리고 고조는 말하였다.

"진나라 옛 땅에 도읍을 정하라고 처음 말한 것은 누경이다. 누婁는 유劉와 음이 비슷하다."

그리고 누경의 성을 유劉씨로 내리고, 낭중郎中에 임명하여 봉춘군奉春君이라고 불렀다.

高帝問羣臣, 羣臣皆山東人, 爭言周王數百年, 秦二世卽亡, 不如都周. 上疑未能決. 及留侯明言入關便, 卽日車駕西都關中.

於是上曰:「本言都秦地者婁敬, '婁'者乃'劉'也.」賜姓劉氏, 拜爲郎中, 號爲奉春君.

☯ 흉노는 칠 수 없습니다

한漢나라 7년, 한왕韓王 신信이 반란을 일으켰다. 고조는 몸소 군대를 이끌고 진양晉陽에 이르게 되었는데, 신이 흉노와 내통하여 함께 한나라를 치려 한다는 말을 듣자 크게 노하여 흉노에게 사신을 보냈다. 흉노는 그들 장사와 살찐 소와 말들을 숨기고 노약자와 여윈 가축만이 눈에 띄게 해 두었다.

그 때문에 사신들이 열 명이나 갔는데도 돌아와서는 모두가 흉노는 칠 만하다고 보고하는 것이었다. 고제는 이번에는 다시 유경을 사신으로 흉노에 보냈다. 그런데 유경은 돌아와 이렇게 보고하는 것이었다.

"두 나라가 교전하고 있을 경우에는 저마다 자기편의 이로운 점을 자랑하려 드는 것입니다. 그런데 지금 신이 그곳에 도착하자 여위고 지쳐 보이는 노약자들만 눈에 띄었습니다. 이것은 틀림없이 약점을 보여 놓고 복병으로써 승리를 취하려는 계략입니다. 신의 어리석은 생각 같아서는 흉노는 칠 수 없다고 여깁니다."

이 무렵 한나라 군대 20만 명이 이미 구주산句注山 너머로 진격하고 있었다. 고제는 화를 내며 유경을 꾸짖었다.

"이 제나라 포로 녀석아! 입과 혀를 놀려 벼슬을 얻더니 이제 망언으로 우리 군대의 행진을 막을 셈이냐?"

그리고는 유경에게 칼을 씌워 광무廣武의 옥에다 가둔 다음 진군하여 평성平城에 도착하였다. 흉노는 과연 복병을 내어 고조를 백등산白登山에서 포위하였다가 7일 만에 포위를 풀어주어 겨우 벗어날 수 있었다. 고제는 광무로 돌아오자 곧 유경을 풀어주며 말하였다.

"나는 그대 말을 듣지 않았기 때문에 평성에서 욕을 당하게 되었소. 앞서 흉노를 치자고 말한 열 명의 사자들은 모조리 목베었소."

그리고는 유경을 2천 호에 봉하여 관내후關內侯로 하고 건신후建信侯라 불렀다.

漢七年, 韓王信反, 高帝自往擊之. 至晉陽, 聞信與匈奴欲共擊漢, 上大怒, 使人使匈奴. 匈奴匿其壯士肥牛馬, 但見老弱及羸畜. 使者十輩来, 皆言匈奴可擊. 上使劉敬復往使匈奴, 還報曰:「兩國相擊, 此宜夸矜見所長. 今臣往, 徒見羸瘠老弱, 此必欲見短, 伏奇兵以爭利. 愚以爲匈奴不可擊也.」是時漢

兵已踰句注, 二十餘萬兵已業行. 上怒, 罵劉敬曰:「齊虜! 以口舌得官, 今迺
妄言沮吾軍.」械繫敬廣武. 遂往, 至平城, 匈奴果出奇兵圍高帝白登, 七日
然後得解. 高帝至廣武, 赦敬, 曰:「吾不用公言, 以困平城. 吾皆已斬前使十
輩言可擊者矣.」迺封敬二千戶, 爲關內侯, 號爲建信侯.

⚙ 공주를 흉노에게 시집보내다

고조는 평성에서 군대를 거두어 돌아오자 한왕 신은 흉노 땅으로 도망쳤다.
당시의 흉노는 묵돌冒頓 또는 모돈이 선우單于로 있었으며, 그 묵돌의
군사가 강하여 궁사 30만을 거느리고 있으면서 자주 한나라의 북방 변경을
괴롭히고 있었다. 고조가 이 문제를 유경에게 의논하자 그는 이렇게 말하였다.
"천하는 이제 겨우 평정되었습니다. 군사들은 전쟁에 지쳐 있어 도저히
무력으로 흉노를 정복할 수는 없습니다. 묵돌은 그의 아비를 죽이고 왕이
되어 아비의 첩들을 데리고 살며 힘을 자랑하고 있습니다. 도저히 인의로써
그를 설득시킬 수는 없습니다. 다만 묵돌의 자손들을 한나라 신하가 되도록
하는 계책을 세울 수 있을 뿐입니다. 그러나 폐하께서 그것을 실행하지는
못할 것입니다."

고조가 물었다.

"참으로 좋은 모책이라면, 무엇 때문에 실행할 수 없겠소! 대체 어떻게
하면 된다는 것이오?"

유경은 이렇게 설명하였다.

"폐하께서 만일 본처의 맏공주를 모돈에게 시집보내시고 후한 예물을
내리시게 되면, 그는 한나라 정실 소생인 공주의 귀하심과 선물의 후한
것을 알고 비록 오랑캐이지만, 한나라를 존경하여 공주를 연지閼氏, 왕비로
세울 것입니다. 그리고 공주가 아들을 낳게 되면, 틀림없이 그들의 태자로
삼아 자기를 대신해 선우가 되도록 할 것입니다. 왜냐하면 한나라에서
들어오는 후한 폐백을 탐내기 때문입니다. 폐하께서 사철을 따라 한나라
에서는 쓰고 남지만, 흉노에서는 구하기 힘든 물건들을 보내주면서 소식을
전하고, 그 기회에 말 잘하는 변사를 보내 은근히 예절에 대한 것을 가르쳐

주게 되면, 묵돌이 살아 있는 동안에는 그가 폐하의 사위가 되는 것이며, 그가 죽으면 폐하의 외손이 선우가 되는 것입니다. 외손자로서 외조부와 감히 대등한 예를 주장한 사람을 일찍이 들은 일이 없습니다. 이렇게 되면 싸울 것도 없이 흉노를 점차 신하로 만들게 됩니다. 만일 폐하께서 적장공주를 보내실 수가 없어 종실이나 후궁의 딸을 공주라 속이고 보내게 되면, 묵돌도 눈치를 채고 소중히 알거나 가까이하려 하지 않을 것이니 그렇게 되면 아무런 효과를 볼 수 없게 됩니다."

고조가 허락하였다.

"좋소."

그리고는 공주를 보내려 하였다. 그러자 여태후가 밤낮으로 울면서 이렇게 말하였다.

"소첩에게는 오직 태자와 딸 하나가 있을 뿐인데, 그 딸 하나를 어찌 흉노에 시집보내려 하십니까?"

고조는 차마 공주를 보낼 수 없어 가인家人, 궁녀을 골라 적장공주라 속여 선우에게 시집보내기로 하고, 유경을 흉노로 보내어 화친을 맺도록 하였다.

高帝罷平城歸, 韓王信亡入胡. 當是時, 冒頓爲單于, 兵彊, 控弦三十萬, 數苦北邊. 上患之, 問劉敬. 劉敬曰「天下初定, 士卒罷於兵, 未可以武服也. 冒頓殺父代立, 妻羣母, 以力爲威, 未可以仁義說也. 獨可以計久遠子孫爲臣耳, 然恐陛下不能爲.」上曰「誠可, 何爲不能! 顧爲柰何?」劉敬對曰「陛下誠能以適長公主妻之, 厚奉遺之, 彼知漢適女送厚, 蠻夷必慕以爲閼氏, 生子必爲太子, 代單于. 何者? 貪漢重幣. 陛下以歲時漢所餘彼所鮮數問遺, 因使辯士風諭以禮節. 冒頓在, 固爲子婿; 死, 則外孫爲單于. 豈嘗聞外孫敢與大父抗禮者哉? 兵可無戰以漸臣也. 若陛下不能遣長公主, 而令宗室及後宮詐稱公主, 彼亦知, 不肯貴近, 無益也.」高帝曰「善.」欲遣長公主. 呂后日夜泣, 曰「妾唯太子・一女, 柰何弃之匈奴!」上竟不能遣長公主, 而取家人子名爲長公主, 妻單于. 使劉敬往結和親約.

⊛ 토호들을 장안으로 옮겨 살도록 하십시오

유경은 흉노에서 돌아오자 이번에는 이렇게 의견을 말하였다.

"흉노들 중에도 하남河南에 있는 백양白羊과 누번樓煩 두 왕의 나라는 장안長安에서 가까운 거리로 700리밖에 되지 않으며 가볍게 무장한 기병부대라면 하루 낮밤이면 관중에 이를 수 있습니다. 관중은 전쟁의 재앙을 입은 지 얼마 되지 않았고, 백성들이 적지만 땅이 기름지기 때문에 많은 백성들을 옮겨와 살게 할 수 있습니다. 진나라 말기에 제후들이 일어났을 때, 제나라 전田씨, 초나라의 명문 소昭·굴屈·경景씨가 협력하지 않았다면 누구도 일어날 수가 없었을 것입니다. 지금 폐하께서 관중에 도읍을 정하기는 하였으나, 실상 살고 있는 백성들은 얼마 되지 않으며, 게다가 북쪽으로는 흉노와 가깝고 동쪽에는 옛 여섯 나라의 왕족이면서 강력한 힘을 가진 자들이 있어, 하루아침에 변란이라도 생기게 되면, 폐하께서는 베개를 높이 하고 편히 쉴 수 없습니다. 바라건대 폐하께서는 제나라 전씨 일족과 초나라의 소·굴·경씨, 그리고 연燕·조趙·한韓·위魏나라의 왕족들의 후예 및 호걸과 명문의 사람들을 관중에 옮겨 살도록 조치를 취하십시오. 그렇게 되면 천하가 무사할 때에는 흉노에 대비할 수가 있고, 제후들이 변란을 일으켰을 때에는 그들을 이끌고 동쪽을 치기에 충분할 것입니다. 이것이야 말로 나라의 뿌리를 튼튼히 하고 끝을 약하게 만드는 방법입니다."

고제는 말하였다.

"좋소."

고제는 유경으로 하여금 그가 말한 계획대로 10여만 명의 사람들을 관중으로 옮겨와 살게 하였다.

劉敬從匈奴來, 因言「匈奴河南白羊·樓煩王, 去長安近者七百里, 輕騎一日一夜可以至秦中. 秦中新破, 少民, 地肥饒, 可益實. 夫諸侯初起時, 非齊諸田, 楚昭·屈·景莫能興. 今陛 下雖都關中, 實少人. 北近胡寇, 東有六國之族, 宗彊, 一日有變, 陛下亦未得高枕而臥也. 臣願陛下徙齊諸田, 楚昭·屈·景, 燕·趙·韓·魏後, 及豪桀名家居關中. 無事, 可以備胡; 諸侯有變, 亦足率以東伐. 此彊本弱末之術也」. 上曰:「善.」迺使劉敬徙所言關中十餘萬口.

☀ 호랑이 입을 벗어났소

숙손통叔孫通은 설薛 땅 사람으로 진나라 때에 학문이 뛰어나다 하여 조정으로 불려 가 장차 박사博士로 임명되기를 기다리고 있었다. 몇 해 뒤에 진승陳勝이 산동에서 군사를 일으켰다는 보고를 받고 2세 황제는 박사와 선비들을 불러 물었다.

"초나라 진승이 기현蘄縣을 공격하여 진陳에 이르렀다고 하는데, 그대들은 어떻게 생각하시오?"

박사와 선비 30여 명이 나아가 말하였다.

"신하로서는 반역할 생각마저 가질 수 없는 일입니다. 그러한 생각만 품고 있어도 그것은 이미 반역입니다. 죽어 마땅하며 용서함이 없어야 할 줄로 압니다. 바라건대 폐하께서는 급히 군사를 보내어 이를 치셔야 합니다."

2세 황제는 반역이라는 말을 듣자 노하여 얼굴색이 변하였다. 그러자 숙손통이 나서며 말하였다.

"여러 선비들의 말은 옳지 않습니다. 지금 천하는 통일하여 한집안이 되었고, 군과 현의 성을 허물어졌으며, 무기를 녹여 그것을 두 번 다시 무기로 쓰지 않을 것을 천하에 보였습니다. 그리고 위로는 밝으신 임금이 계시고 아래로는 법령이 완비되어 있어 사람들은 저마다 자신의 일에 충실하고 사방 백성들은 조정에 복종하고 있습니다. 어찌하여 감히 반역을 꾀하는 자가 있겠습니까! 그것은 한낱 좀도둑에 불과한 것으로 거론할 가치도 없습니다. 곧 군수와 군위가 그들을 잡아 그 죄를 묻게 될 것이오니 더 이상 걱정하실 필요가 없습니다."

2세는 기뻐하며 말하였다.

"훌륭하오."

그리고 2세는 박사와 선비 한 사람씩 차례로 의견을 물었다. 박사와 선비들 중에는 혹은 '반역'이라 하고, 혹은 '도적'에 불과하다고 하였다. 2세 황제는 어사御使에게 명하여 '반역'이라고 말한 사람들을 조사한 다음,

그들을 형리의 손에 넘기도록 하였다. 마땅한 대답을 하지 않았다는 죄목이었다. 그리고 도적이라고 말한 사람들은 그대로 용서하였다. 특히 숙손통에게는 비단 20필과 옷 한 벌을 준 다음 박사에 임명하였다. 숙손통이 궁중에서 물러나 숙사로 돌아오자 박사와 선비들이 불평하였다.

"선생은 어찌 그렇게 아첨을 잘하시오?"

그러자 숙손통은 이렇게 말하였다.

"당신들은 모르오. 나는 하마터면 호랑이 입을 벗어나지 못할 뻔하였소."

叔孫通者, 薛人也. 秦時以文學徵, 待詔博士. 數歲, 陳勝起山東, 使者以聞, 二世召博士諸儒生問曰:「楚戍卒攻蘄入陳, 於公如何?」博士諸生三十餘人前曰:「人臣無將, 將卽反, 罪死無赦. 願陛下急發兵擊之.」二世怒, 作色. 叔孫通前曰:「諸生言皆非也. 夫天下合爲一家, 毀郡縣城, 鑠其兵, 示天下不復用. 且明主在其上, 法令具於下, 使人人奉職, 四方輻輳, 安敢有反者! 此特羣盜鼠竊狗盜耳, 何足置之齒牙閒. 郡守尉今捕論, 何足憂.」二世喜曰:「善.」盡問諸生, 諸生或言反, 或言盜. 於是二世令御史案諸生言反者下吏, 非所宜言. 諸言盜者皆罷之. 迺賜叔孫通帛二十匹, 衣一襲, 拜爲博士. 叔孫通已出宮, 反舍, 諸生曰:「先生何言之諛也?」通曰:「公不知也, 我幾不脫於虎口!」

🏵 진나라를 피해 설 땅으로 도망가다

숙손통은 그 길로 설 땅으로 도망쳤던 것이다. 설은 이미 초나라에 항복해 있었다. 항량項梁이 설에 오자 숙손통은 그를 따랐다. 그리고 항량이 정도定陶에서 패하자 회왕懷王을 따랐고, 회왕이 의제義帝가 되어 장사長沙로 옮겨가자 그대로 머물러 항우를 섬겼다.

한漢나라 2년, 한왕이 다섯 제후들을 이끌고 팽성彭城에 들어오자, 숙손통은 한왕에게 항복하였다. 그러나 한왕이 패해 서쪽으로 물러갔지만 이번에는 그대로 한왕을 따랐다.

迺亡去, 之薛, 薛已降楚矣. 及項梁之薛, 叔孫通從之. 敗於定陶, 從懷王.

懷王爲義帝, 徙長沙, 叔孫通留事項王. 漢二年, 漢王從五諸侯入彭城, 叔孫通降漢王. 漢王敗而西, 因竟從漢.

◉ 제자들은 하나도 추천하지 않은 숙손통

숙손통은 늘 선비 차림을 하고 있었는데, 한왕이 선비를 싫어하는 것을 알게 되자 즉시 옷을 바꾸어 초나라 풍속을 따라 짧은 옷을 입었다. 이리하여 생각대로 한왕의 환심을 샀다.

숙손통은 한나라에 항복하였을 때, 제자 유생들이 100여 명이나 되었는데, 숙손통은 그 중 한 사람도 한왕에게 추천하지 않고, 오로지 도둑이나 장사꾼들만 천거하였다. 이에 제자들은 뒤에서 욕을 하였다.

"우리는 선생을 몇 해나 섬겼고 요행히 선생을 따라 한나라를 따르게 되었는데 선생은 우리들을 추천할 생각은 아니하고 교활한 녀석들만 추천하고 있으니 어찌 이럴 수 있다는 말인가?"

숙손통이 그 말을 듣자 제자들에게 이렇게 일렀다.

"한왕은 지금 화살과 돌을 무릅쓰고 천하를 다투고 있는 중이다. 너희들에게 싸울 만한 능력이 있느냐? 그러므로 우선 적장을 베고 적의 깃발을 빼앗아올 수 있는 사람들을 추천하는 것이니, 나를 믿고 잠시만 기다리고 있거라. 나는 너희들을 잊지 않는다."

한왕은 숙손통을 박사에 임명하고 호를 직사군稷嗣君이라 하였다.

叔孫通儒服, 漢王憎之; 迺變其服, 服短衣, 楚製, 漢王喜.

叔孫通之降漢, 從儒生弟子百餘人, 然通無所言進, 專言諸故羣盜壯士進之. 弟子皆竊罵曰：「事先生數歲, 幸得從降漢, 今不能進臣等, 專言大猾, 何也?」叔孫通聞之, 迺謂曰：「漢王方蒙矢石爭天下, 諸生寧能鬪乎? 故先言斬將搴旗之士. 諸生且待我, 我不忘矣.」漢王拜叔孫通爲博士, 號稷嗣君.

◉ 의례 제도를 정하다

한나라 5년, 천하를 통일하게 되자 제후들은 정도定陶에서 함께 한왕을 황제로 추대하였다. 이때 숙손통이 의식 절차와 호칭을 정하게 되었다.

그 뒤 고조는 진나라 시대의 까다로운 의례를 모조리 없애버리고 법을 간편하게 하였다. 그런데 여러 신하들은 술만 마시면 서로 공로를 놓고 다투었으며, 취한 다음에는 큰 소리를 지르는가 하면, 칼을 뽑아들고 궁전 기둥을 치기도 하였다. 고조는 그런 꼴을 보고 몹시 걱정이 되었다.

숙손통은 황제가 차츰 신하들의 난폭한 모습을 싫어하게 된 것을 알자 이렇게 진언하였다.

"대체로 선비란 자들은 천하를 얻는 일에 함께 나아가기를 꾀하는 것은 어렵지만, 이루어놓은 사업을 지키는 일에 쓰기에는 적당합니다. 바라건대 노魯나라 선비들을 불러들여 신의 제자들과 함께 조정의 의례를 제정하도록 허락해 주십시오."

고조가 말하였다.

"너무 어려운 일이 아니오?"

숙손통이 말하였다.

"오제五帝는 각각 음악을 달리하였고, 삼왕三王은 각각 예법을 달리하였습니다. 예법이란 시대와 정서에 맞게 간략하게 하기도 하고 꾸미기도 하는 것입니다. 그 때문에 하·은·주의 예법은 각기 그 전대의 예법을 따르면서도 취사선택하였다라고 말하는 것입니다. 이는 예법이란 전 시대의 것을 그대로 따르기만 하는 것이 아니라는 뜻입니다. 신은 고대의 예법을 바탕으로 거기에 진나라의 의법도 참작하여 새로운 한나라의 의례를 만들고자 합니다."

고조가 허락하였다.

"시험삼아 만들어 보시오. 그러나 알기 쉽게 해야 하며 내가 능히 실행할 수 있도록 하여 만들어야 합니다."

漢五年, 已幷天下, 諸侯共尊漢王爲皇帝於定陶, 叔孫通就其儀號. 高帝悉去秦苛儀法, 爲簡易. 羣臣飮酒爭功, 醉或妄呼, 拔劍擊柱, 高帝患之. 叔孫通知上益厭之也, 說上曰:「夫儒者難與進取, 可與守成. 臣願徵魯諸生, 與臣弟子共起朝儀」高帝曰:「得無難乎?」叔孫通曰:「五帝異樂, 三王不同禮. 禮者, 因時世人情爲之節文者也. 故夏·殷·周之禮所因損益可知者, 謂不相復也. 臣願頗采古禮與秦儀雜就之.」上曰:「可試爲之, 令易知, 度吾所能行爲之.」

⊛ 부름을 거부한 노나라의 두 선비

이에 숙손통은 노나라에 가서 선비 30여 명을 추려 소집해 오도록 하였다. 그런데 그 중 두 사람만은 동행하기를 거절하며 이렇게 말하였다.

"당신이 섬긴 임금은 열 명이나 되는데 당신은 그들 앞에서 모두 아첨함으로써 가까워지고 귀하게 되었습니다. 그런데 지금 천하가 겨우 평정되었을 뿐 죽은 사람은 아직 땅에 묻히지 못한 채 있고, 부상한 사람은 다시 일어날 수 없는 형편에 놓여 있는데, 예악禮樂을 일으키려 하고 있습니다. 예악이 일어나는 것은 그만한 까닭이 있어야 하는 것으로 천자가 100년 이상 덕을 쌓아야 비로소 일어나게 되는 것입니다. 우리들은 당신이 하려는 것을 차마 함께 할 수가 없습니다. 당신이 하려는 것은 옛 법에 맞지 않는 것입니다. 우리들은 가지 않겠으니 그대로 돌아가십시오. 더 이상 우리를 욕되게 하지 마십시오."

숙손통은 웃으며 말하였다.

"당신들은 정말 고루한 선비들이군요. 시대의 변화도 모르고 있으니."

於是叔孫通使徵魯諸生三十餘人. 魯有兩生不肯行, 曰:「公所事者且十主, 皆面諛以得親貴. 今天下初定, 死者未葬, 傷者未起, 又欲起禮樂. 禮樂所由起, 積德百年而後可興也. 吾不忍爲公所爲. 公所爲不合古, 吾不行. 公往矣, 無汙我!」叔孫通笑曰:「若眞鄙儒也, 不知時變.」

● 이 정도면 나도 할 수 있겠소

드디어 노나라에서 소집된 선비 30명이 서쪽 장안을 향해 돌아오자, 궁중의 학자들과 자신의 제자 100여 명을 합쳐 교외에 모의 연습장을 설치하고 한달 남짓 예식 절차를 강습하였다. 그런 뒤에 숙손통은 황제에게 말하였다.

"폐하께서 직접 참관하십시오."

고조는 시범 예식 행사를 본 다음 말하였다.

"이 정도면 나도 할 수 있겠소이다."

이리하여 신하들에게 이를 익히도록 하여 10월 조회 때부터 실시하기로 하였다.

遂與所徵三十人西, 及上左右爲學者與其弟子百餘人爲綿蕝野外. 習之月餘, 叔孫通曰「上可試觀」上旣觀, 使行禮, 曰:「吾能爲此.」迺令羣臣習肄, 會十月.

● 황제가 이렇게 귀한 신분인 줄 알게 되었소

한나라 7년, 장락궁長樂宮이 완공되자, 제후들과 모든 신하들이 모두 조회에 들어와 10월의 새해 의식이 행해지게 되었다.

날이 밝기에 앞서 알자謁者가 의식을 맡아 조회에 참가하는 사람들을 순서와 차례에 맞추어 대궐 문으로 들어오도록 하였다. 뜰 가운데는 전차·기병·보병과 위병衛兵들이 병기를 갖추고 줄지어 서서 각종 휘장과 깃발을 세우게 하였다. 그리고 신하들에게 '뛰어 가라'는 구령을 내렸다.

대궐 아래에는 낭중郞中들이 계단을 끼고 양쪽으로 도열하였는데 계단마다 수백 명이나 되었다. 공신·열후·장군 및 군리들은 서열대로 서쪽 편에 열지어 동쪽을 바라보고 문관文官인 승상 이하는 동쪽 편에 열지어 서쪽을 향해 서 있었다. 대행大行은 9명의 빈상賓相을 두어 황제의 명령을 전달하도록 하였다.

이때 황제가 봉련鳳輦을 타고 나타나자, 백관들은 손에 깃발을 들어 장내를 엄숙하게 하였다. 제후의 왕 이하 봉록 600석石까지의 관리들은 인도를 받아 어전으로 나아가서 차례로 축하 인사를 올렸다. 이렇게 하자, 제후 왕을 비롯한 모든 이들이 두려워하며 누구 한 사람 엄숙한 표정을 짓지 않는 자가 없었다.

하례賀禮가 끝나자, 다시 법주法酒 의식을 거행하였다. 궁전 위에 모시고 앉은 모든 사람들은 모두 엎드려 머리를 조아리고 있다가 지위의 존비에 따라 일어나 황제에게 축수의 술잔을 올렸다. 술잔이 아홉 번 돌고 나자, 알자가 '술을 그치라'라고 말하였다.

어사御史는 의식의 예법대로 하지 않는 사람을 발견하면 즉시 퇴장시켰다. 의식이 끝나 다시 주연이 베풀어졌으나, 시끄럽게 떠들거나 예절에 어긋나는 행동을 하는 사람은 하나도 없었다. 그제야 고조는 말하였다.

"나는 오늘에야 비로소 황제가 고귀하다는 것을 알게 되었소."

그리고 곧 숙손통을 태상太常에 임명하고 금 500근을 하사하였다.

漢七年, 長樂宮成, 諸侯羣臣皆朝十月. 儀: 先平明, 謁者治禮, 引以次入殿門, 廷中陳車騎步卒衛宮, 設兵張旗志. 傳言「趨」. 殿下郎中俠陛, 陛數百人. 功臣列侯諸將軍軍吏以次陳西方, 東鄉; 文官丞相以下陳東方, 西鄉. 大行設九賓, 臚傳. 於是皇帝輦出房, 百官執職傳警, 引諸侯王以下至吏六百石以次奉賀. 自諸侯王以下莫不振恐肅敬. 至禮畢, 復置法酒. 諸侍坐殿上皆伏抑首, 以尊卑次起上壽. 觴九行, 謁者言「罷酒」. 御史執法擧不如儀者輒引去. 竟朝置酒, 無敢讙譁失禮者. 於是高帝曰:「吾迺今日知爲皇帝之貴也.」 迺拜叔孫通爲太常, 賜金五百斤.

⬢ 제자들에게 모두 나누어 주다

숙손통은 이 기회를 틈타 나아가 말하였다.

"신의 제자인 선비들은 오랫동안 신을 따르고 있었습니다. 또 신과 더불어 의례를 만들었습니다. 폐하께서는 저들에게도 벼슬을 내려 주시기를 바랍니다."

고조는 그들을 모두 낭관郎官에 임명하였다. 숙손통은 물러 나오자

500근의 금을 모조리 선비들에게 나누어 주었다. 선비들은 모두 기뻐하며 말하였다.

"숙손 선생은 참다운 성인으로 이 시대에 꼭 필요하고 중요한 일을 알고 계신 분이시다."

叔孫通因進曰:「諸弟子儒生隨臣久矣, 與臣共爲儀, 願陛下官之.」高帝悉以爲郎. 叔孫通出, 皆以五百斤金賜諸生. 諸生迺皆喜曰:「叔孫生誠聖人也, 知當世之要務.」

◉ 황제로써 어찌 농담을 하실 수 있습니까

한나라 9년, 고제는 숙손통을 태자태부太子太傅로 삼았다. 한나라 12년에 고조가 태자를 조나라 여의如意로 바꾸려 하자, 숙손통은 황제에게 이렇게 간언하였다.

"옛날 진헌공晉獻公은 여희驪姬를 사랑한 나머지 태자를 폐하고 해제奚齊를 태자로 세웠습니다. 그로 인해 진晉나라는 수십 년 동안 혼란 상태에 빠져 천하에 웃음거리가 되고 말았습니다. 또 진秦나라는 일찍 부소扶蘇를 태자로 정해 두지 않았기 때문에, 조고趙高가 어명이라 속여 호해胡亥를 태자로 세울 수 있었으니, 이로써 마침내 스스로 조상의 제사를 끊고 말았던 것입니다. 이것은 폐하께서 친히 보신 것입니다. 지금 태자께서 마음이 어질고 부모에게 효성스러운 것은 온 천하가 다 알고 있습니다. 또 여태후께서는 폐하와 함께 고생을 겪으신 조강지처라 할 수 있습니다. 폐하께서 굳이 적자를 폐하고 어린 아들 여의를 태자로 세울 생각이시라면, 먼저 신을 처형해 주십시오. 제 목의 피로써 이 땅을 물들이고 싶습니다."

그러자 고제가 말하였다.

"그만두오. 내가 잠시 농담을 한 것뿐이오."

그러나 숙손통은 다시 이렇게 간언하였다.

"태자는 천하의 근본입니다. 근본이 한번 흔들리면 천하가 따라 움직이게 됩니다. 천하의 큰 일을 놓고 어떻게 농담을 할 수 있습니까?"

고제는 다시 수긍하였다.

"알았소. 경의 말을 따르겠소."

그 뒤 황제가 연회를 열었을 때, 유후留侯, 장량가 불러들인 빈객들인 상산商山의 사호四皓가 태자를 따라와 알현하는 것을 보자 황제는 마침내 태자를 바꿀 생각을 그만두게 되었다.

漢九年, 高帝徙叔孫通爲太子太傅. 漢十二年, 高祖欲以趙王如意易太子, 叔孫通諫上曰:「昔者晉獻公以驪姬之故廢太子, 立奚齊, 晉國亂者數十年, 爲天下笑. 秦以不蚤定扶蘇, 令趙高得以詐立胡亥, 自使滅祀, 此陛下所親見. 今太子仁孝, 天下皆聞之; 呂后與陛下攻苦食啖, 其可背哉! 陛下必欲廢適而立少, 臣願先伏誅, 以頸血汙地.」高帝曰:「公罷矣, 吾直戲耳.」叔孫通曰:「太子天下本, 本一搖天下振動, 柰何以天下爲戲!」高帝曰:「吾聽公言.」及上置酒, 見留侯所招客從太子入見, 上迺遂無易太子志矣.

⚫ 한나라 예법이 갖추어지다

고조가 죽고 혜제孝惠帝가 뒤를 이어 즉위하자, 혜제는 숙손통에게 이렇게 말하였다.

"선제先帝의 원릉園陵과 침묘寢廟를 모시는 데 있어 신하들 가운데 예를 알고 있는 사람이 없소."

그리고는 그를 옮겨 태상으로 삼아 종묘 의법을 만들게 하였다. 이후 차차로 한나라의 여러 의법이 갖추어졌는데 그것은 모두 숙손통이 태상으로 있으면서 제정한 것들이다.

高帝崩, 孝惠卽位, 迺謂叔孫生曰:「先帝園陵寢廟, 羣臣莫(能)習.」徙爲太常, 定宗廟儀法. 及稍定漢諸儀法, 皆叔孫生爲太常所論箸也.

❀ 대효를 위해 사당을 하나 더 짓도록 하다

혜제는 평소 동쪽 장락궁長樂宮에 있는 여태후에게 문안하러 가곤 하였는데, 그럴 때마다 백성들의 통행을 가로막아 번거롭게 하였다. 이에 복도複道를 만들기로 하고 무기고武器庫 남쪽부터 공사를 시작하였다. 숙손통은 정사에 대하여 먼저 보고하고 나서 기회를 보아 이렇게 말하였다.

"폐하께서는 어찌하여 복도를 만드십니까? 고제의 사당에 모셔진 고제 생전의 의관을 한 달에 한 번 고묘高廟로 옮기게 되어 있습니다. 고묘는 한나라의 시조를 제사지내는 곳입니다. 후손들이 종묘로 가는 길을 넘어서 지나가도록 해도 좋겠습니까?"

혜제는 두려워하며 말하였다.

"급히 헐어 버리게 하라."

그러자 숙손통이 말하였다.

"임금에게는 본래 과실이 있어서는 안 됩니다. 복도를 만들기 시작한 것에 대하여 백성들이 모두 알고 있습니다. 지금 그것을 허물게 되면 폐하께 과실이 있다는 것이 됩니다. 바라건대 폐하께서는 또 하나의 사당을 위수渭水 북쪽에 세우시고 고제의 의관을 매달 그곳으로 옮기도록 하십시오. 종묘를 넓히고 많이 짓는 것은 대효大孝의 근본이기도 합니다."

이에 황제는 곧 소임에게 명령을 내려 또 하나의 사당을 세우게 하였다. 새로 사당이 서게 된 것은 복도가 문제가 된 때문이었다.

孝惠帝爲東朝長樂宮, 及閒往, 數蹕煩人, 迺作複道, 方築武庫南. 叔孫生奏事, 因請閒曰:「陛下何自築複道高寢, 衣冠月出游高廟? 高廟, 漢太祖, 柰何令後世子孫乘宗廟道上行哉?」孝惠帝大懼, 曰:「急壞之.」叔孫生曰:「人主無過擧. 今已作, 百姓皆知之, 今壞此, 則示有過擧. 願陛下爲原廟渭北, 衣冠月出游之, 益廣多宗廟, 大孝之本也.」上迺詔有司立原廟. 原廟起, 以複道故.

● 종묘에 햇과일을 바치십시오

혜제가 어느 해 봄에 이궁離宮으로 놀이를 나갔을 때 숙손통이 말하였다.
"옛날 예법에는 봄이면 종묘에 햇과일을 바치는 것이 상례로 되어 있습니다.
바로 지금은 앵두가 익어 있어 바칠 만합니다. 폐하께서 나오신 기회에
앵두를 가져다 종묘에 바치도록 하십시오."

황제는 이것을 받아들였다. 온갖 과일들을 종묘에 올리는 것은 이 무렵부터
성해지게 되었다.

孝惠帝曾春出游離宮, 叔孫生曰:「古者有春嘗果, 方今櫻桃孰, 可獻,
願陛下出, 因取櫻桃獻宗廟.」上迺許之. 諸果獻由此興.

● 사마천의 평어

나 태사공은 이렇게 생각한다.

옛말에 "천금의 갖옷은 여우 한 마리의 겨드랑 밑 가죽만으로는 만들
수 없다. 높은 집 서까래는 한 나무의 가지만으로는 안 된다. 하·은·주
3대의 성세는 한 사람의 지혜만으로 이루어진 것이 아니다"라 하였는데
참으로 옳은 말이다. 고조는 미천한 몸으로 일어나서 천하를 평정하였으니,
그는 계책과 용병用兵을 두루 갖추었다고 말할 수 있다. 그런데 유경은
끄는 수레에서 뛰어내려 도읍을 옮길 것을 말함으로써 만세의 편안함을
세우게 되었으니, 지혜란 어찌 그러한 한 가지에만 그칠 수 있겠는가!

숙손통은 세상에 쓰여지기를 바라며 당세의 중요한 일이 무엇인지를
생각하여 의례를 제정하고 나아가고 물러나는 절차를 시세時勢와 더불어
바꾸어 마침내 한대 유자儒者의 대종大宗이 되었다. "너무 곧은 것은
굽어보이고, 길은 본래가 구불구불한 것이다"라 한 것은 이를 두고
한 말이 아니겠는가?

太史公曰: 語曰「千金之裘, 非一狐之腋也; 臺榭之榱, 非一木之枝也; 三代之際, 非一士之智也」. 信哉! 夫高祖起微細, 定海內, 謀計用兵, 可謂盡之矣. 然而劉敬脫輓輅一說, 建萬世之安, 智豈可專邪! 叔孫通希世度務, 制禮進退, 與時變化, 卒爲漢家儒宗.「大直若詘, 道固委蛇」, 蓋謂是乎?

임동석(茁浦 林東錫)

慶北 榮州 上茁에서 출생. 忠北 丹陽 德尙골에서 성장. 丹陽初中 졸업. 京東高 서울
敎大 國際大 建國大 대학원 졸업. 雨田 辛鎬烈 선생에게 漢學 배움. 臺灣 國立臺灣師
範大學 國文硏究所(大學院) 博士班 졸업. 中華民國 國家文學博士(1983). 建國大學校
敎授. 文科大學長 역임. 成均館大 延世大 高麗大 外國語大 서울대 등 大學院 강의.
韓國中國言語學會 中國語文學硏究會 韓國中語中文學會 會長 역임. 저서에《朝鮮譯
學考》(中文)《中國學術槪論》《中韓對比語文論》. 편역서에《수레를 밀기 위해 내린
사람들》《栗谷先生詩文選》. 역서에《漢語音韻學講義》《廣開土王碑硏究》《東北民族
源流》《龍鳳文化源流》《論語心得》〈漢語雙聲疊韻硏究〉등 학술 논문 50여 편.

임동석중국사상100

사기열전史記列傳

司馬遷 著 / 林東錫 譯註
1판 1쇄 발행/2009년 12월 12일
2쇄 발행/2011년 10월 10일
발행인 고정일
발행처 동서문화사
창업 1956. 12. 12. 등록 16-3799
서울강남구신사동563-10 ☎546-0331~6 (FAX)545-0331
www.epascal.co.kr
잘못 만들어진 책은 바꾸어 드립니다.

＊

＊

사업자등록번호 211-87-75330
ISBN 978-89-497-0562-0 04080
ISBN 978-89-497-0542-2 (세트)